조세정책론

Theory of Tax Policy

조세정책론

전형준

문우사
MoonWoo

본서는 2017~2018년도 창원대학교 자율연구과제 연구비지원으로 수행된 연구결과임

머리말

조세는 정치적 합의의 표현이다. 이는 과거 프랑스 혁명이 왕의 권력이 약화되어 귀족과 성직자에게 도전을 받게 되자 새로운 조세수단을 승인하기 위해 조세의회인 '오를레앙의 삼부회'의 소집으로 유발된 역사적인 사건이 된 경우를 들 수 있다. 또한 프랑스 혁명 이전에 발생한 미국 혁명은 북아메리카의 영국인에 의해 부과된 새로운 세금(1764년 설탕법, 1765년 인지법, 1767년 타운젠드법, 1773년 다(茶)세법)에서 근원을 찾을 수 있다. 왜냐하면 영국은 7년 전쟁(프로이센·오스트리아의 대립에 영국·프랑스의 식민지 전쟁이 얽힌 국제 전쟁(1756~1763년))으로 인해 빚을 탕감하기 위한 재원을 필요로 했기 때문이다. 이 당시 식민지 주민들은 'No Taxation Without Representation'이라는 슬로건을 내걸고 영국과 독립전쟁을 유발하게 되었으며 1776년 독립선언은 '정부는 국민의 동의로부터 권력이 나온다'라는 원칙을 구체화시켰다. 이와 같이 조세는 역사적으로 전쟁과 같은 격변기의 재원을 마련하기 위한 수단으로 시작을 하였지만 국민들과의 합의를 얻지 못하면 바람직한 조세라 하더라도 국민들의 저항을 받게 된다.

조세를 통한 재원의 크기는 시민들의 합의에 의한 산물이라 할 수 있다. 그러나 모든 국가에서 조세가 동일한 방식으로 인식되는 것은 아니다. 각국의 조세정책은 역사적·사회적·정치적 배경에서 나온 타협의 산물이라 할 수 있다. 그렇기에 타국의 조세정책과 우리의 것을 단순하게 비교하여 판단하는 데는 어려움이 있다. 그렇지만 현재 OECD 회원국으로서 타국의 조세정책에 대한 동향과 정책 권고 사항들은 우리의 조세정책 수립에 밑거름이 될 수 있다.

그동안 대부분의 국가에서는 바람직한 조세정책을 시행하기 위해 주요 세목의 근본적인 조세개혁을 하려는 움직임이 있어 왔고 우리나라도 예외는 아니다. 따라서 단기적인 조세정책의 수립과 중·장기적인 조세개혁을 이행하기 위해서는 과세로 인한 경제의 영향을 우선적으로 이해할 필요가 있고 이를 기반으로, 한 나라의 조세정책과 국제적인 조세개혁 동향을 파악할 수 있으며 또한 우리나라에 맞는 바람직한 조세정책의 방향이 무엇인지를 알 수 있다.

본 서는 기본적으로 경제원론과 재정학(조세론을 포함)을 수강한 학생들에게 초점을 두었다. 기술적인 사항들은 가능한 배제하면서 OECD의 보고서를 중심으로 조세정책의 개론적인 내용을 다루었다.

본 서의 구성은 제1부, 제2부, 그리고 제3부로 구별하여 제1부에서는 조세정책과 실제 사례에 접근하기에 앞서 조세정책의 기본 원칙들을 다루었다. 제2장에서 바람직한 조세정책의 기본 원칙을 기술하였는데, 제2장부터 제5장까지 기본 원칙들 중 효율성과 공평성 측면에서 조세정책을 다루었다. 제3장은 과세로 인한 후생손실과 주요 조세로 인한 후생효과를 다루었다. 또한 효율성 측면에서 과세로 인한 행정비용과 납세협력비용을 설명하였다. 제4장은 효율성과 밀접한 관련이 있는 경제성장에 있어서 조세정책의 역할을 다루었다. 성장을 높이기 위한 다양한 조세정책을 설명하면서 외국의 조세정책과 비교하였다. 제5장은 공평성과 경제성장 간의 관계를 다루면서 성장을 높이는 조세정책이 소득분배의 공평성과 밀접한 관련이 있다는 점을 OECD 자료를 통해 설명하였다. 또한 공평성 측면에서 조세회피와 탈세를 줄이기 위한 조세정책과 세무행정 측면에서 공평성을 함께 다루었다. 제2부에서는 글로벌 경제환경에서 조세정책과 개혁을 다루었다. 또한 조세정책의 개혁 과정에서 다양한 변화요인과 이행에 따르는 비용과 방안 그리고 정치적 과정을 설명하였다. 이와 함께 납세협력을 높이기 위한 두 가지 접근방법을 소개하였다. 제3부에서는 세목별(소득세, 법인세, 소비세, 자산세) 조세정책을 중점적으로 다루었다. 각 세목에 대한 조세정책은 OECD 회원국들의 동향을 참고하여 본 서에 담았다. 제8장 소득세에서는 개혁방안과 더불어 우리나라의 금융소득 과세정책을 설명하였다. 제9장은 법인세로 개혁안의 소개와 배당정책에 대한 OECD 국가들과 우리의 정책 간의 비교를 통해 문제점을 지적하였다. 제10장은 소비세로 대안적인 소비세정책, 우리나라의 부가가치세제의 주요 사항들을 다루었다. 제11장은 부 또는 자산에 대한 조세를 함께 다루었는데 일부의 유럽 국가들에서 도입·시행하고 있는 부유세를 설명하였고, 자본이전세(상·증세)에 대한 문제점을 지적하였다. 또한 지방세 주요 세원인 재산세에 대해서도 본 장에서 다루었다. 마지막으로 자본이득세에 해당하는 양도소득 과세제도에 대해 보론에서 설명하였다.

세계화 시대에 조세정책은 타국과의 긴밀한 협조가 필요하고 이로 인해 발생하는 조세조화, 역외탈세와 이전가격조작 등과 같은 국제조세정책에 대한 논의는 추후에 다루기로 하고 본 서에서는 다루지 않았다.

본 서를 작성하면서 많은 분들의 도움을 받았다. 우선 본 서의 출간을 흔쾌히 수락해주신 문우사 김영훈 사장님께 감사드린다. 창원대학교 손주현 강사는 방대한 자료수집과 본 서 초고단계에서 많은 오류를 수정하는 데 큰 도움을 주었으며, 문우사 전영완 과장님은 본 서의 구성과 교정에 큰 도움을 주셨다. 무엇보다도 가족들의 따뜻한 배려는 저자에게 큰 힘이 되었다. 이에 깊은 감사를 드리며 남은 오류는 전적으로 저자의 몫임을 밝혀둔다.

2018년 8월

창원 연구실에서

전 형 준

차 례

제 1 부

조세정책의 기본 원칙

제 1 장

과세의 필요성과 정부의 역할

국가재정 운영에 필요한 세 수입 확보를 위한 과세(taxation)는 경제의 효율성에 미치는 영향을 가능한 한 작게 하면서 공평하게 이루어져야 한다.

본 서의 제1부에서는 조세에 대한 기본 이해와 바람직한 조세정책의 기본 원칙을 다룬다. 우선 제1장에서는 과세 필요성과 그에 따른 경제적 비용을 다루고 조세정책을 추진하는 정부의 역할을 살펴보고자 한다. 제2장에서는 바람직한 조세체계를 구축하는 데 필요한 애덤 스미스의 기본적인 조세원칙과 함께 현대 조세정책 수립에 필요한 새로운 사항들을 설명하고자 한다. 제3장부터는 조세원칙 중 효율성과 공평성과 같은 몇 가지 중요한 원칙들을 중심으로 성장과 소득분배와 같은 주요 정책목표를 함께 설명한다.

제 1 절 과세의 필요성

바람직한 조세정책이 무엇인가에 대한 설명을 하기 전에 우선 과세가 왜 필요하고 과세로 인해 피할 수 없는 비용이 무엇인가에 대해 설명한다.

정부의 재정활동[1]을 위해서는 필요한 재원이 있어야 하는바 이를 위한 과세(taxation)는 민간에서 공공부문으로 자원을 반대급부 없이 이전하는 것이다. 조세는 정부가 자원에 대해 통제를 하거나 재분배를 할 수 있게 하는 장치이지만 유일한 방법은 아니다. 역사적으로 보면 차입과 화폐발행과 같은 두 가지 수단도 동일한 목표를 달성하기 위해 사용되어 왔다. 이 외에도 정부가 제공하는 재화나 서비스 제공의 대가로 요금(예를 들어 사용료)을 지불하게 하는 방법이 있다. 마치 정부가 기업행위를 하는 것과 같다. 그러나 정부가 제공한 공공서비스의 이용을 근거로 직접적으로 개인에게 요금을 부과하는 이 방법에는 여러 가지 어려움

1 '재정활동'이란 정부부문의 모든 경제활동으로, 화폐단위로 표시될 수 있는 정부의 수입·지출 활동을 의미한다.

이 따른다. 일례로 국방과 법 집행을 들 수 있다. 또 다른 방법으로 자국민이나 외국으로부터 차입할 수 있지만 여러 제약이 존재하므로 이를 통한 재원 마련에는 한계가 있다. 따라서 조세 이외의 방안들은 모두 결함을 갖고 있어 대부분의 정부활동은 조세를 통해 재원을 조달하고 있다.

정부가 조세를 통해서건, 차입을 통해서건, 화폐발행을 통해서건 자원에 대해 통제를 할 때마다 민간부문의 지출을 위축시키는 측면이 있다. 차입이나 화폐발행으로 민간부문의 부담은 크게 늘어날 수 있다. 차입은 이자율을 상승시키거나 적자재정으로 인해 인플레이션율을 상승시키기 때문에 민간지출을 줄어들게 한다. 화폐발행이나 정부부채의 화폐화(debt monetization)[2]로 인한 물가상승[3]은 실질소득을 낮추고 고정된 원리금이나 이자지불을 받는 채권보유자의 부를 감소시킨다.

더욱이 부채를 통한 재정지출이 특히 민간자본 형성을 구축(crowd out)하는 소득이전이나 정부소비지출의 재원 마련을 위해 이루어진다면 미래세대에 부담을 줄 수 있다. 미래세대가 적자재정을 통해 발생되는 공공부채에 이자지불을 부담한다는 점은 사실이다. 각종 문헌들은 조세가 미래세대의 소득을 감소시켜 경제성장률을 낮추게 하는 경향이 있어 미래세대에 부담을 주는 경우가 발생할 수 있다고 지적한다. 즉, 차입이 단기에 납세자에게 암묵적인 부담을 부과하고, 장기에는 명시적인 부담을 부과한다면 조세는 단기에는 명시적인 부담을, 장기에는 보다 더 암묵적인 부담을 부과한다.

인플레이션을 통한 재원조달(특히 정부부채의 화폐화)은 경제에 추가적으로 부정적인 영향을 미친다. 가변적인 양(+)의 인플레이션율은 가격체계가 자원배분에 대해 주는 시그널의 명확성을 감소시킨다. 즉, 각 개인들은 증권으로 조달

2 정부가 국채(부채)를 중앙은행이 인수하게 만들고 그 대가로 화폐를 받는 것을 말한다. 정부의 재정여력이 한계에 이르러 재정지출이 추가로 필요함에도 세입이 없어서 중앙은행의 발권력에 기대되는 경우에 발생한다. 이로 인해 본원통화 증가로 물가상승 가능성이 발생할 수 있고 국채발행 증가로 미래세대의 부담이 가중된다.

3 인플레이션은 돈 가치의 폭락과 구매력이 돈을 가지고 있는 사람에게서 정부로 이전하는 현상이 발생할 수 있는데 이를 인플레이션 조세(inflation tax)라 한다.

된 재원으로 자본형성을 통해 부를 창조하기보다는 값비싼 귀금속을 구매하는 데 빠져드는 등 비생산적인 활동이 커진다. 특히 타국 통화와 비교하여 원화가치를 하락시켜 투자의 불확실성이 높아진다. 또한 인플레이션 문제는 차입에도 적용된다. 예를 들어 중앙은행의 차입으로 인해 발생하는 이자율의 상승 압력이 중앙은행으로 하여금 정부부채를 화폐화하도록 하는 정치적인 압력으로 종종 작용하게 한다.[4]

제 2 절 과세로 인한 경제적 비용

부채와 인플레이션을 통한 재원 마련 방법은 여러 가지 문제가 있는 반면 조세는 가장 불만이 적은 형태일 수 있다. 그렇지만 과세 자체에 문제들이 존재하기 때문에 최상의 방안은 아니다. 기본적으로 과세는 민간부문 시장에서 거래되는 재화나 서비스 지출을 줄이게 한다. 구매자와 판매자 모두에게 교환으로부터 오는 이득이 과세로 인해 제약을 받을 때 거래는 줄어든다. 조세가 민간의 거래를 제약하는 방식은 다양하다. 소득세와 재산세는 재화와 서비스에 대한 수요를 줄어들게 하여 납세자의 소득을 감소시킨다. 부가가치세나 물품세(exercise tax)는 어떠한 주어진 가격에서 공급자에게 비용을 증가시켜 재화를 공급하려는 의사를 낮추게 한다. 또한 어떤 경우에는 조세가 민간 거래를 위축시키기도 한다.

앨프리드 마셜(Alfred Marshall)은 교환으로부터 소비자에게 돌아가는 이득을 측정하기 위해 '소비자잉여'란 개념을 대중화하였다. 가령 어떤 소비자가 어떤 청량음료 1병에 650원을 기꺼이 지불하려고 한다고 가정하자. 그러나 실제로 지불한 가격은 500원에 구입했다고 가정하면 소비자는 150원의 (소비자)잉여를 얻은

4 Milton Friedman(1988)에 따르면 정부는 규제로 자원을 통제할 수 있는데 민간이나 지방정부 행동에 비재정지원 명령과 같은 규제들은 국민소득의 10% 이상 차지한다고 추정한 바 있다.

것이다. 또 길거리의 쓰레기를 줄이려고 정부가 음료수 1병당 50원의 세금을 부과한다고 가정하자. 이 세금을 소비자에게 부담시킨다면 가격은 550원으로 상승한다.[5] 이때 소비자잉여는 100원으로 줄어들고 모든 소비자에게 돌아가는 소비자잉여는 똑같이 하락한다.

거래는 소비자(또는 구매자)와 생산자(또는 판매자) 모두에게 이득을 준다. 거래로부터 생산자에게 돌아가는 이득을 '생산자잉여'라 한다. 청량음료 생산자가 1병당 450원에 기꺼이 팔려고 하지만 시장가격은 500원이라고 가정한다면 생산자는 50원의 생산자잉여를 얻는다. 위의 예에서처럼 세금이 부과되면 가격은 550원으로 상승하고 생산자는 세금으로 정부에 청량음료 1병당 50원을 납부하게 된다. 음료수 1병당 생산자의 세후 수입은 변하지 않지만 이러한 경우에 소매가격이 상승하여 판매량이 줄어들게 되어 생산자잉여에 일부의 손실이 발생한다. 즉, 단위당 생산자잉여는 불변인 반면 전체 생산자잉여는 줄어든다.[6] 과세로 인한 소비자·생산자 잉여의 감소를 '자중손실(deadweight loss)' 또는 '조세의 초과부담(excess burden of taxation)'이라고 한다. 이러한 부담은 꽤 상당한 것으로 추정되고 있는데, 예를 들어 자주 인용되는 연구에 의하면 과세로 인해 소비자와 생산자에게 발생하는 후생손실은 조세 1달러당 40~50센트 정도라고 추정하고 있다.[7]

---

5 세금이 소비자에게 전가되는 정도는 다양한 요인들에 의해 결정되지만 가장 중요한 요인은 수요의 가격탄력성이다(소비자의 의사결정과정에서 가격에 민감한 정도). 그러나 장기에는 모든 비용은 소비자가 부담하게 된다.

6 단기에 조세의 귀착이 생산자에게 발생하는 경우에는 위의 예에서보다 생산자잉여 손실이 더 클 수 있고 소비자잉여 손실은 더 작을 수 있다.

7 Charles L. Ballard, John B. Shoven and John Whalley, "General Equilibrium Computations of the Marginal-Welfare Costs of Taxes in the United States", *American Economic Review*, March 1985.

제 3 절 정부의 역할

머스그레이브(Musgrave, 1959)는 정부의 경제적 기능을 다음과 같은 세 가지 영역으로 분류하였다. 첫째, 자원배분을 위한 시장기구의 비효율성을 극복하는 것이고, 둘째, 공평한 또는 정당한 분배를 위한 소득과 부의 재분배이며, 셋째, 물가와 실업문제를 해결하는 경제안정화에 있다고 하였다. 이에 대해서 이미 많은 재정학 교과서에서 다루고 있지만 본 절에서는 다음 논의의 이해를 위한 정도에서 간략하게 설명하고자 한다.

1. 자원배분의 효율성

경제원론에서 자원배분이 효율적으로 이루어지기 위한 조건이 성립하면 시장은 효율적으로 상품이 배분된다고 하였다. 효율성이 무엇이냐에 대한 설명은 제3장에서 상세히 다루겠지만 효율적인 자원배분이 이루어지기 위한 조건은 다음과 같다.

- 개인은 상품의 대가를 지불하지 않으면 소비를 못한다. 즉, 소비하는 데 배제성이 있다.
- 외부효과(externality effect)가 없다.
- 시장은 완전경쟁시장이다.

상기 조건이 성립한다면 시장은 소비자 선호와 일치한다. 예를 들어 소비자가 특정 상품에 대해 더 많이 소비하고자 하면 가격이 오르고 생산자는 더 많이 생산하려 한다. 또한 시장은 가장 적은 비용이 드는 생산방법을 선택한다.

그러나 어떤 경우에는 시장이 효율적으로 작동하지 않는다. 그러한 예로 공공재, 외부효과, 불완전경쟁이 있는 경우이다.

공공재(public goods)는 특정 개인이나 이해관계집단만을 위해 공적 행위나

제도가 만들어지거나 유지되는 것이 아니다. 공공재는 모든 사람에게 그 소비가능성이 열려 있는 재화이다. 공공재는 두 가지 특성을 갖는데 첫째, 소비의 비경합성(non-rivalry)이다. 즉, 한 사람이 어떤 재화를 사용한다 해도 이는 다른 사람이 그 재화를 소비할 기회에 아무런 영향을 미치지 않는다. 둘째, 비배제성(non-excludability)으로 어떤 사람이 다른 사람의 소비를 거부할 수 없다는 것이다. 그러나 현실적으로 이러한 두 가지 성질을 갖고 있는 재화는 거의 없고 공공재라 생각하는 대부분의 재화는 실제로 비순수공공재로서 위의 두 가지 성질을 완전히 만족시키지는 못한다.

그런데 공공재[8]의 공급을 시장에 맡겨놓으면 상기의 두 가지 특성으로 인해 비효율적으로 생산된다. 그러므로 정부는 이러한 재화를 (사적)시장을 통하지 않고 공급하며 이를 위한 재원은 조세를 통해 조달한다.

또한 정부는 특정 재화나 서비스를 공급하거나 장려하기도 하는데 이를 가치재(merit goods)라 하며 이러한 가치재의 예를 들자면 의무교육과 무상급식 등을 들 수 있다. 같은 이유로 정부는 바람직하지 않다고 여겨지는 재화를 제공하지 못하게 하는데 이를 비가치재(de-merit goods)라 하며 술, 마약, 약물 등을 들 수 있다.[9] 가치재와 비가치재의 재원의 원천도 조세를 통해서 마련된다.

정부의 또 다른 역할은 외부효과가 발생하는 경우이다. 외부효과에는 긍정적 외부효과와 부정적 외부효과가 있는데 긍정적 외부효과가 있는 경우에는 시장에 맡겨두면 사회가 필요로 한 재화를 과소생산하게 되고, 부정적 외부효과가 있는 경우는 반대로 과다생산되는 문제가 발생한다. 이런 경우의 정책선택은 긍정적 외부효과의 경우 사회에 필요한 재화의 생산을 유도하기 위해 보조금을 지불하며 그 재원은 세 수입으로 마련된다. 부정적 외부효과의 경우는 조세를 부과하는데 이에 대해서는 제3장에서 다시 다룰 것이다.

8 공공재는 긍정적인 외부효과의 문제로도 볼 수 있다. 불꽃놀이는 다른 사람들도 볼 수 있으므로 불꽃놀이에서 오는 편익을 나 말고도 다른 사람도 누릴 수 있다. 그러나 내가 다른 사람이 누리는 즐거움에 대해 보상받지는 못한다. 다른 사람이 불꽃놀이를 보는 것을 막을 수 없기 때문에 그들의 즐거움에 대해 비용을 청구할 수는 없는 것이다.

9 이와 같은 정책들에는 온정적 간섭주의(paternalism) 요인이 작용하고 있다.

불완전 경쟁시장에서는 경쟁시장보다 과소생산을 가져오고 높은 가격이 부과되므로 이에 대해 규제기관(예를 들어 공정거래위원회)을 통해 규제할 필요성이 있으며 이를 운영하는 데 자금(세금)을 필요로 한다.

2. 분배 distribution

소득과 부의 분배가 시장에 맡겨지면 바람직한 분배가 항상 이루어지는 것은 아니다. 시장체계에서 개인의 소득은 자신이 소유한 생산요소가 시장에서 팔리는 가격에 의해 결정된다. 그러나 시장을 통한 방법은 사회구성원 간에 소득과 부의 분배에 적절한 방법이 되지 않는 경우가 많다. 극단적으로 생산요소를 전혀 가지고 있지 않다면 (즉, 자본이나 토지가 없고 일을 할 수 없다면) 소득이 없게 된다. 이러한 경우 조세체계는 불공평한 소득과 부의 분배에 영향을 미칠 수 있는 하나의 방법이 될 수 있다.

3. 경제 안정화

정부의 세 번째 기능은 고용의 안정화와 물가안정이다. 정부의 역할에 대한 많은 논쟁이 있지만 여기서는 다루지 않는다. 다만 조세는 재정정책의 한 부분으로 정부지출과 함께 경제성장을 추진하는 데 그 역할을 담당하고 있다. 이에 대한 상세한 설명은 제4장에서 다룰 것이다.

제 4 절 조세의 분류

1. OECD 조세 분류체계

조세는 다양한 방식으로 분류하는 것이 가능하지만 OECD에서는 조세의 부과대상인 과세물건을 기준으로 조세를 소득과세, 재산과세, 소비과세, 기타로 분류하고 있다. 소득과세는 수입 또는 소득을 얻고 있다는 사실에 담세능력을 인정하여 과세하는 조세이며, 재산과세는 재산의 보유·소유 사실에 담세능력을 인정하여 과세하는 조세이다. 그리고 소비과세는 납세자가 재화 또는 용역을 구입·소비하는 사실에 대해 담세능력을 인정하여 과세하는 조세이다. 다음의 표는 OECD 조세 분류체계에 따라 우리나라의 조세 중 국세를 분류한 것이다.

〈표 1-1〉 OECD 조세 분류체계에 따른 분류(우리나라 국세)

종류	내용
소득(income and profits)과세	소득세, 법인세, 농어촌특별세(소득세·법인세 감면분)
재산(property)과세	상속·증여세, 증권거래세, 인지세, 종합부동산세, 농어촌특별세(증권거래세·종합부동산세분)
소비(consumption)과세	부가가치세, 주세, 교통·에너지·환경세, 개별소비세, 관세, 교육세(주세·교통세·개별소비세·금융보험업자수입분), 농어촌특별세(개별소비세·관세 감면분)
기타(other taxes)	과년도 수입

자료: 기획재정부, 『조세개요』, 2015. 9.

2. 우리나라의 조세체계

우리나라의 조세체계는 2017년 현재 총 25개(국세 세목 14개, 지방세 세목 11개)의 세목으로 구성되어 있다.

국세는 총 14개 세목으로 내국세에 해당하는 13개 세목과 관세로 구성되어 있다. 13개의 내국세는 5개의 직접세(소득세, 법인세, 상속세, 증여세, 종합부동산세)와 5개의 간접세(부가가치세, 개별소비세, 증권거래세, 인지세, 주세(alcohol tax)), 3개의 목적세(교통·에너지·환경세, 교육세, 농어촌특별세)로 구성되어 있다. 우리나라는 「헌법」에서 모든 국민의 납세의무를 규정(제38조)함과 동시에 국민이 부담하는 조세의 종목과 세율은 법률로 정하도록 하는 조세법률주의 원칙[10](제59조)을 명시하고 있다.

[그림 1-1] 우리나라의 국세체계

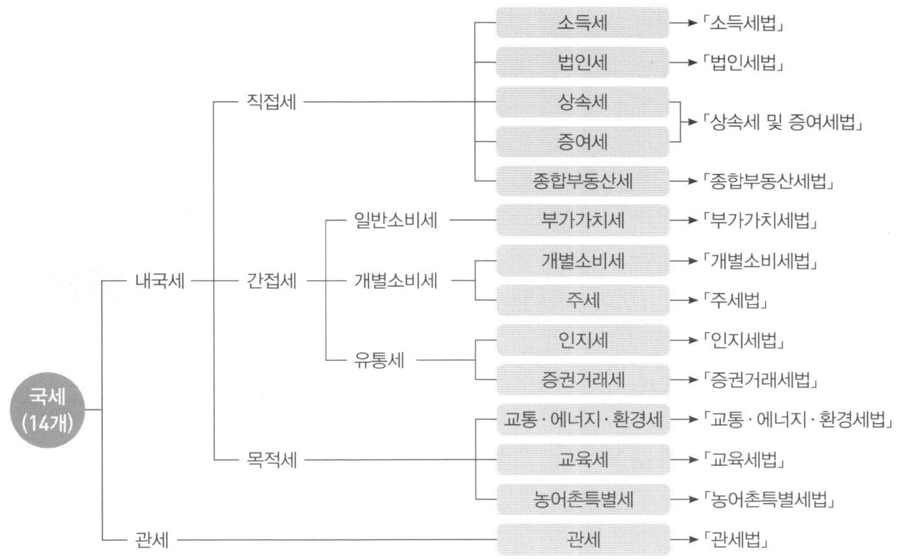

자료: 국회예산정책처

10 조세법률주의(principle of no taxation without law)란 법률의 근거 없이 국가는 조세를 부과·징수할 수 없고, 국민은 조세의 납부를 요구받지 않는다는 원칙을 의미한다. 국가의 과세권은 국가주권에 내재되는 권력이나, 조세법률주의는 이러한 과세권의 행사에 따른 조세 부담의 한계를 법률로 정하고 있다는 점에서 의의가 있다.

제 2 장

바람직한 조세정책의 기본 원칙

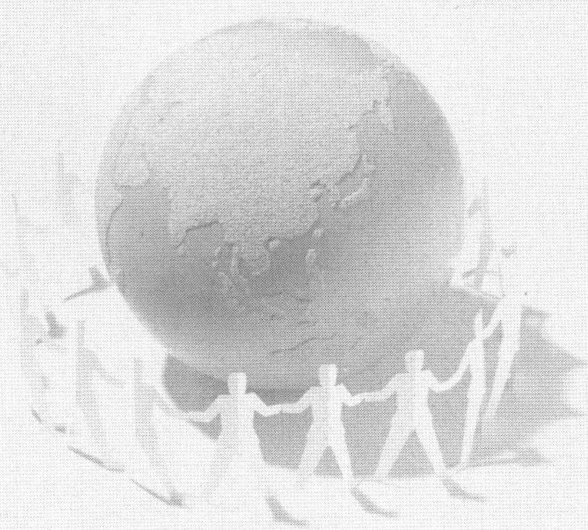

제 1 절 배 경

매년 정치가, 경제학자, 세법 실무자 등은 국세와 지방세의 개정(또는 개혁)에 대해 논의를 한다. 세법 규정들과 조세체계를 변화시키기 위한 제안들은 합당한 조세정책에 근거하여 효과적으로 분석할 필요가 있다.

일부에서는 소득세를 소비세로 대체하자는 근본적인 변화를 모색하기도 하지만 기존의 세법체계에서 일부의 변화를 찾는 개혁(개정)안들도 있다. 예를 들어 저축을 장려하기 위해 조세유인 사항을 추가하거나 확대하는 것, 현재 글로벌 경제에 맞게 국제세법을 바꾸는 것, 또는 납세협력을 개선하기 위해 절차상의 변화를 구하는 것 등을 들 수 있다. 더욱이 전자상거래(electronic commerce)의 출현과 같은 새로운 거래방식은 소득, 판매, 전자상거래 조세에 대한 문제를 제기하기도 한다.

세법 개정을 위한 제안들은 그것이 중요한 부분이건 사소한 부분이건 어떻게 분석하고 어떻게 제안들을 비교하는 것이 최선인지에 대한 의문이 발생한다. 이러한 의문들은 좋은 조세정책의 지표로서 공통적으로 사용되는 11가지 원칙을 살펴봄으로써 그 답을 찾을 수 있다.

제 2 절 바람직한 조세정책

바람직한 조세는 어떠한 조건을 충족해야 하는가? 이러한 의문은 기존의 조세체계를 어떻게 평가해야 하고 기존의 조세체계와 바람직한 개혁 간의 구분을 어떻게 해야 하는가에 대한 답을 제시하여 준다. 예를 들어 애덤 스미스(1776)[1]가

1 곽태원, 『조세론』 재인용.

제시한 조세원칙들은 중요한 기준을 제시해주고 있다. 그가 말하는 바람직한 조세원칙은 첫째, 형평성으로 가능한 한 각자의 능력에 비례하여 세금을 내야 한다는 것이다. 둘째, 확실성으로 납세자가 납부해야 하는 세금은 확실하게 규정되어야 하는 것으로 세 부담의 자의성과 불확실성을 배제하는 것이다. 셋째, 예측가능성과 일관성이다. 납세자들이 언제, 어디서, 어떻게 과세되고 그래서 개인이나 기업이 어떠한 거래나 노력에 따른 조세 결과를 즉시 확인할 수 있어야 함을 의미한다(이는 통상 법률의 바람직한 특성이기도 하다). 넷째, 편리성(good timing)이다. 편리한 지불방법과 편리한 시기 선택을 말한다. 이 원칙과 관련하여서는 애덤 스미스 시대에는 적절한 예가 있었다. 그 당시 대부분의 사람들은 농부였고 대다수의 수입은 그해의 특정 시기에 돈을 벌었기 때문이다. 그러나 요즈음은 경제가 다양화되어 good timing의 적정성이 떨어지지만 원천징수(withholding taxes)나 자진신고를 요구함으로써 납부를 보다 쉽게 하고 있다. 마지막으로 효율성이다. 세 수입 대비 징세비용을 적게 하고 납세자의 행동의 왜곡 발생을 피해야 한다는 것이다(다시 말해 중립성). 뒤에서 설명하는 징세비용과 협력비용(시간과 돈)이 적게 들도록 해야 한다는 것을 의미한다.

애덤 스미스의 다섯 가지 조세원칙하에서 현재의 조세체계와 조세개혁안들을 평가해볼 수 있지만 이러한 기준 모두가 모든 경우에 항상 적용되는 것은 아니다. 그 이유는 특정 영역에서는 다른 중요한 사항들도 고려될 수 있기 때문이다. 다음 장에서는 주요 원칙들에 대해 상세한 설명을 하기 때문에 본 장에서 간략한 설명만 하고 넘어가기로 한다.

다음에서 제시되는 원칙들 중 처음 네 가지는『국부론(The Wealth of Nations)』에서 제시된 과세원칙이다. 이 원칙과 함께 추가적인 7가지 원칙들은 오랜 기간 동안 정부, 경제학자, 세제전문가들, 그 외 기관들[2]에 의해 언급되어져 왔다.

2 OECD에서는 관련 국가의 재정정책에 따라 거두어들일 필요가 있는 일정한 세 수입을 가정할 때 전통적으로 과세체계의 발전을 가이드해 온 많은 조세정책 고려사항이 있다. 여기에는 중립성, 효율성, 확실성, 단순성, 효율성, 그리고 공평성과 신축성을 포함하고 있다. OECD, *Addressing the Tax Challenge of the Digital Economy*, p. 30, 2014.

1. 공평성 equity and fairness

공평한(equitable 또는 fair) 조세체계를 구성하는 것이 무엇인가에 관한 다양한 견해들이 있다. 조체체계의 공평성에 관한 고려를 할 때 유용한 원칙들 — 능력원칙과 편익원칙 — 이 있다. 그러나 어느 하나의 조세가 다른 조세보다 더 공평하거나 덜 공평한지에 관한 결론은 가치판단을 요한다.

수평적 공평성 개념은 동일한 지불능력을 가진 납세자들은 동일한 크기의 세금을 납부해야 한다는 것을 의미한다. 어떤 납세자가 다른 납세자보다 지불능력이 더 크다면 수직적 공평성 개념이 적용되어 보다 큰 지불능력을 가진 사람일수록 보다 더 많은 세금을 내야 한다는 것을 의미한다. 물론 얼마나 더 많이 내야 하는지는 현행 소득세체계에서 논쟁의 주제이며 오랜 기간 동안 다양한 범위의 세율과 면세점의 변화를 초래했다.

종종 공평성 원칙은 공정성(fairness) 원칙으로 보고 있다. 즉, 많은 사람들은 가장 큰 지불능력을 가진 납세자들이 가장 많은 세 부담을 한다면 '공정(fair)'한 것으로 본다. 그럼에도 불구하고 공정하다는 용어는 다양한 사람들에게 다양한 의미를 갖는 경향이 있다. 예를 들어 소득세체계가 만약 다음과 같다면 공정하다고 생각할 수 있다.

① 높은 소득을 버는 사람들이 낮은 소득을 버는 사람들보다 더 많이 세금을 낼 것이기 때문에 같은 세율(평률)로 과세한다.
② 보다 높은 소득을 버는 납세자들에게 보다 낮은 소득을 버는 납세자들보다 더 높은 세율 적용한다(누진세율).
③ 많은 다양한 형태의 소득은 동일하게 과세된다(예를 들어 과세로부터 제외되는 소득형태가 없거나 거의 없다는 것을 의미).
④ 1과 3의 요인을 결합한다.
⑤ 2와 3의 요인을 결합한다.

그러므로 조세체계가 공정하다는 것은 용어 자체에 주관성이 있다고 할 수 있다. 또한 조세, 생애조세의 분배분석과 같은 공평성을 조사하는 다양한 방안들도 존재한다. 일반적으로 공평성 원칙을 평가하는 데 있어 단 한 가지 형태의 조세보다는 납세자들에게 적용되는 전체의 조세를 고려해야 한다는 주장도 있다(공평성과 조세정책에 대한 설명은 제5장에서 다룬다).

2. 확실성 certainty

조세규정(tax rule)은 조세를 부과할 때, 어떻게 납부하고 납부금이 어떻게 결정되었는지를 명확하게 기술해야 한다. 납세자에게 세 부담의 확실성은 중요하다. 즉, 조세체계의 규정으로 납세자들이 적용받는 세원이 무엇이고 세율이 얼마인지를 알 수 있어야 한다. 거래의 속성에 근거를 둔 합당한 확실성을 가질 때 납세자들은 자신들의 세 부담을 결정할 능력을 갖게 된다. 조세 적용을 받는 거래를 확인하고 가치를 평가하기 쉽다면 확실성의 원칙은 달성될 가능성이 높다. 한편 세원이 주관적인 평가에 의존하거나 분류하기 어려운 거래라면 확실성의 원칙의 달성은 어려울 수 있다. 더욱이 세법에서 조세가 어떻게 납부되고 조세가 언제 납부되는가를 설명하는 것은 필수적이다.

확실성은 조세규정에 대한 납세협력을 개선시키는 데 도움을 주고 조세체계의 신뢰성을 높이기 때문에 중요하다. 일반적으로 확실성은 명확한 법률 제정뿐만 아니라 납세자들에게 시기적절하고 이해 가능한 행정지도를 통해 달성될 수 있다.

한편 확실성의 원칙은 단순성의 원칙과 밀접하게 관련되어 있다. 조세규정과 조세체계가 복잡할수록 확실성 원칙이 지켜지지 못할 가능성이 높아진다.

3. 지불 편의성 convenience of payment

조세는 납세자들이 가장 편리한 때 납부할 수 있어야 한다. 예를 들어 재화를 구매할 때 구매할지 안 할지 그리고 세금을 낼지 안 낼지에 대해 선택을 하는 시기에 조세가 부과되어야 한다. 납세의 편리성은 조세체계의 순응성을 보증하는

데 도움을 준다는 점에서 중요하다. 조세가 납부하기 어려울수록 납부되지 않을 가능성은 더 커진다. 전형적인 납세 메커니즘은 피고용인의 급료에 소득세를 정기적으로 원천징수를 하는 것과 같은 추정과세를 포함한다. 적절한 납세 메커니즘은 세 부담의 크기와 징세의 용이성을 결정한다.

4. 효과적인 세무행정 effective tax administration

징세비용은 최소화되어야 한다. 이러한 비용은 조세를 운영하는 데 필요한 세무공무원의 수에 의해 결정되는 행정비용을 포함한다.[3] 또한 납세자들에게 발생하는 협력비용도 있다. 이 원칙은 단순성의 원칙과 밀접하게 관련되어 있다. 조세가 복잡할수록 조세를 운영하는 정부의 비용은 더 커지고 납세자가 세 부담을 결정하고 이를 신고하는 협력비용도 더 커진다.

5. 정보 보호 information security

세무행정은 모든 형태의 부적절하고 의도하지 않는 노출로부터 납세자들의 정보를 보호해야 한다. 이는 세무당국의 내부체제의 보완을 위한 '방화벽(firewall)'으로 가능한 것이 아니다. 여기에는 신원도용으로 인해 발생하는 사기성 있는 보험금청구에 따른 조세체계의 저하를 막기 위한 보호장치뿐만 아니라 납세자들의 정보가 법에 의해 허용된 정당한 자에게만 노출되는 것을 보장하기 위한 통제장치도 포함한다. 정보 보호를 위한 세무행정의 책임성은 피고용인, 대표자, 대리인, 특정 계약 당사자, 그리고 특수관계인까지 확대되어야 한다. 이러한 보호는 정보를 보유한 기간 동안 철저히 보장되어야 하고, 기술의 변화에 따른 정보에 내재한 위협요인들을 적절히 조절해야 한다. 충분한 보안이 제공되지 못할 경우에는 궁극적으로 공평성의 원칙, 효과적인 세무행정, 그리고 적절한 정부 세 수입의 원칙이 무너질 수 있다.

3 애덤 스미스는 이 원칙을 '징세의 경제'라고 하였다.

6. 단순성 또는 간소화 simplicity

단순한 조세체계는 복잡한 조세체계보다 납세자에게 납세협력부담이 적다. 납세자의 협력부담은 납세를 위해 납세자가 조력자에게 지불한 비용과 그 자신이 소모한 시간과 재원의 가치를 포함한다. 정부에 내는 실제 세금 납부금에 추가하여 과세로 인한 효율성 비용과 조세체계로 인해 납세자가 부과하는 납세협력비용을 포함한다. 납세협력비용은 ① 장부기록, ② 세금신고서의 준비와 제출, ③ 국세청의 고지와 세무조사 대응에 준비하는 시간과 재원을 포함한다. 납세자들은 스스로 이러한 사항들을 준비하거나 그들에게 도움을 줄 조력자를 고용할 수 있다. 예를 들어 미국의 경우 2003년에 세금신고서를 작성하는 데 61% 이상이 비용을 지불하고 세금을 신고한 것으로 조사되었다.

현행 조세체계는 점차적으로 복잡해지면서 많은 사람들은 납세자의 협력부담도 함께 커질 것으로 보고 있다. 납세자들이 실제로 세금신고서를 작성하는 데 사용한 시간의 양은 전체 협력부담에서 큰 부분을 차지하는 것은 아니지만 많은 납세자들에게 대부분의 납세협력부담은 절세계획과 장부기록 등으로부터 발생한다.

7. 중립성 neutrality

기업과 개인의 결정에 대한 과세의 효과는 최소한의 영향을 미쳐야 한다. 즉, 납세자들에게 과세로 인해 과도하게 특정 행위를 하게 하거나 어떤 활동에 참여를 좌절시키거나 부추겨서는 안 된다. 조세의 주된 목적은 기업과 개인의 의사결정에 영향을 미치기 위한 것이 아니라 정부활동에 필요한 세 수입을 마련하는 데 있기 때문이다.

8. 경제성장과 효율성 economic growth and efficiency

조세체계는 경제의 생산능력을 저해하거나 방해하지 말아야 한다. 모든 조세는 경제 효율성을 떨어뜨리고 왜곡을 발생시키지만 바람직한 조세정책은 이러한 효과를 최소화하는 것이다. 조세체계는 경제성장, 자본형성, 그리고 국제경쟁과 같은 그 나라의 경제 목표를 방해하지 말아야 한다. 경제성장과 효율성의 원칙은 경제원칙과 잘 조화된 조세체계에 의해 달성된다. 예를 들어 한 나라의 조세규정이 비거주 기업과 비교하여 거주 기업에 경쟁적인 불이익을 주어서는 안 된다. 특정 산업이나 투자에 유리한 세법규정은 잠재적으로 다른 산업에 투자뿐만 아니라 자본과 노동을 이동하도록 부추길 수 있다. 이와 같은 행위는 잠재적으로 다른 산업과 투자뿐만 아니라 전체 경제에 해악을 줄 수 있다.

경제성장과 효율성의 원칙은 납세자들의 행동을 왜곡시키는 세법 규정이 경제 효율성을 방해할 수 있다는 점에서 중립성의 원칙과 관련이 있다.

9. 투명성과 가시성 transparency and visibility

투명한 조세체계는 납세자들이 이해할 수 있다. 투명한 조세체계는 납세자에게 불확실성을 줄여주고 납세자들에게 고용, 투자, 소비에 대한 보다 나은 결정을 하게 한다. 이는 납세자들에게 미래 세 부담을 정확하게 예측할 수 있게 하고 조세체계의 신뢰를 갖게 하는 데 도움을 준다. 납세협력과 세무행정이 어려운 조세체계는 투명성이 부족하다고 할 수 있다. 투명하지 않은 조세체계는 세무담당자가 유사한 상황의 납세자에게 세법을 일관성 있게 적용하는 데 어려움이 있기 때문에 세무행정에 어려움이 있을 수 있다. 이러한 의미에서 투명성은 조세체계의 간소화와 밀접하게 관련이 있다.

투명한 조세체계는 다음과 요소를 포함한다. 첫째, 납세자가 세 부담을 쉽게 계산할 수 있다. 즉, 납세자들은 자신의 세원, 한계세율, 그리고 정부에 내는 세금을 결정하기 위한 세율표와 지시사항들을 쉽게 이해할 수 있다. 둘째, 납세자는 세법과 규칙 밑에 깔려 있는 논리를 이해할 수 있다. 즉, 납세자들은 세무 형식이나 세율표를 찾을 수 있고 세법제정자의 논리를 이해할 수 있다. 셋째, 납세자들은 자신의 세 부담과 다른 사람들의 세 부담을 파악할 수 있다. 즉, 납세자들은 실제로 누가 세 부담을 하는지를 확인할 수 있다. 넷째, 납세자들은 다른 사람들이 부담하는 납세협력의 정도를 알고 있다. 즉, 납세자들은 세법이 집행되는 정도를 이해하는데 이는 자신들의 친구들, 이웃, 그리고 경쟁기업이 실제로 얼마나 세금을 내는지를 안다는 것을 의미한다.

투명성 개념이 간소화와 밀접하게 관련되어 있지만 항상 동일한 것은 아니다. 예를 들어 일부 세법조항이 단순할 수 있지만 투명하지는 않을 수 있다. 미국의 법인세율의 경우 과세 가능한 소득을 결정하는 것은 복잡한 절차가 필요한 반면 상대적으로 일단 소득이 결정되면 세 부담을 계산하는 것이 단순하다. 그러나 미국의 법인세율표에서 한계세율에 깔려 있는 논리는 투명하지 않다. 한계세율 구조는 33만 5,000달러의 과세 가능한 소득까지는 누진적이지만 그 이후는 감소하고 다시 증가하고 그리고 한 번 더 감소한다. 이와 같이 최근 수많은 세법조항들이 납세자 자신들의 세 부담이 얼마이고 세법 이면의 논리를 이해하는 것을 더욱 어렵게 하고 있다.

〈표 2-1〉 미국의 법인세율 구조: 단순하지만 투명하지 않은 예

과세구간(법인소득)	한계세율
$0 ~ $50,000	15%
$50,001 ~ $75,000	25%
$75,001 ~ $100,000	34%
$100,001 ~ $335,000	39%
$335,001 ~ $10,000,000	34%
$10,000,001 ~ $15,000,000	35%
$15,000,001 ~ $18,333,333	38%
$18,333,333 초과	35%

10. 최소한의 조세격차 minimum tax gap

납세비협력을 최소화하는 세법을 구축하는 것은 필수적이다. 조세격차는 납부해야 하는 세금(즉, 이론적 세 부담)과 실제 세 부담(자발적으로 납부한 세금) 간의 차이다. 이론적 세 부담은 세법을 정확하게 적용하였을 때 납부해야 할 세액을 의미하는데 조세격차는 탈세와 조세회피를 모두 포괄하는 개념이다.

조세격차는 의도적인 잘못(소득의 미신고, 과소신고, 과다공제, 거래누락)과 의도적이지 않은 잘못(계산착오와 규정의 이해부족)과 같은 다양한 이유로 발생한다. 복잡한 조세조항은 혼돈이나 불확실성으로 인해 발생되는 착오로 인해 납세비협력을 부추길 수 있다. 일반적으로 절차상의 규정은 납세협력을 이끌어내기 위해 모든 조세체계에서 필요하다. 납세협력을 부추기기 위한 규정은 의무적인 원천징수와 비협력에 따른 패널티를 포함한다. 일반적으로 집행비용과 납세협력 수준 간에 균형을 맞출 필요가 있다. 적절한 집행 노력은 세금 신고자와 비신고자 모두의 납세비협력을 막기 위해 필요하다. 조세격차를 최소화하기 위한 노력이 부족하여 발생할 수 있는 세 수입 손실을 다른 세 수입 원천으로 상쇄시키려는 과정에서 불공평과 비효율을 초래할 수 있다.

최근 2017년 조사에 의하면[4] 2011년의 종합소득세의 조세격차 규모를 추정한 결과를 보면, 주요 세목의 조세격차 합계가 2011년 신고분 기준으로 25조 5,000억 원에서 26조 8,000억 원 정도 되는 것으로 나타났다. 이는 정확하게 신고한 경우에 납부했어야 할 세액의 14.4~15.1%에 해당하는 규모(조세격차 비율)이다. 총조세격차 중에서 70.1~71.6%를 과소신고 격차가 차지하고, 28.4~29.9%를 과소납부 격차가 차지하고 있다. 세목별로 보면, 부가가치세 조세격차가 11조 7,000억 원으로 가장 많고, 그다음이 소득세 6조 7,000억 원~8조 원이며, 법인세 조세격차는 5조 9,000억 원이었다.

4 안종석, 「소득세 tax gap 규모와 지하경제 규모 추정」, 『조세재정 브리프』, 2017.

11. 적절한 정부 세 수입 appropriate government revenues

조세체계는 정부로 하여금 얼마만큼의 세 수입이 징수될 가능성이 있고 언제 징수되는지를 알 수 있게 하는 일정 수준의 예측가능성과 신뢰성을 가져야 한다. 기술적인 변화와 상업적인 발전에 맞추기 위한 동적이고 신축적인 조세체계가 필요하다. 따라서 정책목표의 지원에 맞추어 조세체계를 정기적으로 점검하는 것이 필요하다. 더욱이 국민경제 또는 글로벌 경제에서 세원이 어떻게 결정되는가와 다른 조세체계에 미치는 효과를 고려하는 것도 중요하다.

필요한 지출 발생에 대응하여 정부는 세 수입이 유효하고 안정적이라는 확신을 가질 필요가 있다. 세 수입은 일반 정부지출을 지원하는 것으로 다양한 형태의 조세는 경제의 변화로 인해 영향을 받기 때문에 안정적인 세 수입 확보를 위한 조세 구조(tax mix)를 갖추어야 한다. 정부는 필요한 지출에 대처하는 세 수입이 안정적이라는 확신이 필요하다. 예를 들어 실업을 발생시키는 경기하향 시기에 소득세 수입은 떨어질 것이다. 이에 대비하여 정부가 고용 감소에 덜 영향을 받는 다른 형태의 조세를 징수한다면 전적으로 소득세에 의존하는 경우보다 전체적으로 정부 세 수입은 영향을 덜 받을 것이다.

제 3 절 정 리

어떤 조세체계에 바람직한 조세정책의 원칙 모두를 포함시키는 데는 다양한 장애들이 존재한다. 예를 들어 사회 또는 경제정책(일정 수준 이하의 소득자에게 소득공제나 세액공제와 같은)을 이행하기 위해 세 수입 증대가 저지되는 장애들이 존재한다. 또한 잦은 세법의 변화는 확실성과 단순성 원칙을 저해하며 세법의 변화가 많을수록 납세자들, 실무자들, 정부의 세무공무원들의 어려움은 더 커진다.

모든 바람직한 조세원칙들의 달성이 모든 조세개혁(개정)과 같은 조세변화에 동일하게 적용 가능한 것은 아니다. 예를 들어 과세로 인해 특정 집단(또는 지역)의 경제적 혜택을 배제시키는 것은 단순성 원칙을 만족시키지만 공평성이나 중립성 원칙을 벗어날 수 있다.

그렇지만 바람직한 조세정책의 기본 원칙을 세우는 데 있어서의 장애요인들은 극복할 수 있다. 최적의 조세체계를 달성하기 위해서는 중대한 변화이건 사소한 변화이건 세법의 원칙들 간의 균형을 맞출 필요가 있다.

제 3 장

효율성과 조세정책

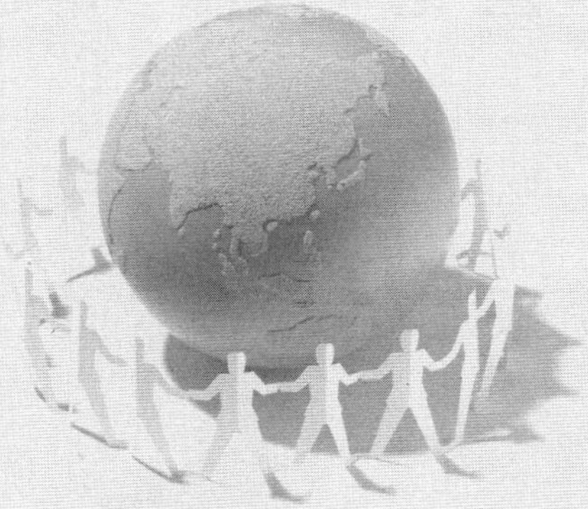

제 1 절 서序

애덤 스미스의 조세원칙 중 네 번째 조세원칙은 "모든 조세가 사람들의 주머니에서 끄집어내어 가능한 한 적게 남아 있도록 고안되어야 한다."라고 하였다. 그러면서 이 기준에 맞는 네 가지 방법을 제시하고 있다. 첫째, 조세징수에 필요 이상으로 비용이 들어서는 안 된다. 둘째, 조세를 징수하는 데 너무 많은 세무공무원이 있으면 안 된다. 셋째, 조세가 탈세를 조장해서도 안 되고 그로 인한 처벌이 탈세하는 사람들을 파멸시켜서도 안 된다. 넷째, 조세를 징수하기 위해 세무공무원들이 불쾌하고 성가시게 하는 방문을 자주 해서도 안 된다는 점을 지적하면서 이러한 사실들이 사람들에게 큰 부담을 준다고 하였다.[1]

상기의 애덤 스미스의 조세원칙을 현대적 의미로 해석하여 본 장에서는 과세로 인한 부담을 네 가지 범주로 나누어 살펴볼 것이다. 첫째, 경제적 효율성, 둘째, 다양한 조세로 인한 초과부담, 셋째, (경제적) 효율성 비용의 측정, 넷째, 세무행정비용과 납세협력비용이다.

제 2 절 경제적 효율성

1. 경제적 효율성 economic efficiency 이란?

경제적 효율성의 의미를 우선 설명해야 하지만 효율성을 이해하는 데 요구되는 조건들을 '현실'에서 찾기는 어렵다. 그러나 분석의 틀을 마련하기 위해 효율성 개념과 '최적의 자원배분(optimal resources allocation)'이 어떻게 정의될 수 있는지를 알아보자. 그래야 어떻게 조세가 경제의 효율적인 기능을 간섭하는가를

1 Adam Smith(1776); 곽태원·현진권(2007: 141-142) 재인용.

판단하는 기준으로 사용할 수 있다. 또한 다양한 조세가 현재의 상태보다 더욱 바람직한 자원배분상태로 가게 하는 상황을 이해하는 것도 가능하게 한다.

경제적 효율성의 가장 단순한 형태는 한 명의 소비자만 있는 경제를 가정하는 경우이다. 즉, 이미 잘 알고 있는 로빈슨 크루소 사회이다. 한 사람에게 다양한 재화를 생산하기 위해 이용할 수 있는 자원이 주어져 있다. 이와 같은 1인 경제에서 소비자가 그에게 가용한 자원으로부터 편익을 극대화하는 재화의 조합을 생산하기 위해 자원을 이용한다면 효율적으로 행동한다고 말할 수 있을 것이다.

물론 많은 소비자가 있는 사회에서 경제의 생산량이 개인들 간에 다양한 방식으로 분배될 수 있을 때는 더욱 복잡해진다. 복잡한 소득분배의 문제는 후술하기로 하고 우선 자원배분의 문제로 논의를 제한하고자 한다.

2. 파레토 효율성[2]

자원배분의 문제를 설명하기 위해서는 '파레토 효율성'의 개념이 특히 유용하다. 어떤 사람의 상태를 악화시키지 않고 어떤 사람이 보다 더 나아질 수 있도록 하는 자원의 재조정이 불가능하다면 이러한 상태의 자원배분은 파레토 효율적이라고 한다. 달리 표현하면 생산방법 또는 생산재화를 변화시키는 것이 가능하여 한 사람이 다른 사람을 보다 더 나쁘게 하지 않고 더 나아질 수 있다면 기존의 자원배분은 차선(sub-optimal)인 상태이고 이때 경제의 효율성은 교환을 통해서 높아질 수 있다.

물론 실제로 대부분의 경제변화는 어떤 사람을 더 낫게 하고 어떤 사람은 더 나쁜 상태로 가게 하기 때문에 이득을 본 사람은 손실을 본 사람이 잃은 것보다 더 많이 얻도록 효율성 개념을 수정할 수 있다. 다시 말하면 교환의 결과로 이득자가 손실자에게 손실 양을 보상할 수 있고 보상 후에도 여전히 보다 나은 상태라면 효율성은 더 커진다고 할 수 있다. 그러나 손실을 본 자가 실제로 보상을 받는지 또는 받지 않는지는 분배의 문제이다.

2 경제의 효율성을 설명할 때 그 효율성은 파레토 효율성을 의미한다.

3. 최적 생산량 달성 조건

민간부문은 두 가지 조건이 충족된다면 시장기구를 통해 파레토 최적인 생산량을 달성할 수 있다. 즉, 완전경쟁의 존재와 외부효과가 없는 경우이다. 완전경쟁의 조건은 각 기업들이 그들의 생산량에 대해 완전 탄력적인 수요곡선과 투입물에 대해 완전 탄력적인 공급곡선에 직면한다는 것을 의미한다. 다시 말하면 기업이 생산물을 팔고 투입물을 구매하는 시장가격에 영향을 줄 수 있을 정도로 거대한 기업은 없다는 것을 의미한다. 기업들이 자신들의 이윤을 극대화하기를 원한다면 재화의 가격(한계수입)이 생산의 한계비용과 같은 생산량 수준에서 공급을 한다. 생산요소의 소유자들이 가격과 한계비용이 같을 때까지 생산요소의 서비스를 제공한다면 최적이다. 소비자들이 재화로부터 받는 편익을 극대화하도록 지출을 배분한다면 그 또한 최적이다. 이러한 상황에서 어느 누구(소비자, 생산요소소유자, 또는 기업소유자)도 다른 사람을 더 나쁘게 함이 없이 더 나아질 수 없다. 이와 함께 시장에 외부효과가 없다면 완전경쟁시장은 효율적인 생산수준을 달성한다.

제 3 절 과세로 인한 초과부담

1. 초과부담

조세는 소비력을 납세자에게서 정부로 이전하게 만든다. 자원의 이전과 더불어 조세는 재화 간 소비자 선택 또는 생산요소 간 생산자 선택을 왜곡시켜 사회에 추가적인 부담을 지게 한다. 이 점은 과세로 인한 가격효과를 소득효과와 대체효과로 구분함으로써 더 명확하게 알 수 있다.

소득효과는 조세가 부과되거나 또는 증세될 때 납세자의 구매력이 감소되기 때문에 발생한다. 그러나 소득효과 그 자체로는 경제적 비효율성을 발생시키지 않는다. 단지 납세자에게서 정부로 자원을 이전시킬 뿐이다.

대체효과는 조세가 상대가격에 영향을 주어 소비의 형태를 바꾸도록 하거나 또 다른 행동을 유발시킬 때 발생한다. 예를 들어 조세가 마가린에 부과되고 버터에는 부과되지 않았다고 한다면 소비자들은 조세가 부과되지 않았을 때는 마가린을 더 좋아했지만 조세의 부과로 인해 마가린 대신 버터로 선택행위를 변경하게 된다. 조세의 대체효과는 소비자의 선택을 간섭하기 때문에 경제적 비효율성이 발생한다는 것이다.

또 다른 예로 과거 영국에서 1747년 창문세(window tax)의 부과로 창문에 벽돌을 쌓아 조세를 피하려 했다.[3] 창문의 봉쇄에서 발생하는 불편은 분명히 창문세로 인해 발생한 비용이다. 그러나 납세자에게는 비용이 발생하였지만 정부에 주는 편익은 없다. 이러한 형태의 비용은 과세로 인한 초과부담(excess burden)으로 설명될 수 있다.

[그림 3-1] *X*재에 조세(*t*)부과

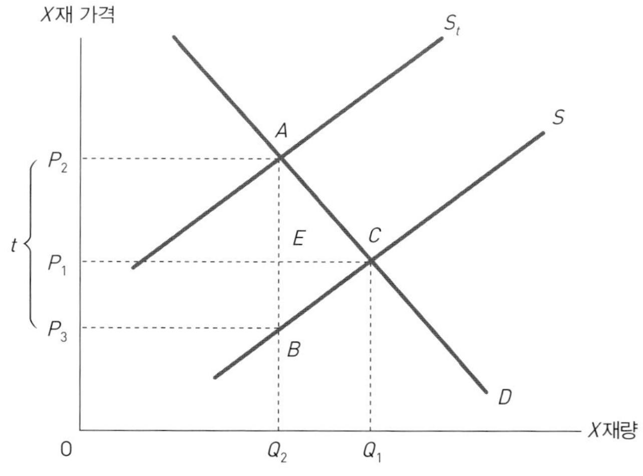

3 1747년 창문세 부과가 엄격해지기 전에는 창문세를 피하기 위한 방법으로 세무공무원이 오면 그 전에 창문을 작동하지 않게 하고 그가 가면 다시 사용하였다.

초과부담은 단일재화(X)에 종량세(specific tax)를 부과했을 때의 효과로 살펴볼 수 있다. X재에 대한 공급조건과 수요조건이 [그림 3-1]에 묘사되어 있다.

현재 경제는 외부효과도 없고 시장은 완전경쟁상태라고 하면 공급곡선 S는 X재 생산의 사회적 기회비용을 반영한다. 한편 D는 X재 소비에서 오는 개인이 얻는 편익(X재에 대해 기꺼이 지불하고자 하는 크기)을 나타낸다. 시장이 완전경쟁이라면 생산량 수준은 Q_1에서 균형을 이룬다. 이 점에서 X재 생산의 한계비용은 X재 소비에서 오는 한계편익과 같다. 바람직한 생산수준은 Q_1이다. 만약 X재가 더 많이 생산된다면 추가적인 생산에 필요한 비용은 편익을 초과하고, 덜 생산된다면 생산자의 줄어든 비용보다 소비자의 편익은 더 크게 줄어든다.

균형에서 시장은 두 가지의 편익을 제공하고 있다. 즉, X재 거래로부터 소비자가 얻는 소비자잉여(consumer surplus)와 생산자가 얻는 생산자잉여(producer surplus)이다.[4]

이제 t의 조세가 X재 모든 단위에 부과되었다고 가정하자. 이 예에서 세무당국에 조세를 지불해야 하는 쪽은 소비자보다는 생산자라고 예상할 수 있다. 결과적으로 조세로 인해 X재 생산비용은 t만큼(종량세) 커졌고 따라서 공급곡선은 S_t로 상방 이동한다. 또한 시장가격은 P_2로 상승하며 생산자는 단위당 P_3가격(P_2-t)을 받는다. 결과적으로 시장가격은 상승하고 균형 생산량은 Q_1에서 Q_2로 하락하게 된다.

납세자가 지불한 세금과 정부가 받은 세 수입은 그림에서 판매 단위당 t이고 P_2P_3BA 영역으로 표시된다. 가격인상의 결과로 소비자들은 P_1P_2AC 크기만큼 악화된 반면 정부는 AEC의 소비자잉여 상실분을 뺀 P_1P_2AE 크기의 세 수입을 가져가며 생산자도 생산자잉여가 ECB만큼 없어져 결국 과세로 인한 초과부담은 ABC가 된다.

이러한 경제적 후생손실을 보는 다른 방법은 조세로 인해 생산량이 Q_1에서 Q_2로 감소한 점을 확인하는 것이다. 조세는 유익한 거래기회를 방해하였고 손실(삼각형 ABC)도 발생시켰다. 과세로 인한 부담비용이 생산자와 소비자 간에 어떻게

4 보다 자세한 설명은 경제원론을 참고하길 바란다.

분배되는지에 대해서는 제4장에서 보다 상세히 다루지만 그림에서 추측할 수 있는 점은 수요와 공급의 탄력성 크기에 따라 생산자와 소비자의 부담은 달라진다는 점이다.

거의 모든 경우에 모든 조세는 자원배분에 영향을 미치지만 정액세(lump-sum tax)는 가격기구 작용에 중립적일 수 있다. 정액세는 소득이나 기타 개인의 특성 또는 행태와 상관없이 일정한 금액을 납부하게 하므로 개인의 선택행위에 영향을 주지 않는다. 따라서 자원배분에 왜곡을 초래하지 않고 초과부담을 일으키지 않는다. 그러나 인두세(poll tax)의 경우는 초과부담이 발생하는 경우가 있다. 아동을 포함하여 모든 사람에게 부과되는 인두세는 가족 규모에 영향을 줄 수 있다. 그러한 예로 프랑스의 가족계수(quotient familial)방식[5]이 있다. 이런 경우를 보면 인두세도 완전히 중립적인 조세라 보기 어렵다.

다음은 조세정책을 통한 초과부담을 살펴볼 것인데 그에 유용한 조세는 소득세와 소비세의 일종인 물품세(exercise tax)이다.

2. 소득세와 소비세

소득세가 소비세보다 초과부담이 더 작아 재화 간의 소비자 선택을 왜곡시키지 않는다는 주장이 있어 왔다. 이 점을 먼저 확인해보고 소득세가 납세자들에게 초과부담을 일으키는 경우를 살펴보자.

설명을 위한 출발점으로 우선 다양한 변수들은 일정하다고 하고 시장은 완전경쟁시장을 가정한다. 외부효과는 존재하지 않고 파레토 효율적인 자원배분이 조세 도입 전에 존재하였다고 하자. 또한 생산요소의 공급이 고정되어 있고, 소득세와 물품세가 부과되기 전과 후에 이들 생산요소는 모두 사용된다고 가정한다. 분배 측면을 배제하기 위해 모든 사람은 동일 소득과 동일 취향을 갖고 있다고 본

5 '가족계수(quotient familial)'라 불리는 프랑스의 소득세제는 과세표준을 가족 수로 나눠 계산해 자녀가 많은 가정일수록 세금감면 혜택을 더 많이 받도록 하고 있다. 제8장(개인소득세)에서 보다 자세히 다룰 것이다.

[그림 3-2] 소득세와 종량 물품세

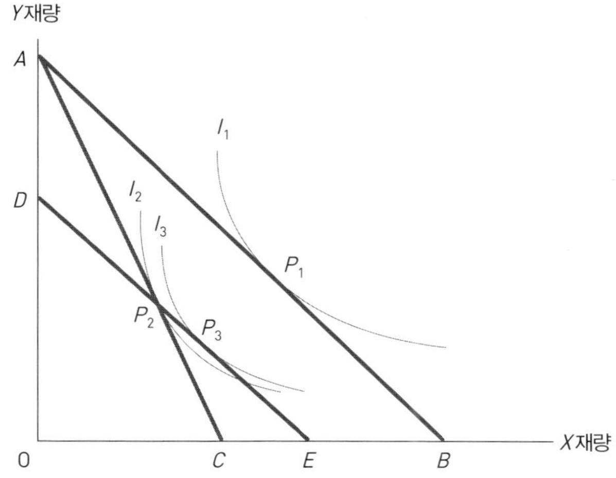

다. 이와 더불어 징세비용, 조세협력비용이 없다고 하고 두 조세는 동일 양의 세수를 걷고 두 조세의 정부지출 형태는 동일하다고 가정한다. 논의를 단순화하기 위해 조세는 두 재화(X재와 Y재)에만 적용된다. 마지막으로 X재에는 물품세를 부과하고 Y재는 조세부과를 하지 않으며 모든 소득에 비례소득세를 부과한다고 하자. 소비자가 두 재화의 선택에 따른 조세의 효과로 제한하여 분석하는 부분균형분석을 한다.[6]

[그림 3-2] 는 어떤 개인의 X재와 Y재의 다양한 소비선택 조합을 보여주고 있다. 조세가 부과되기 전 일정 크기의 소득이 있는 소비자는 AB의 예산제약에 직면하고 있다. 예산제약은 X재의 B, Y재의 A만큼을 모두 사용할 수 있고, AB사이의 상품묶음(bundle)을 선택할 수 있다. 예산제약 AB의 기울기는 X재와 Y재의 상대가격을 나타낸다. 소비자 선호는 무차별곡선으로 표현되고 무차별곡선 상의 모든 점은 무차별한 X재와 Y재의 소비조합을 나타낸다. 소비자가 소비로부터 얻게 되는 만족을 극대화하려면 주어진 예산제약하에서 가능한 한 가장 높은

6 생산 측면도 함께 고려하는 일반균형분석은 이 책의 범위를 벗어나 다루지 않는다. 일반균형분석에 대한 간략한 설명은 Simon James and Christopher Nobes(2006)에 있다.

무차별곡선 상에 있는 상품묶음을 선택해야 한다. 두 종류의 조세가 없다면 달성 가능한 가장 높은 무차별곡선은 I_1이고 소비자는 P_1에서 소비할 것이다.

X재에 종량세의 부과로 인해 소비자의 예산제약은 AB에서 AC로 이동한다(왜 그럴까?). 소비자가 Y재만 소비한다면 조세부과 후에도 전처럼 동일한 소비가 가능하다. 예산제약의 기울기 증가는 X재의 상대가격이 상승했음을 의미한다. AC의 예산제약하에서 달성 가능한 가장 높은 무차별곡선은 I_2이다. 무차별곡선 I_1 상에 P_1에서 발생하는 편익수준과 무차별곡선 I_2 상의 P_2에서 발생하는 편익 간의 차이는 조세의 부과로 인한 소비자의 후생이 악화된 크기를 나타낸다.

이제 물품세 대신 소득세가 부과되었다면 그 효과는 예산제약을 안쪽으로 평행 이동시킨다. 소득세는 X재와 Y재 간의 소비자 선택을 왜곡시키지 않기 때문에 상대가격이 변하지 않는다. 그래서 예산선이 평행 이동한 것이다(DE). 조세는 단지 구매력을 줄여 두 재화를 덜 구매하도록 한 것이다. 소득세가 물품세와 동일한 세 수입을 걷는 것으로 가정했으므로 DE는 P_3를 통과하고 두 재화묶음에 영향을 주지 않는다. 따라서 DE의 예산제약하에서 보다 높은 무차별곡선에 도달할 수 있게 된다. 분명히 무차별곡선 I_3은 I_2보다 더 높다. 그러므로 동일한 세 수입을 거두는 두 종류의 조세를 비교하면 소득세가 종량세보다 초과부담을 작게 일으킨다는 것을 알 수 있다. 다시 말하면 소비자선택과 자원배분에 더 적게 방해한다는 것을 의미한다.

만약 두 재화 모두에 간접세(예를 들어 종량세)가 부과된다면 소득세 부과와 동일한 결과가 나올 것이다. 여기서 주목해야 할 점은 조세가 가격기구를 왜곡시키는 정도에 따라 초과부담이 달라진다는 점이다. 이러한 결과는 세원이 넓은 조세가 좁은 조세보다 초과부담이 작을 가능성이 있다는 점을 말해주고 있다. 조세 징수가 많은 범위의 재화나 서비스에 퍼져 있다면 일반적으로 좁은 범위에 집중된 조세보다 소비자 선택을 더 적게 방해할 것이다. 그러나 지금까지의 단순모델은 경제 전체에 대한 조세의 효과를 분석하는 데 한계가 있다. 그 이유는 생산자가 어떤 재화를 생산하는가의 선택에도 영향을 미치므로 이를 함께 분석하는 일반균형 접근이 필요하기 때문이다.

3. 간접세

조세가 자원배분을 왜곡시킬 수 있지만 조세가 시장실패를 교정하기 위해 사용될 때는 자원배분의 효율성을 높일 수도 있다. 시장에 정부가 개입할 수 있는 일반적인 경제논리는 특정 상품의 소비나 생산에 외부성이 존재하는 경우이다. 외부성은 시장실패를 발생시키고 어떠한 경제활동이 사회적으로 바람직한 수준보다 적게 또는 많게 한다. 외부성은 상품의 소비와 생산에서 상품시장에서 참가자들의 비용(또는 편익)과 사회전체의 비용(또는 편익) 간의 차이가 있을 때 발생한다. 어떤 경제활동의 경제 전체 또는 사회의 비용이 그 활동의 사적 비용을 초과할 때 부정적 외부효과는 존재하고, 그 활동의 수준은 사회적으로 바람직한 것보다 높다. 대조적으로 어떤 활동으로 발생하는 사회적 편익이 사적 편익을 초과할 때 긍정적 외부효과가 발생하고, 그러한 활동의 수준은 사회적으로 바람직한 수준보다 낮다.

경제활동의 수준이 외부효과가 있는 시장에서 사회적으로 바람직한 수준보다 낮거나 높은 이유는 개인과 기업들이 일반적으로 그들의 경제활동에 사적 편익과 비용만 고려하고 다른 시장 참가들에게 발생하는 편익과 비용을 무시하기 때문이다. 따라서 그들은 사적 한계편익이 한계비용과 같은 곳까지 경제활동에 참여한다. 그러나 경제 전체적으로 볼 때 경제활동은 사회적 한계편익이 사회적 한계비용과 같은 곳에서 발생해야 한다. 사적으로 최적인 경제적 결정은 사회적으로 최적이 아닐 수 있다. 어떠한 시장 개입이 없고 외부효과가 없을 때 사적인 활동은 사회적으로 최적의 소비와 생산수준을 유도한다. 왜냐하면 이러한 경우에 사적 비용과 편익이 사회적 비용과 편익과 일치하기 때문이다.

조세는 정책결정자가 시장실패를 교정하는 데 사용할 수 있는 하나의 수단이다. 예를 들어 긍정적 외부효과의 경우 정책결정자가 소비자에게 상품의 세후가격을 낮추기 위해 또는 생산자에게 세후이윤을 높이기 위해 보조금을 통해 활동을 지원할 수 있다. 반면 부정적 외부효과가 있는 경우에는 반대로 그러한 활동을 하는 생산자나 소비자에게 세금을 부과하여 활동을 위축시킬 수 있다.

간접세가 경제후생을 높일 수 있는 경우는 외부효과가 존재하는 상황이다. 외부효과 중 부정적 외부효과가 발생하고 있는 경우로 설명하자.

부정적 외부효과의 전통적인 예는 오염발생기업이다. 이 기업의 소유자가 오염의 효과를 제거하지 않는다면 지역사회에 비용을 발생시킨다(설명을 위해 X재를 생산하고 있는 기업은 지역사회에 (사회적) 외부비용을 발생시키고 있다고 가정한다). [그림 3-3]에서 X재 수요는 D곡선이고 X재 생산에 대한 사회의 총비용은 S_sS_s이다. 사회적 비용을 고려하지 않기 때문에 사적 비용 S_pS_p는 사회적 비용보다 적다. 시장이 경쟁적이라면 산업은 Q_1을 생산하고 이 수준에서 사적 비용과 시장가격이 같다. 그러나 최적수준은 Q_1보다 낮은 Q_2이다. Q_2의 최적수준 이상의 추가적인 생산에서 오는 사회총비용은 편익을 능가한다.

오염발생기업으로 하여금 생산을 줄이도록 하는 방식은 많다. 그 예로 규제방법도 있지만 오염발생기업으로 인한 사회적 비용을 반영하여 X재에 소비세를 부과할 수 있다. 조세가 사회적 (외부)비용을 정확히 반영한다면 산업의 공급공선은 좌측 이동하여 생산량은 하락한다. 그러한 경우 경제후생에 유익한 효과가 있을 것이고 부(negative)의 초과부담이 발생하며 후생 이득은 삼각형 ABC로 측정된다.

[그림 3-3] 소비세와 외부효과

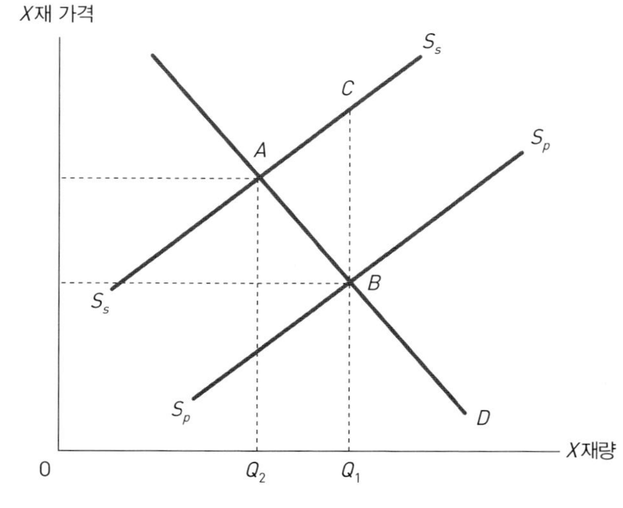

유사한 예는 소비자가 현재의 자신의 행동으로 인한 미래의 결과를 고려하지 않는 경우로 소비자의 흡연이나 음주의 과잉소비를 예로 들 수 있다. 이러한 경우 위와 동일한 논리를 적용하면 주세(alcohol tax)와 담뱃세를 부과하는 방법이 있다. 이를 죄악세(sin tax)라 한다.

4. 후생손실 극소화

경제후생에 유익한 효과가 있는 조세를 모두 사용한 후 보다 더 많은 세 수입이 필요하다면 정부는 가능한 한 적은 초과부담을 가져오는 조세를 찾아야 한다. 초과부담의 크기는 수요와 공급의 대체가능성에 따라 변동하는데 이는 여러 상품의 수요와 공급의 가격탄력성을 조사함으로써 측정될 수 있다. 우선 여러 상품의 공급탄력성이 동일하다고 가정한다. 간접세 부과 상황에서 초과부담은 가장 낮은 수요의 가격탄력성을 가진 재화에 부과하면 최소화될 것이다.

[그림 3-4]에서는 논의의 편의를 위해 상품 *G*가 완전탄력적인 공급곡선을 갖는다고 하고 두 가지 탄력성을 가진 수요곡선(비탄력적인 D_1D_1와 탄력적인

[그림 3-4] 초과부담과 가격탄력성

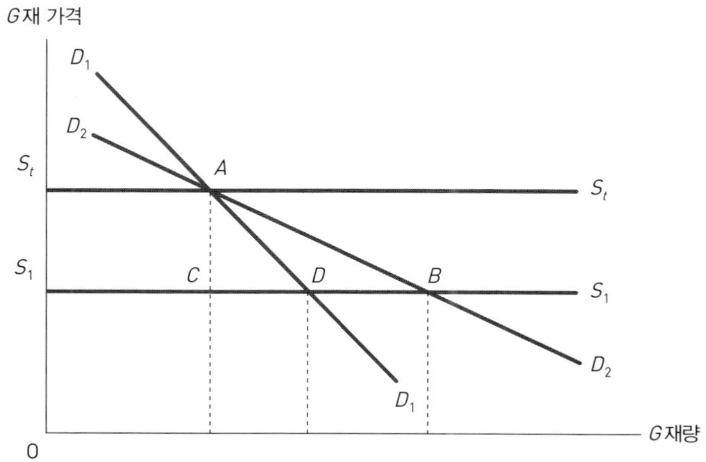

D_2D_2)을 가정한다. 상품 G에 종량세의 부과로 공급곡선이 상방으로 이동한다(S_tS_t). 어떠한 수요곡선이든 조세는 동일한 크기의 세 수입을 가져다준다. 그러나 수요곡선이 D_2D_2라면 과세로 인해 소비자잉여의 상실은 ABC이고 수요곡선이 D_1D_1이라면 ACD가 된다.

모든 다른 것이 일정하고 조세가 한 재화에만 부과되면 수요의 가격탄력성이 작은 재화가 후생손실이 작다는 것을 알 수 있다. 예를 들어 술(alcohol)은 상대적으로 가격탄력성이 작아서 음주와 관련된 사회적 (외부)비용에도 불구하고 세 수입은 주세의 주된 목적이 된다.

또한 다른 조건이 모두 일정할 경우 조세의 부과로 인한 후생손실을 작게 하려면 공급의 탄력성이 작은 재화에 부과해야 한다. [그림 3-5]에서 보여주듯이 극단적인 경우 영(0)의 공급의 탄력성을 가진 경우이다. 소비세 부과(RT의 소비세)는 생산량과 가격에 변동을 가져오지 않는다. 이런 경우에 전체적인 부담은 생산자가 부담하게 된다. 전통적인 예로 토지에 대한 과세 논의를 들 수 있다. 토지가 고정되어 있다면 임대료(rent)에 대한 조세부과는 생산에 유용한 토지 크기를 줄어들게 하지 않을 것이다. 그러나 생산요소로서의 토지공급이 항상 비탄력

[그림 3-5] 완전 비탄력적 공급곡선

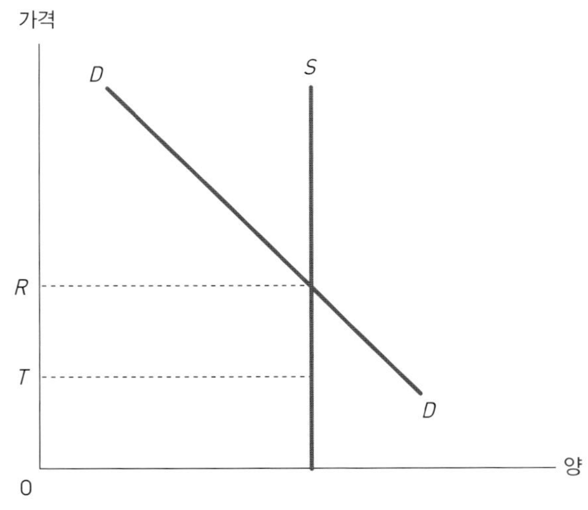

적인 것만은 아니다. 토지도 농지, 대지, 공장용지 등으로 용도를 세분하면 어느 정도 탄력적일 수 있다.

5. 후생손실과 조세정책

이번에는 소득세를 비례세(모든 사람에게 동일한 평균세율을 적용하는 세제)에서 누진세로 전환하였을 경우 후생손실의 효과를 보자. 동일한 세 수입을 걷는다고 가정하면 누진세로의 전환은 모든 사람에게 동일한 세율을 부과하는 것보다 일정 소득수준 이하는 세원에서 배제하고 이로 인해 상실된 세 수입은 다른 소득계층에서 높은 세율을 부과한다는 의미이다. 예를 들어 저임금 근로자와 고임금 근로자가 있다고 할 경우 비례세를 부과할 경우 두 사람 모두 근로의욕을 저해하여 노동공급을 줄이지만 저임금 근로자보다 고임금 근로자의 후생손실이 좀 더 크다. 만약 조세정책이 변경되어 누진세가 도입되었다고 하자. 그렇게 되면 저임금 근로자는 면세되는 경우가 발생해 과세 이전의 상태로 돌아가 후생손실은 발생하지 않은 반면 세 수입 상실분은 고임금자에게 추가로 더 받게 되므로 고임금자의 후생손실은 비례세하에서보다 훨씬 더 커질 가능성이 있다.

후생손실(초과부담)은 세율의 제곱에 비례하므로[7] 소득세 세원에 높은 누진세율을 부과하면 후생손실이 더 커진다. 따라서 효율적인 조세정책 방향은 세율을 낮게 하고 세원을 확대하는 것이다. 이 점을 고려하여 세율을 균등하게 또는 단일세율로 하고 복잡한 공제제도를 정비하는 평률세(flat rate tax) 개혁방안이 제기되었고 이를 실제로 시행하는 나라들이 있다. 이에 대한 문제점과 상세한 사항은 뒤(제8장)로 미룬다.

---

7 초과부담은 수요공급곡선의 삼각형 크기로 측정하는데 삼각형의 크기는 세율과 수요와 공급의 탄력성의 크기와 함께 커지고 또한 세율의 제곱의 크기에도 비례한다. 유도 과정은 Gruber(2011), p. 662를 참고하길 바란다.

제 4 절 경제적 효율성의 측정

일반적으로 경제학자들은 조세체계가 상당한 효율성 비용을 발생시킨다는 점에 동의하고 있다. 복잡한 경제에서 조세 관련 효율성 비용의 크기를 추정한다는 것은 상당한 어려움이 있지만 조세체계의 효율성 비용을 추정하려는 다양한 시도가 있어 왔다. 예를 들어 한 연구에 의하면 노동공급결정을 왜곡시키는 근로소득에 대한 개인소득세의 효율성 비용이 1,370억 달러에서 3,630억 달러에 이르는 것으로 추정한 반면[8] 또 다른 연구는 과세의 효과가 대략 450억 달러(1995년)[9]에 이른다고 하였다.

위와 같은 추정치들을 보면 조세로 인한 효율성 비용의 크기 추정이 상당히 불확실하다는 점을 보여주고 있다. 이러한 어려움으로 인해 단순한 경험법칙들이 대략적인 조세의 효율성 비용을 추정하는 데 이용되고 있다. 그럼에도 불구하고

효율성 비용 추정을 위한 경험법칙(Rule of Thumb)

효율성 비용을 측정하는 것이 어렵기 때문에 다양한 경험법칙들이 특정 상황에서 효율성 비용의 근사치를 구하는 데 사용되어 왔다.

1. 미국의 의회예산처 지침에 따르면 조세인상으로 인한 효율성 비용(정부지출 프로그램의 비용과 편익을 계산할 때 총비용의 부분으로 포함되어야 함)은 프로그램의 자금에 사용되기 위해 거두어들인 세 수입의 25%와 같다.
2. 경제학자들은 조세인상으로 인한 효율성 비용은 세율의 제곱에 비례한다는 점에 대체로 동의한다. 예를 들어 50% 조세인상(25%에서 37.5%)은 두 배 이상의 효율성 비용이 발생한다는 것이다. 이러한 이유로 누진세율은 동일한 크기의 세 수입을 거두어들이는 비례세보다 효율성 비용이 더 클 것이다.

---

8 Martin Feldstein, "Tax Avoidance and the Deadweight Loss of the Income Tax", *The Review of Economics and Statistics*, vol. 81, no. 4, 1999.

9 Jinyong Cai and Jagadeesh Gokhale, "The Welfare Loss From a Capital Income Tax", *Federal Reserve Bank of Cleveland Economic Review*, vol. 33, no. 1, 1997.

연구들은 조세체계로 인한 전반적인 효율성 비용이 크다는 점에 대해서는 대체로 동의하고 있다.

조세개혁이 조세로 인한 비효율성을 줄여 경제후생을 증가시키는 정도는 개혁 시스템의 디자인에 달려 있다고 할 수 있다. 모든 조세체계는 일부의 의사결정이라도 왜곡을 발생시키므로 조세와 관련된 모든 효율성 비용을 제거하는 것은 불가능하다. 조세개혁에서 효율성 비용의 크기는 저축과 소비, 조세지출의 수, 그리고 누진세율의 정도에 달려 있다. 일부의 경제학자들은 우대조항이 없는 순수한 소비세와 평률세가 현행 조세체계와 비교하여 효율성 비용을 줄일 것이라고 생각하고 있지만 그러한 순수한 조세는 공평성과 다른 조세정책 원칙과의 충돌 가능성 때문에 실행 가능하지 않을 수 있다.

더욱이 새로운 조세체계가 장기적으로 재정적자를 크게 한다면 조세개혁으로부터 얻는 효율성 관련 이득은 상쇄될 수 있다.

1. 과세로 인한 근로와 저축 결정

조세의 효율성 비용을 측정하는 데 어려움이 있으므로 조세가 경제에 미치는 영향을 분석할 때는 경제의 생산량의 변화, 노동공급, 또는 다른 경제변수에 주는 효과에 초점을 맞추고 있다. 그러나 그러한 변화가 반드시 효율성 비용을 측정할 수 있는 것은 아니다. 효율성 비용은 일반 조세로 인한 개인의 후생과 세수중립적이면서 왜곡이 존재하지 않는 정액세(lump-sum tax)하에서 개인의 후생 간의 차이이다.

일반적으로 논의되고 있는 세 가지 선택은 근로와 여가 간의 선택, 소비와 저축 간의 선택, 그리고 국내와 국외 투자 간의 선택이다. 조세가 이러한 선택에 미치는 효과는 경제성장에 대한 조세의 효과와 서로 얽혀 있으며 이에 대해서는 다음 장에서 설명한다.

(1) 근로와 여가

소득세와 소비세 모두 두 가지 측면에서 얼마나 많은 시간을 일을 할지 아니면 여가에 사용할지를 선택하는 데 영향을 미칠 수 있다. 먼저, 조세로 인해 근로자들은 과세 후 자신들의 소득을 유지하기 위해 보다 더 많은 일을 해야 하기 때문에 근로유인을 높일 수 있다(소득효과). 둘째, 조세로 인해 근로자들은 추가 근로시간으로부터 더 적게 벌기 때문에 근로유인을 줄일 수 있다(대체효과). 따라서 순효과는 전체적인 노동공급의 변화가 없을 수도 있다. 그러나 이러한 경우에도 여전히 효율성 비용이 있고 그것은 두 번째 효과에 의해서 결정된다. 세후 수입이 감소함으로써 소득세와 소비세 모두 근로나 여가에 얼마나 많은 시간을 투입할지에 관한 결정을 왜곡시킨다.

실증연구들에 의하면 일반적으로 적어도 주 수입원(primary earner)의 노동참여 결정은 조세에 매우 민감하지 않다는 것을 보여주고 있다. 그러나 부 수입원(secondary earner)의 노동참여에 관한 결정은 조세 변화에 보다 민감하게 반응한다는 것을 보여주고 있다.

(2) 소비와 저축

자본에 대한 과세는 저축에서 오는 세후수익을 줄인다. 즉, 자본에 대한 과세는 미래소비(저축)를 현재 소비와 비교하여 매우 값비싸게 하는 것이고 따라서 저축 결정을 왜곡시킬 잠재력을 가지고 있다.

(3) 국내투자와 국외투자

자본으로부터 나오는 소득에 대한 과세는 자국과 외국 투자에 상대적인 세후수익을 변경시킴으로써 투자위치에 영향을 미칠 수 있다. 이 점은 투자위치가 자국민의 소득에 영향을 미칠 수 있기 때문에 중요하다. 자국에서 일하는 근로자들의 소득은 대체로 자국투자 규모가 커지면 함께 커지는 생산성과 밀접하게 관련되어 있다. 동시에 자본을 소유한 자국민이 보다 높은 수익률을 가져다주는 곳(자국이든 외국이든)에 투자를 함으로써 보다 높은 소득을 올릴 수 있다. 늘어나는 교역과 통신 운송비용의 감소로 자본 유동성이 커지는 세계에서 투자위치에 대한 과세의 효과는 과거보다 훨씬 중요한 요인이 되고 있다.

2. 효율성과 경제성장

조세체계로 인해 발생한 왜곡을 줄이거나 제거하는 것은 경제성장에 영향을 미칠 수 있다. 조세체계의 효율성을 높이는 것은 잠정적인 성장률의 증가를 통해 경제를 확장시킬 수 있다. 효율성의 증가는 기존의 자원을 보다 효율적인 방식으로 사용하는 데 따른 후생의 증가이다. 효율성은 생산능력을 보다 높은 수준으로 올릴 수 있지만 반드시 추가적인 자원 투입 없이 높일 수 있는 것은 아니다. 따라서 장기적인 성장률은 인구증가율, 자본량, 기술수준 등과 같은 요인들에 의해 결정된다. 이에 대해서는 다음 장(제4장)에서 설명한다.

제 5 절 행정비용과 납세협력비용

일반적으로 조세는 비효율성을 발생시키기 때문에 효율성 비용의 최소화는 바람직한 조세정책을 위한 한 가지 기준이 된다. 그러나 조세정책의 목표가 효율성 비용만을 줄이는 데 있는 것은 아니다. 그렇다고 조세가 효율성 비용과 세 부담 이상의 다른 비용을 발생시킨다는 사실로 인해 조세가 존재할 가치가 없다는 것을 의미하지 않는다. 조세정책의 목표는 바람직한 세 수입의 크기와 다른 정책목표, 즉, 공평성, 간소화, 투명성 등과 함께 경제적 효율성과의 균형을 낳는 조세체계를 설계하는 것이다. 더욱이 정부지출수준에 맞는 재원을 마련하기 위한 충분한 세 수입을 제공하지 못한다면 정부는 어쩔 수 없이 재정적자와 정부부채를 선택해야 한다. 그러나 대규모의 지속적인 재정적자는 궁극적으로 생산성과 경제

[그림 3-6] 납세자의 조세로 인한 총비용

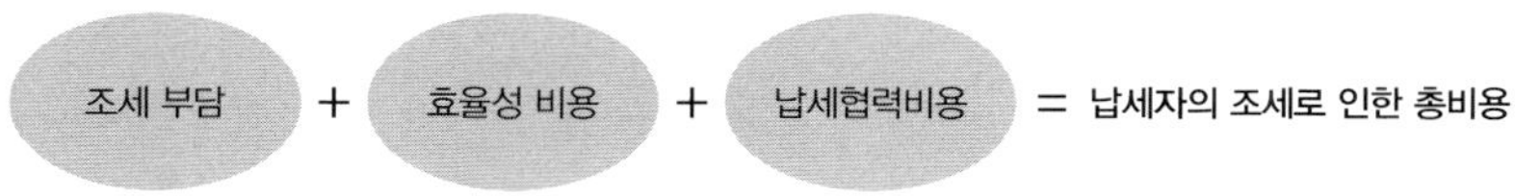

자료: 국회예산정책처

성장에 부정적인 영향을 줄 수 있다.

조세가 효율성 비용을 발생시키기 때문에 납세자의 조세로 인한 총비용은 세 부담 자체보다 더 크게 된다. 따라서 납세자의 관점에서 보면 조세로 인한 총비용은 세 부담과 효율성 비용, 그리고 조세체계에 협력하는 데 발생하는 비용의 합이라고 할 수 있다.

국가적인 관점에서 보면 세 수입은 비용이 아니다. 즉, 세 수입은 납세자들의 주머니에서 정부가 제공하는 프로그램이나 서비스의 재원을 위해 정부의 금고로 가는 것이지 국가에 손실이 되는 것은 아니다. 한편 효율성 비용과 납세협력부담은 국가적인 관점에서 보면 비용이다. 왜냐하면 그것은 포기한 생산과 소비기회뿐만 아니라 납세협력으로 인해 납세자들이 소비한 시간의 상실을 포함하기 때문이다.

이와 함께 조세체계의 운영에서 발생하는 직접적인 비용으로 공공부분에서 발생하는 비용인 행정비용(administration cost)도 간과할 수 없다. 따라서 두 가지 비용은 세 부담을 결정하는 데 소요되는 작업시간, 납부빈도, 또는 거래시기(예를 들어 부가가치세법상 납세자 입장에서는 납세의무 발생시기, 과세관청 입장에서는 재화나 용역의 공급시기)등을 포함한다. 세법이 복잡할수록 이들 두 가지 비용은 더욱 커진다.

이와 더불어 조세회피(avoidance) 또는 절세와 탈세(evasion)시도는 민간부문의 협력비용에, 그리고 공공부문에서는 납세자들의 행동을 막으려는 행정비용에 영향을 준다. 따라서 납세자들의 조세회피와 탈세행동은 조세의 효율성에 영향을 미치므로 이 장에서 다루어야 하지만 조세의 공평성 측면에서도 중요한 고려사항이므로 이에 대해서는 후술하기로 한다.

1. 행정비용 administration cost

조세로 인한 초과부담과 행정비용을 비교하면 후자가 측정하기가 더 쉽다. 행정비용은 각 조세를 운영하는 공공부문에서 발생하는 모든 비용을 포함한다. 그러므로 세무공무원의 보수, 세무조정 그리고 직원들의 비품 등의 모든 비용뿐만 아니라 다른 부처에 대가를 지불하지는 않지만 받게 되는 부처 간의 협력서비스도 포함해야 한다.

세무당국의 행정 효율성을 가늠할 수 있는 지표 중의 하나는 세금 100원당 징세비용(징세액 대비 징세비 비율)이다. 이 지표를 이용하여 우리나라의 징세비용을 측정해보면 징세행정의 효율성이 상당히 높은 수준으로 조사되었다.[10] '징수세액 100원당 징세비용'이 2013년 기준 0.72원으로, OECD 선진국 중에서도 상당히 낮은 것 파악되고 있다. 2011년 기준으로 일본의 경우 1.75원으로 우리나라(0.76원)의 2배가 넘고, 독일과 프랑스가 각각 1.40원과 1.20원 수준이며 스페인은 0.86원, 영국은 0.83원으로 미국의 0.62원을 제외하고 최저수준이다. 반면, 납세자가 세금을 신고하고 내는 과정에서 부담하는 경제적·시간적인 제반 비용인 '납세협력비용'은 2011년 국세청 조사에서 세수 1,000원당 55원에 달해 이를 100원당으로 환산하면 5.5원으로 세무당국의 징세비용(2011년 기준, 0.76원)보다 납세자들의 비용부담이 7.2배 이상 큰 것으로 나타났다.

2. 납세협력비용 compliance cost

납세협력비용은 계산하기가 훨씬 어렵다. 여기에는 세무사나 회계사의 조력, 자진납부신고서를 작성하는 시간, 정신적인 비용 등을 포함하며(애덤 스미스는 세무공무원과 자주 만나는 것도 심리적인 부담을 주는 비용으로 보고 있다), 친구나 친척의 도움도 비용으로 볼 수 있다.

납세협력비용은 '과세의 감추어진 비용'으로서 행정비용보다 계산해내기가 더

10 국회 기획재정위원회 소속 새누리당 박명재, 「2014 국정감사 자료」.

어렵다. 샌드포드(Sandford, 1973)는 1970년 영국에서 총운영비용(징세비용과 납세협력비용)이 총세수입의 4%라 추정하였다. 또한 납세협력비용은 영국 GDP의 1%를 초과하고 징세비용과 함께 계산했을 때 GDP의 1.5% 정도라 추정하였다(농업과 어업, 임업 모두 포함해 계산하면 GDP의 1.8%인 것과 비교하면 작은 수치가 아니다). 슬렘로드-소럼(Slemrod and Sorum, 1984)은 미네소타 납세자들을 대상으로 설문조사를 한 결과 미국 소득세의 납세협력비용이 세 수입의 5~7% 달한다고 추정하였다. 또한 2000년 한 연구에 따르면 미국에서 납세자들은 세금신고서를 작성하는 데 총 32억 시간과 188억 달러의 비용을 사용한다고 하였다. 이 수치를 1인당으로 환산해보면 각각 26.4시간과 209달러에 달한다(Guyton et al., 2003).

우리나라의 경우 2007년도 전체 납세협력비용은 7조 140억 원으로 901조 원의 GDP 대비 0.78% 수준인 것으로 나타났다. 이를 사업자 유형별로 보면 법인사업자가 56.2%인 3조 9,435억 원, 개인사업자는 48.8%인 3조 705억 원으로 분석되었고, 세목별로는 부가가치세가 2조 2,000억 원 정도, 법인세가 1조 9,500억 원 정도, 소득세가 1조 8,000억 원 정도로 나타났다. 세수대비 비중을 보게 되면, 소득세가 7.45%, 법인세가 5.53%, 부가가치세가 5.42%로 소득세 관련 비용이 상대적으로 더 높게 나타났다. 세목 중 부가가치세가 높은 이유는 신고횟수가 다른 세목보다 더 많기 때문이고, 세수대비로 소득세 분야가 높게 나타난 이유는 세수기여도가 낮은 영세사업자의 납세의무 이행 때문인 것으로 보인다(조세연구원, 2008).

이와 같이 다양한 과세로 인한 비용을 고려할 때 초과부담, 공공부문의 행정비용, 민간부문의 납세협력비용을 모두 포함해야 할 필요가 있다. 아울러 한 가지 더 지적할 사항은 세 수입으로 납세자들에게 제공하는 편익(예를 들어 사회보장 프로그램)을 함께 연계하여 본다면 과세로 인한 후생손실의 크기는 크지 않을 수 있으며 이에 대한 설명은 본 서의 범위를 넘으므로 여기서는 다루지 않는다.[11]

11 Anderson and Meyer(2000)의 연구에 의하면 사회보장 프로그램의 재원을 조달하기 위한 비용은 고용에 영향을 주지 않지만 임금수준의 감소는 크다고 하였다.

제 4 장

경제성장과 조세정책

조세정책은 생산에 필요한 투입물에 영향을 미치기 때문에 결국 성장에 영향을 미칠 수 있다. 노동에 대한 과세는 추가적인 노동에서 오는 수익을 줄일 것이고 자본소득세는 추가적인 자본의 공급에 다른 수익을 줄일 것이다. 이에 따라 잠재적 경제생산량을 줄어들게 할 것이다. 반면 조세정책은 공식 교육과 직업훈련을 지원하고 연구개발과 신기술에 대한 투자를 촉진하는 데 지원함으로써 조세로 인한 부정적인 성장효과를 완화시킬 수 있다. 본 장에서는 경제성장에 대한 개요를 설명하고 경제성장에 영향을 미치는 다양한 요인들(노동공급, 저축과 투자, 기술과 인적자본 등)과 조세정책 간의 관계를 다루고자 한다.

제 1 절 경제성장 economic growth 개요

1. 경제성장의 결정요인

정책결정자가 조세정책을 포함한 경제정책을 시행하려 할 때 달성하고자 하는 목표 중의 하나는 경제성장률을 높이는 데 있다. 한 국가의 GDP는 일정기간 동안 한 나라 내에서 생산요소를 이용하여 생산된 최종 재화와 서비스의 시장 가치의 합으로 계산된다. 비록 경제학자들은 보다 폭넓은 경제후생의 측정방법을 제안하고 있지만[1] 통상 경제성장은 GDP를 높이는 것으로 보고 있다. 경제학자들은 경제성장에 영향을 미치는 다양한 요인으로 지형학적인 위치, 정치구조, 재산권, 기술 확산 메커니즘, 금융시장의 성숙도 등을 포함한다. 그러나 여기서는 조세정책에 특히 관련이 있는 네 가지 주요 요인에만 초점을 둘 것이다. 즉, 노동공급, 물적자본(예를 들어 장비, 건물, 기반시설 등), 인적자본(예를 들어, 교육과 건강), 그리고 기술혁신이다.

1 http://www.stiglitz-senfitoussi.fr/documents/rapport_anglais.pdf.

성장문제를 다룬 문헌들에 의하면 물적자본의 차이가 국가 간 소득의 차이를 20% 설명하고 있는 반면 인적자본과 총요소생산성(TFP)의 차이가 각각 10%~30%, 50~70%를 설명한다고 한다. 총요소생산성은 노동, 자본 등 단일요소 생산성 측정에는 포함되지 않는 기술, 노사, 경영체제, 법·제도 등이 반영되기 때문에 총요소생산성 증가는 기술혁신을 의미하기도 한다.[2]

2. 조세정책과 경제성장

조세정책이 노동공급, 물적자본, 인적자본, 기술혁신을 통해 GDP에 어떻게 영향을 미치는가를 이해하기 위해서는 경제 내에서 공급된 노동의 양과 그 노동의 평균생산성의 곱으로 GDP를 생각하는 것이 유용하다. 경제에 노동생산성은 노동자의 인적자본, 물적자본, 그리고 그것에 사용된 기술을 포함하는 많은 요인들에 의해 결정된다.

조세정책은 어떤 경제활동의 세후수익을 변경시킴으로써 경제에 노동공급, 물적자본, 인적자본, 그리고 기술수준에 직접적으로 영향을 미칠 수 있다. 예를 들어 임금에 대한 세율의 인하는 노동의 세후수익을 높임으로써 노동공급을 늘릴 수 있다. 법인소득세율의 인하는 자본의 세후수익을 높여 기업이 물적자본에 보다 더 많은 투자를 하게 하여 노동자들의 생산성을 높일 수 있다. 교육비용을 낮추는 정책은 인적자본에 보다 더 많은 투자를 하도록 하고, 연구개발을 보조하는 정책은 기술혁신을 높일 수 있다. 이러한 정책들이 노동공급을 늘리고 물적·인적 자본을 높이며 기술혁신을 증진시켜 경제성장률을 높이게 될 것이다.

그러나 이러한 정책들은 경제성장률을 높일 수 있는 경제활동을 부추기게 하는 반면 예산상의 비용을 발생시킨다. 중앙정부가 예산적자를 늘리면 국가저축의 감소와 자국 민간투자의 감소를 가져와 적어도 장기에 이러한 정책들의 성장효과는 상쇄될 수 있다.

2 투입량의 증가에 따라 생산량의 증가가 결정되는 것은 아니라고 정의할 수 있다. 예를 들어 자본과 노동투입을 각각 5% 늘렸는데 15%의 성장이 발생한 경우 5%가 총요소생산성이라고 할 수 있다.

3. 조세정책과 경제효율성

상기의 설명은 어떻게 조세가 특정 경제활동을 부추겨 직접적으로 경제생산을 높일 수 있는가를 이해하는 일반적인 틀을 보여준 반면, 조세는 또한 노동과 자본과 같은 자원이 경제에 가장 생산적으로 이용되도록 유인함으로써 생산량 수준에 간접적으로 영향을 미칠 수도 있다. 자원이 보다 더 효율적으로 배분되면 평균노동생산성은 증가한다. 일반적으로 조세는 경제효율성을 감소시키는 왜곡을 발생시키지만 어떤 경우에는 조세가 시장실패를 교정하고 그로 인해 경제효율성을 높이게 할 수 있다. 경제효율성을 높이는 조세는 특수한 상황일 때 가능한 것이고, 조세의 특성과 과세된 경제활동에 따라 다를 것이다.

일반적으로 세 수입을 높이는 특정 조세체계는 납세자들의 재화 소비 또는 노동이나 자본의 공급 가격을 변경시켜 결과적으로 경제적 의사결정을 왜곡시킨다. 이러한 왜곡은 경제적 비효율성을 초래한다.[3] 조세체계의 분석에서 경제학자들은 종종 한계세율의 중요성을 강조한다. 그 이유는 납세자의 근로나 저축, 또는 다양한 세금우대를 이용하기 위한 유인(incentive)에 영향을 미치는 것이 한계세율이기 때문이다. 이러한 유인은 납세자들의 선택을 왜곡시킬 수 있고 결과적으로 사회의 노동과 자본의 비효율적인 배분을 유도할 수 있다. 노동과 자본의 비효율적인 배분은 조세가 없을 경우의 재화와 서비스의 생산수준보다 낮을 것이다.

과세로 인한 효율성 손실은 대체로 한계세율이 커지면서 증가한다. 즉, 높은 세율구간에서 한계세율 1% 포인트 증가(예를 들어 40%에서 41%)는 낮은 세율(예를 들어 20%에서 21%로)구간에서의 한계세율의 1% 포인트 증가보다 추가 세 수입의 효율성 상실은 더 크다.[4] 따라서 경제의 비효율성을 최소화하기 위해 경제학자들은 일정 수준의 세 수입을 올리기 위해서는 가능한 한 한계세율은 낮게 유지하면서 과세 세원의 확대를 오래전부터 권장해왔다.

3 이에 대한 예외는 'poll tax' 또는 'lump-sum tax'이다.

4 과세로 인한 효율성 상실의 크기는 납세자들의 행동반응 또는 탄력성 그리고 총유효한계세율의 제곱에 달려 있다. 그러므로 유효세율의 작은 변화는 세 수입의 변화의 관계에서 큰 효율성 상실을 발생시킬 수 있다.

조세가 왜곡효과를 가져올 수 있는 반면 조세정책을 통해 시장실패를 교정한다면 자원배분의 효율성은 높아질 수 있다. 통상 시장에 정부개입의 일반적인 경제논리는 특정 상품의 소비나 생산에 외부성이 존재하는 경우이며 이에 대해서 제3장에서 다루었기에 생략한다.

제 2 절 경제성장 요인과 조세정책

1. 노동공급

(1) 노동공급과 경제성장

경제에 노동공급의 크기는 생산량의 크기를 결정하는 기본적인 요인이다. 평균노동생산성을 일정하게 한 상태에서 노동공급의 증가는 생산량을 증가시킨다. 또한 조세정책을 통해 노동으로부터 나오는 세후수익을 변경시킴으로써 노동공급에 영향을 미칠 수 있다.

노동공급의 기본적인 경제모델에서 개인은 노동과 여가 시간 간에 배분 수준을 결정한다. 이러한 선택에서 한 가지 중요한 결정요인은 개인이 노동으로부터 받는 임금(다시 말해 근로수익)이다. 임금이 증가하면 개인의 노동결정에 두 가지 반대의 효과가 발생한다. 즉, 임금의 상승은 여가의 기회비용을 증가시켜(다시 말해 포기한 임금) 노동을 더 많이 공급하고 여가시간을 줄이도록 한다(대체효과). 또 한편으로 임금의 상승은 개인의 소득이 증가하여 이와 함께 증가하는 여가활동 소비의 증가를 유도하게 할 것이다(다시 말해 소득효과). 경제학자들은 일반적으로 대체효과가 소득효과를 능가하여 임금의 상승은 노동공급을 높인다고 하였다.

조세는 노동의 세후수익에 영향을 미쳐 노동공급에 영향을 미친다. 노동에 대한 세율의 인상은 노동의 세후수익을 떨어뜨릴 것이고 노동공급의 양은 줄어들게 할 것이다. 여기서 경제의 생산량 수준에는 두 가지 효과가 있다. 첫째, 노동공급의 감소는 경제의 생산량의 감소를 가져온다(평균노동생산성은 일정하다고 가정한다). 둘째, 노동에 과세는 근로의욕과 직업선택을 왜곡시킴으로써 간접적으로 경제의 생산량을 줄일 수 있다. 많은 경제 문헌이 근로시간에 대한 과세의 효과를 다룬 반면 일부의 연구에서는 근로의욕과 직업선택에 대한 조세의 효과를 다루고 있다.[5] 이에 대한 많은 연구들은 이미 노동시장에서 근로를 하고 있는 사람의 노동시간에 과세의 영향(intensive margin 또는 hours margin)과 노동을 할지 안 할지의 결정에 대한 조세의 효과(extensive margin 또는 participation margin)를 분석하였다. Intensive margin과 extensive margin 효과는 경제의 노동공급의 크기에 영향을 미친다.

(2) 실증조사

조세와 노동공급 연구에 관한 실증조사 문헌들은 다양한 인구집단과 경제 전체의 노동공급 결정에 대해 조사하였다.[6] 비록 동일한 집단에 대한 노동공급 추정치가 연구마다 다르지만 특정 집단의 반응을 조사해왔고 일반적인 결과는 다음과 같다.

가. 성(gender)과 결혼 상태

실증조사에 의하면 남성과 미혼 여성의 노동공급 결정에 있어 기혼 여성의 노동공급 결정보다 과세에 덜 민감하다는 것을 보이고 있다. 기혼 여성은 남성과 미혼 여성보다 hours margin과 participation margin 모두에서 보다 더 민감한 반응을 보이는 경향이 있다고 한다.[7] 즉, 임금에 대한 과세의 증가는 기혼 여성의

5 세율의 변화에 따른 과세소득의 반응에 대한 연구들은 근로의욕과 직업선택의 왜곡 가능성을 부분적으로 설명한다. 예를 들어 개인소득세율이 인하되었을 때 근로시간의 변화 없이 근로의욕이 높아진다면 근로자들이 받는 소득(예를 들어 보너스)의 크기가 늘어날 수 있다.

6 Michael P. Keane, "Labor Supply and Taxes", *Journal of Economic Literature*, vol. 49, no. 4, pp. 961-1075, December 2011.

7 Robert McClelland and Shannon Mok, "A Review of Recent Research on Labor Supply Elasticities", Congressional Budget Office Working Paper 2012-12, October 2012.

경우에 남성이나 미혼 여성보다 근로시간을 줄이거나 노동시장을 탈퇴하는 가능성이 더 높은 것으로 나왔다. 대조적으로 임금에 대한 과세의 감소는 남성과 미혼 여성과 비교하여 기혼 여성은 근로시간을 늘리거나 노동시장 참여를 높이는 경향이 더 컸다. 또한 기존의 문헌들은 핵심 노동연령(대략 25~54세를 말하지만 국가마다 약간씩 차이가 있음)의 노동공급이 특히 과세에 민감하지 않다는 것을 보여주고 있다.[8]

나. 소득수준

대분의 실증조사는 대체로 저소득층의 노동공급결정이 고소득층의 노동공급결정보다 과세에 민감하다는 점을 보였다.[9] 특히 많은 연구들에 의하면 EITC(우리나라의 근로장려세제) 효과는 hours margin에는 영향이 적은 반면 싱글맘(single mom)에게 노동참여의 실질적인 효과(participation margin)를 갖는다는 것을 보였다.[10]

2. 자본투자

(1) 자본투자와 경제성장

자본투자는 다양한 형태(장비, 건물, 공장, 운송 기반시설 등)를 가지고 있고, 이는 기업이나 정부가 공급을 담당한다. 한 국가의 생산량을 결정하는 데 자본의 역할이 중요하다는 점은 인식하고 있지만 성장에 대한 자본량의 기여에서 자본의 질의 기여분(다시 말해 자본에 체화된 기술)을 구별해내는 것은 쉽지 않다. 그럼

8 Emmanuel Saez, Joel Slemrod, and Seth H. Giertz, "The Elasticity of Taxable Income with Respect to Marginal Tax Rates: A Critical Review", *Journal of Economic Literature*, vol. 50, no. 1, pp. 3-50, March 2012.

9 Robert McClelland and Shannon Mok, "A Review of Recent Research on Labor Supply Elasticities", Congressional Budget Office Working Paper 2012-12, October 2012.

10 Nada Eissa and Hilary W. Hoynes, "Behavioral Responses to Taxes: Lessons from the EITC and Labor Supply", in James M. Poterba (ed.), *Tax Policy and the Economy*, vol. 20, pp. 73-110, 2006.

에도 불구하고 일반적으로 자본-생산비율(경제의 투자집약도의 측정)은 경제생산량에서 국가 간 차이 중 대략적으로 20% 정도를 설명하고 있다.[11]

(2) 조세정책과 자본투자

조세정책이 투자를 높일 수 있는 주요 통로는 자본의 사용자비용을 낮추는 것이다. 이는 자본자산의 소유의 결과로 발생하는 기업의 기회비용을 말한다. 기업은 자산의 상품가치가 자본의 사용자비용과 같거나 초과하기만 하면 자산을 구매할 것이다. 만약 한계수익이 자본의 사용자비용을 초과한다면 기업은 투자하여 이윤을 높일 수 있다. 반대로 만약 한계수익이 사용자비용보다 작다면 기업은 투자에서 오는 이윤이 작아질 것이다. 적어도 기업은 자본자산으로부터 얻는 한계수익이 자본의 사용자비용과 같을 때까지 투자한다. 따라서 자본의 사용자비용은 투자의 예상현금흐름의 할인된 현재가치를 투자의 비용과 같게 하는 수익이다. 만약 두 기업 중 하나는 노동집약적이고 다른 기업은 자본집약적인 생산기술을 선택할 수 있다면 기업이 생산기술을 선택하는 데 고려하는 주요한 변수는 자본의 사용자비용이다. 자본의 사용자비용이 상대적으로 높다면 기업은 덜 자본집약적인 기술을 선택할 것이다.

자본의 사용자비용은 많은 조세와 비조세 관련 변수의 함수이다. 여기에는 법정 법인세율, 조세상 감가상각 공제의 현재가치, 명목 법인할인율, 인플레이션, 경제적 감가상각의 현재가치, 투자세액공제 그리고 자산의 가치상승이나 재평가를 포함한다.

명목 법인할인율로 나타나는 높은 금융비용은 자본비용을 높인다. 인플레이션 조정된 감가상각이나 자산의 재평가는 자본의 사용자비용을 낮춘다. 또한 투자세액공제가 높고 조세 감가상각공제가 높을수록 자본비용은 줄어든다. 세율이 높을수록 기업은 수익의 많은 부분이 정부의 수익으로 돌아가 자본의 사용자비용이 높아진다.

---

11 Francesco Caselli, "Accounting for Cross-Country Income Differences", Phillipe Aghion and Steven N. Durlauf (eds.), *Handbook of Economic Growth*, vol. 1A, pp. 680-741, 2005.

(3) 투자촉진을 위한 조세정책

투자촉진을 위한 조세정책에 대한 우리나라의 경우를 보면 경제성장을 촉진하기 위한 투자재원의 확보와 전략적으로 선정된 특정 설비투자를 유인하기 위해 「조세특례제한법」에서 투자촉진을 지원하는 조세특례제도를 운용 중에 있다.

투자촉진을 위한 주요 조세특례 항목은 '생산성향상시설 투자 등에 대한 세액공제(「조세특례제한법」 제24조)', '에너지절약시설 투자에 대한 세액공제(「조세특례제한법」 제25조의2)', '환경보전시설 투자에 대한 세액공제(「조세특례제한법」 제25조의3)', '고용창출투자세액공제(「조세특례제한법」 제26조)', '외국인투자에 대한 법인세 등의 감면(「조세특례제한법」 제121의2, 4)' 등이 있다.

〈표 4-1〉 투자촉진에 대한 조세특례 현황: 현행 「조세특례제한법」 기준

구분	항목	조문
주요 항목	생산성향상시설 투자 등에 대한 세액공제	「조세특례제한법」 제24조
	에너지절약시설 투자에 대한 세액공제	「조세특례제한법」 제25조의2
	환경보전시설 투자에 대한 세액공제	「조세특례제한법」 제25조의3
	고용창출투자세액공제	「조세특례제한법」 제26조
	외국인투자에 대한 법인세 등의 감면	「조세특례제한법」 제121의2,4
기타 항목	공공차관 도입에 따른 과세특례	「조세특례제한법」 제20조
	국제금융거래에 따른 이자소득 등에 대한 법인세 면제	「조세특례제한법」 제21조
	안전설비 투자 등에 대한 세액공제	「조세특례제한법」 제25조
	의약품 품질관리 개선시설 투자에 대한 세액공제	「조세특례제한법」 제25조의4
	외국인 투자기업의 자본재도입에 관한 관세 등 면제	「조세특례제한법」 제121의3

(4) 투자에 대한 조세정책의 효과 실증조사

투자에 대한 조세체계의 영향은 자본의 사용자비용의 변화에 투자가 얼마나 민감한지에 달려 있다. 만약 투자가 자본의 사용자비용에 상대적으로 민감하다면 정책결정자는 법인세율, 감가상각공제, 투자세액공제, 그리고 개인수준에서 투자수익의 과세를 조정함으로써 투자수준에 영향을 미칠 수 있다.

조세정책과 투자에 대한 문헌들은 조세의 변화가 투자에 상당한 영향을 미친

다는 결론을 지지하고 있다. 예를 들어 한 연구에 의하면 투자는 자본의 사용자 비용 변화에 상당히 민감하다고 하였고[12] 미국에서 1962년과 1988년 사이에 있었던 다양한 조세개혁의 영향을 조사한 또 다른 연구에 의하면 조세정책이 설비투자수준에 상당한 영향을 주는 것으로 나타났다.[13] 반면 설비투자만이 아니라 자본지출에 대한 조세변화의 영향을 조사한 연구에 의하면 실질적인 효과가 작은 것으로 나타났다. 이는 설비투자가 구조물(structures)과 같은 다른 자산에 대한 투자보다 조세변화에 민감하다는 것을 의미한다. 조세정책에 대한 연구에 의하면[14] 조세정책이 금융제약을 받는 기업의 투자행동에 큰 영향을 미친다고 하였다. 이것은 자본시장에 접근이 용이하지 않은 기업들이 투자를 위한 조세유인 변화에 특히 민감하다는 것을 보여준다고 하였다. 그러나 금융상의 제약을 받는 기업들이 덜한 기업들보다 투자를 위한 조세유인에 보다 민감하게 반응한다는 가설은 아직도 논쟁이 있는 주제이다. OECD 14개국(프랑스, 독일, 일본, 영국, 미국을 포함)에서 조세와 투자 간의 관계를 연구한 결과에 따르면 조세변화는 (비록 구조물에 대한 투자에 대해서는 확정적이지 않지만) 설비투자에는 강한 효과를 미친다고 하였다.[15]

넓은 의미에서 조세정책은 투자에 영향을 미칠 수 있다고 경제 문헌들이 제시하고 있는 반면 특히 원가회수법(cost recovery method)[16]의 변화로 인한 영향은

---

12 Kevin A. Hassett and R. Glenn Hubbard, “Tax Policy and Business Investment”, *Handbook of Public Economics*, Vol. 3, (eds. Alan J. Auerbach and Martin Feldstein), pp. 1293-1343, North-Holland Publishing Co., 2002.

13 Jason G. Cummins, Kevin A. Hassett, and R. Glenn Hubbard, “A Reconsideration of Investment Behavior Using Tax Reforms as a Natural Experiment”, *Brookings Papers on Economic Activity*, vol. 2, pp. 1-74, 1994.

14 Eric Zwick and James Mahon, “Do Financial Frictions Amplify Fiscal Policy? Evidence from Business Investment Stimulus”, working paper, June 2014.

15 Stephen Bond and Jing Xing, “Corporate Taxation and Capital Accumulation: Evidence from Sectoral Panel Data for 14 OECD Countries”, Oxford University Centre for Business Taxation working paper, August 2014.

16 회수된 현금이 비용을 초과하기 전까지는 수익을 인식하지 못하도록 하는, 보다 더 보수적인 방식의 회계처리방법이다.

보다 묘한 차이가 있다. 예를 들어 투자에 대한 보너스 감가상각(bonus depreciation)[17]의 영향은 특정 형태의 자산의 회수기간에 따라 달라진다. 한 연구에 의하면[18] 장기보유 기업용 장비 증가에 대한 보너스 감가상각 조항은 자본투자에 양(+)의 영향을 미친다고 하였다. 같은 선상에서 또 다른 연구는 보너스 감가상각 조치의 이용률이 장기보유투자를 대다수 투자로 하는 통신과 같은 산업에서 더 높았다고 하였다.[19]

3. 저축과 조세정책

폐쇄경제에서 한 나라의 저축은 투자와 같다. 장기적으로 저축수준은 경제성장률에 영향을 미치고 단기에는 저축수준의 변화가 경제활동수준에 영향을 미친다. 또한 저축은 물적 투자의 재원을 마련하고 외국의 부채를 줄여줌으로써 국가의 부를 크게 한다.

이와 함께 저축의 유인을 통해 부를 축적한 사람들은 은퇴시기에 공적지원이나 건강비용 지원의 필요성이 훨씬 적을 가능성이 있다. 다시 말하면 부의 증가는 무임승차자의 수를 줄일 수 있다.

현행 소득세가 저축형성을 저해한다고 하면 저축을 유인하는 방안은 무엇일까? 소득세의 세후 수익률을 높여 저축을 유인하는 세금우대정책 방안(사례 참고)이 저축률을 높이는 조세정책의 예로 볼 수 있다. 이에 대한 실증연구는 고용주 제공 연금, 개인은퇴계정(IRA)[20], 401(K)[21]를 대상으로 한 연구들이 있다.[23]

17 9·11 이후 경기진작을 위해서 기계장치 등에 투자한 해당 연도에는 감가상각 할 수 있는 금액을 투자한 금액의 50%까지 허용하는 조항을 말한다.

18 Christopher House and Matthew Shapiro, "Temporary Investment Tax Incentives: Theory with Evidence from Bonus Depreciation", *American Economic Review*, vol. 98, pp. 737-768, June 2008.

19 Matthew Knittel, "Corporate Response to Accelerated Tax Depreciation: Bonus Depreciation for Tax Years 2002-2004", Office of Tax Analysis Working Paper 98, May 2007.

20 은퇴저축 장려를 위해 사용되고 있는 세금보조정책에는 고용주 제공 연금에 대한 세금보조(확정급여형과 확정기여형), 개인은퇴계정(IRA)(고용주 제공 연금혜택을 받지 못하는 중·저소득층

사례 조세우대 연금안(OECD, 2016)

시장실패가 없다면 조세정책은 개인이 어떤 자산을 저축할지에 관한 의사결정에 영향을 주지 말아야 저축 과세의 경제적 효율성이 달성된다. 그러나 정부는 특정 은퇴저축을 장려하며, 많은 OECD 국가들은 개인연금저축의 개발을 장려하기 위해 다양한 유형의 세금혜택을 제공하고 있다. 이러한 저축유인은 자신의 직장 생활 중 은퇴를 대비해 충분한 저축을 하지 않고 대신 사회안전망에 의존하려는 '도덕적 해이(Moral hazard)'를 줄이기 위해 시행하는 것이다. 또한 고령화 국가에서 이러한 세금유인은 연금의 '부과식(Pay-as-you-go)'에서 '적립식(Pre-fund)'으로 이행을 원활하게 할 수 있는 방법이다. 다양한 형태의 저축을 차등 과세하는 데 있어 발생할 수 있는 문제는 수익이 아니라 조세체계로 인해 저축 결정에 미치는 영향이다.

연금저축에 대한 세금유인을 제공하는 다양한 방식이 있다. 예를 들어, '면세-면세-과세(EET)' 방식은 인출 시 과세 대상 소득으로 취급하는 반면, 기여한 자금과 축적된 자금에서 발생된 수익 모두를 면세한다. 그러나 세금유인이 반드시 세금 이연을 의미하지는 않는다. '과세-면세-면세(TEE)' 방식 아래에서는 누적된 수익과 인출이 면세되는 반면 연금저축에 대해서는 소득세를 낸다. 실제로 '과세-과세-과세'의 방식에서 '면세-면세-면세'로 가는 것과 같은 다양한 방안이 있지만 대부분의 OECD 국가들은 EET 방식의 형태를 적용하고 있다. 세금우대 방안 또는 개인연금에 대한 세금유인으로 인해 포기한 세 수입의 순조세비용은 OECD 국가들 간에 다양하다. 변동은 있지만 대부분의 OECD 국가들은 10센트 이상의 상당한 순 조세비용을 부담하고 있다고 보고 있다.

도덕적 해이 문제는 예상 연금소득이 사회안전망보다 훨씬 높은 수준에 있는 개인에게는 발생하지 않기 때문에 연금저축에 세제혜택은 빈곤한 사람에게 표적을 두는 것이 중요하다.

을 위한 제도), 401 은퇴계정, Keogh 계정(401K 계정과 유사하지만 자영업자를 위한 것이므로 대응 기여금이 없음) 등이 있다.

21 미국정부가 기업연금의 활성화를 위해 '401K'라는 세제혜택 조항을 세법에 마련해 지원하고 있다. 확정갹출형 기업연금의 대표적인 사례다. 401K란 미국의 근로자 퇴직소득보장법의 401조 K항에 규정돼 있기 때문에 붙여진 이름이다. 이 제도하에서는 근로자 및 기업주는 일정 한도 내에서 소득공제와 투자수익에 대한 비과세혜택을 누리면서 연금을 개인 퇴직계좌에 적립하고 은퇴 후에는 낮은 소득세율로 인출할 수 있다.

22 Gruber(2011), p. 716.

두 번째 요건은 저축수준이 수익률보다는 다른 목표로 결정될 수 있다는 점이다. 예를 들어 사람들은 은퇴 또는 건강 등 미래 불확실에 대비해 저축을 늘릴 수 있다는 점이다. 이러한 경우에도 소득세하의 저축에 대한 이중과세가 반드시 저축을 줄이지는 않는다.

4. 기술진보

(1) 기술진보와 경제성장

성장에 관한 문헌에서 중심적인 사항 중에 하나는 기술진보가 장기 경제성장의 주요 원동력이라는 점이다. 노동공급과 자본량의 증가는 경제의 생산량을 증가시킬 수 있는 반면 기술진보는 장기 경제성장률에 가장 중요한 요인이다.

연구 활동을 통해 얻은 지식은 기술진보가 발생하는 기반을 조성해준다. 지식의 중요한 특징 중에 하나는 소비의 비경합성(non-rivalry)이 있다는 점이다. 즉, 한 기업의 지식의 소비는 다른 기업이 지식을 이용하는 것을 방해하지 못한다. 이러한 특징이 갖는 함축성은 한 기업이 수행한 연구의 결과가 다른 기업에 혜택을 주고 그 결과를 상업화하여 이윤을 벌 수 있다는 점이다. 달리 말하면 한 기업에 의해 행한 고가의 과학적이고 기술적인 진보가 경쟁기업에 의해 값싸게 복사될 수 있다는 것이다. 개별기업이 연구활동을 통해 얻는 '확산(spill-over)' 편익을 포착할 수 없기 때문에 기업이 행한 연구의 사회적 편익이 사적 편익을 초과하여 시장실패가 발생할 수 있다. 일반적으로 경제학자들은 연구에서 오는 사회적 이득이 실제로 사적 이득보다 클 수 있다고 하였다. 그러므로 기업들은 사회적으로 최적인 수준보다 낮은 수준의 연구투자를 할 수 있다.

특허제도와 같은 일부의 제도들은 일정 기간 동안 연구의 결과를 상업화할 배타적 권리를 기업에 줌으로써 시장실패를 교정하는 방법이다. 그러므로 기업들은 연구 결과물의 상업화에 일정 기간 독점권을 갖고 적어도 연구의 확산편익의 일부를 얻을 수 있다. 이러한 제도하에서 일반적으로 한 기업은 특허제도가 없을 경우보다 더 많은 연구투자를 할 수 있다. 특허보호 부여와 함께 정부는 또한 직접지출, 연구보조 등을 통해 시장실패를 보완하고 있다.

(2) 연구개발 세액공제와 연구개발지출의 반응

시장경제하에 너무 적은 연구가 행해지고 있다고 한다면 조세지원은 민간시장의 왜곡을 교정하는 한 가지 방법이고, 이를 통해 최적수준에 도달하게 한다. 연구활동에 대한 조세정책의 효과는 조세로 인한 연구의 반응 크기와 가격에 영향을 미치는 다양한 요인들에 관해 일치된 의견이 거의 없기 때문에 매우 불확실한 점은 있다.

다른 상품처럼 기업이 부담하는 연구개발지출의 크기가 기업이 지불하는 가격인하와 관련이 있을 것으로 예상할 수 있다. 경제학자들은 이를 가격탄력성으로 관련성을 찾고자 한다. 상품을 구매하는 구매자가 지불한 가격을 낮추는 한 가지 방법은 구매에 대해 세액공제를 제공하는 것이다. 즉, 10%의 세액공제는 10%의 가격하락과 동일하다. 만약 10%의 세액공제를 준 상품의 탄력성이 -0.5라면 소비량은 5% 증가할 것이다. 따라서 일정한 연구개발 세액공제가 10%이고 연구개발지출의 가격탄력성이 -0.5라면 세액공제효과는 5%로 연구개발지출을 늘릴 것이다.

많은 연구들이 연구개발 세액공제가 연구개발지출을 늘리는 유인을 제공한다고 하는 반면에 연구개발활동의 비용 변화에 대한 연구개발지출의 탄력성을 분석한 일부의 연구들은 일반적으로 연구개발의 가격탄력성이 1보다 작다고 보고하고 있고, 또 다른 연구들은 연구개발 세액공제가 단기에는 0.8의 가격탄력성을 갖고 장기에는 2.0의 크기를 갖는다고 하였다.[23]

그러나 대부분의 연구 자료들은 공식적으로 보고된 연구개발지출에 의존한 것이기 때문에 어떠한 활동에 대한 세금우대처리는 기업으로 하여금 적격지출로 분류할 유인을 제공한다. 이러한 점이 사실이라면 보고된 연구개발지출은 실제 경제활동을 한 것 이상의 세제상의 유인이 과장된 것일 수도 있다. 따라서 추정치

23 Nirupama Rao, “Do Tax Credits Stimulate R&D Spending? The R&D Credit in Its First Decade”, March 8, 2014.

들은 세액공제로 인한 연구개발지출의 진정한 반응의 크기를 과다 추정한 것일 수 있다.

연구개발 세액공제의 효과성에 관한 연구들은 대체로 성장에 대한 연구개발지출의 효과가 아니라 연구개발지출에 대한 영향에 초점을 맞추고 있다. 성장에 미치는 연구개발지출 효과를 수량화하려는 연구들은 상당한 불확실성 문제에 부딪힌다. 예를 들어 생산성과 연구개발지출로 인해 발생한 지식의 양을 측정하는 객관적인 방법을 찾기 어렵기 때문이다. 또한 특정 기업, 또는 산업 내에서 또는 특정 국가 내에서 연구개발지출 간의 연관성을 찾는 것도 어렵다. 왜냐하면 다른 기업들이나 산업이 이러한 지출로 발생한 기술적인 발전으로부터 혜택을 보기 때문이다. 더욱이 생산성에 영향을 미치는 요인으로부터 연구개발의 효과를 분리하는 것도 어려운 문제이다.

(3) 우리나라 R&D 투자와 조세지원제도

가. 우리나라 R&D 투자 현황과 특징

우리나라의 2015년 R&D 투자는 GDP 대비 4.23%로 세계 1위 수준이며, 총액은 약 66조 원으로 미국, 중국, 일본, 독일, 프랑스에 이어 세계 6위 수준이다. 글

[그림 4-1] 우리나라 연구개발투자비와 GDP 대비 비중의 변화 추이(2005~2015년)

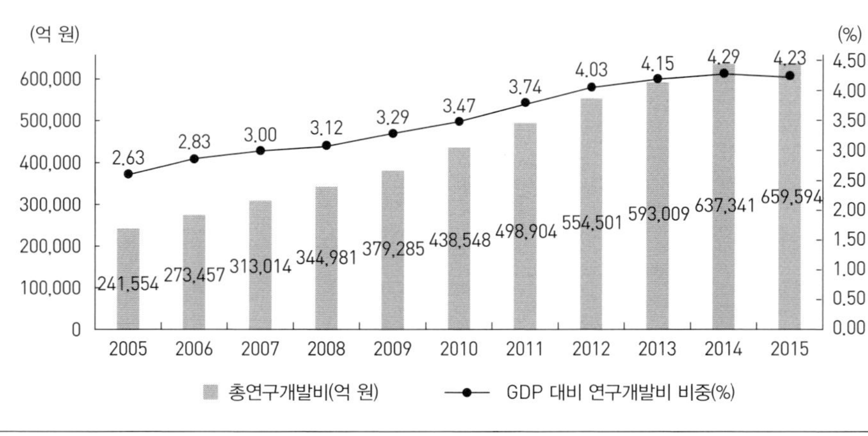

자료: 미래부·KISTEP(2016. 12.)

로벌 금융위기 등 대내외 경제여건 아래에서도 우리나라의 GDP 대비 R&D 투자 비율은 2005년 2.6%에서 2015년 4.23%로 상승하였다([그림 4-1] 참조).

우리나라 민간 R&D 총투자액을 기업 유형별로 구분하면, 대기업 76%, 중소기업 12.5%, 벤처기업 11.4%로서 대기업이 R&D 투자를 주도하고 있으며, 이는 매출액 상위 5개 기업의 R&D 집중도 37.2%, 매출액 상위 20개 기업의 R&D 집중도가 49.3%에 이른다는 사실에서도 알 수 있다(이성용·정고은, 2016).

[그림 4-2] 우리나라 매출액 상위기업의 R&D 집약도 추이(2006~2015년)

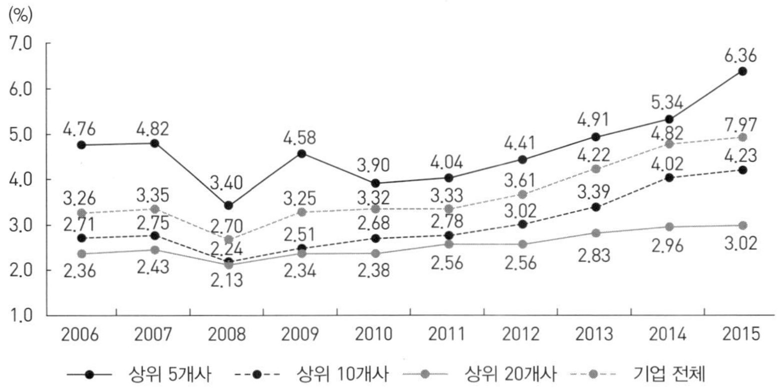

자료: 이성용·정고은(2016, KISTEP)에서 인용.

나. 우리나라 R&D 조세유인제도의 특징과 쟁점

R&D는 사회적 편익이 사적 편익보다 높기 때문에 세계 각국은 R&D 투자를 촉진하기 위한 보조금(subsidy) 지급 및 조세지원제도(tax credit)를 활용하고 있다. R&D는 경제 전반에 긍정적 외부효과가 있지만 그 효과가 나타나기까지는 상당한 기간이 걸리고 R&D 투자의 결과가 나타날 가능성도 불확실하기 때문에 정부개입 없이는 사회적으로 바람직한 수준에 이르지 못하는 문제가 있다. 이에 세계 각국에서는 민간의 연구개발활동을 지원·유인하기 위해 보조금 등의 재정지원정책 외에 조세유인을 통한 조세정책을 병용하고 있다.

OECD(2015) 조사에 의하면 33개 회원국은 연구개발 세액공제, 조세특례지원

〈표 4-2〉 연구·인력개발비 지원 조세특례 해외 사례

	주요 내용
미국	미국은 R&D 비용공제(IRC §174)와 R&D 세액공제(IRC §41)를 운용 중 ① R&D 비용공제: R&D 비용을 Code Sec. 174 (a)에 따라 당기의 비용으로 공제 ② R&D 세액공제: 당해 연도 적격 연구개발비 중 기준금액을 초과하는 R&D 지출, 기초연구 수행을 위한 R&D 지출, 에너지연구 컨소시엄에 대한 지출금액에 대해 20% 세액공제
영국	영국은 기업이 실제 지출한 R&D 비용보다 더 많은 금액을 소득공제(중소기업에 한함)하거나 세액공제를 운영 중인데, 기업 규모에 따라 대기업은 11% 세액공제를, 중소기업은 16%의 세액공제와 230%의 소득공제 중 택일 가능 또한 결손 중소기업의 경우 결손금액과 소득공제액 중 적은 액수의 14.5%를 현금공제 가능
프랑스	프랑스는 R&D 활동에 대한 세액공제제도와 R&D 활동 외의 신생 혁신기업에 대한 감면제도를 운영 중 ① R&D 비용 세액공제제도(Crédit d'impôt recherche): 최대 1억 유로(100million d'euros)의 한도 내에서 적격 R&D 지출액의 30%를 해당 연도 법인세에서 공제하며, 1억 유로를 초과하는 금액에 대해서는 5%의 공제율을 적용하며, 납부할 법인세가 없는 경우 현금으로 환급 ② 혁신활동 세액공제제도(Jeunes Entreprises Innovantes, JEI): 직원 수 250명 이하, 연매출 5,000만 유로, 자산총액 4,300만 유로 이하인 중소기업에 대해 3년간 20만 유로의 법인세를 면제하고, 연구원 임금에 대한 고용주의 사회보장부담금을 8년간 면제
일본	일본의 R&D 세액공제는 당기분 공제와 증가분 공제로 구성되어 있으며, 당기 법인세의 40%(중소기업 50%)을 한도로 공제가 가능하며, 최근 4차 산업혁명형 서비스산업을 지원 대상에 추가함 (2017년 4월)
캐나다	캐나다는 연구개발비 소득공제제도와 적격 R&D 지출에 대해 15%의 세액공제를 운영 중

자료: 국회예산정책처.

제도, 총액원천징수세액공제, 가속상각제도[24] 등의 여러 방법으로 조세유인정책을 운용하고 있으며, 이 중 우리나라를 포함한 19개국은 세액공제에 기반을 둔 조세지원정책을 운용하고 있다.

우리나라 R&D 조세지원은 「조세특례제한법」의 연구 및 인력개발비에 대한 세액공제 및 연구 및 인력개발을 위한 설비투자에 대한 세액공제 중심으로 설계되어 있다.

〈표 4-3〉에서 2016년(추정)을 보면, R&D 세액공제 총액은 3조 827억 원, 이 중 연구 및 인력개발비 세액공제가 92.4%(2조 8,500억 원)로 대부분을 차지하며 연구 및 인력개발을 위한 설비투자 세액공제는 5.4%(1,654억 원)이고 그 밖에는 상대적으로 미미한 규모이다.

24 가속상각이란 특정 유형자산에 대한 감가상각을 통상의 감가상각보다 짧은 기간에 상각하는 것을 말한다.

〈표 4-3〉 R&D 투자 세액공제의 항목별 추이(2010~2016년) (단위: 억 원)

조세지출내역	2010년 (실적)	2011년 (실적)	2012년 (실적)	2013년 (실적)	2014년 (실적)	2015년 (실적)	2016년 (실적)
연구 및 인력개발 준비금의 손금산입 (「조세특례제한법」 제9조)	742.1	845	819	830	600	429	284
연구 및 인력개발비에 대한 세액공제 (「조세특례제한법」 제10조)	18,571	23,341	25,567	28,850	27,860	28,188	28,499
연구개발 관련 출연금 등의 과세특례 (「조세특례제한법」 10조의 2)	13	12	16	20	15	15	18
연구 및 인력개발을 위한 설비투자에 대한 세액공제(「조세특례제한법」 제11조)	949	1,065	1,552	1,600	2,012	1,548	1,654
기술취득금액에 대한 과세특례 (「조세특례제한법」 제12조)	12	4	9	2	9	13	8
연구개발특구에 입주하는 첨단기술 기업 등에 대한 법인세 등의 감면 (「조세특례제한법」 12조의 2)	223	261	205	118	70	42	25
외국인기술자에 대한 소득세 면제 (「조세특례제한법」 제18조)	305	80	223	218	211	222	149
기술도입 대가에 대한 소득세·법인세 감면 (「조세특례제한법」 제121조의 6)	492	623	445	14	9	0.14	0.03
산업기술 연구개발용 물품에 대한 관세 감면 (「관세법」 제90조)	303	278	200	208	213	183	189

자료: 기획재정부, 『조세지출예산서』; 국회예산정책처, 『조세지출예산서 분석』(2016).

우리나라의 조세지원제도의 주요한 특징을 보면 대기업 R&D 조세유인은 최근까지 계속 축소되는 추세이며, 대·중소기업 차별은 갈수록 확대되는 추세라 할 수 있다. 세액공제의 90% 이상을 차지하며 기업 R&D 유인의 가장 중요한 제도인 '연구 및 인력개발비에 대한 세액공제(「조세특례제한법」 제10조)'는 대기업에 대해 1998년 이후 최근에 이르기까지 계속해서 축소되어 왔다.

미국을 비롯하여 주요국들이 민간혁신을 촉진하기 위한 전략으로 R&D 투자 조세유인을 보강하는 추세인 데 비해 우리의 경우는 조세유인을 계속 줄이고 또한 '대기업 조세유인 축소·중소기업 조세유인확대'의 일관된 정책 때문에 기업규모에 기초한 R&D 조세유인 차별이 다른 나라에서 보기 힘들게 심화되고 있다.

황인학(2017)의 연구에 따르면 기업의 R&D 투자와 관련하여 얼마나 조세지원을 받았는지를 정확히 알려면 R&D 투자총액 대비 조세지원 총액의 비중을 직접

〈표 4-4〉 주요국의 민간 R&D 투자 대비 조세지원 비율 (단위: %)

	한국	캐나다	프랑스	아일랜드	벨기에	네덜란드	일본	영국	미국
조세지원/GDP	0.24	0.18	0.26	0.16	0.20	0.15	0.13	0.10	0.07
조세지원/민간 R&D	7.4	21.2	17.9	14.2	11.6	13.8	4.9	9.4	3.6

자료: 황인학(2017).

계산해야 하며, 그렇게 계산한 결과는 〈표 4-4〉에서 보듯이 한국이 가장 높은 수준이 아닌 것으로 나타난다.

2013년도 기준 우리나라 기업 R&D 투자 한 단위당 조세지원 비율은 7.4%이며, 이는 미국(3.6%)과 일본(4.9%)보다 높지만 영국(9.4%), 프랑스(17.9%), 캐나다(21.2%) 등에 비해서는 낮은 수준이다. 따라서 GDP 대비 민간 R&D 조세지원의 비중을 나타내는 OECD 통계에 기초하여 우리나라가 OECD 회원국 중 가장 높다고 보기 어렵다고 할 수 있다.

한편, R&D 한 단위당 조세지원 비중은 대기업보다 중소기업이 더 높다. 예를 들어 노민선(2014)에 의하면 R&D 한 단위당 세액공제 혜택은 중소기업이 8.4%, 대기업이 5.2%라고 하였다. 조세지원 한 단위당 민간 R&D 투자를 유발하는 효과, 즉 '조세지원의 R&D 투자유발 승수'가 중소기업(11.8)보다 대기업(19.4)에서 더 높은 것으로 해석하고 있다. 따라서 정부가 민간 R&D에 대해 조세지원을 하는 정책의 의도와 효과 측면에서 볼 때 R&D 투자유발 승수가 훨씬 높은 대기업보다 중소기업을 차별 지원하는 것은 정치적인 동기에서 나온 것이라 생각된다.

(4) 특허박스(patent box)

많은 국가들이 특허박스(patent box)제도를 도입하여 시행 중인데 이는 지적재산권으로 발생한 소득에 대해 저율의 우대세율로 과세하는 조세정책 방식이다. 정책결정자들이 특허박스제도를 채택하는 이유를 들자면 첫째, 연구개발에 자국의 투자를 촉진시키기 위함이고 둘째, 자국에서 기업에게 지적재산을 유치하도록 장려하기 위함이다.

특허박스는 지적재산권으로부터 나오는 수익에 대해 낮은 세율을 적용함으로써 연구개발에 대한 자국에서의 투자를 촉진할 수 있고 그로 인해 연구개발활동에서 나오는 세후수익을 높이게 하는 데 있다. 그러나 특허박스제도를 채택한 일부의 국가에서는 특허박스로부터 혜택을 얻는 지적재산이 그 나라에서 착수한 연구개발의 결과물일 것을 요구하지 않는다.

특허박스제도는 R&D 활동을 촉진하고, R&D의 결과물인 사업화를 촉진하고, 다국적기업의 투자를 유치하는 등의 긍정적인 효과를 낳는 것으로 평가되고 있고, 1973년 아일랜드에서 최초로 시행된 이래 프랑스(2005), 네덜란드(2007), 벨기에(2008), 스페인(2008), 스위스(2011), 영국(2013) 등으로 확대되고 있다.

미국 기업 중에는 미국 내에서 R&D를 하더라도 그 결과물인 특허에 대한 소유권은 세율이 낮은 해외 자회사로 양도하는 곳이 많다. 그뿐 아니라, 특허제품을 생산하기 위한 제조시설을 해외에 두는 경우가 많아 제조업으로부터 창출되는 고용이 미국 내 일자리 창출로 이어지지 못한다는 문제가 있어 왔다.

미국 내 IT 기업과 제약회사 등의 기업은 특허박스제도의 도입을 지속적으로 요청해왔고, 이러한 요청이 마침내 미국 정치권 내 합의로 이어졌다. 합의된 내용에 따르면, 미국 연방정부의 법인세율은 35%인데 특허 관련 수익에는 10%의 세율을 적용하겠다는 것이다. 세수 감소에도 불구하고 특허박스제도 도입에 합의한 것은 장기적으로 미국 내 일자리 창출 등 경제에 긍정적인 효과가 더 클 것으로 판단했기 때문인 것으로 보인다.

우리나라는 중소·중견기업을 대상으로 특허 등의 기술을 이전해 받은 수익에 대해 세금을 감면하는 '좁은 의미'의 특허박스제도를 시행 중이다(「기술취득금액에 대한 과세특례」). 현행법은 특허 등을 이전하거나 대여해 발생하는 소득에 대해서는 각각 법인세 등에서 해당 금액의 50%, 25%를 세액공제 해주고, 특허 등의 취득 시에는 취득금액의 5% 또는 10%를 세액공제 해주고 있다.

산업계에서는 기술이전에 따른 수익뿐 아니라 특허제품으로부터 창출된 수익에도 세금 감면혜택을 확대하는 특허박스제도의 전면 도입을 주장하고 있다. 이를 통해 기업경쟁력을 강화시키고 R&D 투자와 지식재산의 사업화 비율을 높일 수 있다는 주장이다.

반면 특허박스제도 도입에 따른 다양한 문제점들을 간과할 수는 없다. 그 문제점을 지적하면 첫째, 기존 R&D 세액공제와 특허박스제도는 R&D에 대한 이중 지원이라는 점을 들 수 있다. 이 점에 대해 R&D 세액공제는 기업의 R&D 비용을 감소시켜 연구개발투자의 확대 및 유도에는 긍정적 영향을 미치고, 실패 시에 많은 것을 잃지 않도록 하는 역할을 하는 것이지 기업이 사업화를 적극적으로 추진하는 데는 큰 역할을 하지 못한다는 지적이 있다. 특허박스는 R&D 성과인 특허 등을 기반으로 한 제품 매출이나 거래수익에 대한 조세혜택에 중점을 둠으로써, R&D 투자에 대한 조세혜택에 중점을 둔 기존 R&D 조세지원으로 기대할 수 없는 사업화 촉진을 기대할 수 있는 장점이 있다. 영국의 경우 특허박스제도가 자국 내에서 R&D를 촉진하기 위한 R&D 투자세액공제를 보완하도록 설계하여 특허로 인한 소득은 특허박스와 R&D 투자세액공제 두 가지 지원을 모두 받기도 하며, 다음의 표에서 보듯이 대부분의 국가에서 두 제도를 병행하여 활용하고 있다.

〈표 4-5〉 주요국의 연구 및 인력개발 관련 조세지원제도

국가	세액공제	특별비용공제	특허박스
대한민국	시행 중	–	–
미국	시행 중	–	도입 검토
네덜란드	시행 중	시행 중	시행 중
영국	시행 중	시행 중	시행 중
프랑스	시행 중	–	시행 중
일본	시행 중	–	도입 검토
스위스	시행 중	도입 검토	시행 중
벨기에	시행 중	시행 중	시행 중
호주	시행 중	–	–
중국	–	시행 중	시행 중
헝가리	시행 중	시행 중	시행 중
이탈리아	시행 중	–	시행 중
룩셈부르크	–	–	시행 중

자료: PWC, Global Research & Development Incentives Group, 2016. 2.

둘째, 특허박스제도 도입 시 대기업 또는 소수 기업에 혜택이 편중될 것이라는 점이다. 이에 대한 반론은 제도의 도입취지 및 성과를 고려하지 않는 것으로 대기업은 사업화를 통한 경쟁력 확보에 기여하는 바가 크므로 대기업을 지원에서 배제하거나 대기업이 혜택을 받을 것을 우려해 제도를 도입하지 않는 것은 오히려 비효율적이라고 주장할 수 있다. 참고로 현재 특허박스제도를 도입한 대부분의 주요국에서는 기업 규모를 고려해 세제혜택을 제공하고 있지 않다(네덜란드 예외).

셋째, 특허박스제도 시행으로 인해 세 수입이 감소할 가능성이 있다. 실제로 최초로 이 제도를 도입한 아일랜드의 경우 세 수입의 감소가 주요인이 되어 폐지한 사례가 있다. 그러나 특허박스제도 도입국은 장기적으로 특허박스로 인한 세수입 감소분이 특허를 기반으로 한 수익으로 보전될 가능성이 있으며, 이는 첨단산업에서 양질의 일자리 창출 및 고용 증가 등 경제적 효과도 기대할 수 있다.

이상의 일부 문제점들이 있지만 기업들의 국가 간 이전이 더욱 용이해진 환경변화에 대응하여 자국 내 지식기반산업 기업들의 투자를 유치하고 혁신성을 제고하기 위해 우리나라도 특허박스제도의 도입을 긍정적으로 고려할 필요가 있다.

5. 인적자본 human capital

(1) 교육, 기술습득, 성장

인적자본은 교육훈련을 통해서 인간의 몸속에 축적된 지식, 기술력, 창의력 등과 같이 인간의 몸에 갖추어진 생산력이다. 이러한 인적자본(다시 말해 지식수준, 기술, 노동자의 건강으로 표현되는 무형의 자본)은 경제성장과 개인의 수입결정에 중요한 요인으로 인식되고 있다. 경제 문헌에 의하면 추가적인 교육은 10%(또 다른 연구들은 대략 7%)의 개인 수입의 증가와 관련이 있다고 하였다. 교육은 공식교육을 포함할 뿐만 아니라 현장훈련(on-the-job training)을 통한 기술습득도 포함한다.

교육은 다양한 방식으로 성장에 영향을 미칠 수 있다. 가장 기본적인 수준에서 교육은 개인의 인적자본을 높일 수 있어서 한 경제에 주어진 노동투입량으로 총

생산량 수준을 증가시킨다. 국가 간 성장을 비교한 많은 연구에서 경제성장과 교육량 간에 정의 관계가 있음을 보여준다. 이와 함께 교육은 기술변화와 혁신을 촉진하여 경제의 성장에 영향을 미칠 수 있다.

또한 교육은 새로운 기술을 이해하고 이행하기 위한 통로를 촉진시킴으로써 성장에 영향을 미친다. 이에 대한 한 연구에 의하면 인적자본의 외부성은 부국과 빈국 간의 장기 소득격차를 설명할 수 있다고 한다. 노동자 간의 지식과 기술의 공유는 확산 외부성 메커니즘으로 볼 수 있다. 제조공장을 조사한 또 다른 연구에 의하면 보다 높은 인적자본을 갖고 있는 도시가 그렇지 않은 도시보다 더 생산적이라는 점을 보였다. 대부분의 이러한 효과들은 첨단기술공장에서 많이 발견되고 일반 공장에서는 적었다고 하였다. 또 다른 연구에 의하면 노동인구 중 대학졸업자 비율의 1% 포인트 증가는 고등학교 중퇴자의 임금, 고등학교 졸업자의 임금, 그리고 대학졸업자의 임금을 각각 1.9%, 1.6%, 그리고 0.4% 증가시킨다고 하였다.[25]

또한 교육 주변의 많은 요인(예를 들어 국가의 제도적인 환경)들은 경제성장에 중요한 역할을 한다. 반면 교육 그 자체가 성장에 영향을 미치는 제도적인 요인들을 발전시킬 수 있다고 하였다. 한 연구에 의하면 교육은 생산성 향상에 영향을 미치는 것 이외에도 사회에 다양한 편익을 제공한다고 하였다.[26] 즉, 교육은 범죄율을 낮추고, 보다 공공심 있는 유권자를 만들고, 사회의 이동성을 높이며 지역사회의 건강을 향상시킨다고 하였다.

(2) 교육과 조세

교육투자의 사적 편익은 보다 높은 수준의 교육을 받음으로써 개인에게 돌아가는 임금의 인상과 건강증진 등을 포함한다. 그러나 교육은 개인에게 직접적으

25 Enrico Moretti, "Estimating the Social Return to Higher Education: Evidence from Longitudinal and Repeated Cross-Sectional Data", *Journal of Econometrics*, vol. 121, no. 1-2, pp. 175–212, July-August 2004.

26 Edward L. Glaeser, Rafael La Porta, Florencio Lopez-de-Silanes, and Andrei Shleifer, "Do Institutions Cause Growth?", *Journal of Economic Growth*, vol. 9, no. 3, September 2004.

로 돌아가는 것 이외에 사회에 축적되는 많은 편익을 제공한다. 개인들은 발생할 것으로 예상하는 사적 편익에 근거하여 교육에 투자를 선택하기 때문에 정부개입이 없다면 개인들은 사회적으로 최적인 수준보다 낮은 투자를 할 수 있다. 따라서 개인들의 교육투자수준은 경제성장을 위한 최적수준보다 낮을 수 있다. 따라서 정부의 교육보조는 교육의 사적, 사회적 편익 모두가 일치하는 수준까지 투자를 늘림으로써 사적 시장에서의 저투자를 교정할 수 있다.

(3) 교육재정에서 중앙정부의 역할

교육지원을 하는 대다수의 정부는 예산의 지출 측면에서 시행하고, 이 중 대부분은 지방정부(또는 주정부) 수준에서 시행하는 반면, 중앙정부는 다양한 세금우대조항을 통해 모든 교육수준 단계에서 지원을 하고 있다. 중앙정부는 기부금에 대한 세금우대처리와 조세정책을 통해 초등, 중등, 고등 교육의 비용을 보조한다.

우리나라의 경우 2017년 총재정지출 중 조세지출이 차지하는 비율은 2.3%에 해당하는데 이 중 교육비 특별세액공제는 본인, 부양가족의 교육비의 15%까지 세액공제를 하고 있다(2014년 소득공제를 세액공제(15%)로 전환). 공제한도는 근로자 본인·장애인에게는 한도가 없고, 부양가족(취학 전, 초·중·고)에게는 연 300만 원, 부양가족이 대학생인 경우는 연 900만 원을 공제해주고 있다. 주요국 중 미국의 사례를 들면 소득공제 또는 비환급형 세액공제 중 선택 가능하도록 제도가 설계되어 있으며, 등록금공제, 미국기회평등공제, 평생학습공제 등으로 나뉘어 최대공제액과 적용 소득요건들이 상이하다.

〈표 4-6〉 미국의 교육비 공제 (단위: USD)

	등록금 공제[1]	미국기회평등 공제[2]	평생학습공제[3]
최대공제	4,000	학생당 2,500	2,000
적용소득요건 (과세표준)	65,000~80,000	80,000~90,000	51,000~60,000

주: 1) Tuition and Fee Deduction 2) American Opportunity Credit 3) Lifetime Learning Credit

제5장

공평성과 조세정책

제 1 절 서序

바람직한 조세정책을 시행하는 데 있어 우선적으로 고려하는 사항으로 과세로 인한 공평성[1]을 염두에 둘 것이다. 이미 전 장에서 살펴보았지만 과세로 인한 효율성문제는 경제학자들이 주로 관심을 가지지만 정책담당자들은 새로운 조세의 도입이나 개혁을 추진하려고 할 때 효율성보다는 공평성 측면을 더 중요시하는 경향이 있다. 후술하겠지만 현실의 조세개혁안을 시행하면서 조세의 효율성 측면은 어느 정도 손실이 발생하더라도 공평성을 위한 조세정책을 시행하는 경우들이 종종 있다. 그만큼 조세의 공평성이 중요한 사안이라는 것을 의미하지만 공평성이라는 개념은 상당히 다양한 의미를 갖고 있어 깊은 논의가 필요한 부분이라 할 수 있다. 그러나 본 서에서 공평성에 대한 철학적인 정의를 다루는 것은 본 서의 범위를 벗어나는 것이기에 조세정책을 이해하는 데 필요한 범위로 줄여 설명하고자 한다.

본 장은 세 가지 주제를 다루었다. 제2절은 조세정책에 중요한 사항인 공평성의 의미와 공평성의 기준에 관한 설명이며, 제3절은 소득분배의 공평성과 성장간의 관계를 다루었다. 제4절은 공평성 측면에서 탈세에 대한 조세정책상의 의미를 살펴본다. 마지막 제5절은 세무행정상의 공평성을 간략히 설명하면서 위법·부당한 세무행정에 대한 구제조치를 부록에서 다루었다.

---

1 바람직한 분배와 관련하여 형평성, 공평성, 정의 등의 용어들을 사용한다. 각각의 용어들은 다른 의미를 갖고 있지만 본 서에서는 혼용하여 사용하고자 한다. 공평(또는 정의)에 대한 철학적인 의미를 쉽게 설명한 책은 마이클 샌델(Michael Sandel)의『정의란 무엇인가(Justice)』를 참고하기 바란다.

제 2 절 공평성원칙

대부분의 사람들은 과세가 공평해야 한다는 점은 동의하는 반면 공평한 조세를 구성하는 것이 무엇인가에 대한 견해는 다양하다. 애덤 스미스 시대 이후 경제학자들과 정치철학자들은 공평한 과세에 관한 두 가지 개념을 인식하고 있다.

1. 편익원칙 benefit approach

공평성에 대한 한 가지 원칙은 로크(J. Locke), 루소(J. J. Rousseau), 벤담(J. Bentham), 밀(J. S. Mill) 등의 17세기 초기 사상가와 정치경제학자에 의해 논의되었던 것으로 이에 따르면 조세 부담은 정부지출로부터 얻은 편익에 따라 부담되어야 한다는 것이다. 당시의 정부지출이 국방, 정의, 법질서와 같은 공공재 공급으로 구성되어 있어서 이러한 종류의 재화의 편익으로 사회집단 대부분이 '보호'를 받으므로 타당성이 있었다고 볼 수 있다. 그러나 사회적 약자나 빈곤한 자는 편익을 더 많이 받는다고 한다면 그들에게 더 많은 세금을 거두어들이는 것이 되어 이러한 원칙에 의한 과세가 공평한가에 대한 문제가 발생한다.

현실의 편익원칙에 근거한 과세의 예로 공원입장료를 들 수 있다. 공원을 자주 방문하는 사람은 어쩌다 공원을 찾는 사람보다 더 많은 편익을 얻기 때문에 더 많은 입장료를 내야 하는 것이 공평하다고 생각할 수 있다. 또한 자동차 연료에 붙는 세금(예를 들어 교통세)도 편익원칙에 근거를 두고 있다. 교통세로 발생한 세수입은 주로 도로 등의 건설과 유지에 사용된다. 자동차 운행을 많이 하는 사람은 그렇지 않은 사람보다 많은 세금을 낸다. 또한 전자가 후자보다 도로나 고속도로의 이용으로 많은 편익을 얻기 때문에 공평하다고 생각할 수 있다.

그러나 편익원칙을 적용하기 어려운 경우가 있다. 만약 정부가 생활 필수재를 구입할 여유가 없는 사람에게 추가적인 소득을 제공하기 위한 이전지출의 재원을 마련하기 위해 수혜자에게 세금을 납부하도록 하는 것은 의미가 없다. 저소득 가구에게 1,000원을 거두어 그것을 그 가구에 1,000원을 제공하는 데 사용하는 것은 그들의 순소득을 늘리지 않는다.

편익원칙은 분명히 지방 공공서비스 제공(예를 들어 재산세, 자동차세)과 같은 특별한 경우에만 의미가 있을 수 있다. 편익원칙하에서 조세가 분배에 있어 중립적이어야 하는 것이 공평하다고 본다면 모든 사람에게 조세와 정부지출을 통해 동일한 순편익을 갖도록 해야 한다.

2. 능력원칙 ability-to-pay approach

능력원칙이 지불능력에 따라 세 부담을 달리하는 것이라면 어떤 속성이 납세자의 지불능력을 나타내는가? 즉, 담세능력은 무엇에 의해 결정되는가를 먼저 알 필요가 있다.

가능한 후보로 소득, 소비, 부를 포함할 수 있다. 그러나 지불능력은 어느 것을 선택하느냐에 따라 매우 다를 수 있다. 예를 들어 전체 부로 지불능력을 본다면 소득으로 측정한 지불능력과 상당히 다를 수 있다. 예를 들어 장기간 일을 하여 은퇴한 납세자는 상당한 크기의 부를 축적할 수 있고 결과적으로 보다 높은 지불능력을 갖지만 낮은 소득을 벌 수 있다.

더 큰 문제는 납세자의 지불능력이 그들이 처한 환경에 따라 달라지는 것이다. 미혼자가 기혼자와 부모님을 모시는 사람과 동일한 지불능력을 갖고 있는가? 후자가 지불능력이 낮은 것이 분명하다면 소득과세는 공제를 허용하여 순소득에 근거하여 과세하여야 한다.

그러나 소득이 지불능력을 나타내는 가장 보편적인 근거이지만 지불능력을 나타내는 수단으로 소비가 더 만족스러운 기준이 될 수 있다는 주장도 있다. 그 근거는 첫째, 자본이득, 재능, 도박 등과 부의 현금화에서 오는 소득의 지출이 지불능력을 나타낸다고 보는 것이다. 둘째, 소득세는 저축의 이중과세 문제를 갖고 있다는 점을 지적한다. 즉, 한 번은 번 소득에 대한 과세로 인해 저축할 수 있는 크기를 줄이고, 또 한 번은 저축으로부터 나오는 수익에 과세하는 문제이다. 한편 소비에 대한 과세는 소비 계획에 따라 잠정적으로 또는 무한정 조세를 연기함으로써 저축으로 인한 세 부담을 적게 한다는 점을 들 수 있다. 이러한 소비세 대안에 대한 설명은 제8장의 소득세 개혁안에서 좀 더 자세히 살펴볼 것이다.

능력원칙에 따라 개인소득세의 누진세제(progressive tax)는 지불능력원칙에 근거를 두고 있다. 누진세제는 고소득자가 저소득자와 비교해 자신들의 소득 중 더 큰 비율로 세금을 낸다. 대조적으로 비례세(proportional tax)는 고소득 납세자와 저소득 납세자가 동일 비율로 세금을 내는 구조이다. 비례세의 예는 평률세(flat rate tax)이다. 이는 모든 사람들이 동일 비율의 세금을 내는 형태이다. 평률세의 옹호자들은 현행 소득세제 구조와 비교하여 계산에 필요한 정보가 훨씬 적으므로 행정적인 부담이 더 작다는 점을 주장한다. 가장 단순한 형태의 평률세는 필요한 정보가 총소득뿐이기 때문이다.

역진세(regressive tax)는 고소득 납세자가 저소득 납세자에 비해 자신의 소득 중 더 낮은 비율의 세금을 내는 형태를 말한다. 모든 사람이 동일한 크기의 세금을 내는 정액세(lump-sum tax)는 역진세의 한 형태이다. 한 사람당 공원 입장료가 모두 1만 원인 경우가 정액세의 한 예이다. 과거 인두세(poll tax)의 예는 로빈 후드(Robin Hood)의 이야기에서 찾을 수 있다. 로빈 후드와 그 일당들은 부자에게서 돈을 뺏어 빈자에게 나누어 주는 것이 주목적이었지만 그들의 또 다른 반란 동기 중 하나는 존 왕(King John)이 모든 사람에게서 동일한 크기의 세금인 인두세를 강요하는 것이었다는 점이다. 어쩌면 로빈 후드가 인두세는 지불능력에 근거한 것이 아니어서 불공평하다고 생각하였다고 말할 수 있다.

우리나라를 비롯한 많은 국가에서는 자동차 속도제한에 대한 범칙금이 개인의 소득에 근거하지 않고 있다. 따라서 속도위반 통지서는 일종의 역진세적인 성격을 갖고 있다. 일부의 유럽국가에서는 운전자의 재산이나 소득에 따라 차등부과[2]

2 소득에 비례한 차등벌금제도는 현재 독일, 스위스, 스웨덴 등의 유럽 국가에서 시행되고 있다. 예를 들어 스위스는 재산·소득에 따라 교통범칙금을 최대 11억 원까지 부과할 수 있다. 또한 핀란드에서는 '소득기반 범칙금'을 부과하고 있으며 소득에 따라 범칙금이 다르므로 어떤 고소득자는 2억 원이 넘는 과속범칙금을 부과받았고 똑같은 속도위반이라도 어떤 사람은 5만 원 상당의 범칙금을 부과 받고 있다.

하고 있는데 이는 비례적이거나 누진적일 수 있다. 또한 부가가치세는 역진세 성격을 갖고 있는데 구입가격의 10%를 부과해 가난한 자가 부자보다 더 많은 세 부담을 하고 있다.

이상의 능력원칙에 근거한 조세체계는 공평성을 평가할 때 두 가지 개념 — 수평적 공평성과 수직적 공평성 — 을 적용한다.

○ 수평적 공평성

수평적 공평성의 개념은 유사한 처지에 있는 납세자들은 동일한 세 부담을 하는가를 묻는다. 즉, 동일한 지불능력을 가진 두 명의 납세자들이 동일한 크기의 세 부담을 하고 있는가? 그러나 간혹 두 명의 개인들이 유사한 처지에 있을 때 이를 결정하는 것은 어렵다. 예를 들어 두 명의 납세자들이 동일한 소득을 벌지만 서로 다른 의료, 노동 관련 지출 또는 음식지출을 하고 있다면 동일한 처지에 있다고 할 수 없으며, 이는 세원의 불일치가 있는 경우이다. 소득에 근거한 것이건 소비에 근거한 것이건 유사한 처지에 있다고 고려될 수 있는 어떤 두 명의 납세자에게 상이한 세 부담을 부과할 수 있다. 포괄소득세원에서 의료지출이 납세자의 지불능력을 줄인다고 본다면 유사한 처지에 있다고 고려되는 두 명의 납세자들에게 서로 다른 세 부담을 부과할 수도 있다.

○ 수직적 공평성

수직적 공평성 개념은 상이한 수준의 소득을 벌거나 소비를 하는 납세자들 간에 세 부담을 비교하여 낮은 소득을 버는 납세자의 세 부담을 높은 소득을 버는 납세자의 세 부담과 어떻게 비교하는가를 묻는다. 조세체계가 수평적으로 공평하여 모든 납세자들이 동일한 처지에 있다고 보지 않는다면 세 부담에는 수직적 차이가 있어야 한다. 그러나 세 부담에 어떤 수직적 차별화가 가장 공평한가를 결정하는 기준에 대한 합의는 없다. 대체로 수직적 공평성은 조세체계의 역진성이나 누진성으로 설명되고 있다.[3]

3 편익원칙하에서는 일반적으로 수평적 공평성과 수직적 공평성은 논의하지 않는다. 그러나 정부

3. 화폐의 한계효용체감의 원칙

보다 공평한 과세를 하는 또 다른 일반적인 원칙은 화폐의 한계효용을 고려하는 것이다. 모든 다른 재화처럼 화폐의 한계효용은 화폐량이 늘어남에 따라 감소한다. 연속적인 화폐보유는 이전의 화폐보유보다 가치가 떨어진다. 이 점은 사람들이 돈을 적게 갖고 있을 때 우선적으로 음식, 옷, 건강지출과 같은 필요한 재화나 서비스를 소비하는 데 사용한다. 반면 부유한 사람은 필요한 재화나 서비스 구매에 필요한 돈보다 더 많은 돈을 갖고 있으므로 그들은 보다 더 많은 돈을 벌기 위해 투자하거나 자손에게 물려주려고 한다. 극단적으로 부유한 사람은 많은 돈을 가지고 있어서, 그림을 그리는 데 단 하루밖에 걸리지 않았다는 피카소(P. Picasso)의 작품에 1억 달러 이상의 금액을 지불한 경우처럼 예술작품에 기록적인 경매가격을 지불하는 경우도 있다.[4] 따라서 화폐의 한계효용을 생각할 때 소득의 25%를 세금으로 내는 가난한 자는 소득의 같은 비율을 세금으로 내는 부유한 사람보다 훨씬 큰 부담을 하는 것이다.

4. 정 리

부유한 사람이 절대 크기뿐만 아니라 보다 높은 비율에서 보다 많은 세금을 내고 있는 점은 편익원칙, 능력원칙, 그리고 한계효용원칙에 근거를 두고 널리 받아들여지고 있다. 부유한 사람이 경찰, 화재보호, 법원, 국방으로부터 보다 많은 보호를 받고 있기 때문에 편익원칙이 적용될 수 있다. 일례로 미국의 경우 공화당은 세 수입의 예산편성에서 많은 군비의 필요성을 주장하는 점에 의문이 있지만 군사비 지원을 지지하면서 어떠한 삭감도 반대하고 있다.

능력원칙에 근거하여 부유한 사람은 사회로부터 보다 큰 편익을 얻고 있기 때

의 서비스로부터 동일한 편익을 누리는 사람들은 동일한 세금을 내고, 보다 많은 편익을 누리는 사람들은 보다 많은 세금을 낸다고 볼 수 있다.

4 http://www.nytimes.com/2010/05/06/arts/06iht-melik6.html

문에 분명히 그들 소득에서 보다 높은 비율의 세금을 내야 한다. 그러나 왜 부유한 사람이 보다 더 많은 세금을 내야 하는가에 대한 확실한 논거는 그들의 화폐의 한계효용이 빈곤한 사람이나 근로자 계층보다 훨씬 작은 가치를 가지고 있다는 점에 있다.

제 3 절 소득분배의 공평성과 성장

각종 조세에 관한 정책은 흔히 한 국가의 재정정책의 일환으로 수립·시행된다. 재정정책은 인플레이션·실업 등의 경제문제를 정부의 재정활동으로 조정함으로써 해결하려는 것으로, 여기에는 소비·저축·투자 등의 경제행위에 영향을 미치는 소득세와 법인세 등과 같은 다양한 조세를 통해 다양한 경제문제를 해결하려는 조세정책을 포함하고 있다. 전통적으로 재정정책의 주요 목표로 삼고 있는 소득재분배 역시 조세정책에서 중요한 부분이지만 조세정책은 국가별로 차이가 있고, 심지어 같은 나라에서도 정권이 바뀌면서 조세정책의 방향이 달라지는 경우가 많다.

본 절은 OECD 국가들의 소득불평등 동향을 살펴보고 조세정책의 중요한 부분인 분배와 성장 간의 관계를 설명하고자 한다.

최근 OECD 국가들의 불평등 동향은 소득과 부의 불평등이 모두 증가하고 있으며 특히 부가 소득보다 훨씬 더 집중되고 있는 현상을 보이는데 이에 대해 각국은 재정정책(조세와 이전지출)을 통해 불평등한 분배를 개선시키려 하고 있다. 조세의 효율성 측면을 강조하다 보면 분배가 악화되는 문제가 발생할 수 있지만 조세와 이전지출을 통한 분배정책이 오히려 성장에 도움이 될 수 있는 방안에 대해 고찰해보고자 한다.

1. 소득분배의 측정

불평등도를 측정할 때 가장 널리 이용되는 지수는 지니계수(Gini coefficient)이다. 지니계수는 로렌츠곡선을 통해서 기하학적으로 측정될 수도 있고 통계적으로도 측정될 수 있다. 지니계수는 완전 평등한 상태인 영(0)의 값부터 완전 불평등한 1(한 사람이나 한 가구가 모든 소득을 벌고 다른 사람들은 아무런 소득이 없다)까지의 범위를 갖는다. 지니계수는 여러 해에 걸쳐 세전 또는 세후소득의 분포 또는 한 해 동안의 세전소득과 세후소득의 분포를 비교할 수 있다. 후자와 같은 비교는 조세체계의 재분배 효과성을 측정할 수 있게 해준다.

OECD에서는 소득분배의 공평성(또는 불공평) 상태를 측정하기 위해 가구단위로 측정하고 있는데 이는 인구집단을 개인단위로 분리하는 데 어려움이 있기 때문이다.[5] 소득의 범위에 대해서는 조세와 이전지출 이후의 소비 가능한 범위를 나타내는 가구 가처분소득을 이용한다. 조세정책과 관련된 소득은 가구 시장소득과 가구 가처분소득[6]이라는 두 가지 지표를 주로 많이 사용한다. 가구 단위의 소득불평등을 측정하기 위해 사람들의 전 생애 동안 소득의 변화를 고려하는 것이 소득불평등을 정확히 측정할 수 있지만 생애소득불평등의 분석은 현실적인 어려움이 있어 일정 시점에 소득분배의 불평등을 살펴볼 것이다.

조세와 이전지출 전에 소득분포는 주로 노동시장 결과를 반영한다. 이러한 근로소득의 불평등 수준은 국가 간에 상당히 차이를 보이고 있는데 크게 임금률, 노동시간 등의 차이로 인해 불평등이 발생하고 있다. 그러나 자본소득과 자영업소득을 포함한 총시장소득은 대부분의 OECD 국가들에서 총가구시장소득 분포의

5 이러한 데이터에는 몇 가지 문제가 있는데, 첫째, 설문조사를 할 때 가장 잘사는 사람들은 소득을 과소 응답하는 경향이 있는 반면 가장 낮은 저소득 가구는 응답을 꺼리는 경향이 있으며, 둘째, 무응답률과 허위보고가 국가 간에 차이를 보이며, 셋째, 소득 데이터에는 자가생산과 귀속임대 같은 일부 구성요소를 포함하지 않는다. 넷째, 가구소득 및 재산세뿐만 아니라 피고용자 부담 사회보장 기여금은 포함되어 있지만 가구조사에 근거를 둔 조세체계의 재분배 영향과 크기에 대한 국가 간 비교를 이끌어내는 것을 어렵게 하는 고용주, 법인 소득세는 포함되지 않는다.

6 가구 노동소득은 부(wealth)와 자본소득에 대한 조세정책으로 가구 시장소득을, 그리고 가구 가처분소득은 현금이전과 조세정책으로 가구 가처분소득으로 조정된다.

[그림 5-1] 노동소득분포(2000년 후반, 근로연령)

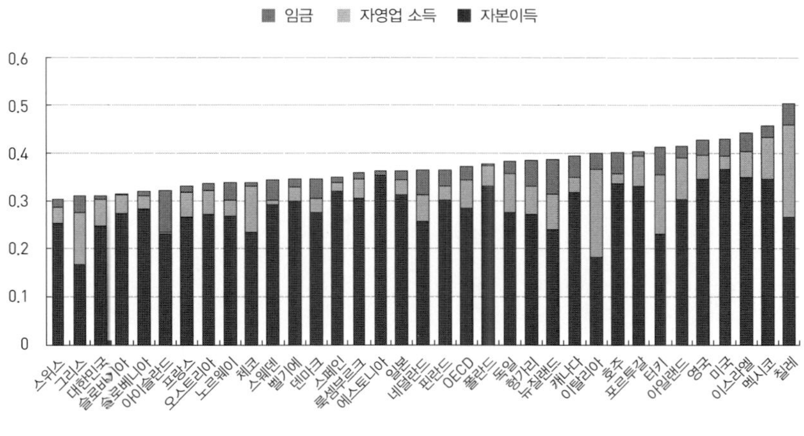

자료: OECD, "Income Inequality and Growth", 2013.

주된 결정요인은 아니며, 오히려 근로소득이 OECD 국가들에서 평균적으로 분포의 75% 정도를 설명하고 있다(자영소득과 자본소득의 합은 25%정도 차지)([그림 5-1]).

2. OECD 국가들의 불평등 동향

(1) 소득불평등의 심화

[그림 5-2]에서 보듯이 지난 30년 동안 대부분의 OECD 국가에서 가처분소득의 불평등 정도는 커졌다. 소득불평등을 나타내는 지니계수는 1980년대 중반에 OECD 평균 0.29에서 2013년경에는 0.32로 약 10% 증가했다.

소득불평등 동향은 국가마다 다른데 높은 수준의 불평등을 경험하고 있던 나라뿐만 아니라 독일, 덴마크, 스웨덴과 같이 전통적으로 평등했던 국가들에서도 불평등은 더욱 심화되고 있다.

또한 OECD 국가들 중에서 1980년대 인구 중 가장 잘사는 10%가 가장 못사는 10%의 소득의 7배의 비율을 보였지만 최근에는 9.5배 더 커졌다(Cingano,

[그림 5-2] 가처분소득 지니계수, 1980년대 중반과 2013년

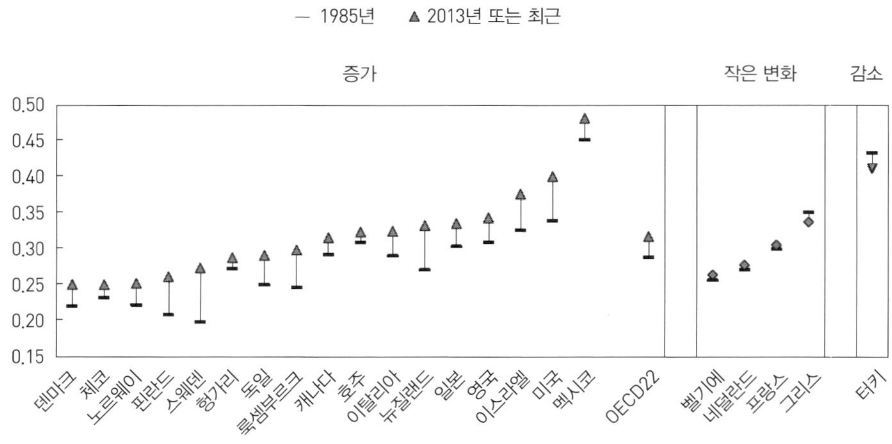

주: '작은 변화'는 1.5%p 이하를 의미
자료: OECD(2015b).

[그림 5-3] 총세전소득 중 상위 1%의 소득 크기(1981~2012년)

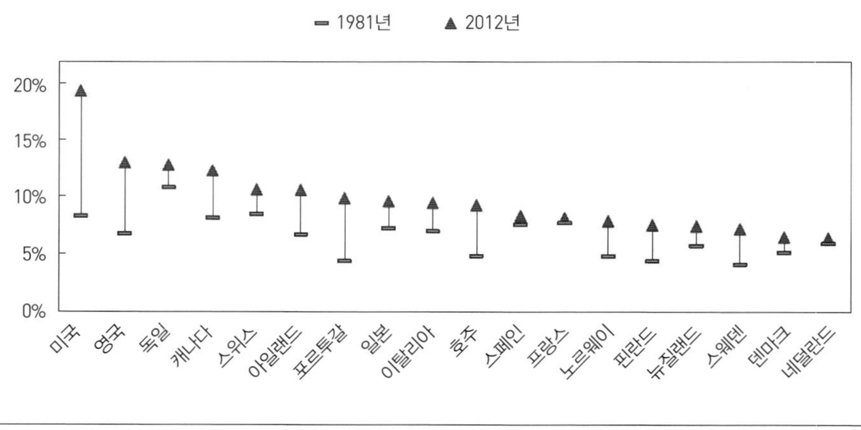

자료: OECD(2015b).

2014). 총소득 중 상위 1%의 소득 몫은 [그림 5-3]에서 보듯이 대부분의 국가에서 상당히 커졌다.

상위수입자 소득 중 두드러진 특징은 그들의 총소득 중 자본소득의 몫이다. 이는 국가마다 차이를 보이지만 캐나다의 경우 상위 0.01%가 자본에서 나오는 소

득이 20%를 차지하고 반면 프랑스에서는 거의 60%에 도달한다(2014, OECDa).

이러한 불평등의 심화는 세계화, 요소와 생산물 시장의 자유화, 기술편향 기술변화, 상위한계소득세율의 인하[7], 고소득 부부의 몫의 증가, 그리고 홑부모가구의 증가를 포함한 다양한 요인들에 기인한 것으로 보고 있다(OECD, 2012).

(2) 부의 불평등 심화

피케티-주크먼(Piketty and Zucman, 2013)은 비교 가능한 8개 국가 데이터를 이용하여 국민소득 대비 가구 순부(net wealth)의 평균비율을 조사한 결과 1970년과 2010년 사이에 거의 80%로 늘어났다고 하였다(미국은 가장 작게 증가하여 21%, 이탈리아는 180%로 가장 크게 증가). 이러한 급격한 부의 증가는 자산 가격 붐과 상당한 정도의 개인저축의 증가로 설명해왔다(IMF, 2014).

모든 OECD 국가에서 부는 소득보다 훨씬 더 불평등한 분포를 하고 있다. 예를 들어 18개 OECD 국가에서 하위 40%가 전체 가구 부의 3%만 차지하고 총가구소득의 20%를 차지한다. 부의 분배에서 상위 10%가 전체 가구 부의 반을 차지하고 가장 잘사는 1%가 거의 1/5을 차지하고 있다(OECD, 2015b).

[그림 5-4] 분위별 가구 가처분소득과 소득과 순부의 분포(OECD 18개국, 2010년)

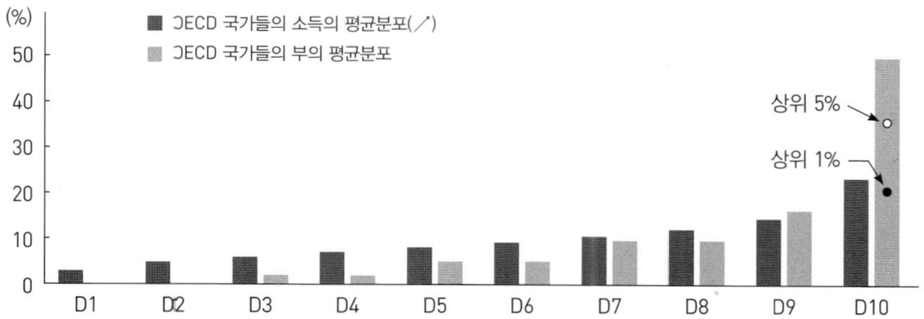

자료: OECD(2015b).

7 상위 개인소득세가 시간이 지나면서 인하되어 온 반면에 34개 OECD 국가 중 22개국은 2008년 금융위기 이후 상위 개인소득세를 인상했다. 가중치를 고려하지 않고 평균 상위 개인소득세율은 2008년에 41.2%가, 2014년에는 평균적으로 43.6%로 증가했다.

3. 조세와 이전체계를 통한 재분배

(1) 개요

재정정책은 대부분의 OECD 국가에서 소득불평등을 줄이는 데 중요한 역할을 해왔다. 특히 조세는 여러 가지 통로를 통해 소득불평등 완화에 영향을 미친다. 조세가 소득을 재분배하는 가장 직접적인 방법은 가처분소득의 분포를 좁히는 것이다. 또한 조세는 노동시장 참여와 기술향상을 부추기고 또는 세대 간 소득불평등의 영속성이 계속되지 않도록 함으로써 시장소득의 불평등에 간접적으로도 영향을 줄 수 있다.

조세는 경제주체의 유인행동에 영향을 미쳐 소득분배의 불평등을 개선시키는 역할을 한다. 세전 소득불평등을 줄이기 위한 조세수단은 저소득가구나 보조소득자 등의 노동시장 참여를 지원하는 방안 등이 있다. EITC와 같은 조세수단은 분명히 세후 소득분포에 영향을 미쳐 노동시장에 보다 더 많은 사람을 끌어들여 보다 더 열심히 일하게 하고 보다 많은 기업들이 그러한 근로자들을 고용하게 함으로써 세전 소득분배에 영향을 미칠 수 있다. 또한 이미 제3장에서 살펴보았지만 대체로 부수입원(주로 여성)은 근로소득세 변화에 보다 더 민감한 경향을 보이고 있어 조세정책에 따라 소득재분배뿐만 아니라 성(sex) 불공평을 줄이는 역할을 할 수 있다.

조세정책은 상이한 형태의 불평등에 부(-)의 효과를 줄 수도 있다. 공평성 관점에서 바람직한 영향을 주는 조세수단들은 조세와 이전지출 후에 오히려 효율성과 공평성에 유해한 결과를 가져올 수 있다. 예를 들어 높은 소득세 부과와 함께 이전지출을 한 경우 공평성 관점에서 개선이 있을 수 있지만 노동을 저해하는 유인을 발생시킴으로써 과세 전보다 악화될 수 있다. 즉, 사람들은 보다 적게 일해 적게 버는 것을 선택할 수 있다. 다시 말하면, 일부 조세정책은 정적인 기준에서 사후 소득격차를 좁힐 수 있지만, 동적인 기준에서 보면 근로와 저축 유인을 줄여 세전보다 소득분배에 나쁜 영향을 줄 수 있다.

따라서 교육 및 기술 향상을 장려하는 조세정책은 보다 나은 기회의 균등을 촉진하고 세후 소득불평등을 줄일 수 있다. 기술향상은 임금분산을 줄이고 고용률을 증가시키는 데 매우 중요하다. 또한 교육 및 기술 향상은 세대 간, 소득 계층 간 이동성을 높일 수 있다. 이와 더불어 상속 및 증여에 대한 세금을 통해 부의 이전에 과세하는 것은 세대 간 소득불평등의 영속성을 줄일 수 있다. 세대 간 사회적 유동성의 관점에서 유산취득세(inheritance tax) 방식의 과세는 유산세(estate tax)보다 선호될 수 있다. 왜냐하면 중요한 것은 '얼마나 많이 다른 사람에게 남기느냐'가 아니라 '얼마나 많이 다른 사람으로부터 받느냐'이므로 유산취득세 방식이 소득불평등을 줄이는 데 더 효과적일 수 있다.[8]

(2) 조세와 이전체계를 통한 재분배 동향

모든 OECD 국가들에서 조세와 이전지출을 통해 불평등을 줄이려 하고 있다. [그림 5-5]는 조세와 이전지출이 OECD 국가 간에 상당한 재분배 영향을 갖는다는 것을 보이고 있다.

[그림 5-5] OECD 국가들의 조세와 이전지출 전후 지니계수(2012년)

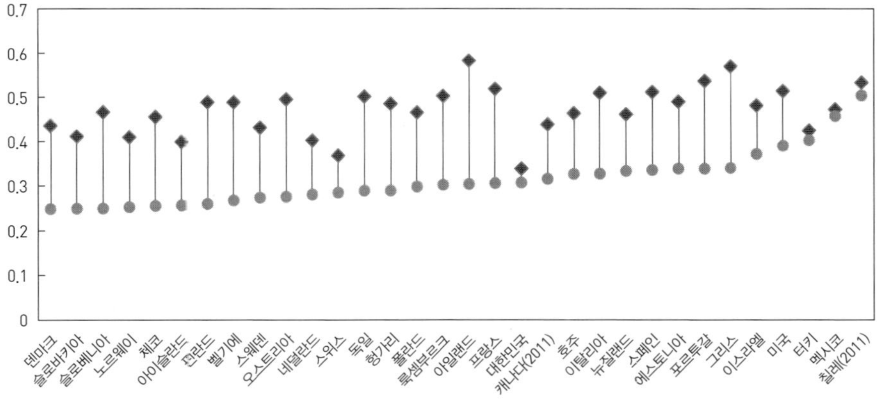

자료: OECD(2016) 재인용.

8 상속세에서 다시 설명하지만 유산취득세방식(Inheritance tax) 조세의 주요 주장은 유산세보다 지불능력원칙(응능부담원칙)과 더 밀접하다는 점에서 더 공평하고, 그리고 부의 분산을 촉진하는 나은 방안이다. 이는 제11장에서 좀 더 자세히 다룬다.

그러나 조세와 이전지출 방법을 통한 재분배 역할은 국가마다 차이를 보이고 있다. 예를 들어 12개 OECD (유럽)국에서 조세와 이전지출은 2012년에 적어도 40% 정도의 불평등을 줄였다. 가장 강한 감소는 소득불평등이 조세와 이전지출 이후 거의 반으로 줄어든 아일랜드에서 달성되었다. 대조적으로 터키, 멕시코, 칠레, 한국을 포함하는 소수의 OECD 국가들은 조세와 이전지출이 매우 제한적인 재분배 기능을 했다.

비록 조세와 이전지출의 영향을 구분하는 데 방법상의 한계가 있지만 평균적으로 OECD 국가들에서 소득불평등 감소 중 3/4은 이전지출에 기인하며 개인소득세와 사회보장기여금은 재분배의 나머지를 설명하고 있다.

미국은 소득불평등을 줄이는 데 이전지출보다는 조세가 중요한 역할을 하는 예외적인 나라이다. 미국은 EITC가 저소득 집단을 지원하는 조세제도이지만 많은 나라에서 재분배에 훨씬 더 큰 역할을 하는 것은 이전지출이다.

현물 공적 사회서비스(예를 들어 교육과 건강 서비스)는 여기서 고려하지 않았지만 마찬가지로 재분배에 중요한 역할을 한다. 정부는 평균적으로 현금혜택(GDP의 13% 정도)을 주는 공적인 사회서비스를 제공하고 있다. 영어권 국가들과 노르딕 국가들, 특히 한국과 멕시코를 포함한 일부의 국가에서는 현금서비스

[그림 5-6] OECD 국가들의 현금이전과 조세의 재분배 영향(2012년)

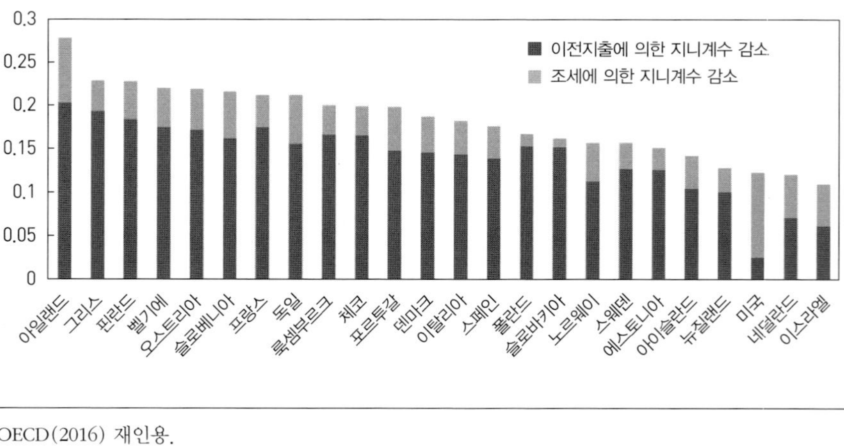

자료: OECD(2016) 재인용.

보다는 현물 형태의 공적 서비스가 상당한 비중을 차지한다. 공적 서비스의 제공은 좋은 교육의 제공, 기본적인 건강관리, 그리고 모두를 위한 적절한 생활수준의 제공을 하는 것으로 사실상 재분배 역할을 한다. 대체로 현물 공적서비스는 OECD 국가들에서 평균적으로 1/5 정도의 소득불평등을 줄이는 것으로 추정하고 있다(OECD, 2011a).

4. 성장과 불평등

쿠즈네츠(Kuznets, 1955)는 한 나라의 경제발전 초기 단계에서는 산업화와 도시화로 인해 소득불평등이 커진다고 추측하였다. 이에 대해 아기옹-윌리엄슨(Aghion and Williamson, 1999)은 1970년대까지 쿠즈네츠의 예측이 실제 데이터와 잘 들어맞았다고 하였다. 일정한 정도의 불평등이 투자와 경제성장에 유인을 제공한다는 점에 대해 대체로 수긍하는 것이 일반적인 반면(Barro, 2000), 높은 수준의 소득불평등은 성장의 페이스와 지속성에 해가 된다는 견해들이 있다(Berg and Ostry, 2011; OECD, 2015b). 버그-오스트리(Berg and Ostry, 2011)는 성장주기와 소득분배의 공평성은 확고한 관련이 있다고 주장하고 있고, IMF(2015)의 최근 보고서에 의하면 소득공평성은 보다 나은 정치적·사회적 안정성을 보장하여 투자에 유익하고 빈곤한 계층의 인적자본 축적을 부추김으로써(보다 공평한 사회에서 그 효과가 큰 경향이 있음) 장기성장을 지속적으로 유지하게 한다고 보고 있다. 또 한편으로 소득불평등은 교육투자를 제한하는 것과 같은 기회의 불공평을 낳을 수 있다고 하였다.

모든 소득집단 간의 과세를 통한 소득불평등의 감소는 유사한 효과를 갖지 않을 수도 있다. 비스와스 등(Biswas et al., 2015)에 의하면 저소득가구와 중위소득가구 간 소득불평등의 감소는 경제성장을 개선시킬 수 있지만 중위소득가구와 고소득가구에 과세를 통한 소득불평등의 감소는 경제성장을 저해한다고 하였다. 저소득가구와 중위소득가구 간에 소득불평등을 줄이는 것은 대부분의 경우에 여성의 노동공급을 부추기고 소기업의 성장과 소비지출 성장을 부추겨 경제성장을 높일 수 있다고 하였다. 따라서 선행연구의 결과로 비추어 볼 때, 소득분포의 하위 집단의 불평등은 특히 성장에 유해하다는 점을 알 수 있다. 친카노(Cingano, 2014)는 지난 30년 동안 OECD 국가들의 데이터를 통해 소득불평등은 후속성장에 통계적으로 유의한 부정적인 영향을 준다고 하였다. 그는 또한 OECD PIAC-C(국제성인역량조사) 데이터에 근거한 분석을 통해 불평등이 경제활동에 부정적으로 영향을 미치는 주요 통로는 빈약한 사회-경제적인 배경으로부터 아동을 위한 교육기회를 저해하는 것, 사회적 유동성을 낮추는 것, 그리고 기술발전을 방해하는 요인들이라고 지적하였다(Cingano, 2014; OECD, 2015b).

일부의 조세정책 선택도 성장을 높이고 불평등을 줄일 수 있다. 주로 고소득층에게 혜택을 주는 조세지출의 축소는 장기 1인당 GDP와 보다 더 공평한 소득분배에 기여할 가능성이 있다. 이와 더불어 조세지출의 축소는 조세체계의 복잡성을 줄여 협력비용을 개선하고 징세비용을 줄이는 장점이 있다.

또한 OECD(2016) 보고서에 의하면 일부의 조세는 다른 조세보다 경제활동에 더 큰 부정적인 효과를 줄 수 있다고 보고하고 있다. 개인소득세와 법인소득세는 노동이용, 생산성 그리고 자본축적에 상당한 부정적인 효과가 있는 왜곡적인 조세로서 그러한 조세에서 벗어나 부동산세와 소비세 쪽으로 조세구조의 이동이 바람직할 수 있다. 그러나 개인소득세가 누진적인 반면에 부동산세와 소비세는 생애 관점에서 볼 때 가장 중립적이므로 소득분배목적과는 상충관계에 있을 수 있다고 지적하고 있다. 그러나 2008년 금융위기 이후 OECD 국가들은 재정건전성을 확보하기 위한 재원으로 소비세가 생애 관점에서 보면 역진적인 조세로 보기 어렵다는 점과 단일세율 적용으로 발생하는 역진성문제는 이전지출을 통해 보완된다고 보고 소비세, 특히 부가가치세를 확대하려는 경향을 보이고 있다. 이에 대한 설명은 부가가치세(제10장)에서 좀 더 상세히 다루고자 한다.

제 4 절 조세회피와 탈세

조세회피(avoicance)가 세 부담을 줄이기 위해 법의 테두리 내에서 행하는 개인의 행위라면, 탈세는 탈법적인 행위를 말한다. 회계사들은 조세회피를 절세계획(tax planning 또는 tax mitigation)으로 말하는데 이는 합법성을 강조하는 것이다.

만약 증류주에 조세가 부과되어 어떤 사람이 진(gin)의 소비를 줄이고 토닉워터(tonic water) 소비를 늘린다면 그는 조세회피를 하는 것이다. 샌포드(Sanford, 1973)는 조세회피는 법의 정신과 반대되는 것이고 사전에 세전 목적을 달성하는 것을 의미한다고 하였다. 예를 들어 개인이 자신의 상속인에게 가능한 한 많은 부를 주기 위해 다양한 방식과 다양한 종류의 재산으로 토지를 분할하였다면 상속세가 부과되기 전에 그가 가진 목적을 달성하려는 것이고 법의 정신을 위배하는 것이다.

탈세는 소득을 비과세로 줄이려는 행위인 조세회피행위와 구별되어야 한다. 탈세는 광범위한 현상으로 특정 범주의 집단, 특정 나라에만 발생하는 현상은 아니다. 예를 들어 미국의 경우 1986년 세제개혁 전에 부양가족공제를 받기 위해 세금신고서에 부양가족 이름만 올려 세금공제를 받는 행위, 소규모 점포, 육체노동을 하는 직업(예를 들어 창문 청소업) 등의 일부에서도 현금거래를 통해 탈세를 하고 있다.

국가별로 보면 미국의 경우 2008년에 탈세의 규모가 GDP의 2.5%인 것으로 추정하였고,[9] 1994년 뉴질랜드를 대상으로 추정한 결과 납부되어야 할 세금과 실제 납세된 세금의 차이가 세수의 10.2%였으며, 필리핀은 개인소득세의 73%, 법인세수의 40%를 세금으로 걷지 못하는 것으로 추정하고 있다.[10]

탈세와 관련하여 납세협력과 한계세율 간의 관계에 관한 설득력 있는 연구(Slemrod, Blumenthal, Christian(2001))에 의하면 이들은 소득세 신고 마감일

9 US. General Accounting Office(2008).

10 Gruber(2011), p. 787.

전에 미네소타 주민들에게 무작위로 편지를 보내는 실험을 하였다. 어떤 사람에게는 탈세할 경우 세무조사를 하겠다고 협박하고 어떤 사람들에게는 납세를 성실히 해줄 것을 부탁만 하였다. 후자와 같이 양심에 호소하는 방법은 아무런 효과도 없었던 반면 전자와 같이 협박을 한 경우는 저소득층과 중간소득계층에서 신고소득을 증가시켰다. 그런데 고소득층에는 아무런 효과가 없었다. 그 이유에 대해 그들은 고소득층이 이 편지를 협상을 해보자는 뜻으로 받아들여 소득신고를 줄였다고 보고 있다.

그렇다면 탈세가 왜 문제가 되고 이를 줄여야 하는 이유는 무엇일까? 이에 대해 그루버(Gruber, 2009)는 세 가지로 설명하고 있다. 첫째, 과세기반을 넓히고 세율을 낮추면 효율성이 증가되기 때문이다. 탈세로 인해 줄어든 세수를 세율의 인상으로 보충한다면 효율성은 상실될 것이다. 탈세모형에 따르면 세율이 증가하면 탈세는 더 커지므로 세율의 인상은 또 다른 세수부족을 초래할 것이다. 둘째, 수직적 공평성 때문이다. 대체로 고소득층이 소득의 원천이 다양한 반면 저소득층은 임금소득의 형태이므로 저소득층보다는 탈세의 범위가 넓다. 그렇다고 고소득층에게 세율을 높이면 탈세가 더 증가하므로 이는 수직적 형평성에 위배된다. 셋째, 수평적 공평성을 저해하기 때문이다. 즉, 매우 유사한 환경에 있는 두 사람이 세법에 의해 다른 취급을 받게 된다. 이는 분명 수평적 공평성을 위배한다.

제 5 절 세무행정의 공평성

정부와 세무당국이 조세행정의 공평성을 구축할 수 있다면 탈세의 감소와 조세체계의 원활한 운영에 커다란 도움이 된다. 따라서 본 절은 세무당국의 조세행정의 공평성을 통한 납세자들과의 신뢰감을 쌓는 다양한 수단들과 납세자들의 권리보호를 위한 장치들을 살펴보고자 한다.

편지, 전화, 대면접촉으로 일반인들을 대하는 데 있어 세무당국의 일반적인 태도는 중요하다. 이와 더불어 많은 안내책자는 유용한 역할을 한다. 이는 대체로 일반인들이 이해하기 쉽게 만들어 보급하는 방법이다. 예를 들어 우리나라의 경우 2008년 근로장려세제가 도입될 당시 국세청에서는 안내책자를 통한 홍보와 함께 제도 도입단계부터 현재까지 신청자 편의 위주의 업무개선과 지속적 수급을 통한 신뢰감을 구축하려 하였다. 국세청의 설문조사[11]에 의하면 근로장려금 인식경로와 관련해 '세무서 발송 안내문'으로 알게 되었다는 비율이 46.9%로 가장 높았고, 이어 인터넷 광고와 기사, 주위 사람 등의 순으로 나타났다. 2011년 국세청이 도입한 '전화예약 회신제도' 또한 신청자의 85.6%가 '도움이 됐다'고 응답하였다. 이러한 세무당국의 태도는 납세자들의 납세협력을 높여 세무행정비용을 줄이는 역할을 한다. 이에 대한 상세한 설명은 후술(제6장)하도록 한다.

이와 더불어 조세 부과·징수의 적법성을 제고하여 국민의 재산권을 보장하고 조세행정의 절차적 정당성을 보장하기 위해 조세쟁송제도 등의 납세자권리구제제도가 있다. 우리나라는 매년 국세청의 잘못으로 부과된 부당 세금은 대략 5,000억 원을 넘기고 있으며 이에 대해 조세불복절차를 밟는 납세자들도 꾸준히 증가하고 있다.

국세기본법 또는 세법에 따른 처분으로 위법·부당한 처분을 받거나 필요한 처분을 받지 못함에 따라 권리나 이익을 침해당한 자는 그 처분의 취소 또는 변경을 청구할 수 있다(「국세기본법」 제55조). 이처럼 납세자가 마땅히 내지 않아도 되거나 돌려받아야 할 부당한 세금에 대해 그 잘못을 따질 수 있는 불복청구에 관한 권리를 보장하고 있는데 이에 대한 설명은 〈보론 1〉에서 다루었다.

11 http://www.nts.go.kr/news/news_03_01.asp?minfoKey=MINF8420080211204826&top_code=&sub_code=&page=2&sleft_code=&ciphertext=&type=LR

〈 보론 1 〉 위법·부당한 처분에 대한 권리보장 절차

세무조사 결과에 대한 서면통지나 과세예고통지를 받게 된 내용에 대해 이의가 있는 경우에는 통지를 받은 날로부터 30일 내에 통지서를 보낸 해당 세무서장, 지방 국세청장에게 청구서를 제출해야 한다. 그러면 해당관서는 이를 심사하여 30일 이내에 위원회의 심의를 거쳐 납세자에게 결과를 통지한다. 과세전적부심사는 부과처분을 하기 전에 처분내용을 미리 통지하고 납세자의 이의가 있는 경우 이를 검토하여 정당하면 사전에 보정하는 제도이다.

과세전적부심사에 의해 납세자의 의견이 받아들여지지 않아 세금이 고지되었다면 고지서를 받은 날로부터 90일 이내에 다음의 절차를 밟아야 하며 이러한 전심절차를 거쳐야만 최종적으로 행정소송을 제기할 수 있는 자격이 있다.

① 관할 세무서에 제기하는 이의신청

세무서장이나 지방 국세청장에게 납세자가 임의적으로 제기하는 불복절차로서 이의신청 과정을 거치지 않고 바로 심사·심판청구를 할 수도 있다. 일단 이의신청을 제기하게 되면 세무서장 등은 30일 이내에 결정내용을 납세자에게 통지하여야 한다.

② 국세청에 제기하는 심사청구

납세자가 심사청구서를 접수하게 되면 국세청에서는 심사자료를 작성 후 내·외부 위원들로 구성된 위원회에 상정시켜 90일 이내에 관련 결정을 마치고 납세자에게 결정내용을 통지해야 한다.

③ 조세심판원에 제기하는 심판청구

국세청에 불복청구를 하는 대신 과세관청으로부터 독립되어 국무총리실 조세심판원에 조세불복을 제기하는 심판청구가 있다. 납세자 및 대리인이 심판청구서를 작성하여 접수하게 되면 청구인의 주장은 각 심판부에 있는 조사관실에서 조사 및 검토를 거치게 되고 최종적으로 상임심판관 2인과 비상임신판관 2인으로 구성되어 있는 합의체의 결정을 통해 납세자에게 90일 이내 통지가 된다.

④ 감사원에 제기하는 감사원 심사청구

위와 같은 불복절차를 거치지 않고 감사원에 심사청구를 바로 제기할 수도 있다. 국세청 심사청구, 조세심판원 심판청구, 감사원 심사청구는 중복하여 청구할 수는 없다. 또 이의신청을 거친 경우에는 감사원에 심사청구를 할 수 없다.

조세행정의 특수성, 전문성을 고려하여 조세 관련 불복청구는 위와 같은 심사·심판절차들을 반드시 거치도록 하고 있으며(행정심판전치주의) 이러한 절차들에 의해 납세자의 주장이 수용되지 않는 경우 납세자는 최종적으로 행정법원-고등법원-대법원으로 이루어지는 사법기관의 행정소송을 통해 부당한 조세처분에 대한 이의를 제기할 수 있다.[12]

12 2016년 국정감사에 의하면 2015년 납세자들이 과세처분이 부당하다며 불복을 청구해 되돌려 받은 세금이 4,99[illegible]건, 2조 4,989억 원으로, 2014년에 비해 건수로는 13%(583건), 금액으로는 81%(1조 1,238억 원)나 증가했다. 불복청구에 따른 환급(2015년)은 3년 전인 2012년과 비교해 건수로는 65%(1,959건), 금액으로는 138%(1조 4,481억 원)나 증가한 것이다. 불복절차별 환급 현황을 보면, 조세심판원에 청구하는 '심판청구'를 통해 환급받은 경우가 2,427건, 1조 3,521억 원으로 가장 많은 부분을 차지했고, '행정소송'이 1,769건, 9,435억 원으로 뒤를 이었다.

〈불복인용사건 개별감사 결과〉

(단위: 건, %, 명)

구 분		계	2012년	2013년	2014년	2015년	2016년 6월
분석 건수		5,565	707	1,792	972	1,433	661
직원귀책 건수		886	133	295	157	216	85
귀책 비율		15.9	18.8	16.5	16.2	15.1	12.9
문책 인원	소 계	1,173	219	403	206	248	97
	정 계	4	3	-	-	-	1
	경고(인사)	29	7	8	1	10	3
	경 고	463	80	160	83	100	40
	주 의	677	129	235	122	138	53

자료: 국세청

다만 불복에 의한 환급이 증가하고 있음에도 2012년부터 실시하고 있는 불복인용사건 개별감사 결과를 살펴보면, 올해 6월까지 분석 대상 총 5,565건 중 직원귀책 건수는 886건, 15.9%에 불과하고 문책 인원 1,173명 중 제대로 징계를 받은 직원은 단 4명뿐이었고, 이들의 징계양정은 모두 견책이었다.

이 외에도 사전적 권리구제장치로 납세자보호관제도, 고충처리민원제도 등을 두고 있는데 납세자보호관은 납세 관련 고충민원의 처리, 세무 상담, 납세자권리헌장의 준수 및 이행 여부 심사, 지방세 관련 제도개선에 관한 의견표명 등 납세자의 권익보호를 위한 업무를 전담하여 수행하는 자를 말한다. 납세자보호관제도는 납세자의 권리가 침해되었거나 침해될 우려가 있는 경우에 전문가의 조력을 받을 수 없는 경우 신속하게 납세자의 고충을 해결하여 납세자의 실질적인 권리보호를 위하여 지방자치단체의 장은 조례가 정하는 바에 따라 납세자보호관을 배치할 수 있도록 2005년 12월 31일 「지방세법」에 신설되었다.

[그림 보1-1] 납세자 권리구제절차

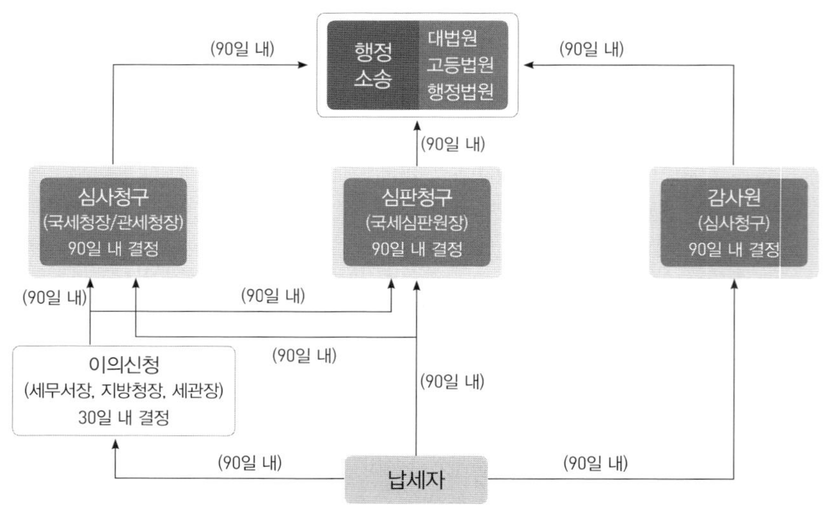

제 2 부

조세정책과 실제

제 6 장

세계화와 조세정책

지난 30년 동안 조세체계가 작동하는 환경이 극적으로 변하였다. 경제의 세계화(globalization)와 디지털화(digitalization)는 실질적으로 세원의 지형학적인 이동이 있었고 다국적기업은 국제교역에 중요한 역할을 하고 있다.

이러한 변화압력에 대응하여 각국의 정부는 그들의 조세체계를 개혁하려는 움직임이 있어 왔다. 이러한 개혁들은 세원을 넓히고 세율을 인하하며 소비세로의 이행을 주요 특징으로 들 수 있다.

환경변화와 더불어 글로벌 금융위기와 부(wealth)와 소득불평등의 심화는 조세설계의 사회적인 중요성에 대중적인 경각심을 높이게 되었다. 정의 또는 공평성에 대한 인식은 사회의 결속에 기본적인 것으로 이는 구조적인 개혁을 이행할 수 있게 한다.

중앙정부의 기본적인 목표는 그들 자신 국가의 이해관계를 높이는 것이고 글로벌 금융위기는 이러한 점을 강화해왔다. 다른 형태의 경쟁처럼 조세경쟁은 효율적인 조세체계의 확립을 유인함으로써 성장을 유도할 수 있다. 그러나 충분한 조세경쟁의 편익을 달성하기 위해서는 국제사회가 어떠한 '게임룰'에 동의할 필요가 있다. 다국적기업에 의한 공격적인 조세회피행위와 국가 또는 지역별 도전적인 조세경쟁은 'Race-to-the-bottom(바닥치기 경쟁)'을 방지하면서 다루어져야 한다. 개방경제에서 조세정책이 어떻게 성장과 번영을 자극할 수 있는지에 대한 고려는 타국에 미치는 영향과 별개로 다루어질 수 없다.

본 장은 현재의 조세체계에 어떠한 중요한 변화가 있었는지를 살펴보고 세계경제의 변화에 맞추어 조세체계는 어떤 변화를 하고 있는지를 통해 앞으로 어떻게 전개될 것인지를 설명하고자 한다.

제 1 절 배 경

현대 조세체계는 1930년대와 1960년대 기간 동안 중요한 발전이 있었다. 그 기간은 다음과 같이 요약될 수 있는데, 첫째, 대공황(The Great Depression)과 제2차 세계대전 동안 주요 무역장벽들이 만들어졌다. 둘째, 포트폴리오(portfolio)[1] 자산의 이동이 제한되었다. 셋째, 국가 간 투자가 제한적이었다(자연자원의 직접투자는 예외). 넷째, 국제적인 인구이동이 적었다(단, 제2차 세계대전 후 이민은 제외). 다섯째, 개인별 국제 구매행위가 거의 없었다.

상기의 변화와 함께 1930년대와 1960년대 사이에 두 가지 중요한 '기술적인' 혁신이 조세분야에 도입되었다. 하나는 '글로벌하고 누진적인' 소득세이고, 또 다른 하나는 부가세의 도입이었다. 이러한 두 가지 혁신으로 (임금과 급여에 대한 사회보장기여금과 더불어) 대부분의 조세 수입의 상승을 설명할 수 있다. 즉, 1960년대 세 부담은 산업화된 국가에서 GDP 대비 30% 이하였고 개도국은 GDP 대비 20% 이하였지만 1990년대경에 OECD의 많은 국가들은 GDP의 40%를 초과하였고 일부의 국가에서는 50%를 초과하기도 하였다(개도국들은 대략 GDP의 20% 이하였다).

혁신적인 소득세 출현의 배경에는 1938년 헨리 사이먼(Henry Simon)이 자신의 저서에서 개인의 모든 원천소득을 과세대상으로 하여 높은 누진세율을 적용하는 강력한 방안의 제시를 들 수 있다. 이는 과거의 관행에서 벗어나는 급진적인 이탈이었다. 게오르그 샨츠(Georg Schanz)와 같은 일부의 독일 경제학자들도 이와 유사한 소득세안을 제안하였는데 이러한 접근들은 소득분배의 불공평이 점차적으로 우려되는 시기에 공평성과 세 수입 목표를 보다 잘 만족시키는 것이었다. 반면 높은 한계세율의 적용으로 인한 (근로, 저축 등의) 유인 저해효과는 당시에는 중요하지 않은 문제로 취급되어 무시되었다. 대공황(루즈벨트의 New Deal 정

1 주식투자에서 위험을 줄이고 투자수익을 극대화하기 위한 일환으로 여러 종목에 분산 투자하는 방법을 말한다.

책 후) 기간 동안에 제안된 높은 누진세율을 적용한 글로벌 개인소득세는 미국에서 대중적인 조세가 되었고 제2차 세계대전의 재원 마련에 도움을 주었다. 이후 포괄소득세는 곧 '가장 공평한' 조세로 여겨지게 되어 1970년대까지 대중적인 조세가 되었다. 제2차 세계대전 후 미국의 영향력으로 인해 포괄소득세는 다른 나라에서도 수용하게 되었고 전쟁 후 20년 동안 미국의 조세 전문가들은 선진국과 모든 개발도상국에 이를 전파하는 데 일조하였다.

또 다른 기술적인 혁신은 부가가치세를 들 수 있는데 프랑스에서 시작을 하였다. 부가가치세는 당시 대부분의 유럽 국가들이 (EC로 발전하게 되는 ECSC(European Coal and Steel Community)중 6개 회원국을 포함) 공통적으로 사용하고 있었던 다단계거래(turnover(cascade))세[2]를 대체하였다. 부가가치세로 전환을 한 이유는 부가가치세가 수출품에 영(0)세율을 적용하고 수입품에는 부가가치세를 부과하여 거래국 간의 불일치를 제거할 수 있었기 때문이다(반면 세율은 해당 국가가 선택할 자유가 있었다). 이러한 특징으로 인해 부가가치세는 관세동맹에 속한 국가들에게 유용한 수단이 되게 하였다. 또한 부가가치세는 대부분의 나라에서 주요 세 수입원으로 자리 잡게 되었다. 이에 따라 현재는 34개 OECD 회원국 중 미국을 제외한 33개국(전 세계 160개국)이 채택하고 있다.

산업화된 국가에서 위의 두 가지 발전(공적연금 재원으로 급여소득에 대한 사회보장기여금과 함께)은 많은 나라, 소위 복지국가에서 정부의 기능 확대를 위한 재정수입의 원천이 되게 하였다.

이와 같은 조세체계의 발전과 함께 1980년대 이후 급격한 경제환경의 변화는 조세체계와 지출정책에 영향을 주게 되었는데 이에 대해서는 제2절에서 환경변화와 조세의 역할을 다루면서 조세경쟁과 조세피난처에 대한 설명과 함께 조세체계의 장애요인에 대해 설명하고자 한다.

---

2 다단계거래세란 생산 및 분배에 이르는 모든 거래단계에서 각 단계별 외형금액 또는 수입금액을 과세표준으로 하여 과세되는 유통세를 말한다. 현행 부가가치세는 모든 거래단계에 과세된다는 점에서 다단계거러세라 할 수 있으나, 거래외형이 아닌 부가가치를 과세표준으로 하는 점에서 차이가 있다.

제 2 절 세계화시대의 조세정책과 개혁

1. 경제환경의 변화

1980년대 이래 중요한 발전은 경제환경을 변화시켰다.[3] 이러한 발전은 조세정책의 이론과 실제 모두에 커다란 의미를 주고 있는데 그 중요한 변화들은 다음과 같이 요약할 수 있다.

첫째, 경제개방과 국제무역의 급격한 확대로 수입대체이론[4]과 같은 정책은 더 이상 유용한 방법이 아니게 되었다. 세계경제는 선진국과 개도국 모두 과거보다 훨씬 더 많은 경제통합을 하고 있었다.

둘째, 국경 간 자본이동에 장애를 주는 요인들의 제거로 인해 자본이동의 폭발적인 증가가 있게 되었다. 자본이동의 증가는 값싸고 빠른 통신을 가능하게 한 기술혁신에 의해 촉진되었다. 날마다 국경을 넘는 금융자본의 급격한 증가로 인해 직접투자의 재원을 마련해주게 되었고 포트폴리오(portfolio) 투자를 가능하게 하였으며, 국제 관광객에게 필요한 외국통화를 간편하게 제공해주었다. 과거

3 토머스 프리드먼(Thomas Friedman)은 *The World Is Flat*이라는 책에서 정보화와 세계화로 인해 세계 경제가 평평해지고 있다고 하였다. 그는 1800년대~2000년 전후시기를 '세계화 2.0 시대'라고 칭하며 다국적기업이 세계화의 원동력이 되고 있다고 하였다.

4 수입대체이론은 1930년대부터 1980년대까지 라틴아메리카에서 실현되었던 산업화 이론으로 1980년대 라틴아메리카의 잃어버린 10년을 야기한 직접적 요인이다. 프레비시(R. Prebish)는 농산품을 주로 수출하는 후진국의 교역조건(=수출단가지수/수입단가지수)은 계속적으로 악화되므로 비교우위이론에 입각한 자유무역은 선진국과 후진국의 격차만 확대한다고 주장하고 공업화를 지향하는 보호무역을 추구하였다.

〈장점〉: 1. 수입대체전략은 보호무역에 기반을 두고 있어 국내기업들이 국내시장을 손쉽게 장악 성장 가능.
2. 기술이 단순한 최종소비재산업에서는 수입대체산업 육성이 비교적 용이.

〈문제점〉: 1. 국내기업이 정부의 보호정책에 안주하게 되어 국제시장에서의 경쟁력 강화에 소홀.
2. 국내시장이 협소한 상품의 경우 규모의 경제 효과 달성이 힘들어 생산비 인하가 어려움.
3. 수입대체정책이 심화될수록 국내생산이 불가능한 자본재, 중간재, 기술 등의 도입 확대가 불가피-국제수지 악화

(* 국제수지: 일정 기간 동안 일국이 다른 나라와 행한 모든 경제적 거래를 체계적으로 분류한 것)

에 존재했던 한 나라의 저축률과 투자율 간에 상관관계는 완화되어 정부가 재원 마련을 쉽게 할수록 촉진하여 재정적자는 더 커지게 되었다. 그 이유는 더 이상 자국저축에 의존하지 않아도 되기 때문이었다.

셋째, 다국적기업은 직접투자(자연자원으로부터 생산물의 생산과 제조품의 생산 모두에)의 재원 마련과 여러 나라에 동일 기업 간 거래를 높이게 되어 그 중요성이 커졌다. 과거에는 대부분의 기업들이 한 나라 내에서 또는 같은 지역이나 도시에서 생산물을 만들어서 팔았지만 여러 나라에 위치한 기업들의 관련 부품 간의 교역은 점점 커지고 이에 따라 전체 세계무역의 크기는 커지고 있었다.

이와 같은 변화는 수백 년 전 고전학파 경제학자들이 인식했던 분명하고 제한적인 국가의 역할을 훨씬 복잡하고 명확하게 정의되지 않는 역할로 바뀌게 하였다. 그렇지만 상기의 발전들은 많은 나라의 조세행정가에게 조세운영의 많은 어려움을 가져다주고 있으며, 결과적으로 현재와 미래, 그리고 보다 더 글로벌한 경제에서 국가의 최적 역할이 무엇인가에 대해 의문을 품게 한다.

2. 조세경쟁

경제환경의 변화로 인해 한 나라의 잠재적인 세원이 더 이상 엄격하게 제한되지 않는다. 이는 국가의 경계가 세계를 포함할 정도로 넓어졌다는 것을 의미한다. 그 이유는 한 국가가 이제는 외국 금융자본, 외국인 직접투자, 외국 소비자, 외국 근로자, 고소득의 외국인 등을 완전 또는 부분적으로 과세대상에 끌어들일 수 있기 때문이다. 이러한 가능성은 과거에는 존재하지 않았던 국가들 간의 '조세경쟁(tax competition)'을 부추겼다. 조세경쟁은 한 국가의 세 부담이 적어도 부분적으로 수출될 수 있다는 것을 의미한다. 특히 소규모 국가는 과거에는 가능하지 않았던 다른 나라의 세원을 '침범'할 수 있게 되었다. 따라서 바다와 공기처럼 '세계 세원'은 일종의 '공유자원(commons)'(모든 나라들이 이점을 이용할 수 있고 다른 나라에게는 해를 끼치는 분명히 확립된 재산권이 없는 공유자원)이 되고 있다.

조세경쟁[5]은 부분적으로 장소에 대한 과세활동과 관련되어 있다. 어느 정도 민감한 활동에 세 부담을 인하함으로써 조세경쟁은 일부의 투자자들에게 특정 위치(예를 들어 아일랜드, 코스타리카)를 또는 위치보다는 특정 활동을 더욱 매력적이게 한다. 이러한 문제는 특정 국가로 자본을 끌어들이기 위한 조세유인을 할 때 특히 중요하다. 장소의 매력은 여러 요인들에 의해 좌우되는데 기업의 소득에 대한 법정세율, 행정비용과 협력비용과 같은 세금 관련 비용, 조세체계의 예측가능성이나 세율과 행정적인 요구조건 모두에 대한 '조세 확실성', 세법의 명확성과 같은 법률적인 투명성, 거주자나 기업이 세금납부의 대가로 얻게 되는 서비스와 같은 세 수입의 사용, 미래 세금인상을 예측할 수 있는 재정적자와 공공부채, 규제, 부패, 범죄, 조세 규범 등에 의해 크게 영향을 받는 그 나라의 경제적 환경 또는 투자 분위기 등을 들 수 있다.

특정 위치의 조세 분위기는 다음과 같은 사항에 영향을 미친다. 즉, 그 위치에서 선택하는 투자와 투자의 크기, 재원조달의 선택, 그리고 투자를 하는 기업의 법적 형태이다. 따라서 외국인 투자자들에게 좋은 분위기를 제공하려는 국가들 간에 경쟁은 점점 커지고 있다.

여기서 높은 세율이나 비우호적인 조세 분위기에 직면하면 납세자들은 어떤 행동을 취할 가능성이 있는지를 살펴보자. 첫째, (다른 조건들이 일정하다고 본다면) '발에 의한 투표(voting with feet)'[6]를 통해 우호적인 재정환경으로 이동할 수 있고, 둘째, 보다 낮은 과세지역이나 보다 안전한 해외로 금융자산을 보냄으로써 '포트폴리오에 의한 투표(voting with portfolio)'를 할 수 있으며, 셋째, 장소에 그대로 남아 있더라도 조세회피를 위한 기회를 충분히 이용하여 지하경제(underground economy)로 이동할 수 있으며, 넷째, 명시적으로 탈세를 하거나 더 많은 탈세를 시도할 수 있다.

5 OECD(2008)의 내용을 일부 발췌한 것이다.

6 여러 개의 소규모 지방정부가 다양한 형태의 서비스 공급과 조세정책을 펼 수 있고, 또 주민들이 지방정부가 제공하는 공공재의 질과 가격에 따라 거주지를 선택할 수 있다면, 공공부문의 효율성이 제고된다는 가설이다.

'공급중시 경제학(supply side economics)'[7]과 세계화로 인한 조세경쟁은 개인과 기업이 상기의 선택들의 이용을 보다 더 쉽게 하도록 하고 있었다. 이는 또한 세율에 대한 세원의 탄력성을 높일 수 있게 하였다.

그렇다면 조세경쟁은 긍정적인가? 부정적인가? 이러한 질문에 대해 견해들이 엇갈린다. 일부의 이론 경제학자들과 공공선택 성향의 경제학자들은 조세경쟁을 상당히 유익한 현상으로 보는 경향이 있는 반면, 정책결정자나 정책에 참여하는 경제학자들은 이에 이의를 제기하는 경향이 있다. 먼저 조세경쟁을 옹호하는 주된 논리는 다음과 같이 정리 될 수 있다.[8]

첫째, 조세경쟁은 특히 금융자본이나 높은 기술수준을 지닌 인력과 같은 유동적인 세원에 세율을 인하하도록 작용을 할 수 있다. 세율의 인하는 과세로 인한 후생비용이 낮아짐을 의미한다. 둘째, 조세경쟁은 총세수입을 줄임으로써 정부로 하여금 비효율적 공공지출을 줄이게 한다. 프리드먼(M. Friedman)의 '짐승을 굶겨라(starve the beast)'[9]라는 이론은 1980년대 미국에서 레이건 행정부 기간 동안 대중화되었다. 셋째, 조세경쟁은 보다 생산적인 투자로 저축을 효율적으로 배분하게 한다. 넷째, 낮은 세 수입으로 인해 정책결정자로 하여금 보다 효율적으로 경제적 역할을 하도록 한다. 마지막으로 이론적으로 경제학자들이 보다 적은 경제적 효율성 손실을 가져다준다고 보는 비유동적인 세원(예를 들어 임금과 토지)에 더욱 의존하는 조세구조를 발생시킬 가능성이 있다고 본다.

이러한 주장에 대해 조세경쟁을 우려하는 사람들의 주장은 다음과 같다. 첫째, 공공지출은 종종 정치적으로나 법적으로나 하방 경직적이기 때문에 조세경쟁은 보다 큰 재정적자를 만들고 결과적으로 거시경제 불안을 야기한다. 둘째, 정

7 '공급중시 경제학'이란 레이건(R. Reagan)이 1980년 대통령 선거에서 사용하면서 유행하게 됐다. 기존의 수요를 중시하는 관점으로부터 생산성을 중시하는 관점으로의 전환을 의미한다. 레이건은 공급중시 경제학에 기초해 개인소득과 기업이윤에 대한 세율인하와 함께 투자수익에 대한 세율도 대폭적으로 낮추었다.

8 OECD(2008).

9 정부가 제공하는 사회복지의 규모를 급격하게 줄이는 명목으로 재정수입을 줄이기 위한 감세정책을 시행하라는 의미이다. 짐승은 뭐든지 있으면 먹어치워 버리는 습성을 갖고 있듯이 무상복지라는 이름의 '포퓰리즘 괴물'을 굶기는 수밖에 없다는 것을 말한다.

부가 조세경쟁으로 인해 공공지출을 삭감해야 할 때 이를 보호하려는 정치적 선거구민(유권자들)은 비효율적인 공공지출을 삭감하는 것이 아니라 자본지출이나 운영과 유지를 위한 지출을 삭감하게 된다. 셋째, 조세경쟁은 소위 '조세 타락(tax degradation)'을 초래할 수 있다. 즉, 정부는 상실한 세 수입을 대체하기 위해 나쁜 조세를 도입함으로써 세 수입을 유지하려 할 수 있다. 넷째, 유동적인 요인(금융자본과 높은 기술수준을 가진 인력)으로부터 비유동적인 요인(대개 근로소득)으로 세 부담의 전가는 조세체계를 불공평하게 만든다. 다섯째, 근로소득에 대한 세금인상은 지하경제 확대를 자극하고 탈세와 비공식적인 활동을 활발하게 한다. 여섯째, 조세경쟁은 조세행정과 조세협력비용을 더 많이 들게 할 수 있다. 조세행정가들은 보다 더 복잡한 세법을 만들어 조세경쟁에 대응하려 하기 때문에 조세경쟁의 결과는 조세를 계속해서 더욱 복잡해지게 한다. 이는 조세체계의 예측가능성을 줄이고 투자 분위기에 부정적인 영향을 미친다. 일곱째, 인구고령화에 대한 공공지출로 인해(예: 일본) 높은 공공부채와 재정적자가 발생하기 때문에 세 수입의 증대가 필요한 국가는 조세경쟁이 해악으로 작용할 가능성을 들 수 있다.

세계화와 세 수입 간의 관계에 대해 수량적인 영향을 평가하는 것이 어렵다는 이유로 일부에서는 조세경쟁의 영향을 무시할 수도 있다. 이는 다음과 같은 사실을 통해 그 영향을 확인 할 수 있다. 즉, 1990년대에 OECD 국가들 중 많은 나라에서 대규모 재정적자로 인해 보다 많은 세 수입이 필요했음에도 불구하고 GDP 대비 조세비율은 증가세가 멈추었다. 또한 한계 개인소득세율과 법인소득세율 모두 대부분의 나라에서 인하하였다. 이는 부분적으로 조세경쟁으로 인한 것으로 볼 수 있다. 그러나 일부는 세원확대와 여러 국가에서 국민소득 중 기업소득의 몫의 증가로 인해 GDP 대비 법인소득세 크기는 크게 떨어지지 않았다. 사치재에 대한 판매세율은 지난 20~30년 동안 대부분의 나라에서 크게 낮아져 세 수입의 하락을 초래했지만 부가가치세의 증가와 여러 나라에서 (자동차) 연료와 담뱃세의 인상으로 보충되었다. 또한 사치재에 대한 세금인하는 부분적으로 납세자들의 해외여행의 증가로 인한 것이고 값싸고 휴대성 있는 품목에 대한 판매세는 세 부담이 가장 낮은 곳으로 쇼핑이동을 초래하였다.

한편, '글로벌 소득세'는 대중적인 기반을 잃어가고 있다. 스칸디나비아 국가들에서 도입된 이원적 소득세(dual income tax)는 글로벌 소득세의 매력을 잃게 한 예로 볼 수 있다. 이원적 소득세는 사실상 과거에 보편적으로 이용되었던 소득세 분류과세로 돌아가는 것이다. 이와 더불어 평률세(flat rate tax)와 '소비에 근거한 조세'에 점차적인 관심이 커지고 있지만 후자의 경우는 시행하고 있는 국가는 아직 없다(제8장에서 상세히 다룬다).

3. 조세체계의 장애 요인

세계화와 조세경쟁, 그리고 신기술 등의 상호작용은 조세체계의 기반을 약화시킬 수 있는 가능성이 있어 점차적으로 한 국가가 세금인상을 어렵게 하고 그들 국가들이 선택한 조세구조를 유지하기 어렵게 한다.

그러한 장애 중의 하나로 들 수 있는 것이 전자상거래(electronic commerce)의 출현이다. 전자상거래는 한 국가 내에서 또한 국가 간 모두에서 재화나 서비스에 그리고 중간재와 자본재 투입물의 거래를 매우 빠른 속도로 크게 하였다. 전자상거래의 성장은 물질적인 상품에서 무형의 자본을 포함하는 디지털 상품까지 그 이동이 늘어나게 하고 있다. 이러한 종류의 상거래는 예를 들어 세관에서 조사를 받을 수 있는 과거의 송장에 근거한 상거래보다 과세를 훨씬 어렵게 하였다. 전자상거래는 입법가나 조세행정가에게 상당한 어려움을 발생시켜 부가가치세 세수입은 분명히 영향을 받게 되었다.

두 번째 장애는 전자화폐의 출현이다(신용카드 등). 통상화폐는 점진적으로 전자카드의 칩에 내장된 전자화폐로 대체되고 있다. 이러한 전자화폐는 외국은행의 예금을 통해 구입될 수 있거나 비밀 은행계좌로부터 구입될 수 있어 추적하는 것이 어려워 다양한 거래에 과세를 어렵게 한다. 또한 전자화폐의 이용은 화폐발행으로부터 얻는 '시뇨리지(seigniorage)'[10]로부터 발생하는 세 수입을 줄이게 만든다.

10 화폐주조차익. 화폐의 액면가에서 화폐 제조비용과 유통비용을 뺀 차익으로, 중앙은행이 갖는 독점적 발권력에 의해 발생한다. '시뇨리지(seigniorage)'란 봉건제도하에서 시뇨르(seigneur: 영

세 번째 장애는 다른 나라에 위치한 동일한 다국적기업 간에 발생하는 거래(다시 말해 기업 내부 거래)로부터 발생한다. 이러한 거래는 다국적기업의 내부에서 발생하기 때문에 '이전가격(transfer price)'전략을 사용한다. 이전가격이란 어떤 나라에 있는 기업의 한 부분이 기업의 소득에 상이한 조세체계와 세율을 적용하는 다른 나라에 위치한 동일 기업의 다른 부분으로부터 재화나 서비스를 구매하는 가격이다(다시 말하면 이전가격이란 관련 기업 사이에 원재료·제품 및 용역을 공급하는 경우에 적용되는 가격). 이러한 내부거래를 객관적으로 인정할 수 있거나 참고로 사용될 수 있는 '제3자 가격(arm's length price, 또는 시장가격)'[11]이 없을 수 있다.

특히 이전가격은 다음과 같은 경우 문제가 발생한다. 최종재를 위해 특별하게 만들어진 투입물(예를 들어 제트엔진)과 가치가 결정되어야 하는 저작권, 상표권, 특허권의 이용, 그리고 시장시세의 결정이 어려운 다국적기업의 한 부분(자회사)에서 다른 부분(자회사)으로 행한 대부이자의 경우다. 기업 내에서 거래한 재화나 서비스의 가격이나 비용의 결정은 어렵고 자의적일 수밖에 없다. 다국적기업은 명목세율이 낮은 국가(가령 아일랜드)에서 더 많은 이윤을, 그리고 명목세율이 높은 국가(가령 독일)에서 적은 이윤이 발생하도록 이전가격을 조작하게 된다. 기업에 의한 이전가격의 전략적 이용은 다국적기업이 내야 하는 세금을 줄어들게 할 수 있어 조세행정가들에게 많은 문제를 일으킨다.

또 다른 장애는 역외금융센터(offshore financial center)나 소위 조세피난처(tax shelter 또는 tax havens)의 존재의 급격한 증가를 들 수 있다. 조세 피난처의 분명한 특징은 외국의 금융자본을 끌어들이기 위한 낮은 세율, 이러한 나라에

주)들이 화폐주조를 통해 이득을 챙겼던 데에서 유래한 말이다. 오늘날 국가는 화폐발행권을 통해 엄청난 시뇨리지를 가지게 되는데, 한국의 경우 원화발행에 따른 시뇨리지는 원화가 통용되는 국내에 국한되지만, 세계에 통용되는 기축통화인 달러를 발행하는 미국의 경우 세계를 대상으로 천문학적인 시뇨리지 효과를 얻게 된다.

11 정상가격이라고도 하는데 이전가격 여부를 판정함에 있어서 아무런 특별 구매 관계가 없는 기업과의 거래조건을 기준으로 하는 원칙을 말한다. 과세당국은 다국적기업들이 정상가격에 판매했는지를 확인하고 아닐 경우 정상가격을 기준으로 과세할 수 있다.

있는 예치금의 소유자를 확인하기 어렵고 불가능하게 하는 규정(비실명계좌(no-name accounts), 비밀보장(banking secrecy) 등), 그리고 예치금의 소유자가 주거하는 나라에서 예치금에 대한 정보의 부족과 약한 규제를 들 수 있다.

마지막으로 개인의 해외활동을 통해 해외에서 번 소득을 자국에서 보고하지 않는 사례가 늘어나고 있다. 이는 자국의 높은 세금을 피하기 위함으로 국제 간의 조세조약과 정보공유를 통해 조세회피를 차단하고 있다. 이에 대해 우리나라도 해외금융계좌신고제도를 도입해 시행하고 있다. 동 제도는 과세당국이 외국의 과세당국이나 금융기관으로부터 세원자료를 수집하는 노력과 함께 역외탈세 방지 및 해외금융정보 수집을 목적으로 2011년 6월부터 시행하였다. 동 신고제는 거주자 및 내국법인이 해외금융회사를 통해 보유한 해외금융계좌의 잔액이 해당 연도의 매월 말일 중 어느 하루라도 10억 원을 넘는 경우에 그 계좌정보를 과세당국에 신고하는 것을 주 내용으로 하고 있다.

이와 같은 발전들은 점차적으로 세 수입, 조세구조, 세원의 이용 등에 커다란 영향을 미칠 것이다. 또한 그 영향이 일부의 나라에서는 클 수 있고 일부의 나라에서는 작을 수도 있을 것이지만 공공지출을 통한 국가의 역할은 세금을 걷는 능력과 세금의 형태에 달려 있기 때문에 이로 인해 국가의 역할에 많은 영향을 미칠 것으로 보인다.

제7장

조세정책과 조세개혁

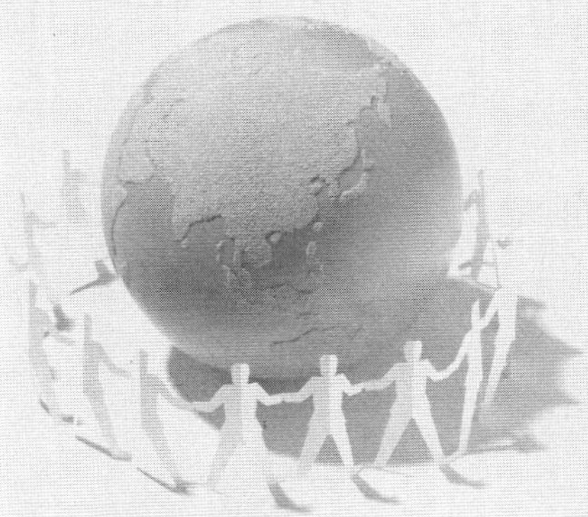

제 1 절 서序

제3부의 개별 주요 세목을 설명하기 전에 OECD 국가들의 조세정책과 개혁방안들에 관한 내용들을 다루고자 한다.

본 장의 제2절에서는 조세정책과 조세개혁을 이행하는 과정에서 발생하는 문제점을 다루면서 다양한 외부적인 장애요인들을 다루었다. 여기에는 어떻게 조세개혁(정)안들이 제시되고 시행되는 과정에서 정치경제와 제도적인 요인들이 어떠한 영향을 미치는지를 서술하였다. 이와 더불어 우리나라의 경우 개혁(정)안이 제안되고 이행되는 과정도 다루었다. 이행 과정 중 국회에서 조세개혁(정)에 대한 절차는 본 장의 끝부분 〈보론 2〉에서 설명하였다. 조세개혁의 이행과정상 세목별 장애요인과 조세정책 및 조세개혁의 방안들에 대한 설명은 후속 장의 각 세목을 설명할 때 다루고자 한다. 제3절에서는 바람직한 조세개혁과 조세정책 실현을 위한 납세순응에 대해 다루었고 납세순응에 영향을 미치는 요인에 대한 의문점을 다루었다.

제 2 절 조세정책과 조세개혁 과정

1. 배 경

많은 OECD 국가들의 조세체계는 세제가 갖추어야 할 효율성과 공평성의 기본적인 기준을 완전히 충족하고 있는 것은 아니다. 그 주된 이유는 바람직한 조세정책의 시행에는 매우 복잡한 문제들로 얽혀있기 때문이다. 그렇기에 조세정책이 항상 일관성 있게 추진될 수 있는 것은 아니고 때때로 시시각각 변하는 넓은 범위의 정책목표들을 달성하기 위해 이용되기도 한다.

원칙적으로 '좋은' 조세체계의 특징은 제 1 부에서 설명한 용어로 보면 분명하다. 조세체계는 주로 공공지출의 재원을 마련하는 것이 중요한 목표이지만 이를 이행하는 과정에서 다양한 목표들을 달성하는 데 사용된다. 이미 살펴보았지만 조세체계는 경제의 의사결정을 왜곡하지 않고 행정비용(administrative cost)과 납세협력비용(compliance cost)이 지나쳐서는 안 된다는 점에서 효율적이어야 한다(제3장). 또한 노동공급, 저축과 투자에 대한 경제적 유인에 지나치게 간섭하지 말아야 하고 조세는 공평해야 한다(제5장).

이러한 바람직한 조세를 위해서는 조세수준뿐만 아니라 다양한 조세수단들을 설계하는 방식이 중요하다. 조세수준과 조세구조는 납세자들의 경제행위에 영향을 미쳐 그 나라의 생활수준을 반영한다. 이러한 인식하에서 지난 20~30년 동안 OECD 국가들은 자국의 조세체계에 구조적인 개혁을 추진해왔다. 대부분의 개인소득세 개혁은 저축, 투자, 기업가 정신을 촉진하고 근로유인을 높이는 환경을 구축하려 하고 있으며 법인세 개혁은 경쟁을 촉진하고 조세로 인한 왜곡을 줄이는 데 초점을 두고 있다. 이를 위해 거의 모든 조세개혁은 세 수입을 유지하면서 세율의 인하와 세원의 확대로 특징 지을 수 있다.

본 절은 조세개혁의 변화는 어디서 시작을 하고 조세개혁 과정에서 장애가 되는 이행비용과 정치경제적인 요인이 무엇인가에 대해 알아보고자 한다. 조세체계를 개혁할 때 정책결정자들은 조세체계가 달성하려는 다양한 목표 간에 균형을 맞추어야 하기에 조세설계와 이행을 하는 과정에서 제도적인 요인과 정치경제 요인들이 영향을 미칠 것이다. 예를 들어 선거에서 이긴 정치인들은 특정 이해집단에게 유리한 조세체계를 모색하여 재선거의 확률을 높이려 하기 때문이다. 그러므로 조세개혁의 성공적인 달성을 위해서는 재정적인 요인뿐만 아니라 행정적이고 제도적이고 정치적인 요인들을 고려해야 한다.

2. 변화 압력

변화에 대한 충동은 수많은 방향에서 나올 수 있다. 가장 분명한 것은 정부가 추가적인 세 수입이 필요할 때이다. 그러나 정부는 단순히 세 수입을 올리기보다는 다른 정책목표들을 달성하기 위해서도 조세를 이용한다. 즉, 거시경제정책 운영과 경제정책의 다양한 부분을 달성하기 위해 조세정책을 이용한다. 조세정책은 또한 공평한 소득분배와 특정한 사회목표를 달성하기 위해 사용된다. 그러한 예는 과거 1975년 영국에서 노동당 정부의 자본이전세 도입과 부유세(wealth tax) 제안이 이에 해당된다.

변화에 대한 요구들은 다양한 대표집단(예를 들어 이해관계집단, 정부기관) 그리고 가끔 이해관계가 직접적으로 있는 개인으로부터 나온다. 그 외에도 실무를 담당하고 있는 세무당국(우리나라의 경우 국세청과 관세청)에서도 일부 기술적인 사항들에 대해 세법 개정안을 정부(기획재정부)에 건의하기도 한다(물론 입법은 의회의 고유한 권한이므로 국회에서 개혁(정)안을 발의하는 것은 당연하다).

조세개혁의 어려움 중 하나는 제안된 개혁안이 실제로 관련 정책목표를 보조하고 의도하지 않은 부작용을 줄이는 것이다. 그렇지만 이러한 것이 항상 달성되는 것은 아니다. 우리나라의 경우 각 정당이 그들의 정책목표를 달성하기 위해 개혁(정)안을 제시할 때 나타날 결과에 대한 충분한 고려 없이 각 정당의 이해관계에 맞물려 제시하는 경우가 많다.

3. 조세개혁의 이행비용과 이행방안

(1) 이행비용

조세개혁을 이행하는 데 발생하는 장애는 개혁과정에서 수반하는 이행비용의 결과로 인해 발생한다. 조세개혁의 이행은 새로운 안이 이행되어 기업과 가계가 새로운 개혁(정)에 반응하여 행동을 조정하는 기간을 포함한다. 조세로 인해 발생하는 행동의 변화는 관련이 있는 경제주체들에게 커다란 왜곡을 초래하여 높은 비용을 유발시킬 수 있다. 예를 들어 법인소득세가 과세 가능한 법인의 수입에서 이자지불의 공제를 더 이상 허용하지 않는 법인 현금흐름세로 대체된다면 높은 거래비용이 예상될 수 있다. 이행장치가 없다면 레버지지(leverage)[1]가 높은 기업들은 갑자기 재무비용의 증가에 처하게 되어 어떤 경우에는 파산을 초래할 수 있다. 또 다른 예로 소비세(부가가치세)나 물품세의 인상은 인플레이션율의 인상을 초래할 수 있는데 특히 가격인상이 임금협상과정을 통해 자동적으로 임금인상으로 유도된다면 더욱 그렇다.

조세개혁의 단순한 발표는 심지어 그것이 이행되기 전에 납세자들의 행동에 영향을 줄 수 있다. 예를 들어 경제주체들이 개혁안이 시행되기 전까지 투자결정을 지연한다면 단기적으로 성장에 영향을 준다. 또한 성장 친화적인 조항의 폐지나 삭감은 부정적인 단기성장효과를 가져올 수 있다. 또 다른 예는 가까운 시기에 투자세액공제 축소의 발표는 미리 투자를 앞당겨 단기에 성장을 자극할 수도 있다. 이와 유사하게 가까운 시기에 단행되는 부가가치세율 인상 발표는 내구 소비재의 구입을 앞당기게 할 것이다. 물론 이것이 바람직한지 아닌지는 그 시기의 경제의 구조적인 상태에 달려 있다. 따라서 '발표효과(announcement effect)'는 정부가 조세개혁을 즉시 시행할 수 없다면 조세개혁의 이행에 장애를 발생시킬 수 있거나 예상치 못한 왜곡을 가져올 수 있다.

조세정책 변화와 개혁의 실제 이행 간의 시간은 조세정책의 중요한 요인이며 그 조정기간은 개혁으로 인해 영향을 받는 납세자들의 상황을 변경시키는 정도에 달려 있을 것이다. 예를 들어 새로운 환경세 도입이나 환경세율 인상 발표는 기업으로 하여금 이러한 조세를 피하기 위해 환경 친화적인 장비에 투자를 유도할 수 있다. 조정기간의 정도는 기업들이 기존의 자본을 환경에 덜 유해한 기계로 대체하는 데 필요한 시간에 달려 있다. 예를 들어 스위스의 경우 휘발성 유기화합물(VOCs)에 환경세 부과는 정부가 실제로 조세를 부과하기 2년 전에 발표

1 차입금이나 사채 등 고정적으로 나가는 지출과 기계나 설비 등 고정적으로 부담하는 비용이 기업경영에서 지렛대(lever)처럼 중심작용을 하는 것으로, 자본구조상에서 자기자본에 대한 장기부채로 남아 있는 타인자본의 비율을 말한다.

를 하여 성공한 사례를 들 수 있다.[2]

(2) 조정기간

이행비용의 문제를 해결하기 위해 조세개혁 방안은 점진적이고 단계적으로 도입되어야 할지 아니면 조세개혁으로 부정적으로 영향을 받는 일부 사람들에 대해 (잠재적인) 보상을 하는 방안을 도입해야 할지에 대한 의문점들이 있다.

만약 개인소득세 체계의 개혁이 적어도 세수중립적인 틀 내에서 이루어진다면 대개 많은 승자와 패자를 발생시킨다. 비록 세원의 확대와 세율의 인하 원칙에 근거한 개혁이 패자보다 더 많은 승자를 만들어낸다 하더라도 이는 폭넓은 정치적인 지지를 얻는 데 충분치 않을 수 있다. 따라서 조세개혁을 위한 정치적으로 폭넓은 합의를 만들기 위해서는 기득권 인정(grandfathering)이나 개혁의 결과로 손해를 보는 사람들에게 세 부담을 줄이기 위한 다른 형태의 보상을 이용할 필요가 있다.

기득권인정조항의 장점은 구 조세체계가 이미 시행되고 있다는 기대에 근거하여 부분적으로 돌이킬 수 없는 결정을 한 사람들이 새로운 개혁안이 완전한 효과를 갖기 전에 개정안에 적응할 시간을 가질 수 있다는 점이다. 한편, 세제개혁의 결과로 세금을 덜 내게 된 사람들은 이득이 지연되기 때문에 조세개혁에서 얻는 편익이 크지 않을 수 있다. 이에 대해 기득권인정조항의 결점은 이행기 동안 납세자와 세무당국 모두 신구 조세체계가 섞인 상황에서 운영되므로 시간이 지나면서 유사한 자산으 불공평한 세제처리를 발생시킬 수 있으며 이는 조세체계의 복잡성이 더해질 수 있다는 점이다.

가장 관대한 형태의 기득권인정은 이미 살펴보았지만 특정 날짜 이후에 만들어진 결정의 결과로 번 소득에만 적용할 수 있도록 조정기간을 두는 새로운 조세규칙을 만드는 것이다. 예를 들어 세원은 넓게 세율은 낮게 하는 새로운 개정안

---

2 스위스 정부는 1998년 VOCs 방출에 조세를 부과하면서 이행시기를 2000년으로 하였다. 2년의 이행 기간을 두어 1998~2000년 사이에 VOCs의 방출이 12%로 상당히 감소하였고 제도가 완전히 정착한 2001~2004년에는 25%의 감축을 하였다.

이 시행되기 전에 자산구성을 조정하도록 2년 앞서 발표하는 경우이다.

기득권인정조항에 대한 대안적인 방법은 조세개혁으로 부정적인 영향을 받는 사람들에게 어떤 형태로든 (잠재적으로) 보상을 하는 것이다. 보상은 특정집단에 표적을 맞춘 조세삭감의 형태일 수 있다. 이것은 세액공제나 기본 인적공제를 높이는 조세체계를 통해 달성될 수 있다. 또는 선별적으로 현금이전이나 사회편익 수준을 새로 도입하거나 기존의 수준을 높여서 달성할 수 있다. 이러한 방안들은 목표가 저소득계층에 보상하는 것일 때 가장 효과적일 수 있다.

보상방안을 선호하는 주된 근거는 조세개혁을 위한 폭넓은 정치적인 지지를 얻을 수 있다는 점에서 찾고 있다. 그러나 보상방안을 설계할 때 그 방안이 경제적 효율성에 대한 조세개혁의 긍정적 효과와 맞부딪히는 것은 피하도록 해야 한다. 같은 이유로 그러한 보상은 임시적인 조치이어야 한다는 점이다. 그러나 보상방안은 조세개혁의 행정비용을 높이는 단점이 있다.

4. 정치경제와 제도적인 요인

조세개혁의 정치경제 분석은 유권자, 정당, 로비집단, 그리고 정치가들을 포함한다. 정치가들이 직면하는 유권자 선호와 유인문제는 조세정책의 형성과 다양한 정치기관의 역할을 이해하는 데 도움을 준다. 그러나 민주적 정치과정의 많은 특징들은 조세개혁의 이행에 장애를 만들 수 있다.

그렇다면 사회적으로 유익한 조세개혁이 항상 시행되지 못하는 정치경제적인 이유는 무엇인가? 이러한 이유의 이면에는 경제주체들의 이질성을 찾을 수 있다. 즉, 모든 납세자들이 유사한 활동을 하고 유사한 부존과 선호를 갖고 있다면 조세정책과 정부지출정책은 모두에게 유사한 영향을 미칠 것이고 상대적으로 최적의 정책에 가까워질 수 있을 것이다. 그러나 다양한 집단의 상이한 부존과 선호는 조세개혁이 그들에게 차별화된 영향을 줄 것이고 심지어 사회적으로 유익한 개혁안들이 이해관계의 충돌을 발생시킨다는 것을 의미한다. 이러한 이질성은 정치과정의 모습에서 나타난다.

(1) 조세정책 결정의 가시성(visibility)

정치가들은 대다수의 유권자들에게 유리한 조세개혁을 시행할 유인을 갖고 있다. 그러나 모든 유권자들의 이해관계에 동일한 비중을 둘 필요는 없을 것이다. 부동층 유권자(swing voter[3], floating voter, 유리한 조세개혁에 반응하여 쉽게 변동하는 경향이 있는 사람들)에게 유리한 조세개혁이 반드시 공공이익에 해당하는 것은 아니다. 정치가들은 납세자들의 후생에 관심이 있는 특정 유권자 집단에 신호를 보내기 위해 조세체계를 개혁할 유인에 직면할 수 있다. 이는 특정 집단에 표적을 두면서 패자를 만들지 않고 승자만을 만들어내려는 연속적인 조세개혁을 유발할 수 있다. 그러나 단편적인 개혁이 착수된다면 그리고 이를 유도하는 전략적인 비전이 없다면 정치가들은 미래 세 수입에 있음직한 부정적인 영향이나 조세를 더 복잡하게 만들 수 있는 가능성과 같은 장기적인 의미를 고려하지 않는다. 이러한 과정은 많은 OECD 국가들에서 조세지출의 확대 쪽으로 나아가는 경향을 설명하고 있다. 이와 관련하여 조세정책 변화의 가시성은 크게 비대칭적일 수 있다는 점을 인식하는 것이 중요하다. 즉, 정치가들은 특정 집단에 상당한 가시적인 편익을 가져오는 조세우대조치(tax break)를 채택함으로 인해 이를 인식하지 못하는 다른 집단에게 전반적인 세 부담 증가를 초래하기 쉽다는 것을 알 수 있다.[4] 이러한 비대칭성은 조세지출을 확대하려는 유인을 주게 되어 전반적인 조세체계의 복잡성을 가져오게 된다.

일반적으로 정치가들은 다음 선거 시기에 이득을 가져다주는 가시적인 개혁을 추진할 유인을 받는다. 조세개혁에서 오는 이득이 선거가 있을 때 가시적이라면 정치가들은 이를 착수하여 보상받을 확률을 극대화할 것이다. 성장을 지향하는 조세개혁은 세법의 점진적인 변화보다 실현하는 데 상당한 시간이 걸리고 이를

3 선거 등의 투표행위에서 누구에게 투표할지 결정하지 못한 이들을 가리키는 말이다. 스윙보터들은 지지하는 정당과 정치인이 없기 때문에 그때그때의 정치 상황과 이슈에 따라 투표하게 된다.

4 그러나 혜택을 보는 소수의 집단에게는 이익이 클 수 있지만 나머지 집단들의 세 부담은 한 사람당 상당히 작은 금액이 되어 특정 집단의 로비활동에 무관심하게 되고 역으로 이득을 보려는 집단은 이를 알고 더욱 적극적으로 압력을 행사한다.

평가하는 방법에 불확실성이 있으므로 선거 시기에 정치가들은 보다 더 근본적인 조세개혁보다는 크게 가시적인 임시적인 방법을 더 선호한다.

조세개혁의 가시성은 또 다른 의미를 갖는다. 정치가들은 유권자들이 세금의 인상을 강하게 반대한다는 것을 알고 있으므로 보다 덜 가시적인 조세유형을 선택하려 할 것이다. 이는 부분적으로 상당히 가시적인 부동산 관련 조세가 정치가들에 의해 드물게 인상 추진하게 되는 이유를 설명해준다. 이러한 추측은 고용주의 사회보장기여가 피고용인의 사회보장기여보다 더 증가될 가능성이 있고, 개인소득세율 인하가 보다 덜 가시적인 간접세의 인상으로 상쇄될 수 있다는 점을 의미한다. 또 다른 조세개혁의 가시성의 예는 인플레이션과 연관되어 있다. 많은 OECD 국가들에서 발생하는 '구간상승(bracket creep)' 현상에 대한 OECD(2007) 보고서에 의하면 인플레이션에 대해 조세구간한도를 연동하는 방식의 일정한 조정을 사용하고 있다고 하였다. 그러나 이러한 조정은 대부분의 국가에서 불완전 조정을 의미하고 드물게 사용되고 있다. 인플레이션은 상대적으로 세 부담의 숨겨진 인상을 발생시킬 수 있기 때문에 정치과정에서 완전한 자동조정(완전 물가연동)방식을 운영하지 않을 유인을 발생시킨다. 대신 불완전한 물가연동의 결과로 인해 발생한 세 수입의 인상은 수년 후 크게 가시적인 조세개혁의 기회를 발생시킨다.

(2) 분배의 불확실성(uncertainty)

조세개혁으로 인해 누가 이득을 보고 누가 손해를 볼 것인가, 그리고 유권자들이 이에 대응하여 투표행동이 어떻게 변할지에 관한 상당한 불확실성이 있을 수 있다. 위험 회피적인(risk-averse) 납세자들은 비록 대다수가 개혁으로 인해 이득을 얻는다는 것을 알더라도 조세개혁에 반대할 수 있다. 이러한 현상유지편향(status quo bias)[5]은 개혁에서 오는 직접적인 손실과 이득을 얻는 일부의 사람들은 쉽게 확인 가능한 반면 조세개혁에서 오는 전체적인 이득은 시간이 흘러 미래에 효과가 나타나기 때문에 중위자나 부동층 유권자들은 그들이 승자에 해당할

5 사람들은 지금의 조건에서 벗어나는 것을 아주 싫어한다는 것이 이론의 골자이다.

지 사전에 알 수 없다는 것을 의미한다. 또한 개인의 불확실성은 개혁에 이중 장애를 발생시킨다. 즉, 개혁은 사전(개혁안의 채택), 사후(채택된 개혁안의 유지)에 대다수의 지지를 지속적으로 얻어야 하는 어려움이 발생한다. 올로프스가드(Olofsgard, 2003)에 의하면 이러한 결과는 개혁으로 인한 이득을 보는 자가 개혁안 채택 이후 손실을 보는 자를 사전에 확실하게 보상하는 약속을 할 수 없다는 사실에서 발생한다고 지적하고 있다. 그렇지만 유권자들은 불확실한 결과를 알면서도 사회 전반적인 후생을 높일 것이라고 기대를 갖고 조세개혁안에 마지못해 투표할 것이다.

또한 정책결정자들은 경제주체들의 행동, 소득분배, 그리고 세 수입 등 조세개혁의 영향으로 인한 불확실한 결과에 직면할 수 있다. 승자 수와 패자 수에 관한 불확실성의 존재와 조세개혁으로 인해 긍정적 또는 부정적인 영향을 받는 정도가 어느 정도인지에 관해 정책결정자들은 조세개혁을 추진하는 데 보다 더 주의를 해야 한다.

또 다른 형태의 선거 불확실성은 성장을 추진하는 조세개혁의 이행을 방해할 수 있다. 정책결정자들은 선거 후 누가 권력을 장악할지 그리고 새로운 정부는 선거전에 추진한 조세개혁을 뒤집거나 중단할 수 있다는 불확실성에 직면할 수 있다. 조세개혁의 원상회복은 개혁으로부터 실제 이득을 얻는 자나 손실을 보는 자에게 영향을 미칠 수 있다. 또한 정책결정자들은 개혁으로 인해 발생 가능한 사실에 관한 정보의 질에 대한 불확실성에 직면할 수 있다. 해당 부처 공무원, 국가연구기관, 정당, 학계, 그리고 이해관계집단에서 제공하는 정보에 근거하여 결정을 해야 하지단 정보의 질에 관한 불확실성이 클수록, 다양한 통로를 통해 얻은 정보 간에 괴리가 클수록 정치가들은 결론을 끌어내어 조세개혁을 실제 실행하는 것은 더욱 어려울 수 있다.

다양한 정당의 존재는 후생을 높이는 조세개혁의 추진에 장애가 될 수 있다. 애시워스-하인델(Ashworth and Heyndel, 2001)은 1965~1995년 동안 OECD 국가들에서 정치적인 분열이 조세개혁에 미치는 영향을 분석하였다. 그들은 정치적으로 분열되어 있는 국가들의 조세체계 변화는 드물었고 개혁이 있을 때 그러한 나라들에서 조세개혁은 다양한 당에서 수용되기 위해 또 다른 변화를 통해 보상하는 경향이 있다는 점을 지적하였다. 이를 통해 정치적으로 분열된 정부일수록 정당이 근본적인 조세개혁을 추진할 가능성은 더욱 어렵다는 점을 알 수 있다.

(3) 특별한 이해관계

정치경제적인 접근은 조세개혁의 이행을 차단할 수 있는 개혁의 패자들의 정치적인 영향에 초점을 두고 있다. 그들은 의회 내에서 개혁안을 추진하는 대신 현상유지를 선택하도록 정치가들을 설득함으로써 직·간접적으로 영향력을 발휘할 수 있다. 조세개혁의 잠재적인 수혜자들은 패자들과는 대조적으로 침묵을 한다. 이는 많은 구조적인 개혁의 전형적인 예이다. 즉, 다양한 이유로 인해 손실회피와 부존효과[6]를 포함하여 경제주체들은 편익을 주는 안을 지지하기보다는 그들에게 위협적인 안에 반대하는 데 결집할 가능성이 더 크다. 조세체계의 영역에서 이것은 전형적으로 세금우대조치(tax break)가 특별한 이해관계집단에 큰 가치를 주지만 그러한 조항의 철폐는 대부분의 납세자들에게 전체 세 부담 중 작은 감소만을 가져오는 경우이다.

정치가들은 특별한 이해관계집단으로부터 직·간접적으로 정치기부금을 받는다면 또는 이러한 집단들이 다음 선거의 결과에 영향을 미치는 부동층 유권자로 구성되어 있다면 더욱 기꺼이 그들의 요구에 귀를 기울일 것이다. 다양한 집단의 납세자들은 다양한 거래(로비)비용을 발생시킬 수 있다. 결과적으로 조세정책 개혁안은 영향력 있는 로비집단에게 유리한 개혁 쪽으로 편향될 것이고 이는 전체 후생을 높이는 조세개혁의 이행에 장애를 초래할 수 있다.

알트-프레스턴-시비에타(Alt, Preston and Sibieta, 2008)에 의하면 정책결정자들은 새로운 조세지출의 개정과 특정 이해관계집단을 위한 특별한 조세지출의 도입이 새로운 이해관계집단을 발생시킬 수 있다는 점을 알아야 한다고 경고하고 있다. 특별한 조세우대처리 조항의 차후 삭제는 어렵게 될 수 있고 시간이 지

6 어떤 대상을 소유한 뒤 그 대상에 대한 애착이 생겨 객관적인 가치 이상을 부여하는 심리적 현상을 뜻한다.

나면서 오히려 추가되거나 확장될 수 있다.[7] 애시워스와 하인델은 조세지출을 부동층 유권자와 특수 이해관계집단에 도움을 주는 도구라고 보고 있다. 이와 같은 논리는 이미 지적하였듯이 비용(전체 조세 수입의 감소)이 모든 납세자들에게 분산될 수 있는 반면 조세지출에서 나오는 편익은 특정 집단에 맞추어져 있다는 사실과 관련이 있다. 일부의 경우에 조세지출을 도입하는 것이 바람직할 수 있는 반면 이를 도입하는 정치가들은 반드시 모든 조세지출 비용을 내부화하지 않는다. 그러므로 정치과정은 일단 조세지출이 도입되면 없애기가 매우 어렵게 되어 과도하게 높은 수준을 유지하게 되는 경향이 있다.

(4) 정치과정의 구조

의회단계에서 개혁안의 심의과정은 보다 더 넓은 범위를 고려하기도 하고 그렇지 않을 수도 있지만 상당한 수정과정을 거친다. 예를 들어 저소득층에 복지혜택을 주려는 세법개정안(예를 들어 아동에게 의류구입 시 부가세 면세 도입)이 오히려 아동의 범위문제로 혜택을 받지 못하는 경우가 발생할 수 있어 심의과정에서 직접적인 현금지원으로 방향이 바뀔 수 있다. 의회의 심사과정에서 원래의 개정안과 다른 결과가 나올 수도 있는데 인도의 경우 개인지출세가 심의과정 중에 완전히 다른 개정으로 최종적으로 확정되고 결국은 폐기되는 사례도 있다.[8] 따라서 조세개혁자들은 이러한 정치과정의 중요한 사항에 대해 세심한 주의가 요구된다.

조세개혁의 결과는 정치적인 게임 규칙뿐만 아니라 최종적인 조세정책 결정이 만들어질 수 있는 제도적인 상황을 반영한다. 이러한 제도적인 조세개혁 관점에서는 특별한 입법절차규칙, 위원회 체계 등을 언급한다.

7 예를 들어 2001년에 영국 정부는 R&D 세액공제를 소기업에서 대기업으로 확장 적용하였다. 알트 등(Alt et al., 2008)에 의하면 도입 시기에 대규모 기업은 확대적용에 로비를 하지 않았지만 일단 정책이 도입 시행된 뒤에는 대규모 기업들이 이를 유지하고 확장시키려고 적극적으로 로비를 하였다고 한다.

8 우리나라의 경우 근본적인 세제개혁을 시행한 사례를 찾아보기 힘들지만 최근 소득공제 항목을 세액공제로 바꾸면서 많은 논란이 있었으나 폐기되지는 않았다.

5. 우리나라의 조세개혁(개정) 과정

중요한 세법안은 기획재정부와 국회에서 제·개정하여 국회의 심의과정을 통과한 후 공표를 거쳐 법률로 시행된다. 기획재정부의 세제실에서는 매년 초 세법개정안의 개정작업을 하는데 예산안의 국회제출 시 세법안을 반영하여 예산안을 편성한다.[9]

예산편성을 한 후 국회에서 심의를 하기 전에 정부는 대통령의 시정연설과 기획재정부 장관의 예산안 제안 설명을 한다. 여기서 경제 상황과 경제전망을 발표하고 현 정부의 재정상태와 재정·통화정책을 함께 설명하는데, 조세체계의 변화, 즉 세법 개정방향을 제시한다. 예산안의 편성 제출 전에 기획재정부는 국회에 중장기 조세정책운용계획이 첨부된 국가재정운용계획[10]을 작성하여 제출한다.

한 가지 주목해야 할 점은 세법개정안(국회에서 개정절차에 대한 설명은 〈보론 2〉에서 다루었다)이 발표되기 전까지는 상당한 비밀을 유지한다는 점이며, 국회에서 심의과정 중에서도 외부 언론에 노출을 자제한다. 그 이유는 세법의 시행 전에 과도한 조세회피를 막기 위해서이다. 그러나 이러한 비밀주의로 인해 발생할 수 있는 세법안의 결함에 대한 충분한 논의가 없이 시행되어 많은 반발과 혼란을 불러올 가능성이 있다. 또한 과세결정은 지출결정과 밀접하게 연결되어 있는 개정안이 예산부수법안으로 되었을 경우 예산편성에 보다 많은 주의가 요구된다.

---

9 영국의 경우 국세청은 세법개정안의 평가에 고려할 사항들을 *Public Expenditure White Paper*(1986)에 수록하고 있는데 우리에게 시사하는 바가 크다. 그 내용을 보면,
① 영국 재무부에 비용과 수익과 다양한 범주의 납세자들 간의 이득자와 손실자의 분포
② 개혁안의 경제적 효과와 개혁안으로 발생 가능한 납세자들의 행동변화
③ 정부의 조세정책의 방향과 경제적, 재정적 그리고 사회적 정책들과 개혁안과의 일관성
④ 다른 조세체계, 사회보장체계 또는 기재부 장관의 조세정책방향에 대한 함축성
⑤ 공평성에 대한 발생 가능한 효과와 조세체계의 수용가능성
⑥ 복잡한 조세체계의 변경(예를 들어 보다 더 간단하게 개정 시)에 대한 개혁안의 효과
⑦ 공공지출 효과와 공공서비스 인력의 사용을 포함한 행정적인 함축성
⑧ 피고용인, 기업인 그리고 다른 납세자에 대한 조세협력부담
⑨ 의회 견해 또는 대표집단 또는 개인 납세자들이 나타낸 개혁안에 대해 갖고 있는 견해
⑩ 국제거래에서 발생하는 이중과세 협정이나 국제 의무사항

10 정부가 「국가재정법」 제7조에 따라 재정운용의 효율화와 건전화를 위하여 매년 당해 회계연도부터 5회계연도 이상의 기간에 대한 세입, 세출, 재정수지, 조세 부담률, 국가채무 등의 재정운용계획을 수립하여 국회에 제출하는 문서를 말한다.

예산부수법안 지정제도

(1) 의의

- 세입예산안 부수법안 지정제도는 매년 헌법상 예산안 심사 기한인 12월 2일을 넘겨 예산안이 처리되던 관행을 개선하기 위하여 도입된 '예산안 등 본회의 자동부의제도'의 대상이 되는 '세입예산안 부수 법률안'을 결정하는 절차이다.
- 「국회법」 제85조의3 제1항 및 제4항에 따라 국회의장은 국회예산정책처의 의견을 들어 세입예산안 부수법안을 지정하고, 해당 위원회는 지정된 법률안의 심사를 11월 30일까지 마쳐야 한다.

(2) 지정절차

- 의원과 정부는 법률안을 발의·제출할 때 세입예산안 부수 법률안에 해당하는지 여부를 직접 표시하여야 한다.
- 국회의장은 세입예산안 부수 법률안으로 표시된 법률안을 국회예산정책처에 송부하여 의견을 요청한다.
- 국회예산정책처는 다음 연도 예산안과의 관련성 및 예상 세수효과 등을 분석하여 각 법률안이 세입예산안에 부수되는지 여부를 검토하고, 국회의장은 국회예산정책처의 의견을 참고하여 세입예산안 부수법안을 지정하고 각 위원회에 통보한다.
- 이후, 11월 30일까지 위원회의 심사가 완료되지 않은 세입예산안 부수법안은 본회의에 자동으로 부의되고, 본회의는 자동 부의된 예산안 등과 세입예산안 부수법안을 함께 심의한다.

(3) 지정기준

- 해당 법률안의 제·개정으로 다음 연도 세입예산안에 증감이 발생하고, 그 증감액이 정부가 제출한 예산안에 이미 반영된 경우 세입예산안 부수 법안에 해당
- 기본적으로 국세 수입 관련 세법의 제·개정안이 그 지정대상이 될 것이나, 세법이 아닌 법률의 제·개정안이 국세 수입에 영향을 미치고 예산안에 반영되어 있는 경우 예외적으로 지정대상이 될 수 있다.
- 부담금을 신설하는 등 기금수입 증감에 영향을 주는 법률안의 경우, 기금수입은 '세입예산안'이 아니므로 세입예산안 부수 법안 지정대상이 아니라는 주장이 가능할 것이나, 본회의 자동부의 대상 '예산안 등'에 기금운용계획안을 포함시키고 있다는 점 등을 고려할 때, 지정이 가능한 것으로 보아야 한다.

제 3 절 납세협력 tax compliance

조세체계는 대다수의 납세자의 협력이 없이는 효과적으로 기능을 발휘할 수 없다. 그렇기에 납세협력에 영향을 미치는 요인들은 중요하다고 할 수 있다.

납세협력의 정의는 대개 납세자가 세법을 준수하는 정도를 말한다. 비납세협력의 정도는 '조세격차(tax gap)'로 측정될 수 있는데 조세격차 의미는 실제 징수실적과 100% 납세협력이 있다고 할 경우 받는 세 수입 간의 차이로 측정된다. 그러나 그러한 정의와 측정은 실제 정책목적을 위해서는 너무 단순하다. 왜냐하면 성공적인 조세행정은 종종 납세자에게 본래의 법률로 정한 최소한의 것 이상의 협조를 요구하기 때문이다. 또한 공식적인 질의나 법적인 호소 또는 행정제재 없이 무조건 따를 것을 납세자에게 요구한다. 그러므로 보다 더 적절한 정의는 법집행의 필요 없이 세법과 세무행정에 협력(또는 순응)하는 정도를 포함한다고 할 수 있다.

납부시기의 문제도 또한 중요한 사항이다. 납세자는 종국에 가서 납부해야 할 금액을 납부하지만 경제적으로 보면 미래의 금액은 동일한 현재의 금액보다 가치가 적기 때문에 납부시기가 늦어지면 납세자는 완전히 납세 협력하였다고 할 수 없다. 비록 납부지연을 한 납세자가 조세격차를 메운다 하더라도 완전한 납세협력으로 나타내지 않는다.

절세는 세금을 줄이기 위한 개인의 합법적인 행동이지만 납세자가 세금을 줄이기 위해 납부기간을 과도하게 지연한다면 이는 납세협력이라고 보기 어렵다. 그러므로 납세협력의 보다 나은 정의는 법률조문뿐만 아니라 법의 정신과 일치하는 행동을 포함한다. 이에 반해 비납세협력은 법 집행 행동을 취함이 없이 세법과 세무행정의 의도나 법률적인 요구조건과 일치하여 행동하지 않는 행위라고 할 수 있다.

그렇다면 왜 일부의 납세자들은 납세협력을 하고 왜 일부의 납세자들은 그러지 않는가? 이에 대해 두 가지의 주된 접근방법이 있는데 적발 확률과 비납세협력에 대한 패널티를 부과하는 '당근과 채찍 접근' 방법과 자발적인 협력을 권장하는 '책임 있는 시민 접근' 방법이 있다.

1. 당근과 채찍 접근 the carrot and stick approach

이 견해는 경제적 합리성을 상대적으로 좁게 해석하는 데서 출발하고 있다. 이 접근에 따르면 전체적으로 도덕관념이 없는 개인들은 자신들의 소득과 부를 극대화하여 효용을 극대화하려 하기 때문에 탈세를 함으로써 자신들의 지출력을 높이는 것을 기대할 수 있다고 생각하면 탈세를 한다는 것이다. 그러므로 비납세협력은 세율수준, 적발확률, 그리고 부과된 벌(penality)과 위험회피의 정도와 같은 요인들에 의해 설명될 수 있다. 알링엄-샌드모(Allingham and Sandmo, 1972)에 의해 제안된 초기의 모델은 그 이후 많은 수정과 확장이 있어 왔다.

비록 이러한 형태의 접근이 일부 직관적인 호소력을 갖고 있지만 협력과 비협력의 완전한 설명을 제시하지는 못하는 듯하다. 예를 들어 미국의 사례를 보면 세무조사와 같은 전통적인 집행활동의 감소가 반드시 납세협력의 수준을 낮아지게 하지 않는다는 것을 보이고 있다. Tax Note(1988)에서는 미국에서 세무조사 비율이 1960년대 초반과 1980년 후반사이에 6%에서 1%로 하락했다고 보고했다. 그러나 롱-어넘(Long and Urnham, 1990)은 이 기간 동안 미국의 납세협력수준은 상대적으로 안정적으로 유지했다는 점을 보였다. 이에 대해 그들은 하나는 납세자들이 세무감사비율이 하락했다는 것을 모른다는 것이고, 또 다른 하나는 남아 있는 세무조사가 탈세를 적발하는 데 훨씬 더 효과적이었다고 설명하고 있다. 그러나 납세자들이 비납세협력으로 발생하는 예상 현금이득의 단순한 수치계산만으로 비납세협력의 동기를 부여받는 것은 아니라고도 볼 수 있다.

2. 책임 있는 시민 접근 the responsible citizen approach

이 접근방법은 경제학을 벗어나 다른 학문분야에서 납세자들의 행동에 영향을 미치는 중요한 요인을 찾는다. 사회학에서는 사회적 영향력, 태도, 연령, 성, 인종, 문화와 같은 인구학적 배경이라는 많은 변수들을 제시하고 있다. 심리학에서는 이러한 접근을 지지하면서 '재정심리학(fiscal psychology)'이란 분야를 새로

만들어냈다. 심리학에서는 국가에 대한 태도와 세무당국의 평등성에 대한 인식과 같은 요인들을 지적하면서 사회에서 개인의 역할과 행동의 수용 규범은 강한 영향을 줄 수 있다고 보고 있다. 이러한 접근의 핵심은 개인이 단순히 독립적이고 이기적인 효용극대화만을 하는 사람이 아니라는 것이다. 서로 다른 태도, 신념, 규범 그리고 역할에 의존하는 다른 사람들과 상호작용을 한다고 보고 있다.

행태학적 접근을 지지하는 일부의 조사 증거들도 있다. 예를 들어 밀리론-토이(Milliron and Toy, 1988)는 미국의 작은 회계법인에서 일하는 152명의 공인회계사의 견해를 분석하고 재정심리학 모델을 지지하는 사실을 찾아냈다. 유사한 결론은 양켈로비치-스켈리-화이트(Yankelovich, Skelly and White, 1984)에서도 확인되는데 그들은 20개의 초점집단(focus group)[11]으로부터 2,200명의 미국 납세자들을 추출하여 설문조사(방문 인터뷰)를 실시하였다. 이 연구에서 납세자들이 공평성문제에 대해 상당한 관심이 있다는 것을 알았고 또한 인식된 부정행위에 대한 규범이 존재하는 듯하다고 하였다. 즉, 대다수의 응답자가 인구의 1/4 이상이 탈세를 한다고 생각하고 응답자의 거의 1/4이 절반 이상 탈세하고 있다고 응답했다.

만약 심리적이고 사회학적인 요인들이 중요하다면 당근과 채찍 접근의 주요 결점은 명백하게 된다. 그러한 접근이 당나귀에게는 적합한 것으로 고려될 수 있는 반면 인간은 그렇게 적극적으로 반응하지 않을 수 있다. 결과는 자발적인 협력에 감소를 초래할 수 있다. 예를 들어 쉬몰더스(Schmolders, 1970)는 독일의 조세체계는 세무 평가절차가 매우 엄격하여 효과적이지만 매우 많은 비용이 든다고 하였다. 결과적으로 납세자들 간에 높은 정도의 소외감과 저항이 있다고 하였다.

이를 종합해보면 성공적인 납세협력정책은 단순히 보상과 처벌보다는 훨씬 폭넓은 범위의 동기부여를 고려해야 한다는 점을 알 수 있다. 한 가지 사례로 일본의 경우를 들 수 있다. 일본의 자진신고체계에서 세무행정의 목적은 모든 납세자들이 과세의 중요성을 이해하고 자발적으로 조세체계를 따르도록 하는 것이다.

11 시장조사나 여론조사를 위해 각 계층을 대표하도록 뽑은 소수의 사람들로 이뤄진 그룹을 말한다.

이를 달성하기 위해 일본의 세무행정은 자발적인 납세협력을 위한 건전하고 일관성 있는 환경을 만드는 데 목표를 두고 두 가지 주요 영역에서 이러한 정책을 시작하였다. 첫째는 납세자들 간의 소통을 통해 납세협력을 장려하는 것이고 세무조사의 기회를 이용하여 납세자들의 이해를 높이고 자발적인 납세협력을 촉진한다. 두 번째는 자기수양을 하여 좋은 인간관계와 올바른 태도를 가진 공무원을 양성하여 납세자들이 보다 쉽게 세무당국에 접근할 수 있는 환경을 조성하는 것이다.

따라서 성공적인 납세협력정책은 단지 보상이나 벌 이상의 것들이 포함되어야 한다. 납세협력이 심각한 처벌의 위협과 법 집행을 통해서만 이루어진다면 이를 실행함으로써 얻게 되는 편익은 반드시 줄어들 수 있다는 것을 의미한다.

〈 보론 2 〉 우리나라의 세법안 심사과정

법안을 제안하는 주체는 정부와 국회이며 정부가 제출한 법률안을 정부입법, 의원이 발의하는 법률안을 의원입법이라 한다. 법안을 제안하는 주체가 정부와 국회이지 '입법의 주체'는 국회이다.

정부입법[12]은 절차상 시간이 소요되어 신속한 처리를 위해 의원입법을 정부 쪽에서 여당의원에게 요청하여 의원입법 형식으로 발의되기도 한다. 이른바 '청부입법'이라고 하며 규제평가와 관계부처 협의를 회피하려는 편법으로 사용되기 때문에 최근 언론의 비판대상이 되고 있다.

세법의 경우도 동일하며 의원입법[13]의 경우의 심의과정을 요약하면 다음과 같다.

의원입법(세법 포함)은 법안을 만든 의원을 포함하여 10인 이상이 법안에 대해 동의를 받아야 법안이 발의되었다고 한다. 법안은 이해관계가 얽혀 있어 동의를 하는 것이 어려운 경우도 있다(〈부록〉 참고: 「국세기본법」 일부개정안). 예를 들어 '소득세 최고구간 세율 인상'이라는 법률안은 고소득자 과세강화라는 측면에서 야당은 찬성하지만, 증세 없는 복지를 주장한 여당 및 정부는 반대하는 경우를 들 수 있다.

국회사무처 의안과에서는 세수감소가 예상되는 세법안의 경우 비용추계서를 첨부하도록 요구한다. 국회사무처 의안과는 정부 제출 법률안과 의원 발의 법률안을 모두 접수받는 창구이며, 원칙적으로는 법안의 형식적 요건만 심사하여 요건을 충족하면 접수한다. 다만 동일한 법률안이 이미 제출되어 있다면 뒤에 제출된 법률안은 접수하지 않는다.

---

12 (의원입법에는 없는) 정부입법의 절차: 관계부처 협의 → 입법예고 → 규제개혁위원회 심사 → 법제처 심사 → 차관회의 → 국무회의

13 법안을 만드는 과정에는 국회 법제실이 의원실에서 나온 법안 내용에 대해 법제화하는 데 도움을 준다.

의안비용추계제도(2014. 3. 19.부터 개정 시행)

의안비용추계란 발의·제안 또는 제출된 의안이 의결되어 시행될 경우 소요될 것으로 예상되는 재정지출의 순증가액 또는 재정수입의 순감소액을 각종 추계기법을 활용해 추산하는 것을 말한다. 그러나 모든 의안이 비용추계의 대상이 되는 것이 아니라 '예산 또는 기금상의 조치를 수반하는 의안'[14]만이 비용추계의 대상이 된다.

의안과에서는 법안이 어느 상임위원회에 해당하는 것인지를 판단하여 회부한다. 세법[15]의 경우 기획재정위원회에 회부한다. 참고로 지방세 관련 세법은 안전행정위원회로 회부된다.

기획재정위원회로 넘어온 법안(지금부터 세법의 경우로 한정)은 여야 의원 26명으로 구성된 전체회의를 열어 법안(세법)을 상정한다. 법안이 상정되는 것은 당해 회의의 논의·심사 대상으로 결정한다는 의미한다. 법안이 상정되기 위해서는 위원회에 회부된 날부터 15일(제정법률안, 전부개정법률안은 20일)이 지나야 한다. 이를 숙려기간이라고 하는데 심도 있는 심사를 위한 최소한의 기한을 설정한 것이다. 법안이 무기한으로 상정되지 않는 상황을 막기 위한 장치도 있다. 이를 자동상정제도라고 하는데 숙려기간인 15일을 지난 날부터 30일이 지나서 열리는 최초의 회의에 자동으로 상정된다. 과거 한미 FTA 관련 법안처럼 이해관계가 첨예하여 상정조차 되지 못하는 사례를 막기 위한 장치이다.

기획재정위원회의 전체회의에서는 법안(세법)의 제안 취지 등을 제안자가 제안 설명을 하고 축조심사라 하여 법안의 각 조항을 하나하나 읽어나가며 조항별로 의결하는 심사방식이 있기도 하지만(보통 법제사법위원회에서 이런 심의를 하고 있다) 이를 생략하고 전문위원이 법안에 대한 검토 보고를 한다.

전체회의에서는 기재부 장관 또는 차관 등이 배석하여 여야 의원들에게 법안(세법)에 대해 질문을 받는다. 의원이 발의한 법안(세법)이라도 정부가 집행하

14 의안의 종류는 국회에서 심의하는 법률안, 예산안, 결산, 동의안, 승인안, 결의안, 규칙안, 건의안, 징계요구안, 선출안 등이 있다.

15 국세 관련 세법은 총 28개이다.

는 것이므로 이에 대한 정부의 입장을 들어야 한다. 이와 같은 질의 과정을 '대체토론'이라 한다. 대체토론과 찬반토론 모두 기본적으로는 의원 전체 간 토론을 하는 것이며, 질문 상대방이 누구냐에 따라서 구분되는 것은 아니다. 다만, 실질적으로 정부에서 정보를 많이 가지고 있기 때문에 정부에 대한 질의가 많이 이루어지고 있다. 전체회의에서 대체토론 후 조세소위원회[16]로 회부 여부를 의결한다.

여야 의원 6인씩으로 구성된 조세소위원회에 넘어온 세법안을 소위원장이 상정한다. 여기서는 의원들끼리 심사를 하는데 법안의 취지와 기본 내용 및 장단점에 대해서 전문위원이 설명을 듣고 위원들 간 토론을 한다. 또한 정부 측에서 제2차관, 세제실장과 세제실의 과장 이상급들이 담당 분야의 세법에 대해 위원들의 질의에 대한 답변을 한다. 세법 심사과정은 격식 없이 자유롭게 세법안에 대한 자신의 입장을 토론한다. 소위에서도 다수결의 원칙이 적용되는 것은 같다. 다만 인원이 적고 여·야 간 원만한 의사진행을 위하여 합의를 이루고자 최대한 노력하고 있다. 실제로 최근 수년간 소위원회에서는 모두 여야합의로 세법을 의결하였다. 한 번의 회의가 아니고 상당한 시간동안 소위위원들 간 토론을 하고 정부의 의견, 간혹 참고인의 진술 등을 듣기도 한다. 최근에는 15회 이상의 소위원회를 개최하여 심도 있는 심사를 하고 있다.

심사 결과는 여러 가지가 있지만 몇 가지만 기재하면 우선 본래의 세법안이 그대로 통과되면 '원안' 가결되었다고 하지만 이러한 경우는 드물고, (소)위원회에서 논의한 결과로 나왔다는 (위원회) '대안'이 채택되는 경우가 더 많다. 여러 세법안(여러 의원이 비슷한 세법안을 발의하여 병합심사를 하는 경우)의 대안이 채택되는 경우에 사용하는 말이 있는데 이를 '대안반영폐기' 되었다고 하며 이것은 대안이 반영되어 제안된 법률안(세법안)이 폐기된 것을 의미한다.

또한 상당한 논의가 필요한 세법안은 지금 결정하지 않고 회기기간 동안 다시 논의한다는 의미에서 '계류'라는 표현을 사용하여 법안을 계류시키는 경우도 있다. 어떤 경우는 법안을 상당히 받아들이기 힘들다는 점에서 폐기시키기도 하며,

16 기획재정위원회의 경우 위원회 내에 3개의 소위원회가 있는데 그중 하나가 조세소위원회이다.

한번 폐기된 법률안은 같은 회기 중에는 다시 발의되지 못한다(「국회법」상 일사부재의 원칙).

법률안에 부대의견을 채택하기도 한다. 부대의견은 법률내용은 아니지만, 법률을 시행함에 있어 국회가 정부에 조건을 제시하는 내용이다. 예를 들어 연구개발 세액공제의 지원대상과 효과를 분석하여 국회에 보고하도록 하는 내용 등이 있다.

소위 심사과정에는 기획재정위원회 담당 공무원들이 정부안과 의원안에 대한 검토보고서를 작성하여 소위 의원실에 배포하고 심사 때는 이것을 요약한 심사자료를 배포하여 세법심사에 도움을 주는 자료를 제공하고 있다.

2013년 세법심사에서도 의견의 일치를 보지 못한 세법안은 12월 말일까지 끌다가 결국 위원장실에서 의원들과 정부 세제실장 등 고위직만 참석하여 비공개로 합의를 보는 경우가 있었다. 2014년에는 막판까지 합의를 보지 못해 당 정책위까지 넘어가 양 당 간사 간의 합의를 이끌어내기도 하였다.

소위 심의결과에 대한 합의를 본 후 의결을 한 세법안은 다시 기획재정위원회 전체회의로 넘어간다. 여기서는 소위 의결내용에 대해 찬반토론을 한다. 찬반토론 결과 소위원회의 심사내용을 전체회의에서 변경하는 경우도 가끔 있다. 그 결과 의결을 하면 기재위 활동은 끝난다.

이어 법안(세법안)은 법사위(법제사법위원회)에 넘어가 체계자구수정을 등을 거쳐 본회의로 넘어간다. 본회의에서 의원들의 찬반토론을 하는 경우도 있지만 대부분은 상임위원회의 의결내용을 존중하여 의결을 한 후 법안은 확정된다. 국회는 위원회 중심으로 운영되고 위원회의 결정을 존중하므로 위원회 결정에 대해 본회의에서 뒤집는다는 것은 어려운 일일 것이다.

본회의에서 의결된 법률안은 자구의 정정을 거쳐 정부로 이송된다. 정부는 이송된 법률안을 공포하며 이때 법률로서 효력을 갖게 된다. 또한 정부는 법률의 시행을 뒷받침하기 위한 행정입법을 준비하여 공포한다. 즉 시행령과 시행규칙을 마련한다.

세법은 연말에 집중적으로 심사하고 건수도 많이 의결된다. 그 이유는 다른 일반 법률들과 달리 세법은 적용시점이 연초이어야 하는 경우가 많기 때문이다. 소득세, 법인세 등은 과세연도 단위로 법이 개정되어야 하므로 연도 중에 개정되어도 어차피 다음 해부터 시행되기 때문에 연말에 개정하는 것이다. 그런 이유로 정부는 매년 9월에 정부의 세제개편안을 종합해서 국회에 제출하고 있다. 다만 그렇다고 연도 중에 세법이 전혀 의결되지 않는 것은 아니다. 2월, 4월, 6월과 같은 임시국회에서도 긴급한 세법은 몇 건씩 의결되고 있다. 이들은 주로 양도소득세와 같이 시행시점이 연도 중이어도 무관한 세목들에 관한 것이 많다.

제 3 부

세목별 조세정책과 실제

제 8 장

개인소득세

제 1 절 배 경

소득세도 다른 조세처럼 전쟁세로부터 시작하였다. 1799년 나폴레옹 전쟁의 재원 마련을 위해 시작되어 1802년 평화가 다시 왔을 때 없어졌다가 1803년 적대 관계로 돌아서면서 다시 소득세가 부과되었고 1815년 평화가 오자 다시 없어졌다가 1842년부터 다시 도입되어 지금까지 유지되고 있다. 최초에는 고소득자에게 낮은 세율로 부과되는 엘리트 조세(elite tax)의 형태였으나 점차 소득이 낮은 사람들에게도 과세되는 대중적인 조세(mass tax)형태로 바뀌었다.

1970년대 들어 개인소득세는 가장 공평한 조세에서 가장 불공평한 조세로 인식되기 시작하였는데 이는 주로 경제침체와 인플레이션의 지속적인 상승 현상으로 인해 실질소득이 하락하면서 세 부담이 점차 늘어난 이유에서였다. 그동안에는 세계경제가 높은 성장을 보여서 소득세체계의 결점이 감추어져 온 것이다.

누진세제의 공평성은 비용 관련 조세경감으로 인해 약화되었는데 이는 많은 형태의 납세자들(기업인, 전문직 등)의 세 부담을 줄어들게 하였고 결과적으로 소득세 부담은 피고용인이 점차적으로 부담하게 되었다. 또한 정부와 학계에서는 기존의 소득세체계가 가계저축과 노동공급에 부(negative)의 효과를 주며 투자, 그리고 생산 결정을 왜곡시킬 수 있다는 인식을 하게 되었다. 조세경감의 증가, 다양한 종류의 소득 처리, 그리고 많은 세율구간(일부 나라는 30개 이상)은 소득세체계를 극도로 복잡해지게 만들었고 이로 인해 납세협력비용이 높아졌다. 이러한 배경하에서 1970년대 후반에는 기존의 소득세체계를 근본적으로 개혁 또는 대체하고자 하는 분위기가 형성되어 가고 있었다.

1980년대에 대부분의 조세정책자들은 개인소득세의 단순한 개정보다는 근본적인 개혁안을 제시하기 시작하였다. 이 시기에 아일랜드, 스웨덴, 영국, 미국의 공공경제학자와 조세개혁위원회에서는 소득세를 누진지출세(또는 '직접지출세', '생애소득세'로 불리기도 함)로 대체 또는 보완하자는 제안들이 나왔다. 이러한 조세의 세원(tax base)은 총소득과 유산에서 저축을 뺀 소비지출을 의미한다. 또한 제안들 중에는 법인세를 대체하는 '현금흐름법인세'도 있었고 이민자와 망자(the deased)의 자본에 누진세를 적용하는 안도 제시되었다.

이론적인 관점에서 지출에 누진적인 직접세의 적용은 조세의 재분배 목표를 유지하면서 저축을 촉진하는 장점이 있다. 그러나 지출세는 현실적으로 이행상의 조정문제, 세원을 계산할 때 공제되는 저축의 범위 정의문제, 유산세를 내지 않으려고 외국으로 나가려는 노령 이민자의 통제문제, 또한 기존의 소득세체계를 유지하고 있는 국가들과의 조세협약 재조정 등의 문제가 제기되었다.

따라서 점차적으로 기존의 소득세체계를 대체하기보다는 개혁을 하는 방향으로 나아가고 있지만 효율성, 공평성, 그리고 세제의 단순성이라는 이상적인 목표를 이루기 위해 소득세를 어떻게 해야 할지는 여전히 의문으로 남아 있다. 비록 포괄소득을 사용하는 것이 이상적이지만 실제 적용상의 어려움이 있다는 것은 이미 오래전부터 인식되어 왔다. 1980년대 후반에 대부분의 소득세 개혁안들은 기존의 지나치게 좁은 세원을 과표구간의 감소와 세율 인하를 결합하여 세원의 확대로 나아가는 것이 수평적 공평성, 경제적 효율성, 단순성에 정당성을 가져다준다고 보았다.

한편 1990년대에는 총가계저축을 부추기고 여러 형태의 저축 간 조세왜곡을 줄이기 위해 일부 또는 모든 형태의 저축을 소득세 세원에서 제거하여 소비과세 세원으로 이동하자는 제안이 있었다. 최근 많은 나라에서 배당과 이자소득에 낮은 세율을 적용하거나 개인소득세 세원에서 배당과 이자소득을 일부 또는 완전 배제하는 것은 소득세 세원을 줄이는 중요한 예로 볼 수 있다.

그러나 가계저축에 낮은 세율을 적용하거나 이자공제에 대한 우대처리를 통해 소비세원으로의 이동이 소득세 세원을 반드시 줄어들게 하는 것은 아니다. 나중에 다루는 이원적 소득세(자본소득에 저세율, 누진세율 대신에 평률세)가 세원 확대 또는 축소로 보는 것은 적절치 않다. 그 이유는 자본소득에 대한 과세가 기존 체계보다 이원적 소득세하에서 탈세가 적을 것이기 때문에 사실상 세원의 확대가 있을 가능성을 감안해야 하기 때문이다.

이상의 소득세에 대한 간략한 요약은 비록 실제적이고 정치적인 이유로 소득세 세원에 많은 소비세 요인들을 포함하고 있지만 왜 전통적인 소득세가 보편적으로 선호되는가에 대한 의문과 관련이 있다. 다른 조세와 마찬가지이거나 혹은 그 이상으로 소득세는 사회보장기여와 이와 관련된 편익, 소득세 경감과 직접지출, 맞벌이와 홑벌이 가구의 소득세 처리의 상호관계 등 소득세체계 내에서 많은 정책 이슈들이 있다.

본 장은 제2절에서 개인소득세의 구조적 변화와 세 부담의 동향을 서술하고 제3절에서는 소득세 개혁과 정책을 구성하는 기본요소들(세원, 세율, 과세단위 등)을 다루면서 소득세로 인한 노동공급의 변화, 특히 부수입원(여성이건 남성이건, 또는 기혼이건 미혼이건)의 조세로 인한 유인변화에 대한 조세정책 동향을 자세히 살펴본다. 제4절에서는 그동안 많은 조세개혁안들에 대한 평가를 통해 제5절에서 바람직한 조세정책의 근본원리에 기반을 두어 조세정책 방향의 가이드라인을 제시하고자 한다.

제 2 절 개인소득세 동향

1. 소득세 과세체계의 발전

역사적으로 볼 때 소득세 과세체계는 분류과세에서 시작했다. 소득세를 처음 도입하는 단계에서는 개인의 소득을 모두 파악하여 종합 과세할 수 있는 행정체계를 갖추지 못하기 때문에 특정 소득에 대해 소득 발생단계에서 대체로 특정 세율을 적용하여 과세하는 분류과세체계를 적용했다.

그러나 20세기에 들어서 헤이그-사이먼(Haig-Simon)의 종합소득 개념이 선진국의 소득세 과세체계를 지배하였다.[1] 헤이그-사이먼은 소득을 '지불능력'으로

1 1980년대 중반 이래 북유럽(노르웨이, 덴마크, 핀란드 등 5개국)에서는 두 가지 형태의 분류과

보아 소득세는 개인에게 귀속되는 모든 소득을 합산한 종합소득에 대해 동일한 세율을 적용하여 세금을 부과하여야 한다고 보았다. 소득의 종류를 불문하고 동일하게 취급한다는 수평적 공평성의 관점에서 보면 모든 소득에 대해 동일한 세율을 적용하는 것이 타당하며, 수직적 공평성을 높이기 위해서는 모든 소득을 합산한 종합소득에 대해 누진적 세율체계를 적용하여야 한다.

그러다가 20세기 말부터는 종합과세체계의 문제점이 지적되고, 새로운 과세체계를 모색하기 시작하였다. 종합과세체계의 가장 큰 문제점으로는 자본소득에 대한 과세가 자본의 축적 및 투자를 저해한다는 점이 지적되었다. 그 외에도 현실적으로 개인에게 귀속되는 모든 소득을 정확하게 파악할 수 없을 뿐만 아니라 세계화가 진전되면서 세 부담의 국가 간 격차에 민감하게 반응하는 자본의 유출을 방지하기 위해 다양한 특혜를 도입한 결과 자본의 특성에 따라 세 부담 격차가 커져 자본의 배분을 왜곡시키고 다양한 조세회피의 기회를 제공한다는 문제가 발생하였다. 이러한 문제점들을 개선하는 방안으로 근본적 세제개혁에 대한 논의가 진행되었으며, 홀-라부시카(Hall-Rabushka)의 단일세율제도 등 소비세제 또는 지출세제로 전환하는 다양한 방법이 제시되었다.

1990년대 초부터 북유럽국가들은 근본적인 조세개혁안으로 이원적 소득세제(DIT)를 도입하였다. DIT는 근로소득과 자본소득을 구분하여 근로소득에 대해서는 기존의 누진세율구조를 그대로 적용하고, 자본소득에 대해서는 소득의 종류를 구분하지 않고 모두 종합하여 낮은 수준의 단일세율을 적용하는 과세체계를 말한다. 홀-라부시카류의 단일세율제도가 지나치게 이상적이어서 비현실적이라면 DIT는 자본소득과세의 문제점을 완화하는 중간적인 수준의 개혁으로서 현실적인 대안이 된다는 관점에서 주목을 받고 있다.

세방법으로 되돌아갔는데 이원적 소득세(dual income tax)와 네덜란드에서 시행된 자본소득의 추정과세(presumptive taxation of capital income)를 들 수 있다. 네덜란드는 실제로 번 거의 모든 자본소득(이자, 배당, 지대)은 개인소득세에서 완전히 면세하지만 모든 개인은 평균 순부(net wealth) 중 4%가 과세 가능한 수입으로 보아 이에 대해 30%의 세율(평률)로 과세를 하는 방안을 도입하였다. 한편 비법인 기업에서 나오는 이윤, 노동소득, 집 소유자의 귀속 렌트, 연금소득, 그리고 사회적 편익은 누진율로 과세하였다.

2. 최근의 소득세제 동향

(1) 배경

20세기 중반 이후 1970~1980년대 초반에는 소득세 세율이 보다 더 누진적으로 되고 재정적 견인(fiscal drag)[2]과 구간상승효과가 두드러지게 나타남으로 인해 소득세 비율이 증가하였다. 또 한편 세원을 축소시키는 비용 관련 소득공제가 확산되었다. 1980년대 중반 이후 OECD 회원국들 사이에서 대대적인 세제개혁이 진행되었는데 1984년부터 시작된 영국의 세제개혁과 1986년 미국의 세제개혁을 들 수 있다. 이들 국가들을 필두로 하여 지난 20년간 진행된 대부분의 소득세제 개혁은 세율을 인하하고 과세대상을 확대(base broadening)하는 내용을 담고 있다. 1980년대 중반에는 대부분의 OECD 회원국에서 소득세의 최고한계세율이 65%를 넘었으나 1990년대 이후는 상대적으로 소득세 비율이 하락하면서 최근까지 안정적으로 유지되고 있다.

1990년대 이후 OECD 주요 국가의 소득세 비중이 감소하는 추세는 부분적으로 조세정책의 변화와 개인소득세의 근본적인 개혁에 기인하고 있다. OECD 국가(평균)의 총세수 대비 소득세 부담수준(지방세 포함)은 1970년 28.0%에서 1980년 31.3%까지 증가하였으나 2014년 24.0%까지 감소하고 있다. 이러한 추세는 사회보험료(social security contributions) 비중 증가와 소득세 대비 소비세(consumption tax) 비중이 늘어난 점으로 설명할 수 있는데 이와 함께 세원은 확대하면서 명목세율을 감소시키는 개인소득세 개혁도 작용을 한 것으로 볼 수 있다.

다음의 그림에서 보듯이 2015년을 기준으로 대부분의 OECD 국가들은 소득세 명목최고세율을 1981년에 비해 인하하였고, 소득세 과표구간 수도 1981년에 비해 감소하였다.

2 정부의 빚과 조세로 인해 민간기업들의 지출과 투자가 줄어들면서 고용시장 회복을 끌어내리는 현상을 말한다. 경기회복을 방해하는 정부의 재정정책을 말하는데 재정적 견인이 장기화됨에 따라 소비와 투자가 위축되고 이는 경기침체로 이어져 재정적자가 확대되면서 정책함정에 빠지게 된다.

[그림 8-1] OECD 국가의 소득세 명목최고세율: 1981년과 2015년 비교 (단위: %)

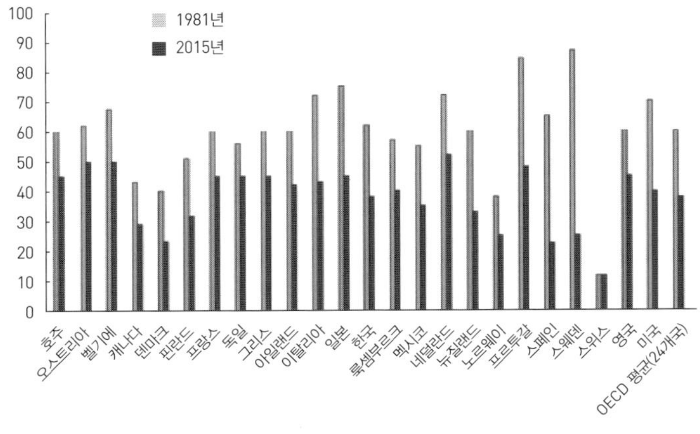

자료: OECD, *Tax Database*, 2016.

[그림 8-2] 국가의 소득세 과표구간 개수: 1981년과 2015년 비교 (단위: %)

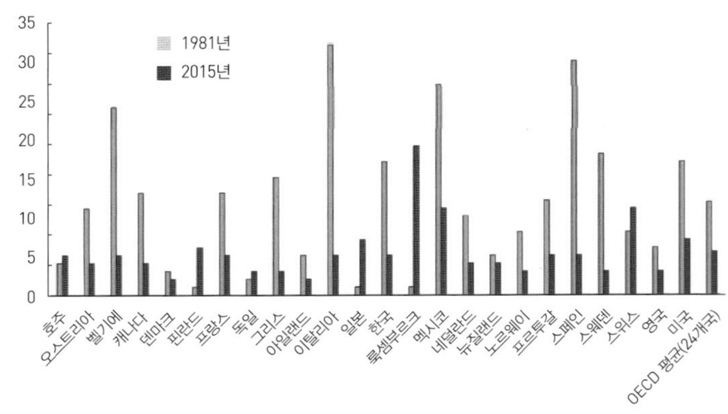

자료: OECD, *Tax Database*, 2016.

(2) 변화요인

상기의 변화를 초래한 요인에는 여러 가지가 있는데, 그중 하나는 재정부담을 들 수 있다. 인구 고령화, 장기적인 성장률 둔화 등으로 인해 대부분의 회원국에서 재정수요가 크게 증가하고 있는바, 각국 정부는 충분한 재정수입을 확보하기 위한 적절한 수단을 마련할 필요가 있었다. 한편 세계화가 진전되고 생산요소의 국제적 이동이 자유로워짐에 따라 국제적 이동성이 큰 세원으로부터 세 수입을 확보하는 능력은 점점 줄어들게 되었다. 특히 트자에 대한 세금인 법인세, 자본소득에 대한 개인소득세, 이동성이 강한 고소득 전문가 집단에 대한 노동소득세의 경우 세율을 인하하지 않으면 세원의 이동으로 인하여 세 수입이 줄어들 수 있다는 경고도 나오고 있었다.

두 번째 요인은 경제의 효율성에 대한 고려를 들 수 있다. 전통적으로 대부분의 선진국이 의존하였던 누진세율구조의 가장 중요한 특징은 높은 한계세율이라고 할 수 있다. 그런데 최근 들어 높은 한계세율이 경제의 효율성에 미치는 부정적 효과에 대한 인식이 크게 확산되었다. 특히 자본소득에 대한 높은 세율은 자본의 축적을 저해하여 경제의 성장 잠재력을 저해하는 효과가 있다는 비판이 큰 공감을 얻고 있다. 다른 한편으로는 특정 소득에 대해서만 제공되는 특혜 등 소득의 성격에 따른 세 부담 격차가 자원배분의 왜곡을 초래하므로 세원을 확대하여 보편적인 과세가 되도록 하는 것이 경제의 효율성 제고 관점에서 바람직하다는 주장도 제기되고 있다.

세 번째로 중요한 요소는 소득분배이다. 모든 OECD 회원국이 소득재분배를 목적으로 하는 누진적인 소득세 과세체계를 갖추고 있으며, 이에 따라 소득분배에 미치는 영향이 조세개혁에 있어 중요한 이슈가 되고 있다. 조세체계의 누진성이 경제의 효율성을 저해하는 효과가 크다는 점을 고려한다면, 수직적 공평성의 관점에서 본 소득재분배와 경제의 효율성 제고를 위한 자원배분 왜곡효과의 최소화 간에는 서로 상충되는 점이 있다고 할 수 있다.

네 번째 조세체계의 복잡성을 들 수 있다. 조세체계가 복잡하면 납세자의 납세협력비용과 과세당국의 행정비용이 많이 소요되며 조세회피 및 탈세의 가능성도 커진다. 다단계 세율구조에 따른 조세체계의 복잡성도 문제이지만 과세표준 결정에서의 복잡성이 더욱 심각한 문제라 할 수 있다. 어떤 소득은 과세소득에 포함되고 어떤 소득은 포함되지 않으며, 어떤 지출은 소득에서 공제되고 어떤 지출은 공제되지 않는다. 어떤 소득은 종합소득에 포함되고, 어떤 소득은 분리되어 비례세율로 과세되기도 한다. 이러한 문제들은 소득세제가 갖고 있는 근본적인 문제이며, 특히 모든 명목상 소득을 포괄하여 세금을 부과하는 종합과세체계에서 더욱 심각한 문제가 되고 있다.

(3) 금융위기 이후

2008년 금융위기를 기점으로 세계 각국은 재정적자의 감축 및 적정 세원확보의 필요성이 증가함에 따라 OECD 국가를 중심으로 그간의 세율인하 추세에서 벗어나 소폭 인상 등의 조치가 시행되고 있다. OECD 평균 소득세 최고세율은 2000년 40.3%에서 2007년 35.7%, 2009년 35.2%로 소폭 하락하였으나, 이후 일부의 국가들에서 다시 상승해 2015년 현재 35.9% 수준에 있다. 2000년 대비 2015년 최고세율이 높은 국가는 덴마크·핀란드·프랑스·일본·한국·미국 등 13개 국가이며, 그리스·영국 등 8개국은 최고세율을 낮추었다.

반면 저소득자 및 자녀양육자 등에 대해서는 세 부담 감면이 늘어나는 추세에 있는데 2000년에 비해, 2008년 OECD 주요국 평균 실효세율은 전반적으로 감

[그림 8-3] 2000년 대비 2015년 가구유형별 OECD 평균 실효세율 비교 (단위: %)

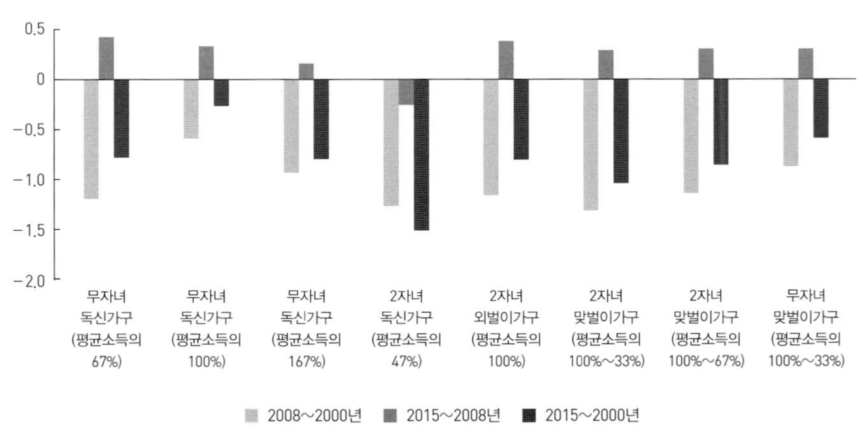

주: 평균실효세율(average income tax burden)은 총급여소득 대비 소득세 부담의 비율로 계산
자료: OECD, *Tax Database*, 2016.

소하였으며, 저소득가구와 자녀가 있는 가구의 세 부담이 상대적으로 더 감소하였다. 2008년에 비해, 2015년 OECD 평균 실효세율은 전반적으로 증가하였지만 2000년에 비해, 2015년 OECD 평균 실효세율은 낮은 수준에 머물러 있다.

3. 주요 국가별 동향

1980년대 중반 이후 미국, 영국 등 선진국들은 전반적인 소득세 개편방향을 '낮은 세율·넓은 세원'으로 설정하였으며, 소득세 최고세율을 인하하고 비과세·감면을 축소하는 조치 등을 시행하였다. 에에 대해 주요 국가별 동향을 살펴보면 다음과 같다.

미국은 부시(G. W. Bush) 정부 시기 경기부양책으로 2001년과 2003년에 대규모 감세정책을 시행하였으며, 과표구간을 기존 5단계에서 6단계로 세분화하고 소득세율을 15~39.6%에서 10~35%로 인하하였다. 독일의 소득세 최고세율은 2000년 51%이었으나, 2002년 48.5%, 2004년 45%, 2005년 42%까지 인하하였고 일본의 경우 1992년 이후 지속된 장기불황을 극복하고 국내경기를 부양하기 위해 소득세 최고세율을 1990년 50%에서 2006년 37%로 인하하였다.

동 시기 OECD 국가들은 세제개혁을 통해 배당소득 등 자본소득에 대해서도 일반 소득세율보다 낮은 세율을 적용하였다. 1990년대 초 핀란드, 노르웨이, 스웨덴 등에서 도입한 이원적 소득세(dual income tax)가 대표적인 사례이다. 2000년 이후 법인세율을 인하하고, 배당소득 과세제도 개편 및 배당소득에 대한 최고한계세율을 평균 7.2% 포인트 인하(2000년 50.2% → 2006년 43.0%)하였다. 배당소득에 대한 이중과세를 조정하기 위해 미국, 일본, 스페인, 스위스 등은 주주단계에서 배당소득을 이자소득과 같은 세율로 과세하는 고전적 과세방법(classical system)에서 벗어나 개인주주의 배당소득 및 이자소득에 낮은 세율을 적용하는 제도(modified classical system)로 전환하였다. 프랑스, 독일, 핀란드, 이탈리아, 포르투갈, 터키 등은 수입배당금의 일부만을 개인주주의 과세소득에 포함하는 제도(partial inclusion system)로 개편하였다.

2008년 금융위기로 촉발된 경기침체를 극복하기 위해 세계 각국은 투자·소비 행위 등과 연계된 감세정책을 그대로 유지하는 경향이다. 다만, 동 시기 재정건전성 문제가 대두됨에 따라 소득세 최고구간 신설 등 부분적 증세조치도 시행되었다. 미국 오바마(B. Obama) 정부 시절 「미국 납세자 세금감면법(American Taxpayer Relief Act of 2012)」[3]을 통해 최고세율을 상향 조정하는 한편 중산층 이하 가계에 대해서는 공제 등 감세정책을 지속한 바 있다. 최고세율 39.6%를 적용하는 소득구간을 신설(2016년 기준 독신가구 과표 약 41만 5,000달러, 부부합산가구 약 46만 7,000달러 초과)하였다. 고소득층(독신가구 25만 달러 초과)에 대해 소득수준에 따라 단계적으로 인적공제와 항목별 공제의 한도를 축소하였다. 독일은 최고세율 인하 정책으로 2006년 최고소득구간(과표 5만 2,000유로 초과)에 42%의 세율을 적용하였으나, 2007년 최고구간을 추가로 신설(과표 25만 유로 초과하는 경우)하고 45%의 세율을 적용하였다. 프랑스는 최고소득구간(과표 15만 유로 초과) 대상 최고세율을 41%에서 45%로 인상하였고 일본은 재정수지 개선을 위해 2007년 최고세율을 37%에서 40%로 인상한 후, 2015년 최고세율 구간을 추가적으로 신설하여 4,000만 엔을 초과하는 과세소득에 45%의 세율을 적용하였다. 재정위기를 경험한 남유럽 국가인 그리스, 포르투갈, 스페인은 2013년 유럽의 재정지원에 따른 증세조치의 일환으로 최고구간의 신설 및 최고세율 인상 조치를 취하였다. 최고세율 경우, 그리스가 2009년 40.0%에서 2013년 42.0%로, 포르투갈은 2009년 42.0%에서 2013년 48%로, 스페인은 2009년 27.1%에서 2013년 30.5%로 인상하였다. 그리스와 포르투갈은 고소득자에게 2.5%~5%의 가산세를 추가로 부과하고 있다.

우리나라의 경우에도 재정건전성 제고와 소득형평성 개선을 위해 2011년 말에 최고구간(38%)을 신설하였고, 2014년에 최고세율의 적용 과세표준 기준을 3억

3 부시 행정부에서 실시(2001년 및 2003년)한 세율인하 등 감세정책은 당초 2010년 종료될 예정이었으나, 경기부양을 위해 종료가 2년 유예되어 2012년 말로 종료하게 되었으며, 「미국 납세자의 세금감면법(ATRA of 2012)」은 이러한 감세정책 종료로 인해 발생할 수 있는 중산층의 급격한 세부담을 방지하기 위한 내용을 포함하고 있다.

원 이상에서 1억 5,000만 원으로 하향 조정하였으며, 2017년에는 추가로 최고세율(42%) 구간을 신설하였다.

고소득자에 대한 소득세율 인상 및 최고세율 구간 신설 등과 더불어, 최근에는 자본소득에 관한 세금부담을 인상하는 조치도 시행 중이다. 미국은 「미국 납세자 세금감면법」을 통해 종합소득(ordinary income) 기준 세율 39.6%에 해당하는 고소득자가 1년 이상 보유한 자산으로부터 얻는 자본이득 및 배당소득에 대한 세율을 15%에서 20%로 인상하였다. 영국은 2008년 자본이득(capital gain)에 대해 적용하던 누진세율을 18%의 단일세율로 변경하였으나, 2013년 종합소득 기준 세율이 40% 이상인 고소득자에 한해 자본이득에 대한 세율을 28%로 상향 조정하였다. 오스트리아는 2012년 4월부터 보유기간에 상관없이 금융자산으로부터 발생하는 자본소득에 25%의 원천징수세율을 적용하였다. 독일은 2008년 배당소득세 50% 면제규정을 폐지하는 대신, 원천징수세율이 개인소득의 한계세율보다 높은 경우 유리한 쪽으로 선택할 수 있도록 하였다. 프랑스는 이자와 배당소득세율을 종전 18%에서 2011년 19%로, 2012년에는 각각 21%(이자소득)와 24%(배당소득)로 인상하였다가, 2013년부터는 이자소득과 배당소득에 누진세율을 적용(배당소득은 40% 공제 후 과세)하였다. 배당소득 세액공제제도와 소액자본이득 비과세제도를 폐지하였다. 일본은 2008년부터 상장주식의 배당소득에 대해 특례세율 10%(국세 7% 및 주민세 3%)를 부과하였으나, 2014년부터 20%(국세 15% 및 주민세 5%) 수준으로 인상하였다.

정리하면 경제위기 극복과정에서 총수요 감소에 대응하기 위해 많은 국가에서 비과세 감면을 정비하였으며, 저소득층에 대한 소득보전, 근로세액공제 확대 등 노동공급 인센티브 강화를 위한 비과세·감면 정책이 중심이 되는 추세에 있다고 할 수 있다.

제 3 절 소득세 개혁과 정책의 기본 요소

소득세 개혁(정책) 이면에는 다양한 기본적인 요인들이 포함된다. 즉, 정책결정자는 소득세 개혁이나 정책을 시행할 때 세원, 과세단위, 과세표준 구간과 세율, 조세지출의 이용, 인플레이션 영향 등을 고려해야 한다. 또한 이전 장에 다룬 개혁과정에서 발생하는 다양한 문제(이행비용 등)와 납세협력과 조세행정비용 등도 중요한 고려사항이라 할 수 있다.

1. 세원 tax base

(1) 세원확대(base broadening)

조세개혁의 우선적인 부분은 과세하기 위한 소득을 결정하는 것이다. 후술하겠지만 세원의 결정은 상이한 개인소득체계(예를 들어 포괄소득세, 이중소득세 등)와 밀접히 관련되어 있다.

총소득은 다음의 항목을 포함하고 있다. 즉, 임금, 봉급, 팁, 기업소득, 자본소득(배당, 자본이득, 이자 지불), 렌트, 로열티, 부가급여, 자가 소유 주택에서 오는 귀속임대료, 다른 소비 내구재, 소득이전(실업급여, 장애보상, 질병급여 등), 연금소득, 생명보험 보험금, 재능, 유산 등을 들 수 있다. 대부분의 OECD 국가에서 이러한 항목 모두를 총소득 정의에 포함하지는 않고 있다. 그 이유는 어떤 항목이 포함되는지는 그 나라에서 시행되고 있는 개인소득세체계가 어떠하냐에 달려 있기 때문이다.

과세 가능한 총소득은 소득공제와 면세로 인해 작아진다. 더욱이 공제의 형태는 납세자들의 특성에 의존하는 인적공제 또는 가족수당 등은 표준공제의 형태를 취할 수 있고 항목별 공제의 형태를 취할 수 있다. 항목별 공제는 피고용인의 사업비용, 자선기부금, 교육비, 연금, 생명보험 납입금, 대출이자, 의료비, 지방정부 세금, 사회보장기여금 등이 포함된다. 공제는 소득이나 지출의 일정 부분에 제한이 있을 수 있다.

가. 영(0)세율, 기본공제, 기본세액공제(zero-rates, basic allowance, basic tax credit)

모든 OECD 국가들은 결혼 여부, 자녀 등과 같은 가구환경에 관계없이 개인소득세에서 초기 수입을 면제하는 면세조항을 갖고 있으며 조항의 근거는 다양하다. 면세조항에 대해 최소한의 소득은 기본 필수재에 소비되고(기본 식품을 면세하여 부가가치세를 내지 않는 것과 유사) 소득을 창출하는 데(통근비용 등) 사용되어야 하기 때문에 면세해야 한다는 주장과, 기본공제의 주요 목적은 특히 하나의 과표구간이나 소수의 과표구간이 있을 때 조세체계의 누진성을 높일 수 있다고 보는 주장이 있다.

초기 소득의 면세 방법은 영(0)세율 구간, 기본인적공제, 또는 기본세액공제를 적용하는 것이다. 영(0)세율 구간은 과표구간 임계치 아래 과세소득 부분에 적용된다. 기본인적공제는 과표에서 공제하여 과세소득을 줄여주며 세액공제는 산출세액에서 세 부담을 줄여준다.

영(0)세율 구간적용의 경우를 보자. 예를 들어 영(0)세율 구간 과세최저한이 10,000화폐단위이라면 모든 납세자들은 과세소득의 10,000단위까지 면세된다. 10,000단위 소득에 기본공제는 총수입에서 10,000단위 금액을 공제함으로써 영(0)세율 적용과 유사한 결과를 가져온다. 10,000단위 소득을 버는 사람이나 그보다 적게 버는 사람은 위의 두 가지 방법으로 모두 면세된다.

기본인적공제의 값이 소득과 함께 변하면 영(0)세율 구간과 기본공제는 더 이상 모든 납세자들에게 동일한 결과를 주지 않는다. 기본공제 부여 방법은 국가마다 차이를 보이는데 슬로바키아, 슬로베니아, 영국에서는 소득이 늘어남에 따라 기본공제가 줄어드는 체계를 갖고 있다. 슬로바키아에서 기본공제는 수입이 평균임금의 1.9배를 초과할 때 점차적으로 줄어들어 3.8배에 도달하면 완전히 없어진다. 한편 영국에서는 평균임금의 3.2배 이상을 버는 납세자들은 어떠한 면세도 받지 못한다.

소득의 초기 수준에서 면세하는 대안적인 방법은 기본공제와 유사한 비환급형(non-refundable(wastable)) 세액공제를 허용하는 것이다. 가장 낮은 영(0)이 아닌 법정세율로 곱한 10,000단위의 기본세액공제는 과세 가능한 소득 중 첫 10,000단위는 면세된다. 과세 가능한 소득이 첫 영(0)이 아닌 법정세율의 적용을 받는 납세자들은 세액공제가 10,000단위의 기본공제와 같은 결과를 가져온다. 그러나 보다 많은 과세소득을 버는 사람들에게는 세액공제가 동일한 크기의 기본공제보다 세 부담이 줄어드는 정도가 작다. 왜냐하면 (소득)공제는 납세자의 한계세율이 높을수록 가치가 높아져 저소득자보다 고소득자에게 유리하지만 세액공제는 한계세율의 영향을 받지 않기 때문이다. 예를 들어 연봉이 2억 원인 사람과 연봉이 2,000만 원인 사람이 똑같이 소득공제를 500만 원 받는다고 하면 연봉인 2억 원인 사람은 최대 190만 원(500만 원×38%)인 반면 연봉인 2,000만 원인 사람은 최대 75만 원(500만 원×15%) 절세가 가능하다(2017년 종합소득세율 적

〈표 8-1〉 0세율 구간, 기본공제, 기본세액공제 비교

10,0000 면세율 구간		10,000 기본공제		10,000 세액공제	
개인소득세 과표구간					
과세표준	세율	과세표준	세율	과세표준	세율
0−10,000	0%	0−10,000	10%	0−10,000	10%
10,000−20,000	10%	>10,000	20%	>10,000	20%
>20,000	20%	−		−	

예(다른 공제는 없음)

총수입	과세표준	세액	과세표준	세액	과세표준	세액
10,000	10,000	(10,000×0%) =0	10,000−10,000 =0	(10,000×0%) =0	10,000	(10,000×10%) −(10,000×10%) =0
20,000	20,000	(10,000×0%) +((20,000 −10,000)×10%) =1,000	20,000−10,000 =10,000	(10,000×10%) =1,000	20,000	(10,000×10%) +((20,000 −10,000)×20%) −(10,000×10%) =2,000

용 시). 그러나 2014년 세법개정의 예로 12%(또는 15%) 세액공제를 하면 대략 4,600만 원 이하의 근로자에게 세액공제제도가 유리하다.

환급형 세액공제는 초기의 소득수준을 면세할 뿐만 아니라 소액이나 전혀 소득세 부담을 하지 않는 저소득자에게 부(negative)의 소득세를 제공한다. OECD 국가들에서 환급형 세액공제는 대체로 모든 납세 신고자에게 폭넓게 적용하기보다는 타깃에 맞추어 제공하고 있다. 가구 상태에 관계없이 적용을 하는 환급형 세액공제는 대체로 고용과 연관되어 있다(예를 들어 멕시코의 고용보조 세액공제, 핀란드와 스웨덴의 근로세액공제(EITC)). 고용이 연관되어 있건 아니건, 대부분의 경우에 면세는 소득이 늘어남에 따라 세액공제의 값이 줄어드는 구조를 취하고 있어 대체로 각국은 특정 과세 최저한 이하의 총소득을 버는 납세자들에게만 제공하고 있다.[4]

영(0)세율, 기본인적공제와 기본인적세액공제는 소득세 과세구간에 누진성을 가져온다. 그 이유는 조세경감의 가치는 소득이 증가할 때 감소하기 때문이다(즉, 소득이 증가하면서 평균세율의 증가를 수반한다). 기본적인 세액공제와 기본공제가 점차 줄어드는 구조는 일정 크기의 공제보다 조세체계의 누진성을 높일 수 있다.

2000년과 2010년 OECD 국가들의 초기 소득을 면세하는 조항이 〈표 8-2〉에 제시되어 있다. 9개국은 영(0)세율 구간을 갖는 개인소득세 구조를 갖고 있고 14개국은 기본인적공제(한국 포함), 11개국은 환급형 기본인적세액공제 조항을 갖고 있다. 초기 소득을 면세하는 정책수단을 바꾼 나라는 네덜란드와 체코로 각각 2001년과 2008년에 세원확대 개혁 시 기본인적공제를 (환급형) 세액공제로 전환하였다.

4 우리나라의 경우 소득공제 종합한도(2,500만 원)가 있지만 세액공제의 경우는 항목별로 한도를 두고 있다.

〈표 8-2〉 중앙정부 수준의 영(0)세율구간, 기본공제, 기본세액공제(평균임금의 %)

	2000		2010	
	조항	크기 (평균임금의 비율)	조항	크기 (평균임금의 비율)
호주	영세율구간	15	영세율구간	9
	비환급형 세액공제 (t)	2	비환급형 세액공제 (t)	13
오스트리아	영세율구간	12	영세율구간	29
벨기에	기초 공제	16	기초 공제	15
캐나다	비환급형 세액공제	19	비환급형 세액공제	23
칠레	기초 공제	120	기초 공제	111
체코	기초 공제	22	비환급형 세액공제	43
덴마크	비환급형 세액공제	12	비환급형 세액공제	11
에스토니아	기초 공제	16	기초 공제	18
핀란드	영세율구간	30	영세율구간	38
프랑스	영세율구간	15	영세율구간	17
독일	영세율구간	20	영세율구간	19
그리스	영세율구간	71	영세율구간	59
헝가리				
아이슬란드	비환급형 세액공제	41	비환급형 세액공제	42
아일랜드	비환급형 세액공제	21	비환급형 세액공제	23
			기초 공제 (t)	136
이스라엘	비환급형 세액공제	49	비환급형 세액공제	49
이탈리아			비환급형 세액공제	28
일본	기초 공제	8	기초 공제	8
대한민국	기초 공제	3	기초 공제	4
룩셈부르크	영세율구간	19	영세율구간	23
멕시코				
네덜란드	기초 공제	13	비환급형 세액공제	138
뉴질랜드				
노르웨이	기초 공제 (i)	20	기초 공제 (i)	16
폴란드	비환급형 세액공제	10	비환급형 세액공제	9
포르투갈			기초 공제	24
	비환급형 세액공제	12	비환급형 세액공제	14
슬로바키아	기초 공제	25	기초 공제 (t)	43
슬로베니아	기초 공제	12	기초 공제 (t)	36
스페인	기초 공제	19	기초 공제	21
스웨덴	영세율구간	88	영세율구간	101
	기초 공제 (i) (t)	3	기초 공제 (i) (t)	5
	환급형 세액공제(t)	3		
스위스	영세율구간	25	영세율구간	18
터키	기초 공제	4		5
영국	기초 공제	18	기초 공제 (t)	19
미국	기초 공제	22	기초 공제	13

자료: Tax Database, Table I.1 (www.oecd.org/ctp/taxdatabase); OECD Calculations.

나. 과세최저한(tax threshold)

소득세가 처음으로 과세되는 수입 수준(과세최저한, tax threshold)[5]은 여러 관점에서 중요한 조세정책 이슈가 되고 있다. 그 이유는 첫째, 소득세체계에서 누진성의 결정요인 중 하나이며, 둘째, 과세최저한의 크기는 빈곤함정(poverty trap)[6]이 적용되는 지점에 영향을 미친다. 셋째, 과세최저한은 개인소득세에서 오는 세 수입에 영향을 주어 과세최저한의 인상은 세 수입의 포기이므로 값비싼 비용이 든다는 점을 지적할 수 있다.

과세최저한에 대한 다양한 견해들이 제시되고 있는데 극단적인 견해는 지불능력원칙하에서 최저생활수준 주변에 있는 사람들은 소득세를 납부할 능력이 있다고 기대하지 말아야 한다는 견해이다. 이러한 접근은 프랑스와 노르웨이 국가에서 채택되고 있다. 또 다른 극단적인 견해는 책임이나 사회결속을 이유로 낮은 소득 범위에 있는 사람들은 조세-이전체계의 순 수혜자일 수 있더라도 모든 시민들은 조세를 납부해야 한다는 것이다(덴마크 뉴질랜드, 스웨덴). 높은 과세최저한은 빈곤과 실업 함정을 줄일 수 있고 소득세 납부 인구 중 더 많은 납세자들이 면세를 받는 것이 세무행정을 단순하게 하는 장점이 있다. 반면 높은 과세최저한을 반대하는 주요 주장은 상당한 크기의 세 수입을 포기하게 된다는 점을 들고 있다. 또한 과도하게 누진적인 세율이나 프랑스에서 있었듯이[7] 총소득에 비누진적인 개인소득세의 도입을 유발할 수 있다는 점을 지적한다.

[그림 8-4]는 평균임금의 퍼센티지로 표현한 과세최저한을 보여주고 있다. 환

5 과세최저한은 과세표준의 일정한도를 정하여 그 한도 이하인 과세표준에 대해 면세를 하고 그 한도를 초과한 과세표준에 대해서는 과세하는 반면, 소액부징수는 납부세액에 대해 적용하는 것으로 그 납부세액이 기준에 미달할 경우 징수하지 않는 것을 말한다. 또한 면제점이란 일정한 금액이나 가격 또는 수량 이하의 과세물건에 대해 과세하지 않는 것을 말한다(예: 부가세의 간이과세자).

6 실업자에 대한 재정적 급여보다 근로에 의한 소득이 적을 경우 금전적 이유로 근로를 회피하는 것을 말한다.

7 프랑스의 소득세는 원천징수를 하지 않지만 다음 해에 납세자가 직접 납부한다. 그러나 프랑스는 두 가지 형태의 원천징수 하는 소득세(사회보장기여금(CSG)과 사회보장부채상환기여금(CRDS))를 도입하여 결과적으로 개인소득세 비율을 높였다.

급세액공제를 차감한 중앙정부와 지방정부 세 부담을 합산한 것이다. 과세최저한은 기혼, 자녀, 비표준공제를 청구하는 세금신고자별로 다를 수 있다. 소득세를 내는 단독 납세자의 과세최저한은 세법 조항에 따라 계산되고 어떤 경우에는 풀타임 근로자의 12개월 법정 최저임금보다 작을 수 있다. 평균적으로 OECD 국가들은 대략 평균임금의 1/3 수준을 벌 때 소득세를 내기 시작하지만 과세최저한의 설정은 국가마다 상당한 차이가 있다.

2000년부터 2010년까지 OECD 국가들은 평균적으로 단독 납세자가 소득세를 내기 시작하는 과세최저한이 평균임금의 30%에서 33%까지 증가하였다. 칠레의 경우 2010년 관대한 기본인적공제로 인해 평균임금의 140% 이상이 되어야 납세를 하였다. 우리나라의 경우 2010년에 근로소득의 500만 원까지 공제를 받은 반면 2010년에는 500만 원의 근로소득 중 80%를 공제하였다.

[그림 8-4] 단독 납세자가 소득세를 납부하기 시작하는 과세최저한(평균임금의 비율)

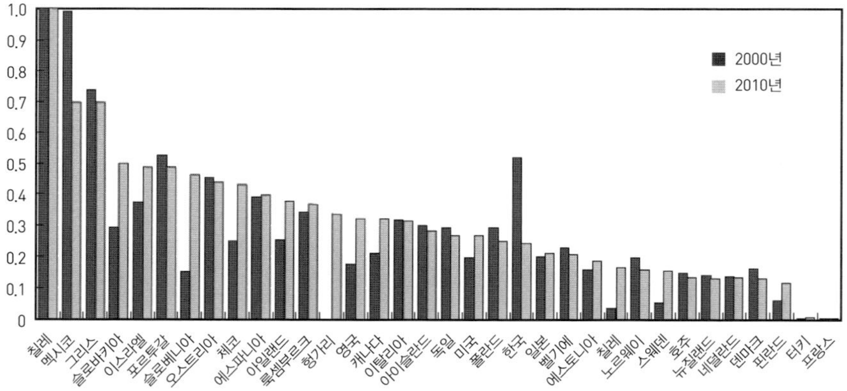

주: 칠레의 경우 2000년은 평균임금의 149%였고 2010년에는 140%임

자료: OECD(2014).

2. 과세단위

(1) 개인단위와 합산단위

소득세의 과세단위(tax unit)란 소득을 종합하는 인적단위로서 개인단위로 소득세를 산정할 것인가 또는 부부나 가족과 같은 소비단위로 소득세를 산정할 것인가에 관한 문제이다.

과세단위의 선택은 대부분의 국가들이 소득세를 초과누진세율에 의하여 과세하기 때문에 과세단위를 어떻게 설정하는가에 따라 소득세의 크기에 직접적이고 결정적인 영향을 미친다.

소득세의 과세단위는 크게 개인단위(individual unit)와 소비단위(consumption unit)로 구분할 수 있는데 개인단위주의는 소득을 얻는 개인을 과세단위로 하는 경우이고, 소비단위주의(합산과세)는 부부 또는 가족과 같은 소비생활상의 집단을 과세단위로 하기 때문에 부부단위주의와 가족단위주의로 구분할 수 있다.

대부분의 OECD 국가들은 가구단위에서 개인단위 과세로 이동하고 있다. 17개국은 개인단위과세, 4개국(프랑스, 룩셈부르크, 포르투갈, 스위스)은 합산과세(joint taxation), 캐나다, 체코, 아이슬란드, 노르웨이, 폴란드, 스페인은 개인이 과세단위이지만 합산과세도 가능하다. 독일, 아일랜드, 미국에서는 부부가 보통 합동으로 신고를 하나 별개로 신고 선택이 가능하다. 미국의 경우 2분2승제(joint return system)로 부부 각자의 소득을 각각 별도로 신고하거나 2분2승제에 의해 공동으로 신고할 수 있다.

OECD(2006) 보고서에 따르면 프랑스, 독일, 아일랜드, 룩셈부르크, 폴란드, 스위스, 미국은 평균수입을 버는 부부가 개인단위과세와 비교하여 합산과세에서 더 유리한 국가들로 분류하고 있다.

(2) 정책함의

기본적인 조세원칙[8]을 충족하는 과세단위의 선택은 조세정책 선택에 중요한

8 세 가지 조세원칙:

의미를 갖는다. 즉, 합산단위과세는 결혼으로 인해 세 부담이 달라져 결혼의 중립성은 위배하지만 동일한 소득을 가진 가구는 동일한 세금을 부담해야 한다는 수평적 공평성을 충족한다. 반면 개인단위과세[9]는 결혼의 중립성은 성립하지만 수평적 공평성은 위배한다.

합산단위과세는 누진소득세체계 아래에서 평균세율이 소득과 함께 커진다면 납세자의 결혼 결정에 영향을 미칠 수 있다. 소위 '결혼 패널티(marriage penality)'는 납세자에게 결혼을 하지 않는 방향으로 유인을 제공한다. 조세체계는 이러한 결혼 패널티를 경감시키는 장치를 마련할 수 있는데 예를 들어 2분2승제(income-splitting system(독일, 미국 등))는 부부의 소득을 합산한 금액을 2로 나눈 금액에 대하여 소득세율을 적용하여 부부 1인당 소득세액을 산출하고, 이 부부 1인당 소득세액에 다시 2를 곱한 금액을 부부의 소득세액으로 하는 방법이다. 남편만의 소득이라 할지라도 부부공유의 재산으로 보고, 소득의 절반은 부인의 소득이라 생각하는 데 기초를 두고 있다. 이렇게 하면 소득 전부를 남편의 것으로 하여 산출한 세액보다 적어지게 된다. 또한 프랑스의 가족계수제(family quotient system)는 독특한 소득분할 방식인데 가족구성원 수에 따라 가족계수에 의해 세액을 계산하는 제도이다[10]. 이 제도는 주로 인구증가를 장려하기 위하여 채택되

① 소득세는 증가하는 한계세율 구조
② 동일한 소득을 가진 가구는 동일한 세금을 부담
③ 결혼으로 인해 두 개인의 세금부담이 변경되어서는 안 됨 → 결혼 중립적(marriage neutral)

9 우리나라는 개인단위 과세
- 종전에는 개인단위주의를 원칙으로 하면서도 자산소득에 한해 부부단위로 합산했지만, 헌법재판소가 소득세 부과에 있어 혼인한 부부를 차별 취급하는 것으로서 헌법에 위반된다고 2002년 판시함으로써 완전한 개인단위로 전환
- 종합부동산세의 세대별 합산과세도 2008년 위헌 결정 이후 부부 인별로 각각 과세
- 결혼 장려: 배우자와 부양가족에 대해선 가족 수 1명당 150만 원의 소득공제를 하고 있으며, 추가로 자녀 2명까지는 1인당 15만 원, 2명 초과 시에는 추가로 1인당 20만 원의 세액공제, 2015년부터는 연소득 4,000만 원 미만 가구에 대해서는 자녀 1인당 50만 원까지 자녀장려금도 지급
- 결혼한 부부간 증여에 대해서는 6억 원까지 증여 재산을 공제

10 가족계수는 독신자, 이혼자, 홀아비 및 과부는 1단위이고 부부는 2단위이다. 부양자녀 첫째, 둘째는 각각 0.5단위이며 셋째 이하는 각 1단위이다. 소득세 산출세액 산식은 다음과 같다.
소득세 산출세액=〔(세대단위 합산소득/가족계수)×세율〕×가족계수

어 전후의 프랑스의 인구증가에 공헌한 것으로 평가되고 있다. 프랑스 소득세의 과세단위는 세대(foyer)인데, 소득세 과세단위는 세대별 납부의무자의 가족상황 및 부양에 따른 일정한 수치(가족계수)에 의해 과세소득을 세대구성원에게 분할하는 세대합산분할방식을 채택하고 있다. 소득분할방식은 가족계수제라는 방식을 채택하여 가족의 총소득을 가족계수로 나누어 가족계수 1단위당 소득금액을 산정한다. 이어서 가족계수 1단위당 소득금액에 세율을 곱하여 가족계수 1단위당 세액을 산출하고 여기에 다시 가족계수를 곱하여 세액을 산정한다. 이와 같은 가족계수제는 가족의 부양에 대응하여 누진소득세의 누진도를 완화시키는 작용을 하지만 고액소득자에게 큰 혜택을 준다는 문제점이 지적되고 있다.

즉 이러한 방식은 배우자 간 수입에 많은 차이가 있을 때 유리한 점이 있다. 즉, 소득을 많이 버는 배우자가 더 낮은 한계소득세율 구간에 이동할 수 있게 하여 이러한 경우는 결혼으로 인해 보조금을 받는 것과 같은 현상이 발생한다(결혼보조금(marriage bonus)).

개인 단위 과세하에서 정부는 동일한 소득을 버는 부부에 대한 동일한 세 부담을 하게 할 수 있지만 특별한 소득공제와 세액공제를 통해 배우자 간 소득 차이가 발생하는 부부는 배우자 간 부의 이전을 유발시킬 수 있다(소위 '재산의 침실이전' 현상). 또한 개인단위과세를 하는 많은 나라들이 피부양 배우자를 위한 소득공제와 세액공제를 하고 있는데 이러한 항목들은 실제로 합산과세와 일부 동일한 효과를 가져올 수 있다.

과세단위 선택에는 각각의 문제점이 제기될 수 있다. 합산단위과세의 경우 대개 기혼부부를 위한 방식이지만 미혼 동거인과 같은 다른 형태의 가구구조에는 해당이 되지 않을 수도 있다는 점이다. 더욱이 합산단위과세는 부수입원인 배우자가 노동시장에 참여 유인을 줄일 수 있는데, 그 이유는 누진세율체계 아래에서 개인별로 과세될 때보다 이미 한 배우자가 높은 세율구간에 적용을 받고 있었다면 두 번째 수입원인 배우자의 소득도 높은 세율에 합산하여 적용받기 때문이다.

개인단위과세도 문제가 없는 것은 아니다. 개인단위과세가 갖는 문제는 배우자 간 비근로소득을 어떻게 볼 것인가이다. 고소득을 버는 배우자의 소득에 합산해야 하는가? 아니면 자유롭게 선택할 수 있어야 하는가? 후자라면 비근로소득은 가장 적게 버는 배우자에게 옮겨가고 이는 세 수입의 감소를 초래한다.

따라서 과세단위의 선택은 공평성 기준과 한편으로 비근로소득의 귀속문제, 그리고 부수입원의 노동유인 제공, 또 한편으로 결혼 결정을 왜곡시키지 않는 중립성 간에 상충문제를 발생시킨다. 이 중 노동공급에 미치는 효과를 보면 과세단위 선택문제와 더불어 노동공급의 전체적인 효과는 복지체계, 자녀양육비용과 같은 다른 요인들에 의해 영향을 받는다고 할 수 있다.

(3) 조세-편익연계를 통한 부모 지원

가. 동향

지난 30년 동안 가구에 대한 조세취급은 다음과 같은 변화가 있어 왔다. 첫째, 대략 1980년대와 1990년대에 배우자의 불로소득(non-labor income)에도 합산과세에서 개인단위과세로 변화가 있었다. 둘째, 1970년대와 1980년대 초반 동안에 조세공제 형태였던 부모를 위한 조세경감은 세액공제(tax credit)나 조세체계를 벗어난 현금이전(cash transfer)으로 바뀌었다. 셋째, 대개 1990년대에 일부의 나라에서 모든 부모를 위한 현금이전은 저소득부모에게만 지원하는 선별적 방식으로 바뀌었다.

1970년대에 합산과세에서 개인단위과세로 이동은 대개 그러한 변화로 이득을 보는 고소득 맞벌이부부의 요구에 원인이 있기도 하지만 '신분문제(status problem)'에 대한 여성해방의 주장이 그 원인이 되었다. 대체로 개인단위과세는 두 배우자가 하는 별개의 소득신고를 전제로 하지만 합동과세는 남편이 대개 자기 배우자의 소득신고에 대해 책임을 지는 경향이 있었다. 1980~1990년 사이에 스페인과 영국은 이러한 신분문제를 제거하려 했고 그 결과는 합산과세방식을 취하는 나라에서는 결혼 경감혜택을 자동적으로 주었지만 개인단위과세방식을 취하는 많은 나라에서는 경감혜택을 제공하지 않아 상대적으로 홑벌이 배우자의 세 부담의 악화를 초래했다.

배우자의 불로소득에 대한 조세처리의 최근 변화는 과거에 근로소득에 개인단위과세를 하는 대부분의 나라에서 인위적으로 소득분할을 막기 위해 불로소득도 합산 신고할 필요성이 제기되었다. 소득분할은 가장 낮은 한계소득세율을 적용받는 배우자에게 불로소득을 넘기는 것을 허용하는 것으로 소득 간에 차이를 없애는 방법을 통해 이러한 사전조치를 덜 필요하게 만들었다.

1970년대 부모를 지원하기 위한 적절한 방법에 대한 많은 논쟁이 있었고 많은 나라에서 소득세에 대한 공제를 제공하는 전통적인 방법이 폐지되거나 축소되었다. 이에 대해 부유한 계층과 빈곤한 계층의 부모 간에 그리고 자녀가 없는 빈곤한 계층과 부유한 계층의 부부간 수평적 공평성을 유지할 필요가 있다는 점을 강조하는 '과세 가능한 능력접근'을 옹호하는 사람들과 주로 아동의 수와 상호 연관성이 있는 경향을 보이는 빈곤의 완화에 관심을 두는 '사회후생접근'을 받아들이는 사람들 간에 이론적인 논의가 있는데 이에 대해서는 후술한다.

최근까지 거의 모든 OECD 국가들은 소득수준에 상관없이 부모에게 현금지원을 하고 있지만(미국과 일본은 예외), 1990년대에는 일부의 국가에서 저소득 부모에게만 현금지원을 제한하려는 경향이 있었다. 이 점은 보편적 복지와 선별적 복지 간의 갈등이 있는 부분이다.

나. 조세-편익 연계를 통한 부모 지원

개인소득세 체계의 개혁은 전반적인 조세-편익 연계체계에 영향을 미치므로 조세체계와 공공편익(특히 소득연계 편익)을 분리하여 평가해서는 안 된다.

많은 나라에서는 양육을 하는 부모에게 국가에서 아동 보육시설이나 현금지원으로 자녀양육에 대한 지출을 줄여주고 있다. 납세자에게 소득을 버는 과정에서 발생하는 피할 수 없는 비용은 과세소득에서 공제를 허용하므로 아동보육지출은 아이를 가진 기혼여성에게 피할 수 없는 근로의 비용이라고 할 수 있다.[11]

이 점에 대해 별도의 소득세체계를 통해 부모를 지원하는 것보다는 현금이전

11 한편으론 그러한 비용은 또한 집에 있는 부인에게도 발생하는데 이는 명시적인 화폐지불보다는 여가의 상실로 볼 수 있는 기회비용의 형태를 취한다.

을 통한 방안이 보다 더 나을 수 있다고도 볼 수 있다. 대부분의 나라에서는 두 가지 형태의 지원을 모두 사용하고 있고 상대적인 비중은 빈번히 달라지곤 한다. 대체로 많은 나라에서 현금지원이 다양한 방식으로 사용되고 있는데 보편적 지원 또는 소득연계를 통한 선별적 지원 방안, 아동 수에 따른 차등 지급 방안, 또는 한 부모에게만 적용하느냐 기혼가구냐와 같은 다양한 형태를 취하고 있다.

조세-편익체계와 부모지원에 관한 규범적인 접근[12]이 있는데 대표적인 두 가지 접근 방법을 소개하고 우리나라의 자녀양육복지지출 현황을 살펴보도록 한다.

1) 과세 가능한 능력 접근(the taxable capacity approach)

머스그레이브(Musgrave, 1959)가 제안한 과세 가능한 능력 접근을 옹호하는 브레넌-모스(Brennan and Morss, 1973)는 소득세체계 아래에서 수평적 공평성을 유지할 필요성을 강조하면서 다음과 같은 점들을 지적하고 있다. 즉, 지불능력원칙(응능원칙)에 근거를 둔 소득세체계 아래에서 부모의 과세 가능한 능력은 아이를 갖는 데 드는 추가적인 지출 때문에 아이가 없는 부부의 과세 가능한 능력보다 낮게 고려되어야 한다고 보고 있다. 과세 가능한 능력 접근을 옹호하는 사람들은 소득공제가 저소득 납세자들보다 고소득 납세자에게 더 가치가 있다는 사실은 단지 조세체계의 누진성으로 인한 것이라고 보기 때문에 과세 가능한 능력 접근하에서는 불공평하다고 보질 않는다. 즉, 누진소득세하에서는 지불능력원칙을 받아들이기 때문에 나온 결과이다. 한편 그들은 최저생활소득 이하의 부모에게 현금이전의 필요성을 수용하지만 이것이 소득세체계를 통해서 행해지면 안 된다고 주장한다.

2) 사회후생접근(social welfare approach)

사회후생접근은 빈곤의 완화에 더 많은 관심을 둔다. 이들은 수평적 공평성보다는 빈곤이 아동의 수와 정의 상관관계를 보이는 경향이 있으며 이러한 접근하에서 빈자보다 부유한 부모에게 유익한 소득공제의 여지는 없고, 소득이 과세최

12 이외에도 Elitist 접근과 아이를 소비재 형태로 보는 접근방법이 있지만 설득력이 떨어져 여기서는 생략한다.

저한 이하에 있는 사람들에게 비환급형(wastable) 세액공제는 아무 소용이 없다고 본다. 따라서 부모를 지원하는 적절한 방법은 현금이전이나 환급형(non-wastable) 세액공제라고 본다.

결론적으로 과세 가능한 접근과 사회후생접근 간에 선택을 지지하는 객관적인 기준은 없고 단지 가치판단의 문제라고 할 수 있다. 따라서 대부분의 국가에서 부모를 지원하는 방식은 두 가지 접근방식에 근거를 두고 있다고 할 수 있다.

부모를 지원하는 방법의 선택은 실제로 위에서 언급한 철학적인 태도보다는 실질적이고 실용적인 고려사항에 의해 더 영향을 받는다. 즉, 조세지출과 직접지출 간 선택을 할 경우의 투명성, 모든 나라는 아니지만 대개 근로를 하는 배우자는 조세경감의 편익을 받고 근로를 하지 않는 배우자는 현금이전을 받는다는 사실, 그리고 행정적인 편의성을 고려한다. 조세경감에서 현금이전으로 이동은 비록 가구의 가처분소득이 다소 변하지 않지만 근로를 제공하는 배우자가 가져가는 소득을 줄일 수 있다. 그러한 이동은 더 무거운 세 부담을 보상하기 위해 근로를 제공하는 배우자에게 노동공급을 높이도록 할 것이다. 반대로 현금이전에서 조세경감으로 이동은 유급 노동이 없는 배우자는 가족공제가 통제할 수 있는 유일한 소득의 원천이므로 반대할 것이다. 또한 국가들마다 처한 상황에 따라 행정적인 편의성을 주는 방식 — 조세경감방식 또는 현금이전방식 — 을 선택하고 있다.

(4) 우리나라의 아동보육지출

우리나라의 가족지원 공공지출 수준은 2013년 GDP 대비 1.01%로 OECD 회원국 33개국 중 최하위로 나타났으며, OECD 평균치인 2.6%에 크게 미달하고 있다. 또한 한국의 가족지원 공공지출을 현금, 서비스, 조세를 통한 지출로 세분화할 경우, 서비스를 통한 지출이 76.1%로 가장 크게 나타났으며, 조세 20.0%, 현금지원 3.9% 순으로 나타나고 있다. OECD 회원국 대부분에서 현금지원이 서비스 또는 조세를 통한 지출보다 큰 부분을 차지하는 것과는 다른 특징을 보이고 있다.

우리나라에서 자녀양육을 지원하기 위해 운영하고 있는 대표적인 세제지원 제도를 보면 점차적으로 확대하는 경향을 보이고 있다. 기본적으로 0~5세 아이를 양육하는 가구는 2018년부터 보편적 아동수당으로 연 120만 원을 지원받게 된다. 자녀 수에 따라 수당은 늘어나 0~5세 자녀가 3명이라면 연간 360만 원을 지원받는다. 연소득 4,000만 원 미만 서민·중산층 가구는 자녀 1인당 최대 50만 원의 자녀장려금을 추가로 받을 수 있다. 예를 들어 2017년 2,400만 원을 벌어들인 맞벌이가구가 3세, 1세 자녀 2명을 양육하고 있다면 2018년에 정부로부터 340만 원(아동수당 240만 원+자녀장려금 100만 원)의 지원을 받게 된다. 자녀에 대한 세액공제 수준은 자녀 수와 시점에 따라 조금씩 달라진다. 우선 1인당 150만 원인 부양가족 소득공제는 향후에도 그대로 적용된다. 출산·입양 시 첫째 30만 원, 둘째 50만 원, 셋째 70만 원을 추가 공제하는 조항도 유지된다. 2018년부터 달라지는 부분은 20세 미만 자녀를 대상으로 한 '자녀세액공제' 조항이다. 우선 자녀 1인당 15만 원(셋째부터 30만 원)을 공제하는 규정은 2020년 12월까지만 운영된다. 2021년부터는 자녀세액공제는 만 6세 이상 20세 이하 자녀로 대상이 축소된다. 보편적 아동수당과 중복되는 부분이 있어 3년의 유예기간을 둔 뒤 적용범위를 겹치지 않게 조정하는 차원으로 볼 수 있다.

자녀양육을 위한 세제지원과 더불어 각종 지원제도가 존재하는데 자녀양육수당, 육아휴직 및 출산전후휴가급여 등의 현금지원과 아이돌봄서비스, 돌봄교실, 방과후돌봄서비스, 산모신생아도우미 등의 자녀양육 관련 서비스를 병행하여 시행하고 있다.

〈표 8-3〉 자녀양육 세제지원제도

사례	2017년	2018~2020년	2021년 이후
자녀 1명(0세)	기본공제 150만 원 자녀세액공제 15만 원 출산·입양공제 30만 원	아동수당 120만 원 기본공제 150만 원 자녀세액공제 15만 원 출산·입양공제 30만 원	아동수당 120만 원 기본공제 150만 원 출산·입양공제 30만 원
자녀 2명(3·7세)	기본공제 300만 원 자녀세액공제 30만 원	아동수당 120만 원 기본공제 300만 원 자녀세액공제 30만 원	아동수당 120만 원 기본공제 300만 원 자녀세액공제 15만 원
자녀 3명(0·3·7세)	기본공제 450만 원 자녀세액공제 60만 원 출산·입양공제 30만 원 6세 이하 공제 15만 원	아동수당 120만 원 기본공제 450만 원 자녀세액공제 60만 원 출산·입양공제 70만 원	아동수당 120만 원 기본공제 450만 원 자녀세액공제 15만 원 출산·입양공제 70만 원

3. 세율 tax schedule

과세표준(세원)과 과세단위가 결정되면 세율과 과표구간을 정할 수 있다. 과세구간은 특정 세율이 적용되는 과세 가능한 소득(산출세액)의 범위이다. 세율은 누진적, 비례적, 또는 역진적인 세율을 정할 수 있는데 누진세율과 평률세의 상대적인 이점에 대해서는 후술하기로 하고 세 수입 중립적인 틀에서 과표구간 수의 감소(세율의 수)가 가져오는 재분배효과에 대해 알아보고자 한다. 먼저 10분위 소득구간에서 세전 소득분배를 가정한다. 총소득은 첫 소득분위는 10에서 시작하여 마지막 소득분위는 130까지 증가한다고 가정한다.[13]

[그림 8-5]는 3개의 세율(12.5~40 소득 사이는 20% 세율, 40~80 소득 사이는 35%, 80~130 소득 사이는 55%의 세율)에서 세수중립적인 틀 안에서 2개의 세율로 이동하는 경우를 보여준다. 기본공제는 12.5로 일정하다고 가정한다. 즉, 처음 세율은 12.5~60 사이 소득에 적용되고 두 번째 세율은 60~130 소득 사이에 적용된다.

20%에서 25%로 가장 낮은 세율의 증가는 세수중립을 유지하기 위해 두 번째 세율이 45.75%로 증가해야 한다(개혁 전 두 번째와 세 번째 과세구간에 대략적인 평균이다). 이러한 개혁의 결과로 2~5분위와 7, 8분위의 세 부담이 늘었다. 상위 세율이 35%에서 25%로 인하됨으로 인해 6분위 납세자들의 세 부담은 줄었고 9와 10분위 납세자들도 또한 세 부담이 낮아졌다.

만약 20%의 세율을 적용할 경우에는 상위 한계세율이 56.6%로 증가되어야 한다. 이 경우 처음 4분위 소득구간에서는 세 부담이 늘지 않았다. 5, 6, 7분위의 소득구간은 35% 세율의 인하로 인해 이득을 본다(20%의 세율을 적용하는 소득범위의 확대로 인해). 그러나 그 이상의 소득분위 납세자들은 세 부담이 늘어난다.

마지막으로 가장 낮은 한계소득세율을 15%로 인하하면 상위 한계소득세율은 67.45%로 인상되어야 한다. 2~7분위의 납세자들은 세율의 인하로 인해 혜택을

13 1분위는 10, 2분위는 18, 3, 4, 5, 6, 7분위는 각각 30, 40, 50, 60, 70이며 8, 9, 10분위는 85, 105, 그리고 130이라고 가정한다. 이 예는 특정국가의 예는 아니지만 가정한 세전소득 분포가 많은 국가들에서 커다란 차이를 보이지는 않을 것이다.

[그림 8-5] 세수중립적인 틀 내에서 대안적인 과세표준과 세율

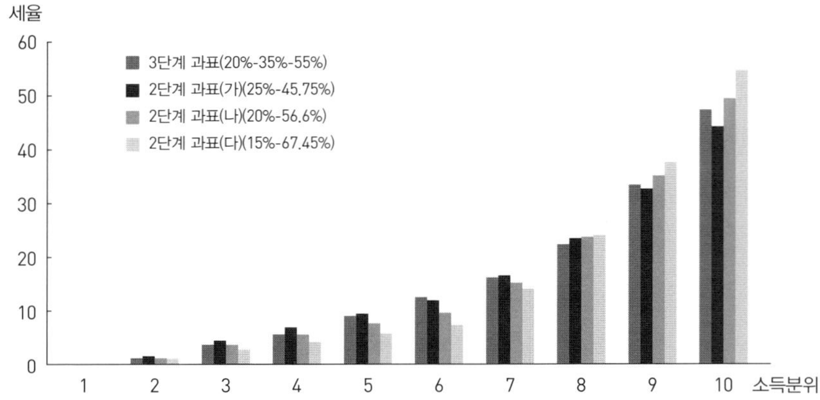

자료: OECD(2006).

본다. 특히 6분위 소득구간에 있는 납세자들이 가장 큰 혜택을 본다. 그러나 세율 인하로 인해 가장 높은 소득분위에 있는 납세자들은 세금을 더 내게 된다.

또 다른 대안적인 소득범위를 정할 수 있다. 과세표준구간을 3개에서 2개로 줄이면서 기본공제는 유지하고 가장 낮은 한계세율을 20%로 일정하게 하면 60~130소득분위의 상위한계세율은 56.6%로 인상되어야 한다. 이러한 조세개혁하에서는 중간소득자 세 부담이 줄고 최고 소득분위 납세자들은 세 부담이 늘어난다. 그러나 첫 과세표준구간의 범위를 줄이면(예를 들어 12.5~40 사이의 소득구간) 상위한계소득세율은 41.12% 정도면 가능하고 이 경우 중간 소득분위의 납세자들은 더 많은 세 부담을 해야 하고 가장 높은 분위의 납세자들은 세 부담이 줄어든다.

이러한 가상의 예를 통해 과세표준 구간의 축소는 소득분배에 상이한 효과가 있을 수 있다는 점을 알 수 있다. 즉, 정부는 기본공제, 두 개의 과세표준 범위, 두 개의 세율을 통해 다양한 방식으로 소득을 재분배하는 방안을 찾을 수 있다는 것을 의미한다.

[그림 8-6]은 3개의 과세표준 세율(12.5~40 사이는 20% 세율, 40~80 사이는 35% 세율, 80~130 사이는 55% 세율)을 세수중립적인 틀 내에서 평률세로 이동

[그림 8-6] 세수중립적인 틀 내에서 대안적인 과세표준과 세율하의 세 부담

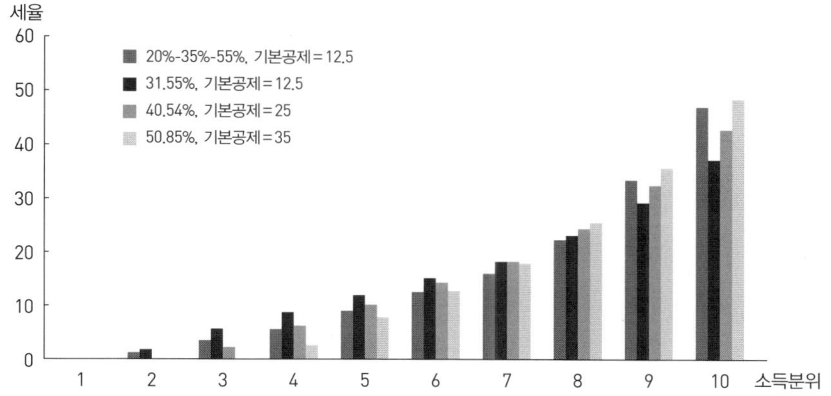

자료: OECD(2006).

한 경우를 보여준다. 기본공제를 12.5로 일정하게 유지하려면 31.55%의 평률세가 적용되어야 한다. 변경으로 인해 2~8분위의 납세자들은 더 많은 세금을 내야 할 것이다. 그러나 이러한 변경은 가장 높은 분위의 납세자 집단만 혜택을 보게 되는 결과를 초래한다.

만약 기본공제가 12.5에서 25로 증가하면 평률세는 40.54%로 인상되어야 한다. 이 경우 2분위와 3분위의 납세자들은 3개의 과세표준 세율하에서 보다 세 부담이 줄어든다. 또한 최상위 납세자들도 혜택을 본다. 따라서 4~8분위 납세자들이 세 부담을 하게 될 것이다(4분위만 작은 세 부담을 하는 반면 8분위 납세자는 세 부담이 가장 크게 늘어난다).

만약 기본공제를 35로 더 높이 정하면 평률은 50.85%로 인상되어야 한다. 이 경우 첫 3분위 납세자들은 세 부담이 늘지 않고 4와 5분위 납세자들은 세 부담이 줄어든다. 결국 최상의 소득자를 포함한 모든 분위는 세 부담이 늘어날 것이다(8분위 납세자들이 가장 큰 부담을 하게 된다).

이러한 가상의 계획 예를 통해 평률의 소득세 체계 아래에서도 상당한 크기의 누진성은 기본공제를 통해 달성될 수 있다는 점과 평률세 변경으로 인해 가장 빈곤한 납세자들의 세금이 반드시 늘어나는 것은 아니라는 점을 알 수 있다. 즉, 단

일의 세율을 적용하는 평률세체계의 시행이 정부로 하여금 소득재분배정책 수단으로 소득세체계를 이용할 수 없다는 것을 의미하지 않는다.

대부분의 평률세안은 부분적으로 공제나 조세유인의 축소와 함께 상위 한계소득세율의 인하를 포함한다. 세수중립적인 평률세안은 상위 한계소득세율의 인하와 기본공제의 재원을 위해 하위나 중위 소득집단 세율의 인상을 초래할 수 있다. 세율을 일부 집단에게는 인상하고 또 다른 일부 집단에게는 인하한다면 조세체계의 효율성에 대한 전반적인 효과가 어떨지에 대한 의문은 남아 있다.

경제이론에 따르면 낮은 한계세율은 노동공급을 유인한다고 예상한다(대체효과). 따라서 한계세율의 인상은 노동공급에 부정적인 영향을 줄 것이다. 그러나 보다 낮은 평균세율은 세후소득의 증가로 근로를 낮출 유인을 발생하게 한다(소득효과). 따라서 평균세율의 증가는 노동공급에 양의 효과를 가질 것이다. 이미 제1부에서 보았지만 노동공급의 탄력성에 대한 실증연구에 따르면 노동공급에 대한 조세의 효과는 소득수준과 가구상황에 의해 좌우된다는 점을 보았다. 즉, 저소득, 기혼 여성의 노동공급이 고소득, 미혼 여성, 그리고 남성에 비해 세율의 변화에 보다 민감하게 반응함을 보이고 있다.

4. 조세지출의 이용

조세지출은 특정 활동을 지원하거나 특별한 환경에 있는 납세자를 지원하기 위해 당국이 사용하는 세법[14]의 조항을 말한다. 이것은 세 수입의 상실을 야기하므로 정부지출과 유사하다. 조세지출은 여러 형태를 취할 수 있는데, 개인소득세 과표에서 일정한 면제를 허용, 과세 가능한 총소득(비과세소득을 제외한)에서 공제되는 소득공제, 산출세액에서 공제되는 세액공제, 세율감면, 과세이연 등이 있다.

OECD[15]는 1996년 조세지출(비과세·감면)제도의 개념을 "조세체계상의 일반

14 우리나라의 경우 「조세특례제한법」과 지방세의 경우 「지방세특례제한법」이 있다.

15 OECD, *Tax Expenditures: Recent Experience*, 1996.

표준(norm)인 기준조세체계를 벗어나는 항목"으로 규정하였고, 기준조세체계(benchmark tax system)란 세목별 과세대상, 세율구조, 과세구간, 과세단위, 과세기간, 회계관행에 따른 규정, 행정효율을 위한 규정, 국제조세규약 등을 포함하는 것으로 정의하였다. 그러나 기준조세체계의 개념이 명확하더라도 국가별로 조세체계가 상이하고, 조세지출의 범위에 대한 국가 간 합의된 기준이나 원칙은 존재하지 않으므로, 각국의 사정에 따라 조세지출 범위를 다르게 적용하고 있는 상황이다.

비록 조세지출 이용이 조세체계의 복잡성을 가중하고 있지만 많은 OECD 국가들은 여전히 직접적인 공공지출의 보완이나 대체를 위해 확장적으로 이용하고 있다. 이에 대한 다양한 논의가 있어 왔는데 조세지출을 찬성하는 입장에서는 조세지출이 보조금 지급 등의 직접지출방법보다 간편하고 비용이 덜 든다는 점을 강조한다. 즉 정부의 감독 등 구체적인 절차가 생략될 수 있기 때문에 정책의 조기 집행이 가능하고 치열한 로비활동이나 레드테이프[16]현상이 줄게 됨으로써 관료제도의 병폐를 방지할 수 있다는 것이다. 정부정책에 대한 민간부문의 참여를 적극적으로 유도할 수 있다는 점 역시 중요하다. 기본적으로 조세지출을 통한 지원은 세제혜택을 통한 유인제도이다. 따라서 특정 부문에 대한 조세지출을 통해 민간부문의 경제적 활동을 증가시킬 수 있다. 예를 들어 기부에 대한 조세지원제도는 납세자의 자발적인 기부행위를 증가시킬 수 있다.

한편 조세지출에 대해 반대하는 근거는 대략 다음과 같다. 첫째, 조세지출은 '소득 있는 곳에 과세 있다'는 과세원리에 어긋난다. 둘째, 조세지출의 혜택은 저소득층보다는 고소득층에게 집중되는 경향이 있다. 예를 들어 소득공제로 인한 혜택은 소득이 많은 고소득층에게 더 많이 돌아가게 된다. 셋째, 조세지출은 시장선택을 왜곡시키고 자원배분의 비중립성을 초래할 수 있다. 조세지출 자체가 시장경제의 원리나 조세의 중립성에 대한 예외로서 도입된 것이기 때문이다. 넷째, 조세지출은 세원을 축소시켜 과세기반을 좁히는 결과를 낳는다. 결과적으로

16 관청에서 공문서를 매는 데 쓰는 붉은 끈에서 유래된 말로, 관청식의 번거로운 형식주의를 지칭한다.

조세수입을 감소시키고 나아가 부족해진 세수확보를 위한 고세율정책을 유지하는 결과를 초래하는데, 이는 '넓은 세원, 낮은 세율'이라는 원칙에 어긋나는 것이다. 다섯째, 조세지출은 조세체계를 복잡하게 하여 징세비용과 협력비용을 높여 또 다른 문제를 야기한다. 여섯째, 조세지출의 대부분이 이익집단 또는 특수계층의 로비 등에 의한 것이라는 비판과 숨은 보조금이라는 특성을 갖기 때문에 해당 수혜자가 아닐 경우 무관심하여 통제에서 벗어날 가능성이 있다.

그러나 조세지출의 타당성에 대한 평가는 개별 사안별로 이루어질 필요가 있다. 즉 조세지출 자체가 옳다 혹은 그르다는 논의보다는 특정 정책목표를 달성하기 위한 재정정책 수단으로서 직접지출과 조세지출 중 어떤 방식이 더 타당한지가 검토되어야 한다.

최근 많은 OECD 국가들에서는 소득공제에서 세액공제방식으로 대체하고 있는데 그 이유는 세액공제의 특징이 모든 납세자에게 동일한 가치를 주는 반면에 소득공제의 가치는 누진세율을 가진 조세체계에서는 소득과 함께 커지기 때문이다. 또한 환급형 세액공제의 이용을 확대해가고 있다. 이는 저소득가구가 세액공제로부터 혜택을 본다는 의미로 실제로 환급형 세액공제는 이전소득과 동등하게 된다. 여러 OECD 국가들은 저임금 근로자에게 근로와 연계된 세액공제를 도입하였는데 이는 소득분배와 고용 모두를 달성하는 방법이다. 그러나 EITC와 같은 근로연계세액공제제도는 많은 장점이 있지만 문제점도 있다. 예를 들어 이러한 세액공제가 근로소득에 대해 점차적으로 점감된다는 점이다. 이는 비록 노동소득의 평균세율은 줄어들더라도 늘어난 노동공급에 유효한계세율이 매우 높아질 수 있기 때문이다.

5. 인플레이션 영향

인플레이션은 다양한 방식으로 소득세에 영향을 미친다. 과표구간과 세액공제는 명목치로 설정되기 때문에 인플레이션이 발생하면 그 가치가 절하된다. 인플레이션이 납세자의 명목소득을 높이기 때문에 높은 과표구간으로 이동시킨다(

'구간상승'). 만약 과표가 인플레이션과 연동되어 있다면 평균세율의 상승은 피할 수 있다.

인플레이션 영향으로 인한 불공평이 발생하는 경우를 보자. 매년 1,000만 원의 소득은 면세되고 다음 4,000만 원은 30%세율, 다음 소득은 50%의 세율의 적용을 받는 누진세구조하에서 어떤 납세자 A는 1,500만 원을 벌고 납세자 B는 6,000만 원을 번다고 하자.

〈표 8-4〉 인플레이션 영향으로 인한 불공평 발생 사례

	납세자 A	납세자 B
소득	1,500만 원	6,000만 원
공제액	1,000만 원	1,000만 원
과세소득	500만 원	5,000만 원
30%, 50% 세율	150만 원	1,700만 원
평균세율	10.0%	28.3%

몇 년 후 100%의 인플레이션이 발생하였다고 할 경우 납세자들의 명목소득은 2배로 증가하고 이에 따른 세 부담은 표 〈표 8-5〉와 같다. 표 〈표 8-4〉와 비교해 보면 저소득자인 납세자 A의 세율은 100% 포인트 증가한 반면 고소득자 B의 세율은 38.5% 포인트만 증가하였다. 즉, 인플레이션 발생 이전보다 저소득자와 고소득자 간에 불공평이 심화되었다고 볼 수 있다.

〈표 8-5〉 인플레이션 영향으로 인한 불공평 발생 사례(계속)

	납세자 A	납세자 B
소득	3,000만 원	12,000만 원
공제액	1,000만 원	1,000만 원
과세소득	2,000만 원	11,000만 원
30%, 50% 세율	600만 원	4,700만 원
평균세율	20.0%	39.2%

이러한 현상을 해소하기 위해 미국, 영국, 프랑스, 북유럽 등 19개 국가에서는 소득세의 소득구간에 물가상승분을 반영해주는 소득구간 물가연동제를 도입하고

있다.

물가연동제(indexation)란 명목금액 단위로 되어 있는 조세체계가 물가 공식에 의해 자동적으로 조정되도록 한 규정을 말한다. 주요 선진국에서는 소득세 등 기간세목의 세율구간, 공제한도, 공제구간 등의 범위를 물가변동에 맞추어 조정함으로써 과세의 실질가치가 과소 또는 과다해지는 것을 방지하는 자동조정장치를 갖춘 경우가 많다. 또한 종량세율 체계(예: EU의 담뱃세)를 지닌 소비세 등의 경우에도 세율을 사실상 물가에 연동시켜 변동시키는 경우도 있다.

일반적으로 실질소득의 변동이 없으면서도 실질 세 부담이 증가하는 경우라면 초과부담이 커지거나 조세저항이 나타날 가능성이 커진다. 세제상 물가변동 시 실질소득이 변화하는 현상은 공제구간·한도·과표구간 등의 항목이 정률이 아닌 정액으로 규정되어 있으면서 그 값이 다른 것에 연동하여 변하지 않고 고정되어 있는 경우에 해당되는 모든 세목에서 나타난다.

물가연동제는 재량적 조정과 대비된다. 재량적 조정이란 그때마다의 정책적 판단과 경제 상황에 따라 세제개편의 형식으로 실질세 부담을 조정하는 것을 말한다. 일반적으로 실질소득이 같은 경우에 실질세 부담의 가치도 동일하다면 경제적 의미에서의 증세 또는 감세가 없는 만큼 현 상태가 그대로 유지된다. 그러나 매년 세법개정으로 공제액을 올리면 면세점이 높아지는 현상이 발생하여 저소득층을 지원해주려는 공제액의 상향 조정이 오히려 중간소득층과 고소득층에게 혜택이 돌아가는 문제가 발생한다.

조세 부담은 소득이나 경제발전단계에 따라 각국별 제반 세제환경 및 납세의식, 징세기술, 경제구조 등을 반영하여 결정된다고 할 수 있다. 아울러 정부의 정책적 필요나 목적에 따라 조세정책방향이 영향을 받는다. 그러므로 물가변동에 의해 실질 세 부담이 변동하는 현상에 대해서도 각국이 처한 경제적·사회적 여건 차이나 정책적 고려 또는 인지하지 못한 다양한 요인들에 의해 그 대응방식이 달라진다. 예를 들어 미국과 영국, 캐나다, 벨기에, 덴마크, 핀란드, 프랑스, 그리스, 이탈리아, 룩셈부르크, 네덜란드, 포르투갈, 스웨덴 등의 국가에서는 소득세에 완전 또는 부분물가연동제를 실시하고 있는 반면 호주, 독일, 아일랜드, 스페

인 등은 물가연동제를 도입하지 않고 있다.[17]

물가연동제를 도입한 경우라고 하더라도 모든 정액적 요소에 대해 전면적으로 물가에 연동하는 것은 아니며 조정기간도 매년 또는 수년에 한 번 또는 물가상승률이 일정 비율 이상인 경우에 한정하여 적용하는 등 그 형태와 범위는 매우 다양하다.[18]

제 4 절 개인소득세 개혁방안

모든 조세체계는 장단점이 있다. 일반적으로 평률세는 다른 것보다 더 단순하지만 재분배 측면에서는 그렇지 않다. 평률세와 이원적 소득세체계는 포괄소득세체계에서 공통적인 소득공제와 같은 조세유인조항이 더 적다. 효율성 관점에서 보면 평률세는 다른 조세보다 조세로 야기되는 왜곡이 더 작은 측면이 있지만 과세체계의 전반적인 효율성에 미치는 효과에 대해 설명을 하는 것은 여러 가지 어려운 점이 있다.

개인소득 과세체계의 선택은 각 나라에서 상충관계가 어떻게 평가되느냐에 달려 있다. 실제로 포괄소득세제나 이원적 개인소득세체계나 평률개인소득세체계를 시행하는 OECD 국가는 없다. 예를 들어 모든 OECD 국가들은 특정 형태의

17 자본이득의 경우 미국, 영국, 독일 등 물가연동제를 도입하고 있는 국가는 없지만 영국의 경우 세율을 인하하는 방법을 사용하거나 자본이득 중 일부 비과세하는 규정으로 보완하는 국가(호주)도 있다.

18 최근 우리나라는 인플레이션에 대비하는 물가연동국채(2007년 도입)를 발행하였다. 이는 매 6개월 단위로 물가상승률이 감안된 이자를 지급받고 만기에는 물가상승률을 원금에 가산하여 원금의 실질가치를 보장받게 된다. 따라서 이자소득과 함께 자본차익까지 기대하며 원금보장도 받을 수 있고 또한 이자가 6개월마다 지급되므로 지급된 이자를 재투자하면 복리효과도 함께 누릴 수 있다. 이와 더불어 원금의 경우도 전기 소비자물가와 현재 소비자물가를 비교하여 물가가 상승한 만큼 원금이 늘어나고 이 부분은 자본소득으로 간주되어 비과세된다.

소득(예를 들어 부가급여와 자가소유주택)에 대해 특별한 조세처리를 하고 있기 때문에 대부분의 나라에서는 '준(semi)포괄', '준이원적', '준평률의 소득세체계를 취하고 있다고 할 수 있다. 그중 준이원적 소득세체계는 공통적인 현상으로 볼 수 있다. 또 다른 개혁방안으로 소비세 이행이 있지만 이에 대해서는 소비세 장에서 다루고자 한다.

1. 포괄소득세 comprehensive income tax

포괄적 소득세에서의 소득개념은 일정 기간 모든 경제력의 순증가 합계액이다. 이를 분배 면에서 보면, 소득의 원천, 형태, 실현·미실현 등에 있어서 어떠한 상이함도 묻지 않는 순소득의 합산액이다. 따라서 근로소득, 비근로소득(이자·배당·임대료), 발생된 자본이득(자산의 현재가치와 취득가치의 차액) 그리고 상속이나 증여받은 자산 등이 모두 이에 포함된다. 지출 면에서는 개인소득이란 소비를 위한 권리행사의 시장가치와 기초와 기말 사이 보유자산가치 변화의 합계액이다. 다시 말하면 소득=소비+저축이다. 여기서 소비에는 요소소득 및 이전소득으로부터 소비, 자가소비, 소유자산·내구소비재의 사용가치가 포괄되고 순자산증가(저축)에는 순저축과 소유자산의 가치증가가 포함된다.

포괄소득세(Schanz-Haig-Simon 정의)는 소비의 시장가치와 발생주의에 다른 순부의 변동을 포함하는 세원을 의미하지만 실제로 이러한 소득정의를 따르는 것은 매우 어렵고 상당히 높은 납세협력비용과 행정비용이 있음을 의미한다.

그렇지만 포괄소득세는 조세정책 측면에서 중요한 의미를 갖고 있다. 포괄소득세의 중요한 의미 중 일부를 보면 다음과 같다. 첫째 동일한 소득수준을 가진 개인은 동일하게 과세되어야 한다는 의미에서 수평적 공평성을 달성한다는 점이다. 둘째, 누진세율구조를 적용함으로써 수직적 공평성 원칙도 달성한다. 셋째, 포괄소득세체계는 소득이동을 통한 조세회피를 어렵게 할 수 있어 세무행정비용을 개선할 수 있다.

그러나 상기 포괄소득세제의 조세정책상의 장점에도 불구하고 OECD 회원국

들 중 포괄소득 정의를 그대로 따르는 나라는 없다. 실제로 포괄소득세체계는 주로 세원이 현금으로 받은 소득과 보수를 포함하는 것을 의미하는 실현된 소득에 근거하고 있다. 이것은 자본이득이 발생했을 때가 아니라 실현되었을 때 과세된다는 것을 의미한다. 일례로 대부분의 나라에서 자가 소유 집에서 나오는 귀속소득에 전혀 과세하지 않거나[19] 또 다른 형태의 자본소득에 과세보다 훨씬 낮은 실효세율로 과세하고 있다. 또한 대부분의 나라에서 노동소득의 과세에 부가급여를 포함하지만 실제로 임금소득보다 낮은 실효세율로 과세하고 있다. 실제 소득세체계는 모든 형태의 소득을 동일한 방식으로 과세하지 않음으로 인해 차익거래(arbitrage) 행동의 가능성을 유발하고 있다. 이러한 중립성의 위배는 납세협력비용과 행정비용을 높이고 또한 세 수입을 감소시켜 조세체계의 효율성과 공평성에 손상을 준다. 더욱이 누진소득세는 변동 있는 소득에 대해 차별함으로써 효율성과 수평적 공평 원칙을 위배한다. 이 점은 계절 근로를 저해하고 인적자본의 투자를 줄이고 위험자산에 대한 수요[20]를 줄이게 한다. 그러나 이와 같은 부정적인 효과는 또 다른 공공정책으로 완화될 수 있다. 예를 들어 저소득 피고용인은 사회보장체계에 도움을 받고 인적자본 투자유인은 교육에 대한 공공보조로 지원하고 있다. 또한 위험자산에 대한 누진율의 적용은 손실의 조세처리 여부에 따라 달라질 수 있으며 투자자들이 통상적으로 잠재적인 과세효과를 고려하여 자산구성을 조정할 것이다.

포괄소득세제의 또 다른 문제점은 세계화로 인해 예전과 달리 자본이 노동보다 더 국경 간 이동이 자유롭다는 사실을 포괄소득세체계가 고려하지 못하고 있어 자본소득에 고율의 과세는 해외로 저축을 이전하거나 세무당국에 진정한 소득을 보고하지 않음으로써 탈세를 조장할 수 있다는 점을 들 수 있다.

이상과 같은 문제로 인해 일부의 OECD 국가들은 노동소득보다 자본소득에 저

19 그러나 대부분의 나라에서 재산세를 부과하고 있다.

20 대부분의 투자는 위험부담을 수반하고 있다. 투자로 인한 이득에 대해서는 과세를 하고 손실에 대해서는 공제를 해주지 않는 다면 투자를 회피할 것이다. 따라서 조세정책을 통해 손실에 대해 보상을 해준다면 이득에 대해서는 과세하지만 손실을 공제해주어 위험을 공유하는 동반자 역할을 정부가 해주므로 투자를 촉진할 수 있다.

율의 과세를 통해 기존의 포괄소득세체계에서 벗어나 준이원적 소득세체계로 이행하는 모습을 보이고 있다.

포괄소득세체계를 이행하고 있는 OECD 국가들은 이원적(dual)이나 평률(flat)소득세체계를 이용하는 나라들보다 더 많은 조세지출을 이용하고 있는데 이러한 이탈은 포괄소득세체계가 수평적 공평과 수직적 공평의 원칙을 따르지 못하기 때문이라고 볼 수 있다.

2. 이원적 소득세 dual income tax

소득세체계를 통한 소득재분배의 목적과 함께 (특히 법인과 자본소득 과세에서) 조세왜곡을 줄이려는 정책목적이 핀란드, 노르웨이, 스웨덴, 그리고 1990년대 초에 덴마크에서 이원적 소득세체계의 도입을 하게 된 주요 원인이었다. 이원적 소득세의 주된 근거는 넓은 세원과 상당히 낮은 세율하에서 근로소득의 누진과세와 함께 법인과 자본소득에는 비례과세를 적용하는 것이었다.

북유럽(Nordic) 국가들이 다른 국가들에 앞서 이원적 소득세제(Dual Income Tax, DIT)를 도입하게 된 이유로는 다음과 같은 점들을 들 수 있다. 첫째, DIT를 도입하기 전에 이 국가들은 내국인의 소득에는 고도의 누진세율을 적용한 반면 외국인에게 귀속되는 이자, 로열티 등에 대해서는 원천징수를 하지 않아 세계화가 진전되면서 조세회피 및 자본이탈의 가능성이 높아졌다. 둘째, 이 국가들은 소규모 개방국가로서 자본이탈의 부정적인 효과가 비교적 컸다. 셋째, 전통적으로 유지해온 소득세의 재분배 기능을 완전히 포기할 수 없었다.

구체적인 내용은 국가마다 다르지만 DIT는 대체로 몇 가지 공통적인 특징을 갖고 있다. DIT는 개인에게 귀속되는 소득을 근로소득과 자본소득으로 구분하여 과세하는데, 여기서 근로소득이란 일하여 벌어들인 소득(earned income)이라는 개념으로 노동소득과 사업소득 중 근로제공에 대한 대가로 볼 수 있는 부분, 연금소득 등을 포괄한다. 자본소득은 이자, 배당, 자산양도 차익 등 수동적 투자활동을 통해 얻은 소득을 의미하며, 사업소득 중 근로소득에 포함되는 부분을 제외한 나머지도 자본소득에 포함된다. 근로소득에 대해서는 누진세율구조를, 자본소득에 대해서는 비교적 낮은 수준의 단일세율을 적용하며, 법인소득에 대해서는 자본소득에 대한 세율과 동일하거나 유사한 수준의 세율을 적용한다.

2005년 노르웨이는 가장 순수한 형태의 이원적 소득세를 도입하였는데 노르웨이의 경우 소득을 일반소득(general income)과 개인소득(personal income)으로 구분한다. 일반소득은 근로소득과 자본소득을 포괄하는 모든 소득을 의미하며, 법인소득도 일반소득으로 간주된다. 개인소득은 일반소득 중 개인에게 귀속되는 근로소득을 가리키는데 임금, 보수, 사업소득 중 개인에게 귀속되어 근로소득으로 간주되는 부분, 연금소득, 개인이 용역을 제공하고 받는 보수를 모두 포함한다. 세율체계를 보면 자본소득과 근로소득을 구분하지 않고 모든 일반소득에 대해 28%의 단일세율을 적용하여 과세하며, 법인소득에 대해서도 28%의 단일세율이 적용된다. 개인소득에 대해서는 일반소득세에 더하여 사회보장세와 개인소득세를 부과한다. 사회보장세는 비례세로 세율은 근로소득 7.8%, 연금 3%이다. 개인소득세는 0%와 9%, 12%의 3단계 누진세율구조를 갖고 있다. 일반소득세, 개인소득세, 사회보장세를 모두 포함할 경우 개인소득에 대한 세율은 최고 50.8%에 이른다.

그러나 포괄소득세제를 이원적 소득세제로 대체하는 데는 어려움이 있는데 일반적으로, 이원적 소득세 시스템의 주요 문제로 지적되는 사항은 다음과 같다. 첫째, 근로소득보다 자본소득을 저율로 과세하는 것은 정치적으로 수용 가능하지 않을 수 있다는 점이다. 세율의 차이로 인해 근로소득으로서보다는 자본소득의 특성을 가진 소득을 가지려는 세제유인을 납세자에게 제공한다. 이러한 소득이동 문제는 자본소득에 대한 세금 부담이 근로 소득에 대한 세금 부담보다 낮은 대부분의 국가에서 관찰된다. 사회보장 기여금이 종종 근로소득에만 부과된다는 사실은 소득이동을 부추기게 된다. 실제로 이러한 이유로 인해 덴마크는 DIT를 포기했고 스웨덴은 수정을 하였다. 둘째, 자본소득과 근로소득 간의 구분이 항상 분명한 것은 아니므로 세금의 차이를 노리는 조세차익조정을 유발하게 할 수 있다. 셋째, 개인부채에 대한 이자지출의 공제를 허용함으로 인해 납세자들은 조세피난처에 투자하기 위해 자금을 빌릴 수 있다면 세 수입의 손실을 유발할 가능성이 있다.

이와 같은 어려움으로 인해 대다수의 OECD 국가들은 순수한 포괄소득세제도 아니고 순수한 이원적 소득세제 체계도 아닌 '준이원적' 소득세체계를 취하고 있다.

3. 준이원적 소득세 semi-dual income tax

세계 각국은 포괄소득세제의 문제점이나 이원적 소득세제의 장점에도 불구하고 순수한 포괄소득이나 순수한 이원적 소득세체계를 사용하는 나라는 없다. 실제로 대다수의 OECD 국가들은 준이원적(또는 준포괄) 조세체계로 볼 수 있다.

준이원적 소득세제란 소득의 종류에 따라 다른 명목세율이 적용되는 체제를 말한다. 일반적으로 특정한 형태의 자본소득에 대해서는 낮은 세율체계가 적용되며 경우에 따라 단일세율이 적용되기도 하는 한편, 다른 소득(주로 노동소득)에 대해서 세율이 높을 뿐 아니라 누진세율구조가 적용된다. 네덜란드에서 2001년에 도입된 박스제도(box system)가 준 이원적 소득세제의 대표 격이라고 할 수 있는데, 그 내용은 다음과 같다.

Box 1 소득은 근로자 임금, 자영자 소득, 사회보장 수입, 연금, 거주자 보유 주택으로부터 발생하는 귀속소득(imputed income)의 합계를 의미한다. 이 소득에 대해서는 인적공제, 자녀 부양비 등 각종 공제액을 차감한 순소득에 사회보장기여금을 포함하여 30~52%의 세율로 누진과세한다. Box 2 소득은 지분을 5% 이상 보유한 기업으로부터 발생한 소득으로서 순소득에 대해 25%의 단일세율로 과세한다. Box 3 소득은 지분보유비율이 5% 미만인 기업으로부터 발생한 소득을 포함한 기타 자본소득으로서 수익률의 4%에 해당하는 귀속소득에 대해 30%의 세율로 과세하고 누진성을 가미하기 위해 기초소득공제를 허용한다.

[그림 8-7]은 OECD 회원국의 소득 종류별 최고세율을 정리한 것인데, 개별 회원국이 종합과세체계, 이원적 소득세제, 준이원적 소득세제 중 어디에 속하는

지에 대한 부분적인 설명이 될 수 있다. 핀란드와 노르웨이는 노동소득에 대해 높은 세율로 세금을 부과하고 자본소득에 대해서는 이보다 낮은 세율로 동일하게 세금을 부과하는 이원적 소득세제이며, 아이슬란드도 이들 국가와 유사한 형태를 띠나 세율이 자본소득 종류에 따라 다소 차이가 난다.

스웨덴에서는 배당소득과 노동소득의 최고세율이 거의 같으며 법인소득과 이자소득에 대해서는 낮은 세율이 적용되는데, 준이원적 소득세제의 성격이 강하다고 할 수 있다. 오스트리아, 프랑스, 이탈리아, 네덜란드, 폴란드, 포르투갈도 이와 유사하며 벨기에, 체코, 그리스, 헝가리, 일본도 준이원적 소득세제를 갖춘 국가로 분류할 수 있다. 한편 호주, 덴마크, 멕시코, 뉴질랜드, 슬로바키아 공화국의 경우 배당과 임금, 이자소득에 대한 세율이 거의 같으며, 멕시코와 슬로바키아 공화국에서는 법인소득 역시 같은 세율로 세금이 부과된다.

그 외의 국가들은 종합소득세에 가까운 체제 즉, 준종합과세체계를 적용하는 국가라고 할 수 있는데 캐나다, 독일, 아일랜드, 한국, 룩셈부르크, 스페인, 스위스, 터키, 영국, 미국이 이에 해당된다.

[그림 8-7] 법인소득과 배당, 임금, 이자에 대한 최고세율 비교(2005년)

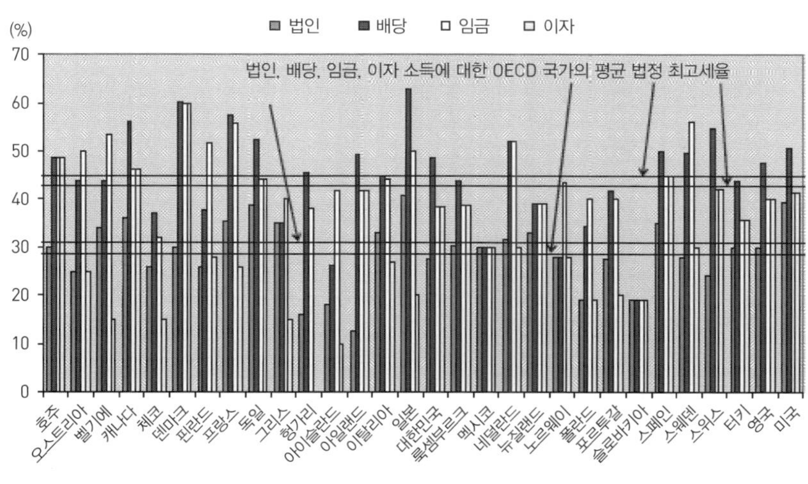

주: 배당에 대한 세율은 법인세와 개인소득세를 합한 것이며, 임금에 대한 세 부담에는 사회보장기여금을 포함시키지 않았음. 이자소득세는 통상적인 은행이자에 대한 세금을 말함.

자료: OECD(2005b).

[그림 8-7]은 최고세율만 비교한 것으로 소득공제 및 세액공제, 각종 과세특례를 고려하지 않았다는 점에 유의할 필요가 있다. 또한 이 그림에서는 자본이득세를 비교대상에 포함시키지 않았으므로 이 그림만으로 소득세제의 특징을 완벽하게 파악할 수는 없다. 그러나 대략적인 윤곽은 파악할 수 있는데, 대체로 OECD 회원국 중 절반 정도는 준이원적 소득세제이고 나머지 절반은 준종합(포괄)과세 체계라고 할 수 있다.

4. 평률세 flat rate tax

에스토니아는 1994년에 개인과 법인 모두에 26%의 평률세를 도입한 최초의 국가이다. 에스토니아는 2007년부터 20%로 점차적으로 세율을 인하하는 과정에 있는 나라였다. 러시아는 2001년에 13%의 평률세를 도입하였고 슬로바키아는 2004년에 법인소득과 개인소득 모두에 19%를 적용하고 부가가치세에도 동일한 세율을 적용·도입하였다.

평률세에 대한 정의는 다양하다. [그림 8-8]을 통해 설명하면 첫째, 단일세율이며 기본조세공제가 없고 모든 소득은 평률로 과세한다(A). 둘째, 단일세율이며 기본조세공제가 있고 기본공제 이상의 모든 소득은 평률로 과세한다(B). 셋째, 기본공제 이상의 피고용인에게 주는 모든 지불은 평률로 과세한다(B와 유사). 더욱이 동일한 평률로 모든 기업소득에 부과된다(법인과 비법인 기업소득). 기업세의 세원은 부가가치이며 이는 현금흐름 근거로 계산되고 여기에서 피고용인 지불금은 뺀다. 이것은 기본공제가 있는 소비세와 동일하며 이를 '홀-라부시카 평률세안'이라 한다. 결과적으로 저축과 투자로부터 나오는 소득은 이러한 평률세안에서는 과세되지 않는다. 넷째, 단일세율이고 환급형 세액공제(기본소득[21])를 갖고 있다. 환급형 세액공제는 소득수준에 상관없이 모든 개인에게 동일한 값을 갖는다(실제로 저소득계층에서 부(negative)의 소득세이다). 이를 종종 '기

21 여기서 말하는 기본소득(basic income)은 환급형 세액공제 형태로 지급하는 것이지만 최근 기본소득지급 대상과 금액에 대한 논의가 있다. 이에 대해서는 부록에서 간략히 설명한다.

본소득평률세'라고도 한다. 또한 평률세율은 개인소득에 부과하는데 이는 엣킨슨(Atkinson, 1995) 평률세안과 동일하다(C).

평률세는 소득이나 소비에 근거를 둘 수 있다. 평률소득세의 경우 개인소득(러시아처럼)만 포함할 수 있고 또는 개인과 기업 소득(슬로바키아에서처럼)을 포함할 수 있다. 또한 엄격하게 비례적이거나 누진적일 수 있다(기본조세공제나 세액공제를 통해).

평률세의 옹호자들은 평률세가 다른 개혁안보다 더 단순하고 더 공평하고 더 효율적이라는 점을 주장한다. 모든 평률세안의 공통적인 특징은 단일세율의 도입과 대부분의 조세공제와 세액공제의 폐지와 결합되어 있다는 점이다. 기존의 누진체계보다 더 단순한 평률세안의 핵심은 각종 공제의 폐지에 있다. 더욱이 만약 동일한 평률세가 개인과 법인소득 모두에 도입되어 개인과 법인 부문 간 소득이동을 시키는 조세유인을 줄이거나 제거시킨다면 조세체계는 더욱 단순해진다.

누진세율체계는 평률세체계보다 조세회피와 탈세 유인이 커서 조세체계가 어떻게 작용하고 내야 할 세금이 얼마인지를 계산하는 것을 더 어렵게 할 수 있다. 더욱이 누진세율은 조세회피와 탈세 유인이 소득이 늘어남에 따라 같이 커진다는

[그림 8-8] 다양한 형태의 평률세(예시)

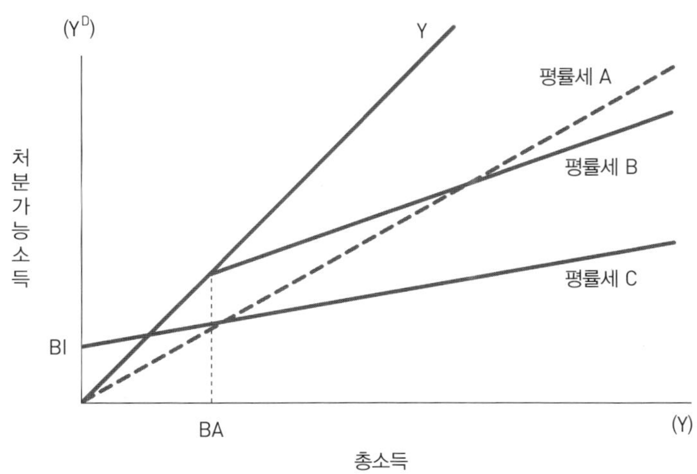

자료: OECD(2006).

것을 의미한다. 따라서 세 수입과 조세체계의 효율성에 역의 효과를 주고 공평성을 해친다. 또한 누진율의 강화에서 오는 집행과 행정 비용의 증가로 납세협력에 부정적인 영향을 미칠 수 있다. 한편 조세회피와 탈세 유인은 과표구간의 수보다는 과세수준에 더 영향을 받을 것이다.

평률세체계하에서의 누진성은 포괄소득세제의 한계세율을 통해서가 아니라 기본공제(또는 기본소득) 조항으로 달성될 수 있다. 그러나 평률세 개혁의 첫해 효과는 고소득자에게 가장 큰 세금인하 혜택을 줄 것이며 이로 인해 미국에서는 홀-라부시카 평률세의 도입을 반대하는 사람들의 주요 주장이 되었다.

그림에서 보여주듯이 조세체계의 누진성은 선택하는 평률조세체계의 형태에 따라 다르다. 10분위로 소득의 세전분포를 가정하여 첫 분위 총소득은 10, 마지막 분위는 130이라고 가정한다. 세 가지 형태의 평률조세체계의 도입으로 세후소득의 분포를 유도하고자 한다. 단 모든 방법은 동일한 세 수입을 가져온다고 가정한다.

① 25%의 평률세와 공제는 없다.
② 36.46%의 평률세와 20의 기본공제를 한다.
③ 39.4%의 평률세와 20의 환급형 세액공제(기본소득)를 한다.

이러한 단순한 예는 두 가지 사실을 알려준다. 첫째, 세수중립적인 관점에서 평률세율의 수준은 기본공제나 기본소득의 수준에 상당히 의존할 수 있다는 점이다. 단순한 예로 평률세율이 25%에서 20의 기본공제 재원을 마련하기 위해서는 36.5%로 인상되어야 한다. 만약 환급형 세액공제(기본소득)를 도입한다면 세율은 39.4%로 인상되어야 한다. 비록 예시의 기본공제나 기본소득이 높다고 하더라도 인구의 20%보다 적은 인구만 세금부담에서 벗어난다. 둘째, 그림에서 다양한 형태의 평률세의 소득분포의 효과를 보여주고 있는데 기본공제나 기본소득 도입 효과는 소득분포의 하단과 상위에서 가장 크다. 반면에 소득분포의 중간범위에서는 그 효과가 작다.

평률세체계를 옹호하는 또 다른 주장은 누진세율체계보다 더 효율적이라는 점을 지적한다. 평률세안의 두 가지 점이 조세체계의 효율성에 영향을 미칠 수 있다. 즉, 개인소득세에 유효세율의 수준과 조세공제와 특정 활동을 위한 조세유인으로 야기된 왜곡이다.

개인소득세율의 인하는 조세체계의 왜곡효과를 줄여 노동공급과 저축에 정(+)의 효과를 줄 것이다. 따라서 누진세에서 평률세체계로 이동이 조세체계의 효율성을 실제로 개선시킬지의 여부는 세율에 달려 있다. 대부분의 평률세안은 실제로 조세공제와 조세유인의 축소로 인해 발생한 재원을 상위 개인소득의 한계세율의 인하로 인한 손실을 보충한다. 그러나 세수중립적인 평률세 개혁은 기본공제와 상위 한계소득세율의 인하의 재원을 마련하기 위해 저소득수준에서 세율의 인상을 초래할 수 있다. 또한 세율이 일부의 집단에서 인하되고 다른 집단에서 인상되면 전반적인 조세체계의 효율성이 개선될지 어떨지는 실증조사를 통해 확인할 수 있다.

또한 조세공제와 조세유인은 가계의 노동공급과 저축결정에 왜곡을 초래할 수 있다(특히 유효세율이 저축수단 간에 다를 때의 저축배분). 그러나 이러한 왜곡은 주로 특별한 조세조항으로 인한 결과이지 단일세율인지 누진세율인지에 따른 결과는 아니다. 정책결정자가 누진세율에서 평률세로 이동을 할 때 그러한 조항

[그림 8-9] 세수중립적인 틀에서 평률세안 비교

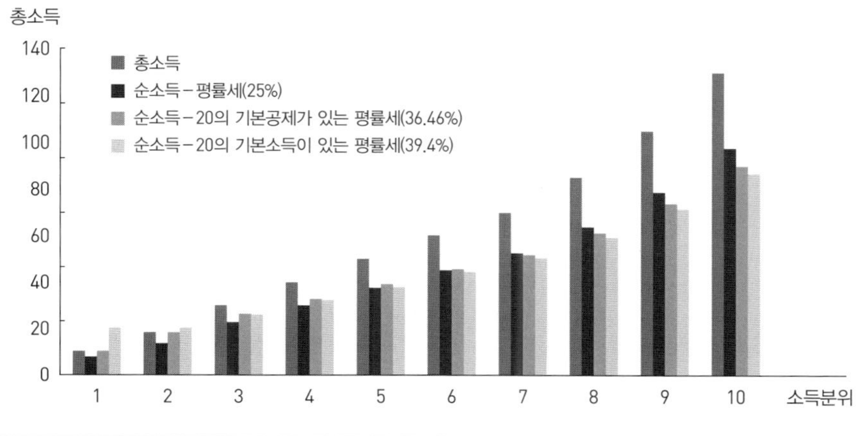

자료: OECD(2006).

을 유지시켜야 한다면 그 조항들의 가치는 세율수준에 따라 변동하더라도 왜곡은 여전히 존재할 것이다. 거꾸로 세율의 어떠한 변화를 하지 않고도 그러한 조세왜곡을 제거하는 것은 가능하다. 그러나 정책결정자는 세율을 인하하는 근본적인 조세개혁의 패키지 안에 비대중적인 세원확대수단을 포함시키는 것을 더 좋아할 것이다. 그러한 근본적인 조세개혁의 예는 누진세율을 평률세로 대체하는 것이다.

기본소득 평률세안은 편익체계의 주요 개혁을 동반한다. 기본소득 평률세의 옹호자들은 조세체계를 단순화시킬 뿐만 아니라 편익체계도 단순화시킨다는 점을 들고 있다. 이러한 형태의 평률세의 도입의 이면에는 모든 개인들이 모든 사회보장 편익을 대체할 기본소득을 받을 자격이 있다(크기는 나이에 따라 다르다)고 보는 생각이 기본적으로 깔려 있다. 이러한 체계는 누진소득세율과 모든 인적소득공제를 대체하는 것을 의미한다. 모든 자산조사(means-tested)를 통한 편익과 세액공제가 효과적으로 철폐되면 이것은 조세와 편익 행정체계의 단순화를 의미한다. 또한 모든 소득에 하나의 유효세율만 있으므로 소위 빈곤함정(또는 실업함정)을 제거할 것이다. 한편 모든 사람들이 소득수준에 관계없이 기본소득[22]을 받는다는 것을 의미하므로 그러한 개혁을 하는 데 필요한 재원을 마련하기 위해 평균세율의 인상과 편익수준의 축소를 받아들여야 한다. 대부분의 OECD 국가에서 평균 개인소득세율의 인상은 개인소득에 평률세율이 법인세율보다 더 높아야 하거나 또는 평률이 법인과 개인소득 모두에 적용된다면 법인세율이 인상되어야 한다는 것을 의미한다. 법인과 개인소득에 상이한 세율을 적용하는 것은 소득이동 기회를 발생시키며 이는 고소득자가 주로 이용할 가능성이 있다. 그러나 현재 OECD 국가들의 동향은 법인세율의 인상이 아니라 인하라고 할 수 있다.

22 〈보론 3〉에서 기본소득안에 대한 설명을 하였다.

제 5 절 개인소득세체계 평가

많은 OECD 국가들에서 개인소득세 개혁은 정치적·경제적으로 오래된 과제였다. 다음은 조세정책의 기본 원리인 단순성, 효율성, 공평성, 납세협력, 세 수입을 통해 개인소득세체계를 평가하고자 한다.

1. 단순성

많은 나라에서 조세개혁에 대한 정치적인 논쟁의 중요 쟁점은 조세체계의 단순화에 대한 필요성에 있다. 단순한 조세체계는 보다 낮은 세율을 허용하는 것이다. 평률세(flat tax)는 단순한 조세체계로 볼 수 있는데 이는 단일 세율의 도입으로 모든 또는 대부분의 소득공제와 세액공제를 없애는 것이다. 평률세를 옹호하는 논리는 납세자의 납세협력비용을 줄이고 포괄소득이나 이원적 소득세체계와 비교해 조세당국의 세무행정을 운영하기 쉽다는 점을 들고 있다.

그러나 복잡한 경제체계에서 단순한 조세체계를 찾는 것은 어려운 일이다. 세계화의 영향으로 경제는 더 복잡해졌고 이러한 경제의 변화에 대처하기 위해 조세당국은 조세체계의 복잡성을 가중하는 새로운 입법을 도입하고 있다. 그러므로 정책결정자는 개인소득세의 복잡성을 줄이기 위해 세무행정의 효율성을 강화하고 세법을 단순하게 하는 것을 고려해야 한다.

조세체계의 주된 복잡성은 세율구조 그 자체가 아니라 세원의 정의에서 나온다(예를 들어 의문이 드는 어떤 소득이 과세 가능한지 아닌지). 개인과 법인의 모든 형태의 소득에 평률세를 부과하는 것은 개인과 법인 부문 간에 소득이동의 문제(이원적과 준이원적 소득세체계에서 문제가 되는)를 줄여 세제의 복잡성을 줄일 수 있다. 또한 상이한 소득원천 간에 소득이동도 피할 수 있다. 평률세체계를 통한 조세차익거래의 방지는 납세협력, 조세집행, 그리고 조세행정비용을 크게 줄일 수 있다. 그러나 동일한 세율만으로는 개인과 법인 부문 간에 이동 유인을 없애는 데 완전하지는 않다. 이러한 유인은 세원을 어떻게 정의하느냐에 따라 달라질 수 있다.

2. 효율성

개인소득세체계에서 경제적 왜곡비용은 세율수준과 저축, 투자, 노동시장 기회 등으로 발생된다. 과세로 인한 후생비용이 세율수준과 함께 높아지는 경향이 있고 낮은 세율은 조세회피와 탈세유인을 줄이려는 유인이 있기 때문에 OECD 국가들은 그동안 소득세율을 인하해왔다고 할 수 있다.

점차적으로 늘어나는 세원의 국제적 이동과 조세경쟁은 대부분의 이동 가능한 세원에 세율을 낮추는 노력도 추가적으로 필요하다. 따라서 낮은 평률세의 도입은 효율성을 높일 것이다. 그러나 세수 중립적인 관점에서 누진세제에서 단일세율체계로 이동은 세율이 일부 납세자들에게는(기존 감경이 커지지 않는다면 저소득 납세자들과 중간소득 납세자들) 상승할 수 있고 고소득자들에게는 줄어들 수 있다는 것을 의미한다. 누진세율체계가 일정한 세 수입을 갖는 단일세율로 대체된다면 총조세왜곡비용이 늘어날지 줄어들지는 실증분석을 해보아야 할 것이다. 비례(평률)세율을 옹호하는 효율성 논리는 누진과세가 가변적인 소득, 즉, 계절 근로, 인적자본 투자 그리고 위험자산 수요를 차별한다는 점을 들고 있다. 정부는 세 수입으로 인해 세율인하를 하지 않는 대신에 가장 유동성이 있는 과표에만 세율을 더 낮추는 것이 효율적일 수 있다. 비록 자본소득에 대한 세율인하가 노동소득 대신에 자본소득을 갖도록 유인할 수 있지만 이러한 인하는 외국으로 유동성 있는 과표가 빠져나갈 때 세 수입 상실과 효율성 상실이 더 커지는 것을 막을 수 있다. 즉, 이원적 조세체계는 국제적인 조세회피와 탈세문제에 효율적인 해법이 될 수 있다.

일부 조세와 조세 경감이 예를 들어 환경 관련 조세와 연구개발 조세경감이 시장경제에서 발생할 수 있는 부(-)의 또는 정(+)의 외부성을 내부화하는 데 도움을 준다면 경제적 효율성이 커질 수 있다. 세원의 확대는 뉴질랜드와 북유럽 국가들에서 조세개혁의 근본에 깔려 있는 원리이다. 다른 OECD 국가들은(네덜란드) 세율의 인하로 인한 세 수입의 감소를 보상하기 위해 그리고 조세로 인한 왜곡을 줄이기 위해 세원을 확대하였다. 일반적으로 경제적 효율성은 대칭적이고 동등한 방법으로 모든 형태의 활동에 과세함으로써 가능하다. 결과적으로 세원확대는 조세왜곡을 줄이고 조세체계를 더욱 효율적으로 만드는 중요한 수단이라고 할 수 있다.

3. 공평성

모든 OECD 국가들은 소득분배의 공평성에는 상당한 차이가 있지만 누진소득세제를 시행하고 있다. 이는 조세체계를 통한 소득분배의 공평성이 모든 OECD 국가들에서 중요한 정책목표라는 것을 의미한다. 수평적 공평성과 수직적 공평성 모두는 개인소득세체계를 평가하는 데 있어 중요한 기준이 된다.

조세체계의 수평적 공평성은 납세자들의 연간소득이나 생애소득에 근거하여 평가될 수 있다. 연간소득에 근거한 수평적 공평성은 소득이 어떻게 구성되어(포괄소득세체계와 평률소득세체계 모두에서 만족하는) 있건 상관없이 주어진 총소득수준에서 동일해야 한다는 것을 의미한다. 그러나 실제로 (준)포괄누진세체계 아래에서는 확장적인 조세경감의 활용과 다양한 형태의 소득에 대한 특별한 취급으로 인해 수평적 공평성 원칙을 위배하고 있다. 따라서 개인소득의 세원을 확대하면 포괄소득세체계의 수평적 공평성을 강화시킬 수 있다. 더욱이 시간이 흐르면서 소득이 변동하는 납세자가 수입의 흐름이 일정한 납세자보다 더 많은 세금을 납부해야 한다면 매해 부과하는 소득과세는 수평적 공평성을 위배할 수 있다. 따라서 누진세율체계(포괄 그리고 이원적 개인소득세체계)는 수평적 공평성 과세원칙을 위배한다. 결과적으로 평률개인소득세만이 연간소득을 평가기준으로 사용된다면 수평적 공평성을 만족하게 된다. 그러나 생애소득을 근거하여 수평적 공평성을 달성하기 위해서는 자본소득이 노동소득보다 더 낮은 세율로 과세되어야 한다. 따라서 생애소득에 근거하여 평가하면 이원적 소득세체계만이 수평적 공평성 원리를 만족한다는 것을 의미한다.

누진소득세체계 그 자체는 평률세체계에서의 비례소득세체계보다 수직적 공평성을 달성하는 데 더 효과적이다. 평률소득세 경우도 기본공제를 허용함으로써 수직적 공평성을 달성할 수 있지만 포괄소득과 이원적 개인소득세체계에서는 누진세율체계를 통해 더욱 확실하게 달성될 것이다. 따라서 공평성 관점에서 누진세와 평률세 간의 선택은 부분적으로 수평적 공평성(연간소득 접근)과 수직적 공평성 간의 균형을 어떻게 맞추는가에 있다.

생애 소득접근하에서 이원적 소득세는 수평적 공평성과 수직적 공평성 두 원리를 만족한다. 한편 상당한 크기의 누진성은 기본공제를 통해 달성될 수 있다. 평률개인소득세체계는 기본공제를 통해 수평적 공평성과 수직적 공평성을 모두 만족한다. 또한 과표구간 수를 줄인다고 해서 반드시 조세체계의 공평성이 떨어지지 않는다.

세원확대는 소득분배에 영향을 준다. 효율성의 개선 이외에 세원의 확대는 수평적 공평성을 개선시킬 수 있고(이것은 특정 납세자들의 조세우대처리를 철폐하는 것을 의미한다) 또한 수직적 공평성에 긍정적인 효과를 줄 수 있다. 비록 어떠한 형태의 조세공제(tax allowance)와 세액공제(tax credit)가 저소득가구에 유리하다 하더라도(예를 들어 근로소득세액공제), 또 다른 형태의 소득공제와 세액공제가 실제로 고소득자에게 폭넓게 사용되고 있다(예를 들어 저축, 교육과 건강지출, 자선 기부 등).

4. 납세협력

납세협력에 대한 태도는 적극적인 절세전략(tax planning)과 탈세, 가끔 조세피난처(tax haven)를 이용하려는 납세자들이 늘어나게 되면 바뀐다. 이 점은 대안적인 개인소득세체계가 어떻게 납세협력에 영향을 미치는가에 대한 의문을 가져온다.

자발적인 납세협력수준을 설명하는 주요 요인들은 납세자들이 세 수입의 사용

용도를 만족하는 정도, 조세체계의 공평성에 대한 인식, 세법을 준수하는 것이 용이한지 아닌지, 그리고 세법이 탈세기회를 제공하는 정도 등을 포함한다. 이러한 요인들은 첫 번째 사항을 제외하고 세율구조와 대안적인 소득세체계의 세원 모두에 영향을 준다.

조세체계가 수평적 공평성 달성을 저해하는 조세경감의 범위가 넓어진다면 불공평하다고 볼 수 있다. 조세경감의 확대사용은 조세체계를 더욱 복잡하게 하고 납세자들이 절세전략을 짤 유인을 갖게 한다. 또한 고소득자가 저소득자보다 더 절세전략에 적극적이어서 수직적 공평성에 부정적 효과를 가져다준다. 동시에 절세전략에 적극적으로 참여하려는 유인은 누진세체계 아래에서 저소득자보다 고소득자들이 더 많다. 세원의 확대는 조세체계의 공평성을 개선시킬 수 있고 조세차익 거래기회를 줄인다. 결과적으로 넓은 세원을 갖고 있는 소득세체계 아래에서는 보다 더 높은 납세협력을 유인할 가능성이 있다.

또한 저율의 개인소득세체계는 더 많은 납세협력을 발생시킬 가능성이 있다. 그러나 포괄소득세체계에서 평률조세체계로 이동은 저소득자의 세율이 높아지게 된다는 문제가 있다. 그러한 이동은 고소득자의 납세협력에 긍정적인 영향을 주는 반면에 저소득과 중위소득자에게는 반대의 효과가 있을 수 있다.

5. 국제 경쟁 환경에서 세 수입 증가

OECD 국가들은 개인소득세율을 인하하여 일자리 창출과 사람들의 근로의욕에 대한 장애요인을 줄여서 해당 국가의 세 수입을 간접적으로 보호할 수 있다. 세율의 인하는 또한 조세회피와 탈세의 유인을 줄인다. 더욱이 조세공제나 면세의 수를 줄이는 것은 세 수입을 늘릴 것이며 그것은 추가적인 세율인하를 위한 여지를 제공할 수 있다.

국제적인 유동성이 높은 세원(법인소득, 개인자본소득 그리고 고소득자의 근로소득)으로부터 징수될 수 있는 세 수입의 크기가 하향 압력을 받을 수 있다. 사실상 이러한 세원들의 유동성 증가에 대응하기 위해 세율인하를 한다(이러한 세원은 해외로 이동하여 세 수입의 손실이 발생할 수 있으므로 이를 막기 위함). 넓은 세원의 평률세의 도입이 반드시 전반적인 세 수입에 긍정적인 영향을 가져다주는 것은 아닐 수 있지만 유동성 있는 세원에서의 세 수입은 늘어날 가능성이 있다.

6. 근본적인 개인소득세 개혁 평가

샨츠-헤이그-사이먼스(Schanz-Haig-Simons)의 정의에 따른 순수한 의미의 포괄소득세체계의 이행은 행정적으로 상당한 비용이 들고 정치적으로 실행 가능하지 않을 수 있다. 더욱이 순수한 의미의 포괄소득세체계가 세원의 유동성이 점점 커지는 국제경쟁환경에서 지속 가능할지에 대한 의문이 든다. 이러한 이행의 어려움으로 인해 많은 OECD 국가들의 개인소득세체계는 준포괄소득세체계라고 특징 짓는 것이 더 나을 수 있다. 이러한 조세체계로 발생하는 조세차익거래행동(세법과 세율, 그리고 면세와 공제의 차이를 이용하는 개인)이 갖는 문제들로 인해 세원의 확대와 세율의 인하에 초점을 두는 조세정책으로 나아가도록 하고 있다. 이원적 소득세제와 평률소득세 개혁은 많은 조세개혁 과정의 선택으로 볼 수 있다. 어떤 개인소득세체계가 보다 더 나은지에 대한 의문은 남아 있고 이에 대한 반응은 국가마다 다양하다.

이원적 소득세체계는 한편으로 자본소득에 과세하고 또 한편으론 노동소득에 과세하여 수평적 공평성을 달성한다. 더욱이 자본소득에 대한 저율의 과세는 과세 가능한 개인소득의 이자경비공제의 효율성 비용뿐만 아니라 실질수익이 과세되는 대신에 투자의 명목수익에 과세됨으로 인한 자본손실의 문제를 완화할 수 있다. 특히 국제조세 관점에서 자본소득에 저율의 과세는 자본수출과 조세회피/탈세전략 유인을 줄이는 강점을 갖고 있다.

그러나 다양한 자본과 노동소득을 구성하고 있는 납세자들이 이원적 소득세체계 아래에서는 차별 과세되어 수평적 공평성을 위반하는 것으로 보일 수 있다(연간소득이 평가의 기준으로 사용되는 경우이지만 만약 생애소득의 기준에서 평가된다면 저율의 자본소득 과세는 수평적 공평성을 충족한다). 그러나 자본소득에 보다 낮은 비례세율의 도입은 특히 자본으로부터 나오는 소득이 상위소득구간에 집중되는 경향이 있기 때문에 수직적 공평성을 해칠 수 있으며 저율의 자본소득과 고율의 노동소득 간의 소득이동이 가능하다는 문제가 발생할 수 있다.

스칸디나비아의 이원적 소득세체계를 그대로 따르는 OECD 국가는 없다. 그러나 많은 국가들이 모두 또는 일부의 자본소득에 대해 임금소득보다 낮은 세율로 과세되고 있다는 의미에서 준이원적 개인소득세를 도입하고 있다고 볼 수 있다.

제 6 절 우리나라의 금융소득과세 정책

1. 개 관

우리나라의 소득세제는 종합과세를 원칙으로 하되, 장기간을 통해 소득이 집적·형성된 양도소득 및 퇴직소득에 대해서는 분류과세(separated taxation)를 하고 있다.

종합소득은 이자·배당·사업·근로·연금·기타 소득으로 구성되는데, 위 6가지 소득을 종합하여 과세하는 종합과세소득과 별도로 분리하여 과세하는 분리과세소득으로 구분한다. 분리과세(separate taxation)는 종합소득과세표준에 합산하지 않고, 별도 세율에 의해 원천징수함으로써 납세의무가 종결된다. 사업소득을 제외한 나머지 5가지 소득 중 일부는 분리과세방식을 취하고 있는데 예를 들어 금융소득(이자·배당소득)의 경우 해당소득이 연간 2,000만 원 미만인 경우 분리과세를 하나, 연간 2,000만 원을 초과할 경우 종합과세(금융소득 종합과세)를 하고 있다(일용근로자의 근로소득도 분리과세 하고 있다). 분류소득은 퇴직·양도소득으로 각각 퇴직소득 또는 양도차익에 대하여 별도 과세체계를 적용하고 있다.

「소득세법」은 금융소득에 대해 별도의 정의를 두고 있지 아니하나 일반적으로 이자·배당소득을 금융소득으로 보고 있으며 주식 자본이득은 양도소득으로 분류하고 있다.

이자소득은 국가나 지방자치단체가 발행한 채권 또는 증권의 이자와 할인액, 국내에서 받는 예금의 이자 등이며 배당소득은 내·외국법인으로부터 받는 이익이나 잉여금의 배당 또는 분배액 등이다. 양도소득은 토지, 건물, 주식 등 법에서 과세대상으로 열거한 자산의 양도로 인하여 발생하는 소득을 의미한다.

금융소득에 대하여 근로소득 등과 구분하여 낮은 세율을 적용하여야 하는지에 대하여 지속적인 논의가 있어 왔으며 이에 대한 상반된 주장이 존재한다. 즉, 금융소득은 국제적 유동성이 높아 국내에서의 세 부담이 높은 경우 자본의 국외이탈 현상이 발생할 수 있으므로 근로소득과 구분하여 낮은 세율의 적용이 필요하다는 주장으로, 고액 자산가에게 낮은 세율을 적용함에 따라 포기되는 조세의 수직적 공평성은 세원 범위 확대에 따른 충분한 세수 확보를 이용한 취약계층에 대한 지원으로 어느 정도 해소 가능하다고 보는 입장이다.

반면, 금융소득은 불로소득에 해당하므로 중과의 대상이 되어야 하며 금융소득 종합과세는 수직적 및 수평적 형평을 도모하는 방법이라고 보는 견해가 있다.

2. 금융소득 종합과세제도

(1) 이자·배당소득

가. 개관

우리나라는 1996년 금융소득 종합과세제도를 도입·시행하였으며 금융소득에 대하여 종합과세를 원칙으로 하되, 1인당 연간 금융소득 합계액이 2,000만 원 이하인 경우에는 일반적으로 원천징수로 과세를 종결(분리과세)하고 있다.

나. 금융소득 수취시점: 예납적 원천징수

금융소득 종합과세 대상자 해당 여부와 무관하게 금융소득의 수취시점에 소득세를 원천징수하고 있는데 2016년 현재 기본 원천징수세율은 14%이다.

〈표 8-6〉 금융소득 과세체계

구분	내용
종합과세 제외 금융소득	비과세 금융소득, 분리과세 금융소득
종합과세 대상 금융소득	금융소득 중 '종합과세 제외 금융소득'을 제외한 소득 ① 1인당 2,000만 원 초과: 종합과세 ② 1인당 2,000만 원 이하: 분리과세. 단, 국내외 금융소득으로서 국내에서 원천징수되지 아니한 소득은 종합과세

자료: 국세청, pp. 130-131, 2016.

다. 종합소득세액 확정시점: 금융소득 종합과세

1인당 연간 금융소득 합계액이 2,000만 원을 초과하는 경우, 금융소득을 포함한 모든 종합소득을 합산하여 종합소득세율에 의하여 산출세액을 계산하여 확정신고·납부한다. 종합소득에 대하여 종합소득세율(6~42%의 누진세율)을 적용하여 세액을 산출하고 금융소득의 수취시점에 원천징수된 세액을 기납부세액으로 차감하여 결정세액을 계산한다. 단, 금융소득에 대해서는 필요경비를 인정하지 않는다.

그러나 연간 금융소득 합계액이 2,000만 원 이하인 경우에는 종합과세 적용을 하지 않는다. 종합소득세율이 원천징수세율보다 낮은 소득계층의 종합과세 선택은 불가능하다.

라. 종합과세 제외 금융소득

현재 저축지원과 특정 정책목표를 위하여 다양한 비과세·감면 및 분리과세 금융상품을 운영하고 있는데 비과세, 분리과세 대상 금융소득은 대체로 종합과세 대상 금융소득의 범위에서 제외한다.

마. 금융소득 산출세액의 비교과세

금융소득이 종합과세되는 경우 분리과세되는 경우보다 세 부담이 낮아지는 문제를 해결하기 위해 아래와 같은 '금융소득에 대한 산출세액 비교과세제도'[23]를

23 산출세액=Max[① 종합과세방식 산출세액, ② 분리과세방식 산출세액]

두고 있다.

기준금액 이하의 금융소득은 14% 세율의 원천징수로 과세종결되는 반면, 종합과세되는 경우 각종 소득공제 및 누진체계인 종합소득세율 등으로 인해 분리과세하는 경우보다 세 부담이 적어지는 경우가 발생 가능하기 때문이다. 이를 해결하기 위해 금융소득 종합과세자의 경우 종합과세방식에 의한 산출세액과 분리과세방식에 의한 산출세액 중 큰 금액을 산출세액으로 하고 있다. 이는 금융소득에 대하여 최소한 예납적 원천징수세액 부담을 목적으로 하고 있다.

또한 금융소득 중 배당소득은 법인단계에서 법인세를 부담하고 이후 주주단계에서 소득세를 부담하여 이중과세 문제가 존재하므로 이를 완화하기 위해 '배당세액공제' 제도를 두고 있다. 일정 요건을 충족하는 배당에 대해 배당액의 111/100을 금융소득으로 하여 산출세액을 계산하고 이후 배당가산액(배당액의 11/100)을 종합소득 산출세액에서 세액공제를 한다.

(2) 주식의 자본이득

우리나라는 주식의 자본이득에 대해서는 열거주의를 채택하여 법에서 열거한 특정 주식의 자본이득에 한하여 양도소득세를 과세한다. 우리나라는 주식의 자본이득을 '양도소득'의 일부로 보고 있는데 2016년 12월 말 현재 국내주식으로는 비상장주식, 주권상장법인의 대주주 주식 양도소득에 한하여 과세하고 있다.

양도소득세 과세대상인 주권상장법인 대주주의 범위를 지속적으로 확대·변경하여 과세기반을 확대하고 있다. 상장주식에 대해 대주주에게는 양도소득세를 부과하나 소액주주는 제외하고 있다. 2016년부터 중소기업 대주주에 부과되는 세율을 종전 10%에서 20%로 상향 조정함으로써 대기업 등과 동일하게 과세하고 있다. 또한 파생상품에 대하여는 2016년부터 양도소득세 과세(기본세율 20%, 탄력

① =[(금융소득금액+배당가산액-2,000만 원)+다른 종합소득금액-종합소득공제]×누진세율(기본세율)+2,000만 원×14%(고배당기업 주식 배당은 9%)

② =금융소득×14%(비영업대금이익 25%, 고배당기업주식배당 9%)+(금융소득 외 종합소득-종합소득공제)×누진세율(기본세율)

〈표 8 - 7〉 개인의 주식양도차익에 대한 세율

	상장주식		비상장주식	
	중소기업주식	대기업주식	중소기업주식	대기업주식
대주주	20%	20%(1년 이상 보유)	20%	20%(1년 이상 보유)
		30%(1년 미만 보유)		30%(1년 미만 보유)
소액주주	비과세	비과세	10%	20%

세율 10%에서 5%로 인하(2016. 2. 개정), 기본공제 250만 원)하고 있다.

주식의 양도소득세는 분류과세하며 일반적으로 양도일이 속하는 분기의 말일부 2개월 이내에 예정신고·납부함으로써 납세의무를 종결한다.

(3) 금융소득 과세현황

국세청의 『2016년 국세통계연보』에 의하면 2015년 거주자에게 지급된 것으로 신고된 금융소득금액은 총 45조 1,100억 원이며 이 중 이자소득은 29조 700억 원, 배당소득은 16조 400억 원에 달한다.

금융소득지급신고액 중 '일반세율 일반과세' 소득이 가장 큰 비중을 차지하나, 이자소득의 경우 비과세 및 분리과세 비율이 높은 편이다. 총이자소득·배당소득 대비 '일반세율 일반과세' 비중은 이자소득 58.9%, 배당소득 85.5%이며, 비과세 비중은 이자소득 29.18%, 배당소득 10.67%이다. 이자소득 비과세 금액은 배당소득 비과세 금액의 약 5배에 달하고 있다. 이자소득과 배당소득의 소득세 평균 원천징수세율은 각각 9.5%와 11.8%이다.[24]

금융소득 종합과세 신고자의 총소득금액 중 금융소득이 차지하는 평균 비중은 46.1%이며 납세자의 금융소득 규모별로 큰 편차를 보이고 있다. 금융소득금액이 2,000만 원 이하인 경우 총소득금액 중 금융소득금액의 평균 비중이 2.9%인데 반하여 금융소득금액이 5억 원을 초과하는 자의 평균 비중은 74.9%이다. 신고

24 유형별 원천징수소득세액을 총지급액으로 나눈 값이다. 우리나라의 일반적 금융소득의 원천징수세율은 14%이나, 비과세소득, 저율 및 고율의 원천징수세율에 의한 희석효과로 인하여 평균 원천징수세율은 14%보다 낮은 수치를 보인다.

자 기준으로 보면, 금융소득 규모가 2,000만 원에서 4,000만 원 이하인 자가 전체 신고자의 50%를 초과하고 있다. 전체 금융소득 중 50% 이상이 전체 신고자 중 3.31%를 차지하는 금융소득 규모 5억 원 초과자에게 집중되어 있다.

2015년 금융소득 종합과세 신고자의 금융소득 중 배당소득이 차지하는 평균 비중은 82%이며 금융소득 규모가 클수록 배당이 차지하는 비중이 크다. 금융소득 규모가 3,000만 원 이하인 경우 배당소득보다 이자소득의 비중이 크지만 금융소득 규모가 6,000만~8,000만 원 이하인 경우 배당소득 평균 비중이 72%이며, 금융소득 규모가 5억 원을 초과하는 자의 배당소득 평균 비중은 91%에 해당하고 있다.

3. OECD 금융소득 과세제도

OECD 35개 회원국 중 15개국은 모든 금융소득을 동일과세제도 내에서 과세하고 있다. 이원적 소득세제를 도입한 북유럽 국가 중 노르웨이, 스웨덴도 모든 금융소득을 동일과세제도 내에서 과세하고 있지만 핀란드는 금융기관 이자소득에 대해서 상대적으로 저율 분리과세를 하고 있다. 금융소득세제의 개편 국가 중 영국을 제외한 4개국은 금융소득을 동일 과세제도 및 세율에 의하여 과세하는 방식으로 세법을 개정하였다. 다만, 이와 같은 경우에도 배당소득의 이중과세 효과, 주식 자본이득의 결집효과 등을 해소하기 위하여 부분과세제도 등은 추가적으로 도입하고 있다.

모든 금융소득을 동일 과세제도 내에서 과세하는 15개 회원국 중 호주, 캐나다, 프랑스, 노르웨이 4개국은 종합과세하는 반면, 나머지 11개국은 분류·분리과세하고 있다. 또한 다수의 국가가 금융소득에 대하여 종합소득세율보다 낮은 세율에 의하여 분리과세하고 있다. 우리나라와 1인당 GNI 수준이 비슷한 일본, 이스라엘의 경우 모든 금융소득을 분리과세하고 있다. 일본의 경우는 일반주주 기준이며 대주주의 배당소득은 종합과세하고 있다.

반면, 우리나라를 포함한 10개국은 이자와 배당은 같은 과세제도에 의하여 과세하나 주식의 자본이득은 구분하여 과세하고 있다. 칠레, 우리나라, 뉴질랜드, 스위스는 이자·배당소득을 종합과세하는 반면, 그 외 5개 국가는 종합소득세율보다 상대적으로 낮은 개인 소득세율에 의하여 이자·배당소득을 분류·분리과세하고 있다.[25]

헝가리는 이자·배당소득은 15%의 세율로 분리과세하나 주식 자본이득은 15%의 세율로 종합과세하고 있고 우리나라를 포함하여 벨기에, 칠레, 체코(소액주주, 3년 초과 양도), 네덜란드(일반주주), 뉴질랜드, 스위스는 주식의 자본이득에 대해서 과세하지 않거나 이자·배당소득에 비하여 낮은 세율로 과세하고 있다.

덴마크, 핀란드 등 총 5개국은 배당소득과 주식의 자본이득을 동일 과세제도에 의하여 과세하고 있는데 이 중 2개국은 이자에 대하여 더 낮은 개인소득세율을 적용하나 3개국은 더 높은 개인소득세율을 적용하고 있다.[26]

한편, 상당수의 OECD 회원국들은 하나의 금융소득 범주 내에서도 2가지 이상의 과세제도를 병행하고 있다. 주식의 자본이득 과세제도에서 주로 많이 발견되며, 주식 보유기간, 주식발행법인의 상장 여부 또는 납세자가 주식발행법인의 지배주주에 해당하는지 여부에 따라 구분하고 있는 경우가 있다. 이자소득과 배당소득의 경우에는 주로 분리과세제도를 채택한 국가에서 납세자에게 종합과세 선택권을 부여하는 방식으로 2가지 제도를 병행하고 있다. 분리과세 국가인 오스트리아, 벨기에, 독일, 포르투갈 등의 경우 납세자가 종합과세 선택 가능한 반면 우리나라, 멕시코, 터키, 이탈리아, 일본은 납세자의 소득 규모 등에 따라 과세제도를 달리 적용하고 있다.[27]

---

25 • (분리과세) 벨기에, 체코, 라트비아
• (분류과세) 네덜란드(일반주주)
• (비과세) 에스토니아

26 • 덴마크, 핀란드는 이자소득에 대해 배당소득 등에 비하여 낮은 이자소득세율 적용.
• 네덜란드(지배주주), 슬로바키아, 미국은 배당소득 등에 비하여 높은 이자세율 적용.

27 • 우리나라, 멕시코, 터키는 납세자의 소득 규모에 따라 과세제도 구분.
• 이탈리아는 납세자의 지배주주 해당 여부에 따라 배당소득 과세제도 구분.
• 일본은 지배주주 및 상장주식 여부에 따라 배당소득 과세제도 구분.

〈표 8-8〉 OECD 회원국의 금융소득 과세제도 분류

모두 같은 경우	이자, 배당 동일	배당, 자본 동일	모두 다른 경우
호주, 오스트리아, 캐나다, 프랑스, 독일, 아이슬란드, 이스라엘(일반주주), 이탈리아(일반주주), 일본(일반주주), 노르웨이, 폴란드, 포르투갈, 슬로베니아, 스페인, 스웨덴	벨기에, 칠레(1년 이상), 체코, 에스토니아, 헝가리, 대한민국, 라트비아, 네덜란드(일반주주), 뉴질랜드, 스위스	덴마크, 핀란드, 네덜란드(지배주주), 슬로바키아(1년 초과, 상장), 미국(1년 초과, 적격배당)	그리스, 아일랜드, 룩셈부르크, 멕시코(상장주식), 터키, 영국

주: 1) 분류과세·분리과세의 경우 세율이 동일한 경우 같은 과세제도로 분류함
2) 오스트리아는 금융기관 예치금 이자에 대해서 25%의 원천징수세율을 적용하나 일반적인 이자소득세율은 배당·주식 자본이득과 동일한 27%이므로 동일 과세제도로 분류함
3) 벨기에의 경우 특정금융계좌가 아닌 일반적 이자소득세율(25%)에 의한 비교

자료: 홍범교, 「OECD 회원국의 금융소득 과세제도 연구」, 『세법연구』, 16-05.

4. 금융소득 과세제도의 문제점

금융소득에 대한 과세제도는 각국의 정치·경제·문화상황을 배경으로 성립되는 것이므로 어느 것이 최적이라 말할 수 없다. 다만, OECD 회원국이 운영하고 있는 과세제도의 사례를 바탕으로 현재의 우리나라 금융소득 과세제도 내에서 문제점 해결을 위해 다음 사항을 고려해볼 수 있다.

(1) 조세중립성

우리나라는 1996년 금융소득 종합과세제도 도입 이후 큰 변동 없이 이자·배당소득 및 주식의 자본이득 관련 세제를 운영하고 있다. 이자소득, 배당소득, 근로소득 등의 경우에는 종합과세를 원칙으로 하지만 1인당 연간 2,000만 원 이하의 이자·배당소득금액은 분리과세하며 주식의 자본이득은 열거된 특정 주식에 한정하여 양도소득으로 분류과세방법에 의해 과세하고 있다.

그러나 동일한 금융자산의 보유소득(이자, 배당소득)과 처분소득에 대하여 과세체계를 달리함에 따라 세 부담에 있어 차이가 발생하고 있다. 통상 보유소득인 배당소득의 총세부담률 및 개인소득세율은 주식 자본이득의 총세부담률 및 개인소득세율보다 낮은 편이다.

IMF와 OECD[28]에서는 우리나라가 금융소득 종류별로 서로 다른 과세취급을 하고 있는 것에 대해 조화(harmonization) 방안이 마련되어야 한다고 권고하고 있다. 이를 위해 상장주식 양도차익의 비과세제도 폐지를 권고하고 종합과세를 철저히 시행하든지 아니면 이원적 소득세제를 도입할 것을 권고하고 있다.

실제로 OECD 35개 회원국 중 15개국은 모든 금융소득을 동일 과세제도에 의하여 과세하고 있으며, 미국, 덴마크, 일본 등 14개국은 배당과 주식 자본이득의 총세부담률 및 개인소득세율이 같다. 또한, 금융소득세제가 변경된 5개국 중 영국을 제외한 4개국도 금융소득을 동일 과세제도 및 세율에 의하여 과세하는 방식으로 세법을 개정한 상태이다

(2) 형평성

2,000만 원을 초과하는 금융소득만 종합소득에 포함되기 때문에 만약 금융소득만 있다면 종합소득에 대한 최저세율보다 높은 세율이 적용되는 경우가 존재할 가능성이 있다. 예를 들어 금융소득만 1,000만 원이 있는 경우 14%의 원천징수세율이 적용되지만 다른 종합소득만 1,000만 원 있는 경우 6%의 세율이 적용된다.

금융소득만 있더라도 금융소득의 규모가 크다면 다른 종합소득에 비하여 세부담이 적을 수도 있다. 오윤·임동원(2013)에 의하면 금융소득 금액에 차이가 있음에도 동일한 세율이 적용되는 사례가 있어, 종합소득의 실효세율이 오히려 역진적 성격을 보일 수 있다고 하였다. 예를 들어 현행 기준금액 2,000만 원에서는 5,220만 원 이하의 금융소득만 있다면 일괄적으로 14%의 원천징수세율이 적용되어 금융소득자 간 수직적 형평성에 문제가 존재한다.[29]

금융소득의 원천징수세율이 근로소득이나 종합소득의 실효세율에 비해 높기 때문에 금융소득에 대한 세 부담이 상대적으로 높다는 지적(오윤·임동원, 2013)이 있다. 『국세통계연보』에 따르면, 2014년 이자소득의 원천징수 실효세율이

28 http://www.joseilbo.co.kr/news/htmls/2012/07/20120719148112.html

29 금융소득 산출세액의 비교과세제도로 인하여 금융소득만 있다면 5,220만 원까지 14%의 세율이 적용된다.

9.5%, 배당소득의 원천징수 실효세율이 12% 수준이다. 2014년 연말정산 보완대책 이후 근로소득세의 실효세율이 약 4.74% 수준에 불과한 것과 비교해보면, 비과세·감면 금융상품을 감안하더라도 금융소득의 원천징수 실효세율은 높은 것으로 보인다.

(3) 금융소득 규모에 따른 일률적 과세체계

우리나라는 금융소득이 기준금액 이하인 자에 대해서 종합소득세율의 최저 두 번째 구간세율과 유사한 14%의 세율을 적용하여 분리과세하고 있다. 이에 따라 금융소득이 기준금액 이하인 자는 다른 소득 대비 상대적으로 높은 세금을 부담하고 있다. 2,000만 원 이하의 다른 소득은 6~15%의 종합소득세율이 적용되는 반면, 금융소득에 대해서는 일률적으로 14%의 세율이 적용된다(1,200만 원 이하는 6%, 1,200만~4,600만 원 이하는 15%의 종합소득세율을 적용한다).

OECD 35개 회원국 중 납세자의 소득 규모에 따라 금융소득 과세제도를 구분하여 적용하는 국가는 우리나라를 포함한 3개국에 불과하다. 멕시코는 납세자에게 이자소득만 있는 경우 10만 페소까지는 분리과세하고 초과하는 경우는 종합과세하고 있다. 단, 금융기관 예치금 이자소득이 최소 근로소득의 5배를 초과하지 않는 경우 비과세한다. 터키의 경우는 납세자의 동산소득, 부동산소득 및 급여소득 합계액이 3만 리라를 초과하지 않는 경우 분리과세, 초과하는 경우 종합과세하고 있다.

(4) 과다한 비과세 및 저율의 분리과세 금융상품

『2016년 국세통계연보』에 의하면 우리나라 거주자의 이자소득(29조 700억 원) 중 약 29%가 비과세되고 있으며 약 62%는 분리과세, 약 9%만이 종합과세되고 있다. 이자소득의 약 10%는 당연 분리과세, 종합과세 대상 이자소득 중 약 85%는 기준금액 테스트 결과 분리과세하고 있다. 우리나라 거주자의 배당소득(16조 400억 원) 중 약 11%는 비과세되고 있으며 전체 배당소득의 약 69%가 종합과세되고 있다

한편, 주식 자본이득의 경우 2015년 우리나라 개인의 주식 전체 양도가액(1,502조 2,900억 원)의 약 1.4%에 대해서만 양도소득세가 과세되고 있다. 상장주식 기준으로 보면 전체 양도가액의 약 0.49%에 대해서 양도소득세가 과세되고 있다. 즉, 우리나라의 금융소득 관련 세제는 이자·배당소득은 종합과세, 주식 자본이득은 분류과세가 원칙이나, 실질적으로 이자소득은 주로 분리과세 및 비과세되고 있으며, 배당소득은 종합과세, 주식 자본이득은 비과세되고 있는 것으로 보인다.

이로 인하여 소득세 과세 기반의 침식이 심각하며 수직적 형평성 달성 목적으로 도입한 금융소득 종합과세제도의 실효성에 의문이 발생한다. IMF 등 국제기구는, 상장주식 양도차익의 비과세를 포함하여 우리의 금융소득 과세체계에 산재해 있는 각종 비과세 감면제도를 시급히 정리할 것을 권고하고 있다.

OECD 회원국은 전반적으로 금융소득 과세제도를 단순화하고 있는 것으로 보이는데 일반적으로 이원적 소득세제는 금융소득에 대한 비과세를 폐지하고 있고 대부분의 국가는 비과세 폐지를 포함하여 금융소득세제를 단순화하는 방향으로 세제개혁을 진행하였다.

따라서 현행 금융소득 종합과세체계하의 조세의 수직적 형평성 제고를 위하여 기준금액 이하 납세자에게 종합과세 선택권을 부여하는 방안, 금융소득 저소득층에 대한 과세 면제점제도의 도입 등을 고려해볼 수 있다.

가. 기준금액 이하 납세자에 대한 종합과세 선택권 부여

실제로, OECD 회원국 중 일부 국가는 분리과세율이 종합소득세율의 최소 구간세율보다 높은 경우 납세자에게 종합과세 선택권을 부여한 국가들이 있다. 분리과세 국가인 오스트리아, 벨기에, 독일, 일본, 포르투갈 등의 경우 납세자가 종합과세 선택 가능하다.

나. 금융소득에 대한 과세 면제점제도의 도입

기준금액 이하 납세자에게 금융소득에 대한 종합과세 선택권을 부여하는 경우 조세의 수직적 형평성이 제고되지만 납세협력비용의 증가 문제가 발생할 수 있다. 따라서 이에 대한 대안으로 현행 금융소득 종합과세체계 아래에서 금융소득 과세 면제점제도의 도입을 고려해볼 수 있다.

실제로 OECD 회원국 중 일부 국가는 일정금액 이하의 금융소득에 대해서는 과세하지 않고 있다. 분류과세국인 스페인, 아이슬란드 등은 기준금액 이하 금융소득 비과세하고 있다. 스페인의 경우 저축소득이 1,600유로 이하인 경우 신고가 불필요하고, 아이슬란드는 12만 5,000크로나 이하의 이자소득에 대하여 비과세하고 있으며, 네덜란드는 2016년 기준 금융자산 투자금액이 2만 4,437유로 이하인 경우 이자·배당소득 비과세하고 있다. 또한 영국은 각각 5,000파운드 이하의 이자소득 및 배당소득에 대하여 비과세하고 있다. 분리과세국인 벨기에, 독일, 룩셈부르크 등은 기준금액 이하 금융소득 비과세하고 있는데 벨기에는 1,880유로 이하의 이자소득 비과세하고 독일은 801유로 이하의 금융소득에 대하여 비과세하고 있으며 룩셈부르크의 경우는 250유로 이하의 이자소득을 비과세하고 있다.

(5) 배당소득의 이중과세

주주에 대한 배당이 법인세가 과세된 이익잉여금을 재원으로 하기 때문에 법인 단계에서 법인세가 과세된 소득에 대해서 주주들이 다시 소득세를 내기 때문에 이중과세의 문제가 발생한다. 이중과세 문제를 해결하기 위해 gross-up과 배당세액공제제도를 운영하고 있다.

그러나 이런 이중과세 조정도 최소한 원천징수한 세금은 납부하도록 하고 있어, 금융소득 종합과세 대상자에게만 적용하고 있다. 즉, 모든 배당소득이 이중과세 조정이 되고 있지 않고, 일부 배당소득에 한정되어 이중과세가 조정되고 있는 실정이다.

(6) 주식 양도차익에 대한 과세 여부

가. 현황

우리나라 주식 양도차익 및 파생상품 자본이득에 대한 과세가 적절히 이뤄지지 못한 배경은 초기 주식시장의 성장을 위한 정책적 유인이 크게 우선시되었기 때문이라는 주장이 있다.[30] 즉, 산업화 초기에 주식시장을 통한 저축동원과 자본축적을 위해 주식의 양도차익에 대해 전면적인 과세를 하지 않았다고 주장한다.

대부분의 OECD 국가들은 주식 양도차익에 대해 과세하는 추세이다. 미국·영국 등 주요 선진국은 주식시장 초기부터 자본이득세(양도소득세)를 부과했으며, 일본은 1999년 거래세에서 자본이득세 형태로 전환하였다. 미국(1965년), 독일(1991년), 스웨덴(1991년), 일본(1999년)은 거래세를 폐지하였다. 영국은 양도소득세 외 거래세 및 배당소득세를 모두 부과하는 국가이다.

양도세 과세가 주식시장에 미치는 영향에 대해서는 충격이 클 것이라는 주장이 있는 반면, 일시적인 충격만 있을 뿐 장기적으로 영향이 거의 없다고 보는 견해도 있다. 주식 양도차익에 대한 과세가 동결효과(lock-in effect)[31] 및 자본화효과(capitalization effect)[32]를 통해 거래량과 주가에 영향을 미칠 것이라는 주장이다. 우리나라 비상장주식 양도세 시행(1991년) 전년도에 조세회피 현상(차익실현 촉진, 손실실현 연기)이 일어나 주식거래량이 일시적으로 감소한 사례가 있다.[33]

실제 양도차익 과세를 도입한 일본과 대만의 사례는 장기간 여유를 가지고 시장충격을 완화하는 제도를 마련할 경우 주식시장에 미치는 효과가 상대적으로 적을 수 있다는 시사점을 제공하고 있다. 일본의 경우 주식시장의 구조적 변화와 거래량 위축이 발생했으나, 분리과세 및 장기간의 여유기간을 둠으로써 주식시장에 미치는 영향을 최소화하였다. 대만은 주식 양도차익 과세 시행 1년 만에 주가 시장폭락으로 제도시행을 보류하였다가, 최근에 다시 과세로 전환하였다.

나. 대주주 및 상장주식 소액주주 범위의 확대

현행 소득세법은 소액주주의 상장주식 양도차익에 대해 양도소득세를 면제하

30 홍범교·김진수(2010).

31 동결효과는 과세로 인해 차익 발생 시 매도를 통한 이익실현을 연기하고 손실 발생 시 손실공제를 위해 손실을 실현함으로써 주식시장의 변동성 확대를 야기한다는 이론이다.

32 자본화효과는 과세에 따라 기대수익률이 낮아져, 투자가 줄어들고 가격이 하락하게 된다는 이론이다.

33 허성관·홍순복(1997).

는 한편, 대주주에 대해서는 과세요건을 완화함으로써 점진적으로 과세대상을 확대하고 있는 상황이다. 소득세법 시행령 개정에 따라 2016년 4월부터 대주주의 요건이 유가증권시장의 경우 지분 1% 이상 또는 시가총액 25억 원 이상 보유한 자, 코스닥시장의 경우 지분 2% 이상 또는 시가총액 20억 원 이상 보유한 자로 변경되었다. 향후 2차례(2018년 4월, 2020년 4월) 시가총액 기준을 완화해 대주주 범위를 넓힐 예정이다. 비상장주식의 경우 중소기업 소액주주 우대세율(10%)이 적용되지 않는 대주주의 범위를 지분 4% 또는 시가총액 25억 원 이상으로 조정하고, 추후 범위를 넓힐 예정이다.

주식시장의 성숙도 및 규모의 증가, 세 부담의 형평성 등을 고려하여 주식양도차익에 대한 과세대상이 되는 대주주 요건을 완화하여, 점차적으로 소액주주에게 과세할 필요가 있다. 유가증권시장의 시가총액이 1990년 GDP의 41.3%에서 2012년 100.9%까지 증가할 정도로 주식시장이 성숙된 상태이다.

소액주주 상장주식 양도소득에 대한 과세를 통해 소득이 있는 곳에 과세하는 조세원칙을 구현하고 소득 간 과세 불공평 문제를 시정할 필요가 있다. 2015년 8월 기준 우리나라 상장주식의 시가총액은 약 1,448조 원으로 2014년 기준 GDP

〈표 8-9〉 주요국의 상장주식 관련 소액주주 과세현황

	양도소득세	거래세	배당소득세
미국	단기투자: 10~39.6% 장기투자: 0, 15, 20%	없음	0, 15, 20%
영국	18, 28%	0.5%	10, 32.5, 37.5%
일본	20% (소액의 상장주식 투자 비과세)	없음 1989.3. 0.55% → 1999.4 폐지)	20%
독일	25%	없음[1]	25%
벨기에	없음 (투기목적 시 33% 세율 적용)	0.25%[1]	25%
대만	2013년 도입	0.6% (매입·매도 시 각각 0.3%)	20%
우리나라	없음 (일부 대주주만 적용)	0.3%	14%

주: 프랑스, 독일, 스페인, 이탈리아, 벨기에 등 EU 11개국의 경우, 금융기관의 거래에 대해서만 2016년부터 금융거래세(주식 0.1%, 파생금융상품 0.01%, 채권 0.1%)를 시행

대비 92% 수준이나, 주식투자 인원이 약 500만 명 수준임을 감안할 때 상장주식 양도소득세는 2014년 기준 3,793건으로 소수에 불과한 실정이다. 대부분의 OECD 국가들이 상장주식에 대한 양도소득세를 부과하고 있는 것으로 보이나 벨기에의 경우 거래세만 부과하고 양도소득세는 부과하지 않으며, 일본·우리나라와 같이 소액의 상장주식에 대해서는 양도소득세를 부과하지 않는 경우도 있다.

〈 보론 3 〉 기본소득

1. 기본소득이란?

기본소득이란 "모든 시민이 빈곤선 이상의 생활수준을 유지할 수 있도록 충분히 많은 현금급여를 매달 지급하는 것" 또는 "모든 개인들에게 소득심사나 재산심사는 물론 노동의무나 요구 등의 조건 없이 월 단위로 무조건적 지급되는 소득"[34]으로 정의되고 있다.[35]

이와 같은 기본소득을 이루는 구성요소를 몇 가지 살펴보면 다음과 같다. 첫째, 사회의 구성원이라면 누구나 국적과 연령을 불문하고 수급권자가 될 수 있다는 보편성을 가져야 하고 둘째, 기본소득의 수급자격이 소득(혹은 재산) 수준(자산조사(means-test) 없이)과 상관없을 뿐 아니라 노동시장에서의 지위, 그리고 사회보험료(연금이나 고용보험료)의 납부 여부와도 연계되어 있지 않아야 하는 무조건성을 갖추고 있어야 한다. 즉, 보험료를 납부한 자에게만 허용되는 사회보험(social insurance)이나 일정한 소득(혹은 재산)과 자격요건을 충족한 사람에게만 주어지는 사회부조(social assistance)와 구별된다. 셋째, 혜택이 주어지는 기초 단위가 가구가 아닌 개인이다. 바로 이 점에서 기본소득제도는 우리나라의 대표적 사회부조제도라 할 수 있는 기초생활보장제도(이하 '기초생보')와 차이가 있다. 넷째, 정부가 개인에게 혜택을 부여하는 방식이 현금이전(cash transfer) 형태이다. 다섯째, 지급 수준이 최저생계비가 아닌 인간다운 삶을 누릴 수 있는 수준이어야 한다.

34 브루스 애커만, 앤 알스톡, 필리페 반 빠레이스 외(2011).

35 최근 우리나라에서도 청년배당, 청년수당이란 용어로 선거시기에 공약사항으로 제시된 적이 있다.

2. 기본소득의 사회적 배경

기본소득 등장의 사회적 배경은 'AI 주도의 자동화(automation)'로 특징 되는 4차 기술혁명을 들 수 있다. AI 기술이 노동시장에 미칠 효과에 대한 보고서[36]에 따르면 앞으로 시간당 20달러 이하의 경우 83%, 20~40달러의 일자리는 31% 사라질 것이라고 예측하고 있다.

또한 기존 사회안전망의 문제점으로 안전망으로의 편입조건을 근로와 연계(즉 '노동연계 사회보장제도')가 지적되고 있다. 그러나 노동시장의 취약성과 사회안전망의 사각지대로 인해 노동의 제공이 사회보험의 혜택을 누릴 수 있는 조건과 반드시 일치하지 않게 되었다. 단적으로 이는 근로형태별로 사회보험 가입률의 격차가 매우 크다는 사실에서 잘 드러난다.

2016년 8월 기준으로 정규직의 경우 최소한 80% 이상이 노령화(국민연금), 건강악화(의료보험), 해고(실업보험)의 위험과 관련된 각종 사회보험에 가입되어 있는 반면 비정규직의 경우 정규직에 비해 사회보험 가입률이 현저히 낮은 상태이다. 또한 기존의 노동연계 사회보장제도는 원칙적으로 구성원으로 하여금 사회보험이나 부조의 전제조건으로 노동시장의 진입을 요구하고 있다. 이러한 이유로 사각지대에 놓여 있는 대표적 계층이 바로 청년세대이다.

한국보건사회연구원의 조사결과에 따르면 가구 유형별 소득상태를 분석하였을 때 시장소득 기준으로 하위 3가구 집단이 각각 노인(부부), 한부모가정, 청년단독세대라고 하였다. 이들 세 가구 집단의 (조세와 정부 이전지출을 감안한 뒤 측정되는) 가처분소득 수준을 비교하면 노인(부부)과 한부모의 경우 이들이 내는 세금에 비해 정부의 지원 규모가 크기 때문에 시장소득에 비해 가처분소득이 올라가는 반면 청년단독세대의 경우 조세 부담만 있을 뿐 정부의 재정지원 혜택을 받지 못하기 때문에 가처분소득은 앞의 두 그룹과 달리 시장소득에 비해 오히려 하락하는 현상이 발생한다고 하였다. 조사대상 가구의 평균소득을 100으로 잡았을 때 청년단독과 한부모 가정의 시장소득을 살펴보면 그 크기는 각각 71.5와

36 https://brunch.co.kr/@kakao-it/43

〈표 보3-1〉 가구유형별 소득과 재산의 상대배율(2011년, 전체가구 평균=100) (단위: %)

가구유형	근로소득	가처분소득	총재산	순재산
청년단독	71.5	67.6	21.0	22.4
청년부부	147.9	132.3	78.8	78.1
청년부부와 1자녀	132.7	120.4	94.3	89.4
청년부부와 2자녀	144.6	130.4	99.7	96.4
장년부부와 2자녀	184.3	169.0	165.3	165.8
장년부부와 1자녀	144.2	1 期.8	163.3	162.9
장년부부	81.6	88.1	141.3	142.3
노인부부	18.5	51.0	119.0	129.7
노인단독(75)	5.4	24.9	41.6	45.0
노인단독(>=75)	1.6	20.8	30.7	33.8
한부모	54.9	66.7	39.3	34.9
기타	93.1	94.2	93.0	91.7
전체 가구	100.0	100.0	100.0	100.0

자료: 한국보건사회연구원, 『국민생활실태조사』, 2011; 여유진, 「생애주기별 소득·재산의 통합분석 및 함의」, 『보건복지 이슈 앤 포커스』, 306호, p. 3, 2016.

54.9이다. 그러나 가처분소득은 각각 67.6과 66.7로 두 집단 간의 격차가 사실상 사라진다. 최근 정치권에서 기본소득 모델이 청년을 그 주요 수혜대상으로 삼는 이유도 여기에 있다 할 것이다.

3. 국가별 사례

기본소득정책을 실제로 시행하고 있는 국가는 없지만 단순한 정책제안 단계(프랑스), 지방정부 차원의 실험(캐나다와 네덜란드, 알래스카), 그리고 중앙정부 차원(핀란드)의 실험을 하고 있는 경우로 나누어볼 수 있다.

프랑스의 경우는 18세 이상의 모든 시민에게 월 750유로(약 91만 원)를 약속하고 그 재원을 로봇세로 충당한다는 정책제안 단계에 있는 상태이다. 반면 2017년 캐나다의 온타리오(Ontario) 주의 경우 월 1,320캐나다달러(약 115만 원)를 지급하는 기본소득 사전 모의실험(pilot)을 진행하고 있다. 네덜란드의 유트레흐트(Utrecht)의 경우는 250명의 시민을 상대로 월 960유로(약 120만 원)를 지급하는 기본소득 실험을 진행할 예정으로 알려져 있다.

알래스카는 1976년 석유나 천연자원 판매로 조성된 금액의 최소 25%를 영구기금(permanent fund)에 출연하도록 하였다. 1982년부터 이 기금에서 나온 수익금 일부를 배당(dividend) 형식으로 알래스카 주민에게 지급하고 있다. 배당금 수령 조건은 최소한 1년 이상 알래스카 주에 거주, 다른 주에서 거주자라는 이유로 받은 혜택이 없어야 하며, 중범죄 전력으로 구금된 적이 없어야 한다. 당사자의 신청에 따라 1년에 한 번 지급되며 이는 과세소득으로 잡힌다. 알래스카의 경우 수급자격에 특별한 조건이 없으며 자산이나 소득조사도 없고 일정한 금액이 현금으로 주어진다는 점에서 이념적으로 가장 원형에 가까운 기본소득제도라 할 수 있다. 핀란드는 현재 국가 차원에서 기본소득을 실험하고 있는 나라이다. 핀란드의 기본소득은 전부가 아니라 그 일부(특히 실업 관련 정부지출)만을 대체하려 한다는 점으로 기본소득을 받는 대상은 모든 국민이 아니라 노동시장 보조금 또는 실업수당을 받고 있는 25~58세의 실업자 중 2,000명이다. 2017년 1월 1일부터 2018년 12월 31일까지 2년 동안 한시적으로 운영해보고 그 결과에 따라 이를 도입할지 여부를 결정하는 것이다.

4. 알래스카 모델에 대한 평가

알래스카 모델을 기준으로 하여 기본소득제도를 도입하려 할 경우 첫 번째 고려해야 할 사항은 재원조달 문제이다. 알래스카와 달리 우리나라의 경우 기본소득에 필요한 예산은 결국 세금을 올리는 방식(혹은 국가부채를 늘리는 방식)을 통해 마련할 수밖에 없다. 즉, 장기적으로 조세부담률의 상승을 초래한다.

기존 정부지출과 새로운 기본소득 도입에 필요한 재정은 세금을 통해 조달할 경우 기존 세출 경비는 현재의 세율로, 기본소득을 시행하는 경우 발생하는 추가적 경비는 증세를 통해 거둔다는 것을 의미한다. 기본소득의 도입 이후의 조세부담률은 기본소득의 수급액의 크기에 달려 있다는 것을 의미한다.

〈표 보3-2〉 알래스카형 기본소득의 수급액과 조세부담률 (단위: %)

기본소득(1인당)	조세부담률	국민부담률
0원(현재 수준)	18.0	24.6
월 20만원(알래스카 수준)	25.6	32.2
OECD 평균	25.1	34.2
월 70만원(핀란드 수준)	44.9	51.5
월 90만원(프랑스 수준)	52.6	59.2

만약 모든 국민들에게 알래스카 수준으로 월 20만 원 수준의 기본소득을 지급할 경우 조세(국민)부담률은 25.6(32.2)%가 된다. 현재의 조세(국민)부담률이 18.0(24.6)%임을 감안할 때 현재보다 거의 50% 가까이 세 부담이 증가하는 것이다. 이 경우 우리나라의 세 부담이 OECD 평균 조세부담률 수준이 된다. 만약 핀란드 수준인 월 70만 원일 경우 조세(국민)부담률은 44.9(51.5)%, 프랑스 수준인 월 90만 원일 경우 조세(국민)부담률은 52.6(59.2)%가 된다.

기본소득 도입 시 정책당국자들이 고려해야 할 또 다른 요소는 세율의 증가에서 발생하는 사중손실, 즉 노동공급 감소의 문제이다. 기본소득의 경우 두 가지 통로를 통해 노동공급에 부정적 영향을 미치는데 첫째, 현행 누진세 구조하에서 조세부담률 증가는 저소득층보다 고소득층의 세율 부담이 증가한다는 점이다. 따라서 기본소득 도입 시 고소득층의 노동공급이 저소득층보다 크게 줄어들 가능성이 있고 이는 생산성이 높은 노동력 공급의 감소를 가져와 사회후생을 떨어뜨릴 수 있는 가능성이 있다. 두 번째 통로는 저소득층의 경우 취업을 하지 않아도 일정한 소득이 보전되기 때문에 노동시장에 참여하는 것이 과거에 비해 소극적 태도를 취할 가능성이 있다.

알래스카형 기본소득의 소득재분배 효과에 대한 국내 연구가 있다. 그 첫 번째 연구는 기준소득에서 실제소득을 뺀 나머지 금액의 40%(평균적으로 1인당 약 169만 원)를 지원하는 안심소득제[37]와 소득에 상관없이 일정액(평균적으로 1인

37 예를 들어, 4인 가구의 기준소득을 5,000만 원이라 정하자. 일을 할 수 없어 소득이 전혀 없다면 기준소득 5,000만 원과 실제 소득 0원의 차이인 5,000만 원의 40%, 즉 2,000만 원을 지원한다. 즉, 가구원 1인당 500만 원을 지원하는 것이다. 다행히 일을 조금이나마 할 수 있어 연 소득이

당 101만 원)을 지급하는 기본소득제의 소득재분배 효과를 비교 분석하였다. 예산은 24조 원 정도 들 것으로 예측하고 있다. 분석결과에 따르면 안심소득제를 실시할 경우의 지니계수는 0.250으로 현재보다 불평등 정도가 약 24.7% 개선되는데 기본소득제를 실시할 경우의 지니계수는 0.285로 불평등 정도는 14.2%에 개선되는 데 그친다고 하였다.

또 다른 연구에 따르면 국민 1인당 100만 원의 기본소득을 지급하는 안과 최저생계비 금액인 60만 원 미만의 복지대상에 있는 가구에 속해 있는 개인들에게 월 100만 원의 최저소득보장액을 지급할 경우 두 제도 도입으로 인한 지니계수의 변화를 측정하였는데 필요한 재원은 증세이며 최저소득보장에 비해 기본소득제도가 소득불평등을 보다 크게 완화시키는 효과를 나타낸다고 하였다.

5. 시사점

기본소득에 대한 정책실험을 진행하고 있는 외국에서조차도 아직까지 보편적으로 받아들여지는 복지제도는 아니다. 외국의 경험들은 기본소득제도가 현존하는 사회안전망의 모든 문제를 해결하는 만능의 제도라기보다는 특정한 문제점을 교정하기 위한 여러 제도 중 하나라는 것을 의미한다.

한국에 맞는 기본소득은 '(소득보장의) 충분성'과 '현금지급' 원칙에 초점을 맞출 필요가 있다. 즉, 낮은 수준의 보편적 복지제도의 도입보다는 사회적 약자에게 집중된 높은 수준의 선별적 복지가 필요하다. 가장 효율적인 방법은 가난한 사람을 정확히 구별하고 소득수준에 따라 적절히 지원하는 것이다.

한국에 맞는 기본소득을 설계하기 위해서는 노인가구, 한 부모하에서의 아동, 그리고 단독청년계층이 경제적으로 가장 취약한 계층이라고 한다면 이들을 타깃으로한 현금 이전지출은 보다 확대될 필요가 있다. 정책의 효율성이나 신뢰성이 단기간에 개선될 가능성이 그다지 높지 않은 상황에서 무리하게 재정지출을 늘려

1,000만 원이 되면 기준소득과 실제 소득 차이 4,000만 원의 40%인 1,600만 원을 지원받아 가구소득은 2,600만 원이 되고 1인당 소득은 650만 원이 된다.

나가기보다는 현금보조를 전제로 기존의 중복사업을 정리하고 전달체계를 재조정할 필요가 있다.

현재 우리 경제의 상황을 감안하면 기본소득제 시행은 재정 여건상 거의 불가능하다. 대신, 가난한 사람을 정확히 구별하고 그들의 소득수준을 감안하여 지원을 하는 것이 주어진 예산하에서 소득불균등을 완화하는 가장 효율적인 방법이다.

제 9 장

법인세

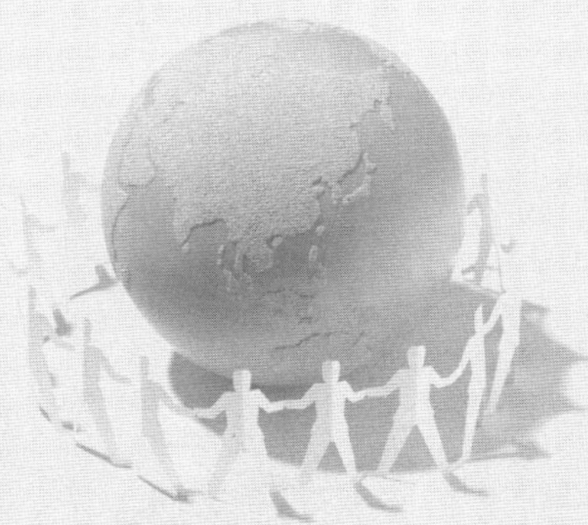

제 1 절 개 관

법인세는 기업활동을 왜곡시키는 효과가 크다는 문제가 지적되어 왔다. 법인세의 부과로 인해 기업의 자본비용이 커지면 국내 법인에 대한 투자가 위축될 것으로 예상할 수 있기 때문이다. 이와 더불어 배당에 대한 이중과세문제도 법인의 재무구조를 왜곡시키는 효과로 인해 중요한 문제로 부각되어 왔다.

이와 같은 법인세제의 문제는 각국에서 오랜 기간 동안 인식되어 온 것으로서 그동안 다양한 방법으로 문제를 해결하고자 노력해왔다. 그 결과 1980년대 이후 각국은 경쟁적으로 법인세율을 인하하였고 이중과세를 완화하는 방안과 함께 근본적인 법인세 개혁을 모색하고 있다.

지난 10년 동안 대부분의 OECD 국가에서 법인세율의 인하는 부분적으로 법인세 경쟁의 결과로 인한 것이기도 하지만 세율인하는 세원의 확대를 가져왔다. GDP와 총세수 대비 법인세수는 점차적으로 증가해왔지만 가까운 미래에는 법인세율의 인하가 있을 것이며 이는 추가적인 세원의 확대로 보완할 것이다.

본 장의 구성을 보면 법인세 세원에 관한 논의가 다른 조세보다도 더 복잡하고 기술적인 측면이 있어 본 장에서는 법인세의 기술적인 측면은 다루지 않았다. 다만 사람만이 세금을 낼 수 있기 때문에 법인세의 부과의 이유, 법인세의 귀착, 그리고 법인세 문제점 등에 대한 의문을 제2절에서 다루었다. 제3절은 법인세의 구성요소로 세원, 세율, 조세지출, 손실처리, 감가상각, 재고평가 등에 대해 다루었다. 제4절은 배당소득에 대한 이중과세조정에 대해 다루었다. 우리나라와 OECD 국가들의 배당정책의 비교를 통해 우리나라의 문제점을 지적하였다. 제5절은 최근 법인세 동향을 살펴보았고, 마지막 절은 법인세 개혁안들에 대해 간략한 설명을 하였다.

제 2 절 배 경

1. 법인소득세 부과 이유

법인소득세 부과의 주된 이유는 개인소득세의 후방 방어벽과 같은 역할로서 중요한 원천징수 기능을 한다는 점이다. 즉, 법인세체계는 포괄소득세체계를 보장하는 역할을 한다.

법인세가 없다면 법인의 수입은 개인에게 지급될 때까지 과세되지 않게 된다. 따라서 법인은 수입을 유보함으로써 과세를 피할 유인이 발생한다. 주주는 법인이 수입을 지급하지 않는 한 과세를 피할 것이어서 주주는 법인이 오랜 기간 동안 수입을 유보할수록 이득을 보게 된다. 즉, 지급을 이연함으로써 세 부담의 현재가치를 줄일 수 있다(세율의 변화가 없다고 하면). 따라서 원천에 근거를 둔 법인세는 주주의 세 부담을 지연시키려는(세 부담을 줄이려는) 시도를 제한할 수 있다.

자본소득과 근로소득 간에 세 부담의 차이가 너무 크다면 납세자들은 높게 과세된 근로소득을 낮게 과세되는 자본소득으로 통합하거나 변형시킬 유인을 갖게 된다. 특히 자본이득이 과세되지 않거나 실현되었을 때 과세되면 법인세는 과도한 소득이동을 막기 위해 필요하다.

법인세 부과에 대한 또 다른 설명은 재화나 서비스에 공공지출의 편익(사회간접자본, 법률, 규제체계), 교육과 훈련에 대한 공공지출의 편익(자질이 높은 노동력 등), 그리고 법인에게 부여하는 법조항(예를 들어 유한책임)의 편익을 받는다는 점을 들고 있다. 그러나 이러한 견해는 법인세와 법인이 향유하는 공공편익 간에 분명한 관련은 없다고 할 수 있다. 만약 향유하는 공공편익에 대해 법인에게 직접적으로 이용자요금을 부과할 수 없다면 법인소득세는 불완전한 대안이 될 수 있다.

일부의 경제학자들은 법인세를 이윤, 또는 경제적 지대에 대한 과세로 보고 있다. 경제적 지대는 생산요소(노동, 자본)에서 발생하는 수익률을 초과하는 이윤수준을 말하는데, 법인세가 순수한 이윤이나 경제적 지대에만 과세하는 것으로 설계된다면 법인세는 효율성의 손실이 발생하지 않을 것이다. 순수한 이윤에 과세는 경제적 이윤에만 과세하는 것이며 경제적 이윤은 수입에서 기회비용을 뺀 것을 말한다. 예를 들어 노동의 기회비용은 노동이 가장 매력적인 대안 활동에 참여하거나 고용되었을 때 벌 수 있었던 최대한의 금액을 말한다. 기업은 생산량과 가격을 최적화함으로써 이윤을 극대화한다. 순수한 이윤이나 경제적 지대에 대한 과세는 기업의 생산량 선택을 왜곡시키지 않고 따라서 효율성 상실을 발생시키지 않게 된다. 그러나 현실에서 순수한 이윤과 경제적 지대는 측정하기 어렵기 때문에 수입에서 회계비용을 뺀 회계적 이윤에 부과하고 있다. 따라서 현행 법인세는 순수한 이윤이나 경제적 지대에 과세하고 있지 않다. 결과적으로 법인세는 전체 경제의 생산량을 줄일 수 있는 쪽으로 경제적 의사결정을 왜곡시키게 된다.

마지막으로 법인세는 전체적으로 사회(예를 들어 연구개발과 빈곤한 지역에 투자 등)에 유익한 행동을 자극하는 데 사용될 수 있다고 본다. 그러나 이러한 논의는 직접적으로 법인세 부과의 정당성을 제시하지 못한다. 왜냐하면 특별한 활동에 대한 지원은 낮은 세율로 과세하는 대신 직접적인 보조를 제공함으로써 유인을 제공할 수 있기 때문이다.

2. 법인세 귀착

법인은 물리적인 실체가 아니라 법률적인 실체이므로 법인은 실제로 세 부담을 할 수 없다. 대신 법인과 연결된 개인 즉, 법인소유자(주주), 근로자, 소비자에게 과세를 한다. 예를 들어 낮은 배당이나 자본이득(법인소유자), 임금과 부가급여(피고용인), 또는 높은 가격(소비자)의 형태로 개인에게 전가(shifting)한다. 소비자가격 상승으로 이 부문 소비자들은 후생손실을 입는 반면 비법인 부문 제품의 소비자는 상대적으로 이익을 보게 되어 소비패턴에 따른 소득분배효과가 존재한다.

폐쇄경제에서 법인세의 전통적인 견해는 법인세를 부담하는 사람은 법인의 소유자이고, 장기적으로 자본의 소유자가 더 부담을 한다고 지적한다. 대조적으로 많은 최근의 이론들은 개방경제체제에서 노동이 대부분의 세 부담을 할 수 있다는 점을 지적하고 있다. 그러나 이러한 점은 결과를 유도하는 데 특별한 가정에 전적으로 의존하여 나온 결과이어서 이러한 가정이 완화된다면 법인세의 부담은 전통적인 분석에서처럼 자본에 전적으로 전가된다고 볼 수 있다.

독점시장인 경우에는 기업의 당기순이익에 독점이윤이 포함되고, 이에 대한 세금이 기업의 행태에 주는 영향과 전가효과는 미미하다. 이 경우 독점이윤에 대한 과세는 분배상태 개선의 효과가 있고 자원배분 왜곡이나 효율성 저하 등의 문제가 제기되지 않는다.

법인세는 인세(personal tax)가 아니기 때문에 개인 또는 가구 단위로 이루어지는 소득분배에 대한 직접적인 영향에는 한계가 존재한다. 원론적으로 볼 때 법인의 규모가 해당 기업에 투자한 주주들의 소득상태를 반영하는 것이 아니다. 따라서 법인세의 누진세율구조는 기업의 담세력에 기반을 둔 응능부담의 원칙을 반영할 수는 있으나, 이를 통해 소득재분배 효과나 과세의 공평성 달성을 기대하기는 어렵다고 볼 수 있다.

국제 간 자본이동이 자유로운 개방경제에서는 법인세 부담이 자본의 해외유출을 통해 이동성이 작은 다른 생산요소들에 전가될 가능성이 있다. 국내 생산 및 자본·고용의 감소로 세후수익률이 감소하면, 자본은 해외시장의 자본공급을 통해 소득이 보전될 수 있다. 반면에 노동이나 토지와 같이 이동이 자유롭지 못한 생산요소는 생산량 감소에 따른 소득감소 효과가 그대로 반영된다.

3. 법인세체계의 문제점

(1) 투자에 대한 과세

법인세의 부담은 자본비용을 높게 하고 자본의 수요에도 영향을 준다. 즉, 기업의 투자를 왜곡시키게 된다. 자본에 대한 세 부담을 높이는 것은 자본의 해외

유출을 초래하고 국내 투자를 감소시켜 성장에 영향을 주게 된다.

만약 원천지에서 납부한 세금을 거주지 세액에서 완전히 공제해준다면 개방경제 아래에서도 원천지 법인세가 투자에 영향을 주지 않게 된다. 외국 납부세액을 공제한 이후에 거주지에서 납부해야 할 세액과 원천지 납부세액을 합하면 원천지 세금이 없는 경우에 거주지에서 납부해야 할 세액과 일치하기 때문이다. 많은 국가들이 해외직접투자에 대해 원천지에서 납부한 법인세를 거주지 세액에서 공제하는 외국납부세액공제를 허용하지만 원천지에 대한 법인세를 투자에 대한 과세라고 하는 이유는 실제로 외국납부세액이 완전하게 공제되지 않는 경우가 오히려 더 일반적이기 때문이다. 그 이유를 보면 첫째, 외국납부세액이 완전히 공제되려면 외국에서 납부한 세액이 국내 거주자에 대한 세액보다 많은 경우에 환급을 해줘야 하는데, 실제로는 그 환급을 허용하지 않는다. 환급을 허용하는 경우에 외국에 납부한 세액을 국내에서 다른 납세자로부터 징수한 세금으로 환급해주는 것이어서 형평성에 문제가 되며, 다른 국가의 조세정책이 국내 수입에 심각한 영향을 주기 때문이다. 원천지 납부세액이 거주지 세액보다 많은 경우에는 원천지 법인세가 투자에 영향을 주게 된다. 둘째, 많은 국가에서 외국납부세액공제제도를 도입하지 않고 국외 투자소득에 대해서는 거주지 과세를 하지 않으며, 외국납부세액공제제도를 도입한 국가 중에서도 미국과 우리나라 등 일부 국가를 제외한 대부분의 국가에서 국외 직접투자에서 발생하는 소득에 대해서는 거주지 과세를 면제하고 있다. 셋째, 국외투자의 경우에는 국내투자와 비교해볼 때 조세회피의 가능성이 상당히 큰데, 이 경우 원천지국에서 납부한 세금이 투자에 영향을 주게 된다.

법인세가 투자에 대한 세금이라는 점은 국내 기업에 대해 부과하는 법인세가 국내 법인부문에 대한 세 부담을 증대시키는 역할을 한다는 것을 의미한다. 그러므로 법인세는 국내 법인부문의 투자를 비법인부문이나 국외로 이전시키는 효과가 있다. 이와 같은 영향으로 인해 법인세는 국내 법인부문에 대한 투자를 감소시키고 경제의 효율성을 저해한다.

(2) 과세체계의 복잡성

법인세가 특별히 복잡한 것은 과세표준을 결정하는 과정에서 발생주의 회계를 기준으로 하기 때문이다. 대표적인 사례가 감가상각 등 자산의 가치평가에 대한 규정을 들 수 있다. 건축물이나 기계장비를 사용하는 경우에 감가상각이 발생하는데, 실제로 그 상각에 대해 비용을 지불하지 않아도 법인세 목적상 비용으로 인정하고 있다. 이를 인정하기 위해서는 실제 상각률이 얼마나 되는지 알아야 하는데, 기업에서 사용하는 모든 시설과 장비에 대해 실제 상각률 즉, 경제적 상각률을 정확하게 측정하는 것은 불가능하다. 동일한 설비라고 하더라도 실제 상각률은 기업에 따라 달라질 수 있다. 문제를 완화하기 위하여 법인세법에서는 법정 상각률을 정하게 되는데, 법정 상각률과 경제적 상각률이 다른 경우 감가상각제도가 기업의 세 부담을 낮추는 요인이 되기도 하고 증가시키는 요인이 되기도 한다. 기업회계에서 적용하는 상각률이 세법상 허용되는 상각률의 범위를 벗어나는 경우에는 세무조정을 통해 이를 조정하고 있다. 기업이 기업의 자체 목적상 발생주의 회계를 통해 사업 활동을 기록하고 평가하므로 그 결과 나타난 수익을 그대로 받아들이고 그것을 근거로 과세한다면 기업이 자의적으로 수익의 규모나 비용의 규모를 조정하여 과세표준을 변동시킬 수 있으므로 공정한 과세가 되지 못한다. 부득이 감가상각비를 비롯하여 여러 가지 비용에 대해 세법상 비용으로 인정할 수 있는 경우와 인정하지 못하는 경우로 구분하여 규정하고 세무 조정을 하게 된다.

과세체계가 복잡하면 일차적으로 납세자의 납세협력비용이 많이 발생하는 문제가 발생한다. 특히 중소기업의 경우 과다한 납세협력비용이 발생한다. 또한 과세 규정이 복잡하면 여러 가지 다른 해석이 가능하여 조세분쟁이 증가한다. 정책입안자가 미처 인식하지 못한 허점이 발생하여 이를 이용한 조세회피도 발생하게 된다. 조세회피는 조세회피를 하는 기업과 하지 않는 기업 간의 공평성 문제를 야기한다.

제 3 절 법인세 구성요소

개별 법인에 있어서 법인세는 각 사업연도소득과 이월결손금, 비과세소득, 소득공제, 명목세율, 세액 공제 및 감면 등에 의해 결정된다.[1]

1. 세율 tax rate

(1) 법인세율 동향

OECD 회원국의 법인세율(중앙정부 기준)은 1984년 영국과 1986년 미국의 세제개혁을 시발로 하여 최근까지 하락세를 나타나고 있다. OECD 평균법인세율은 1985년 43.4%에서 1995년 34.0%, 2005년 26.2%, 2015년 23.2%으로 하락하여 1985~2015년 중 총 20.2% 포인트가량 인하되었다.

[그림 9-1] OECD 국가의 법인세율(중앙정부 기준): 1985년 대 2015년

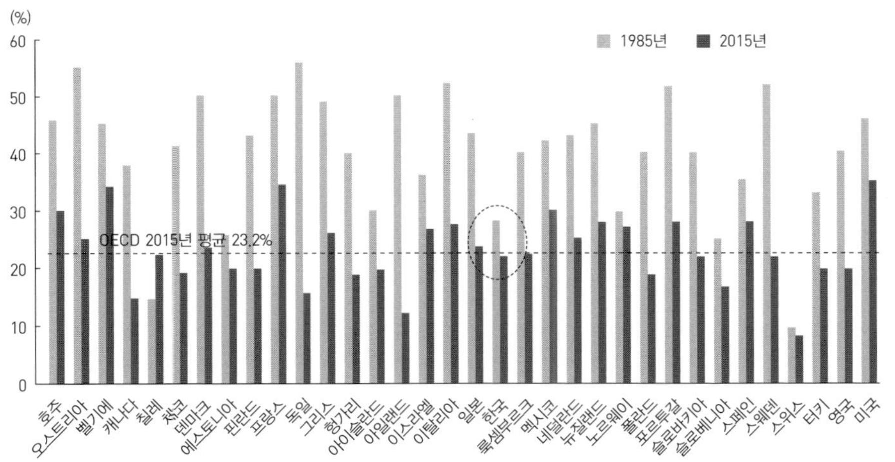

자료: OECD, IBFD; 국회예산정책처 재정리 인용

1 법인세액={(각 사업연도소득-이월결손금-비과세소득-소득공제)×명목세율(10~22%)}-세액공제-감면세액

1980~1990년대 진행된 법인세율 인하는 '낮은 세율-넓은 세원'의 조세개혁기조하에 이루어진 것으로, 불필요한 조세감면을 축소해 세원을 넓히되 세율은 인하해 자원배분의 왜곡과 비효율을 최소화하는 취지에 기반을 두고 있다. 2000년대에는 글로벌화의 급속한 진전에 따른 국가 간 자본유치 경쟁에 대응하기 위해 각국의 법인세율 인하 추세가 지속되었는데, 최근에는 국가별로 법인세율이 일정한 수준으로 수렴하고 있는 듯한 모습이다. 1980년대 중·후반부터 법인세율 인하 경쟁이 'Race-to-the-bottom'으로 가속된 후 최근에는 세율인하 경쟁에 따른 법인세수 감소 우려와 대체 세목에 대한 정치적 부담 등으로 세율인하의 압력이 작아진 듯한 모습이다.

그러나 글로벌 금융·재정위기 이후 많은 나라에서 자국 경제의 빠른 회복을 지원하기 위해 법인세율을 인하해왔다. 미국은 트럼프 정부의 세제개편안이 2017년 12월 19일(현지시각) 미국 상·하원을 모두 통과함으로써 법인세 최고세율이 35%에서 21%로 낮아졌다. 미국뿐만 아니라 프랑스 마크롱 정부도 현행 33.33%인 법인세율을 2022년까지 단계적으로 25%까지 내리는 계획을 최근 발표했다. 이미 법인세를 내린 일본 정부도 법인세 실질부담률(명목세율에서 세액공제·감면분을 제한 것)을 최고 20% 수준으로 인하하는 방안을 추진하고 있다. 앞서 이탈리아는 27.5%였던 법인세율을 24%로 낮췄고, 영국(20%→19%), 스페인(28%→25%)도 낮췄다.[2] 2007~2015년 동안 총 8개국의 법인세율은 변화가 없었으나, 총 20개국에서 법인세율이 인하되었고, 총 6개국에서는 법인세율이 인상되었다.

(2) 단일세율과 복수세율

복수법인세율은 누진개인소득세보다 훨씬 강도가 약하다. 그 이유는 법인은 사람이 아니기 때문이다. 적은 이윤을 버는 법인보다 큰 이윤을 버는 법인에 높은 세율로 과세하는 것이 공평성 기준에서 합당하다는 근거는 거의 없다. 그럼에

2 http://news.chosun.com/site/data/html_dir/2017/12/20/2017122001931.html

〈표 9-1〉 OECD 국가의 법인세 과세구간 개수

과세구간 수	해당 국가
1	오스트리아, 캐나다, 칠레, 체코, 덴마크, 핀란드, 독일, 그리스, 아이슬란드, 이탈리아, 아일랜드, 에스토니아, 이스라엘, 룩셈부르크, 라트비아, 멕시코, 뉴질랜드, 폴란드, 노르웨이, 슬로바키아, 슬로베니아, 스페인, 스웨덴, 스위스, 터키, 영국(총 26개국)
2	호주, 헝가리, 네덜란드, 일본(총 4개국)
3	벨기에, 프랑스(총 2개국)
4	한국, 포르투갈(총 2개국)
8	미국(총 1개국)

주: 1) 2017년 기준. 파트너십(아이슬란드), 특수펀드(체코, 슬로베니아), 무역이익(아일랜드) 등 특정소득과 특정산업(이스라엘, 영국), 특정도시(룩셈부르크), 손실기업(이탈리아) 등에 대해 차등세율을 적용하는 경우는 단일세율로 보았고, 기업 규모나 소득 규모에 따라 세율이 다른 경우는 차등세율로 보았음

2) 호주의 기본세율은 30%이나, 소기업에 대해 28.5% 세율 적용

3) 헝가리의 경우, 5억 포린트 이하 10%, 5억 포린트 초과 시 19%

4) 네덜란드의 경우, 20만 유로 이하 20%, 20만 유로 초과 시 25%

5) 일본의 기본서율은 23.4%이나, 과세소득이 800만 엔인 중소기업은 2017. 3. 31.까지 15% 경감세율

6) 벨기에의 기븐세율은 33%(여기에 3%의 부가세인 austerity surcharge 추가납부). 다만, 소득이 32만 2,500유로인 기업은 과세소득별로 24.25%, 31%, 34.5%의 3단계 누진세율 적용

7) 프랑스의 기본세율은 33.33%이나, 과세소득 3만 8,120유로까지 15%, 3만 8,120~7만 5,000유로 28% 적용. 다만, 과세소득이 76만 3,000유로를 넘는 기업은 3.3%의 부가세인 사회보험료 과세

8) 포르투갈의 기본세율은 21%. 과세소득 규모에 따라 150만 유로 이하 0%, 150~750만 유로 3%, 750~3,500만 유로 5%, 3,500만 유로 초과 시 7% 각각 추가

자료: IBFD, 2012; 국회예산정책처 재인용

도 불구하고 많은 이윤을 버는 기업에 높은 과세를 하고 적은 이윤을 버는 기업에 낮은 과세를 하는 경향이 있다. 법인 실체는 독립적인 존재를 갖는다는 가정하에서 기반시설과 감가상각 공제로부터 더 큰 이점을 취하는 높은 담세능력을 가진 법인은 어떠한 형태로든 더 무거운 과세를 받아야 한다는 점은 아마도 정치적 근거에서 나온 것일 수 있다. 이러한 점에 대한 두 가지 대안이 있을 수 있는데 하나는 기업에 순부유세(net wealth tax)를 부과하는 것이고 또 다른 하나는 높은 이윤을 벌고 더 큰 순부나 매출량을 가진 기업에 정액을 추가하여 부과하는 방안을 고려할 수 있지만 대부분의 국가에서는 그러한 대안의 필요성을 인정하지 않는다.

일부의 나라에서는 과세구간을 통해 적은 이윤을 버는 기업이나 소규모기업에 경감된 과세를 하고 있다. 예를 들어 프랑스는 소규모기업과세를 적용받는 기업

중 요건 충족 시 3만 8,120유로를 한도로 15%의 경감세율을 적용하고 비영리단체로 산업, 상업, 수공업을 하지 않는 법인의 부동산 및 농업소득 등에는 경감세율 24%를 적용하고 있다.

개입주의자의 관점에서 볼 때 적은 이윤을 버는 기업과 소규모기업 모두를 우대하기 위해 만들어질 수 있다. 특히 소규모기업들은 어떤 세율에서 감가상각 조항, 이전가격책정 등을 통해 유효세율을 줄이는 다양한 수단을 충분히 이용할 수 있을 것 같지는 않다. 또한 그러한 기업들은 귀속방식(imputation system)이나 주주경감조항의 이점을 받을 수 없다고 할 수 있다. 이와 함께 자본 모집에 어려움을 겪고 납세협력비용도 더 높을 수 있다. 한편 소규모기업의 많은 부분이 이윤을 벌기 시작하기 전에 파산하고 일정 크기 이하의 기업을 위한 낮은 세율은 저율의 이득을 얻기 위해 과세당국에게 사업규모를 축소시킬 유인을 주게 된다. 더욱이 이러한 기업들은 이윤이 급여로 빠지기 때문에 종종 실제로 법인세가 없는 경우도 관찰된다. 정부 관점에서 보면 저율경감은 잠재적인 세 수입 손실을 함께 부담하는 동반자로서 소규모기업을 격려하는 장점을 갖고 있다.

실제로 법인 설립을 선택하여 법인세 적용을 받거나 비법인을 선택하여 개인소득세 적용을 받는 거래업자를 부추길 수 있는 요인들 중의 하나는 두 가지 조세의 상대적인 세율에 있다. 물론 법인(설립) 결정에 영향을 미칠 수 있는 요인은 두 가지 세율체계보다 세원과 다양한 비-조세요인을 포함하여 다른 많은 요인들에 있을 것이다. 한 가지 문제는 법인소득세율이 상위 개인소득세율에 맞춰 조정되어야 하는지 또는 어느 정도 더 낮아야 하는지 이다. 최근 경향은 이원적 소득세하에서 가장 낮은 개인소득세율로 법인소득세율을 조정하는 것이고 이는 법인설립에 조세유인을 제공하는 것이다.

(3) 명목세율과 실효세율

명목세율은 정치가들, 기업에게 거래국과 충분히 경쟁적인지 아닌지에 대한 판단을 하는 데 도움을 준다. 이 점은 다국적기업이 이전가격조작으로 가장 낮은 명목세율을 가진 나라에 그들의 최대한의 이윤을 두려고 한다는 점에서 어느 정도 타당성이 있다. 그러나 다국적기업에게 더 중요한 것은 법인세의 실효세율이며 명목세율처럼 실효세율의 세원의 폭에 의존한다는 점이다. 일례로 호주의 평균세율은 많은 세 수입을 가져왔는데 그 이유는 세원이 매우 넓기 때문이었다. 독일의 경우는 세율이 높음에도 불구하고 세 수입이 적었다. 이는 대부분의 기업들이 법인체가 아니어서 법인세 세원이 침식되었기 때문이다.

우리나라의 경우 과표구간별 평균실효세율[3] 현황을 살펴보면, 과표금액이 증가함에 따라 실효세율이 함께 증가하다가 과표 1,000억 원 초과구간에서 실효세율이 오히려 감소하고 있다. 법인세가 누진세율로 과세됨에 따라 평균명목세율은 과세표준금액 증가와 함께 증가하는 형태를 보이지만 감면비율 또한 증가한다. 특히, 과표 1,000억 원을 초과하면서 감면비율이 크게 증가하여, 동 과표구간의 실효세율이 하위 구간의 실효세율보다 낮아지는 세율역전현상이 발생한다. 기업규모별 실효세율은 대기업은 2009년을 기점으로, 중소기업은 2010년을 기점으로 감소하였으며, 2010년 이후에는 둘 다 안정적 수준 유지하고 있다.

2. 세원 tax base

(1) 정의와 과세 가능한 소득의 범위

과세 가능한 소득은 다양한 조세체계 아래에서도 유사한 방식으로 계산된다. 모든 원천으로부터 발생하는 소득은 통상 세원에 포함된다. 비록 소득의 개념이 정의되지 않더라도 대체로 과세 가능한 소득은 '건전한 거래회계 실무(sound commercial accounting practice)'의 원칙에 따라서 계산되고 회계기준이 세법에서 나오건, 또는 조세규칙이 회계 관행을 따르건 변동이 있더라도 대부분의 나라에서 이윤[4]에 근거하여 과세하고 있다.

3 전체 평균실효세율은 평균명목세율(=산출세액/과세표준) 19.9%에서 감면비율(=공제감면액/과세표준) 3.8%를 차감한 16.1% 수준이다.

4 여기서의 이윤은 기업의 당기순이익을 말하는 것이다. 이윤을 경제적학적인 의미로 볼 경우의 이윤세는 법인세와 다르다. 이에 대한 상세한 설명은 곽태원(2005), pp. 29-31을 참고하길 바란다.

또한 대부분의 나라에서는 과세 가능한 소득을 버는 과정에서 발생하고 또는 회사 활동에 사용된 자산을 유지하는 데 발생한 모든 비용(이자 포함)은 원칙적으로 소득에서 공제하고 있다. 비록 일부의 국가에서 법인에 재투자된 자본이득을 면세하고 있지만 대부분의 국가들은 법인의 자본이득에 과세하고 있다.

(2) 감가상각

모든 나라는 자산의 감가상각에 대해 공제를 허용하지만 방식은 상당히 다양하다. 일부 나라에서는 자산의 마모 또는 노후화를 고려하는 경제적 감가상각과 가능한 가까운 조세 감가상각을 하려는 시도를 해오고 있다.

경제적 감가상각의 정확한 측정은 기술적이고 행정적으로 매우 어려워서 대부분의 나라들은 정액법(직선법, straight line depreciation)이나 정률법(비례법, declining balance)을 사용하고 있다. 전자는 자산의 취득원가를 내용연수로 나눈 금액을 매년 일정하게 비용 처리하여 공제하는 방법이며, 후자는 초기 연도는 공제를 크게 해주고 나중에는 점차적으로 줄이는 방법으로서 내용연수에 해당하는 감가상각률을 정해놓고 그 비율을 적용하여 감가상각액을 계산하는 방법이다.[5] 우리나라에서도 법인세법 시행규칙에 규정하여 선택 사용할 수 있게 하였다.

감가상각에서 영역에서 주는 인센티브는 일반적으로 가속상각(accelerated depreciation)의 형태이다. 즉, 인플레이션에 의한 과소상각을 해소하기 위해 감가상각보다 빠르게 이루어 질 수 있도록 하는 경우를 말한다. 그러나 가속상각 조항은 얼마나 많은 세 수입이 어떤 특별한 경우에 포기되는지 그리고 조세회피 목적으로 조정될 가능성이 있다는 점에서 단점이 있다. 과거에는 그에 대한 정당성을 제공했지만 1980년대 후반 이래 인플레이션율은 대부분의 OECD 국가에서 완만한 추세를 보이고 있다.

---

5 예를 들어 자산(예: 기계 등)의 취득원가가 100만 원이었고 이를 10년에 걸쳐 정액법을 이용해 감가상각한다면 매년 10만 원씩 감가상각비로 공제되는 것이고, 10%의 정률법을 사용하여 감가상각한다면 첫해에는 10만 원, 둘째 해는 9만 원(=90×0.1), 셋째 해는 8만 1,000원(=(100-10-9)×0.1)을 공제한다.

(3) 재고 평가

과세목적을 위해 재고를 평가하는 다양한 방법이 있는데 선입선출방법(First-In-First-Out, FIFO)과 후입선출방법(Last-In-First-Out, LIFO)이다.

FIFO 방법 아래에서는 먼저 구입한 항목이 먼저 처분되었다고 가정하고 LIFO 방법 아래에서는 나중에 구입한 항목이 먼저 처분되었다고 가정한다. 이 둘 간의 차이점은 FIFO가 사용되는 곳이 전적으로 인플레이션으로 인해 재고가치의 증가가 지수화를 하지 않을 경우에 과세되는 반면, LIFO에서는 과세가 되었더라도 시기가 지연된다는 점이다.

1990년대 초반에 거의 모든 OECD 국가에서 재고평가는 FIFO 방식을 채택하고 있고 LIFO 방식은 일부 사용되고 있다.

(4) 조세지출

법인세 조세체계는 특정한 형태의 행위를 부추기고 또한 특정한 기업을 지원하기 위해 고안된 다양한 인센티브를 갖고 있다. 이러한 인센티브는 법인 조세지출로 알려져 있고 특별한 세액공제, 소득공제, 면세, 정부의 세 수입의 손실을 주는 세율을 포함한다.

우리나라는 1960년대 경제개발계획 시행과 함께 성장을 지속적으로 뒷받침하기 위하여 저축과 투자 촉진 등을 위한 각종 조세지원제도를 확대해오고 있는데 법인세 조세감면은 연구개발, 투자촉진, 중소기업 등을 중심으로 지원되며, 이외에는 조세지출제도는 다수 존재하나 실적이 크지 않다. 2012년 이후 대기업을 중심으로 조세지출 정비가 진행되어 법인세 관련 조세지출 항목은 80여 개가 있으나, R&D 비용세액공제(2015년 2조 8,000억 원), 고용창출투자세액공제(9,000억 원), 중소기업 특별세액감면(7,000억 원) 등 주요 3개 항목의 감면액이 4조 3,000억 원으로, 전체 조세지출액의 68%를 차지하고 있다. 규모가 큰 R&D 비용세액공제와 고용창출투자세액공제 대해 대기업을 중심으로 세액공제율이 지속적으로 인하되고 있다. 대기업의 증가분 방식 R&D 비용세액공제 공제율은 축소

(1993년 50% → 2003년 40% → 2017년 30%)되었고 대기업의 고용창출투자공제 기본공제율도 인하(2013년 3% → 2014년 2% → 2015년 폐지)되었다.

연구개발(2조 9,000억 원, 46%), 투자촉진(1조 3,000억 원, 20%), 중소기업(9,000억 원, 13%) 등에 조세지원이 집중되는데, 미래성장동력과 관련이 있거나 정부의 지원대상인 점을 감안하면 일괄적으로 제도를 축소하기는 어려움이 있다.

중소기업의 경우 「조세특례제한법」(제2장 제1절)에서 '중소기업에 대한 조세특례'를 규정하여 별도의 조세지원을 하고 있는데 중소기업 지원정책의 적용대상을 확정하기 위해 개별 정책별로 범위를 정하지 않고 「중소기업기본법」 등의 법령으로 규정하고 있다.

R&D 비용세액공제

- 정부가 조세지출로 관리하고 있는 230여 개 항목 중 감면액 규모가 가장 큼
- R&D 투자액에 대해 다른 투자세액공제 항목과 마찬가지로 비용(손금)으로 처리하고 추가로 세액공제를 적용하며, 중소기업 R&D 비용세액공제에 한해 최저한세 제도를 미적용하는 등 세제상 우대
- 공제대상, 공제기업, 공제방식에 따라 세액공제율이 다름
  - (공제대상) 신성장동력산업 및 원천기술분야 R&D 비용과 이외의 일반 R&D 비용으로 구분하여 세액공제율을 차등적용
  - (공제기업) 대기업, 중견기업, 중소기업에 따라 차등적용
  - (적용방식) 당기분방식과 증가분방식이 있는데, 신성장동력 R&D는 의무적으로 당기분 방식을, 일반 R&D는 양 방식 중 선택 가능
- 신성장동력·원천기술 R&D 공제의 경우, 높은 공제율에도 불구하고 관련 회계를 구분하여 작성해야 하는 등의 납세협력비용으로 인해 기업들이 높은 공제율을 포기하고 일반 R&D 공제율을 적용받는 사례 발생
  - 2015년 기준 신성장동력 등 R&D 공제액은 954억 원으로 전체 대비 3.1%
- 전체 공제액의 96.9%를 차지하는 일반 R&D의 경우, 제도 설계상 대기업은 증가분방식을, 중소기업은 당기분방식을 각각 선호
  - 대기업: 증가분방식(73.9%, 1조 668억 원) 〉 당기분(26.1%)
  - 중소기업: 당기분방식(92.8%, 1조 4,021억 원) 〉 증가분(7.2%)

(5) 손실처리

법인세체계의 또 다른 중요한 요인은 손실처리 문제이다. 특정한 해에 손실을 본 법인은 순영업손실(Net Operating Loss, NOL)을 겪는다. 기업이 이윤을 벌지 못했기 때문에(다시 말해 총소득 빼기 비용이 마이너스) 즉, NOL일 때 법인은 낼 세금이 없다. 미국의 경우 NOL은 이전 2년 전까지 과세소득으로부터 공제를 해주는 '소급적용(carried back)'[6]이 가능하다. 법인은 이전에 납부한 세금과 당해 연도 손실을 공제한 후 납부할 세금 간의 차이와 동일 금액을 환급받을 자격이 있다. 손실이 충분히 소급적용하기에 너무 크다면 20년까지 차기에 이월하여(carried forward) 미래의 세 부담을 줄이는 데 사용할 수 있다.

손실에 대해 소급적용의 허용은 투자에 대한 과세의 왜곡효과를 줄이고 또한 경제 효율성을 높여주는 역할을 한다. 순영업손실의 소급적용을 허용함으로써 정부는 효과적으로 투자 수익(세 수입)과 투자의 위험(세 수입 손실) 모두를 공유함으로써 납세자와 동반자관계를 갖게 되는 것을 의미한다. 즉, 법인이 소득을 벌 때 그들은 세금을 내지만 그러나 법인이 손실이 발생하면 과거와 미래 세 부담은 손실 소급적용을 통해 줄어든다.

손실이 더 많아 이월될수록 납세자와 정부 간의 동반자 관계는 밀접해지고 투자에 대한 과세왜곡은 작아진다. 더욱이 정부가 민간시장에서 행할 때보다는 위험을 분산시킬 수 있다면 경제적 효율성 이득은 가능하다. 또한 손실을 이월공제하는 이점은 일정 기간 동안 두 기업이 동일한 수입을 벌었지만 소득을 번 시기가 다른 두 기업이 다른 크기의 세금을 내는 것을 막는 데 도움을 준다.

---

6 미국의 경우 일반적으로 기업이 당해 영업활동을 통해 손실을 입었고 그 기업이 과거 2년 동안 소득세를 내왔다면 당해 발생한 손실을 그 과거 기간 동안으로 소급적용(carried back)함으로써 과거에 낸 소득세를 돌려받을 수 있다. 2009년 경기회복책의 일환으로 통과한 한시법인 특례조항이다. 예를 들어 A 기업이 2009년 100만 달러의 손실을 본 경우 2008년 30만 달러를 벌고 2004년부터 2007년까지 매년 20만 달러를 벌었다고 가정하면 5년 carried back의 첫해에는 50%만 사용한다는 규정이 있으므로(10만 달러) 2004년부터 2008년까지의 소급적용 가능한 소득은 100만 달러이고 이 소득에 대해 과거 5년간 낸 세금이 35만 달러(35% 세율)였다면 이 돈을 모두 돌려받을 수 있다.

우리나라의 경우 법인세는 법인의 탄생부터 청산까지 운영기간 동안의 순소득에 대해 법인세를 과세해야 하나, 인위적으로 1년을 기준으로 과세함에 따라 문제가 발생한다. 예를 들어 두 기업 모두 2년 동안 동일한 이익이 발생했으나, 1년 단위로 법인세를 부과하다 보니 세액에 있어서 차이 발생하는 경우가 생긴다. 즉, A 기업은 1년 차(2억 원 이익), 2년 차(2억 원 이익)으로 총 4억 원을 과세하나 B 기업은 1년 차(2억 원 손실), 2년 차(6억 원 이익)으로 총 6억 원 과세한다. 우리나라 법인세는 누진세율구조를 채택하고 있어 소득이 안정적으로 발생하는 기업이 변동성이 큰 기업보다 세법상 유리하게 되어 있다. 즉, 안정적인 A 기업은 2년 동안 모두 10% 세율이 적용되고 변동성이 큰 B 기업은 1년 차는 비과세, 나머지 2년 차는 2억 원분 10%, 4억 원분 20% 세율이 각각 적용되는 등 세율 측면에서도 불리하다.

이러한 문제를 시정 또는 완화하기 위해 결손금 발생 전후 일정기간 내에서 이월공제와 소급공제를 허용하고 있다. '결손금'은 각 사업연도에 속하는 손금 총액 중 익금 총액을 초과하는 금액으로, 법인세 과세표준과 신고·결정·경정 등을 통해 확정된 금액을 말한다. 법인세법에 따라 각 사업연도 개시일 기준 10년 이내의 사업연도에서 발생한 결손금을 각 사업연도소득에서 공제하는 이월공제를 허용하고 있다. 단, 2016년부터 대기업은 당해 연도 소득의 80%까지만 이월공제를 허용한다(중소기업은 100% 이월공제 허용). 다만 중소기업에 대해서는 이월공제 허용 이전에 1년간 소급공제하여 직전 사업연도의 납부세액을 환급해주는 결손금 소급공제제도를 운용하고 있다.

제 4 절 배당소득의 이중과세

1. 용어와 분류

법인세 과세표준을 산정하는 과정에서 이자는 비용으로 공제되는 반면 자기자본에 대한 수익은 법인세 과세대상이 된다. 주주단계에서는 이자와 배당을 동등하게 취급하여 과세하므로 이자보다 배당이 중과세되는 결과를 초래한다. 그러므로 투자자가 기업에 투자를 할 때 자기자본을 투입하지 않고 자금 대여의 형식을 취하면 주주단계에서만 세금을 납부하는 이득을 얻게 된다.

배당에 대한 과세는 개인단계에서 부과하는 개인소득세이지만 법인소득세와 밀접한 관계가 있다. 법인소득이 배당되면 그에 대해 세금이 부과되는 것이므로 개인단계에서의 세금이라도 법인소득에 대한 세금이라고 할 수 있기 때문이다. 법인소득 중 배당된 부분에 대해서는 법인단계와 개인단계에서 두 번 과세가 된다는 문제가 발생한다.

이러한 개인소득세와 법인소득세 간 관계에 관한 두 가지 관점이 있는데 첫 번째 관점은 두 가지가 기본적으로 동일하다고 보는 것이고[7] 두 번째 관점은 법인소득세와 개인소득세가 다른 조세라고 보아 '이중과세'라는 말은 동일한 소득이 두 개의 상이한 조세의 적용을 받으므로 적절하지 않다고 보는 견해이다. 예를 들어 가계소득이 개인소득세와 사회보장기여금 모두에 적용된다는 사실은 통상적으로 이를 경제적 이중과세라고 말하지 않는다. 통상 자동차의 구입, 연료, 등록·면허에 하나 이상의 조세와 통행료, 또한 의무보험을 부담하는 자동차소유자를 경제적 다중과세라고 말하지 않는다.

사실 두 가지 다른 종류의 조세 부과행위가 경제적 이중과세로 언급되어온 또 다른 상황은 법인이 법인소득세와 순부유세의 적용을 받을 때이다. 그러나 여기서 '이중과세'의 부적절성에 대한 또 하나의 이유는 분배되고 유보된 수입이 처분

7 Carter 위원회의 견해이고 완전통합주의라고도 한다.

시 자본이득세를 부과할 수 있어서 삼중과세라고 말할 수 있다. 결론적으로 '경제적 이중과세'라는 표현은 부적절한 면이 있지만 본 장에서는 그대로 사용하기로 한다.

이러한 이중과세문제에 대해 '부분통합(partial integration)' 방식은 두 세제를 그대로 두고 법인단계에서 법인세를 부과하되 개인단계에서는 법인세 부담을 포함한 개인의 귀속소득(Gross-up된 소득)을 세원에 포함하여 개인소득세액을 계산한 뒤 법인세 부담액은 세액공제해 주는 방식이다. 때때로 분배 수입이 주주 수준에서 과세된다는 사실로 인해 유보와 분배수입 간에 조세차별화 부분을 완전히 제거한다는 의미로 사용된다. 간혹 유보수입이 배당단계에서 주주의 소득세에 세액공제를 하는 내용의 카터보고서에서 추천한 체제보다 넓은 의미로 사용되기도 한다.

'고전적인 체계(classical system)'(또는 '분리'로 언급됨)는 이중과세를 전혀 조정하지 않는 과세체계를 말하는데 분배이윤에 대해 기업 수준에서건 주주 수준에서건 조세경감이 없는 경우이다. 그러나 미국의 경우처럼 이중과세를 조정하지 않는 고전적 체계를 유지하지만 개인단계에서 배당에 대해 저율의 과세를 적용하고 있기 때문에 수정된 고전적 과세체계(modified classical system)로 분류할 수 있다(주주경감조항 방식이라고도 함).

'귀속방식(imputation system) 체계'는 이중과세를 제거하는 제도로 완전 귀속방식(full imputation system)은 분배 이윤에 대한 모든 과세는 주주의 세액공제로 처리하여 이중과세를 완전히 제거하는 방식을 말한다. 부분 귀속방식(partial imputation system)은 일부만 공제 처리한다. 이 경우 법인단계에서 납부한 세금을 공제하므로 최종적인 세 부담은 개인단계에서의 세 부담과 일치하게 된다.

법인소득세에 대한 거의 모든 교재들이 시행방식을 고전적, 주주경감, 귀속방식(imputation system) 체계, 기타 등으로 분류하고 있다. 이는 부분적으로 시행국가들이 하나의 시스템 이상의 특징을 갖고 있기 때문이다.

2. 배당과세체계 변천

지난 반세기 동안 주주에게 분배된 이윤의 법인소득과 개인소득의 통합처리 형태는 변해 왔다. 1950년대와 1960년대 초반까지 대부분의 나라에서 이중과세를 조정하지 않으면서 개인단계에서 배당에 대해 저율 과세하는 방식을 채택하였다(현재는 미국과 스위스 등에만 남아 있다). 1960년대경에 이러한 방식은 도전을 받게 되고 법인 수준에서 또는 주주 수준에서 상쇄되어야 하는지에 관해 일부 논쟁이 있었지만 다양한 이유로 후자가 더 우위를 점했다.

처리방식을 변경한 대부분의 국가들은 분배상에서 지불한 중앙정부의 법인세의 일부 또는 전부에 대해 주주에게 세액공제를 해주는 귀속방식을 선택했다. 1989년을 시작으로 새로운 경향은 법인소득세가 분배상에서 지불되건 상관없이 원천지국으로부터 받은 배당소득에 특혜를 주는 조세처리를 하였다. 그러한 특혜를 주는 처리는 세액공제의 형태를 취하거나 가장 낮은 근로소득 개인소득세율과 동일한 분리 소득세율의 형태를 취할 수 있다. 대안적인 방안으로 분배 이윤의 특혜를 주는 처리는 배당의 완전면제의 형태를 취하기도 한다.

한편 개인단계에서 비과세(no sharehold tax)하는 방식도 있는데 법인세를 납부한 소득은 주주에게 배당되어도 주주단계에서 세금을 부과하지 않은 방식을 말한다. 이 방식 아래에서는 최종 세 부담이 법인단계에서의 세 부담과 일치한다.

대부분의 나라들은 여전히 배당에 대해 일부 유리한 조세처리를 해주는 것을 선호하지만 주주단계에서 경감을 제공하는 나라들 간에는 많은 차이점이 있다. 그러나 배당에 대한 이중과세 조정은 완전 귀속방식(full imputation system)이나 비과세 등의 방법으로 제거할 수 있음에도 이를 채택하지 않는 것은 법인세를 중요한 세 수입을 확보하는 수단으로 보고 있기 때문이라고 볼 수 있다.

3. OECD 배당정책

배당에 대한 이중과세의 문제에 대해 대부분의 OECD 회원국은 이중과세 문제를 완화 및 해소하기 위한 별도의 방법을 두고 있다.

(1) 명목이자비용공제

OECD 회원국 중 벨기에 등은 '명목이자비용공제' 제도를 두어 주식발행법인의 법인세를 계산함에 있어 차입금 이자비용과 같이 '자본 증가액'에 대한 가상의 이자비용공제를 허용하고 있다. 일반적으로 명목이자비용공제제도는 배당소득에 대한 이중과세 해소 목적보다는 외국인투자를 장려하기 위한 목적 등에서 도입되었지만, 부수적으로 배당소득에 대한 이중과세 제거효과를 가져오고 있다. 벨기에는 외국인 투자유치 목적으로 2007년에 명목이자비용공제 제도를 도입하였으며, 이탈리아는 2011년, 터키는 2015년 7월에 해당 제도를 도입하였다.

(2) 부분과세

배당소득에 대한 이중과세를 완화하기 위한 목적으로 핀란드, 프랑스를 포함한 총 7개국에서 부분과세 방식을 채택하고 있다. 즉, 핀란드, 프랑스, 이탈리아, 룩셈부르크, 포르투갈, 스위스, 터키에서 부분과세 방식을 채택하고 있다.

부분과세를 통한 이중과세조정은 대부분 종합과세제도 채택국에서 도입했으며, 예외적으로 핀란드는 분류과세 국가임에도 불구하고 부분과세를 통해 이중과세를 조정하고 있다.

일반적으로 OECD 회원국 중 부분과세 방식 채택국가들은 배당금의 40~50% 수준에서 과세 제외 금액을 결정하고 있다. 핀란드를 제외한 6개국 모두 배당금의 40~50%를 비과세하고 있다. 스위스는 2009년부터 지배주주[8]에 한정하여 배당소득 부분과세 방식을 채택하고 있다. 이중과세 완화를 통한 경쟁력 제고 및 배당과 자본이득 간의 조세차익 거래를 방지하기 위한 목적을 두고 있다. 스위스는 별도의 이중과세 해소방법 없이 배당소득을 종합과세하고 있었으나, 주식의 자본이득에 대하여는 과세하지 아니함에 따라 배당과 주식 자본이득의 교환을 통한 조세차익 거래가 가능하여 사내유보소득이 지나치게 높았다.

8 지배주주란 주식 발행법인의 지분을 10% 이상 보유한 주주를 의미한다.

(3) 귀속방식(imputation system)

'귀속방식'이란 주주가 수령한 배당금과 그 배당에 대해 법인단계에서 부과된 법인세액을 개인의 과세소득에 합산하여 개인소득세를 산출한 이후, 산출세액으로부터 법인단계에서 그 배당분에 대하여 지불한 귀속법인세액을 공제하는 방식을 의미한다.

OECD 회원국 중 귀속방식은 종합과세를 채택한 국가에서만 존재하고 있다. 종합과세방식을 선택한 국가 중 우리나라를 포함하여 호주, 캐나다, 칠레, 멕시코, 뉴질랜드 총 6개국이 채택하고 있다.

귀속방식을 채택한 국가 중 일부는 주식발행법인이 부담한 실제 법인세액으로부터 무관한 방식에 의하여 귀속법인세액을 산정한다. 우리나라와 캐나다는 주식발행법인의 법인세 납부 여부 및 실제 부담수준과 무관하게 「소득세법」에서 규정하는 방식에 의하여 주주 귀속법인세액을 산정한다. 우리나라와 캐나다의 방식은 수정된 귀속방식(modified imputation system)으로 볼 수 있는 반면 호주, 뉴질랜드, 멕시코 등은 주식발행법인의 실제 세 부담액을 기준으로 하여 주주 귀속법인세액을 산정한다.

귀속방식을 채택한 국가 중 우리나라를 제외하고는 모두 법인세율이 단일체계이다. 영국, 아일랜드 등 과거 귀속방식을 이용하던 OECD 국가 중 일부는 귀속방식 대신 부분과세 또는 분류·분리과세 등으로 이중과세 완화방법을 대체하고 있다. 영국(1997년, 1999년), 아일랜드(1999년), 독일(2001년), 이탈리아(2004년), 핀란드(2005년), 프랑스(2005년), 노르웨이(2006년) 등이 귀속방식을 폐지하였다. EU 회원국은 유럽사법재판소(ECJ)에서 차별금지원칙의 위배를 이유로 귀속방식의 폐지를 권고한 것이 가장 큰 폐지 요인이다. EU 회원국은 귀속방식 자체의 효율성 문제보다는 ECJ의 권고에 의하여 귀속방식을 폐지하였다. EJC는 귀속방식을 일반적으로 비거주자에게는 적용하지 않으므로 자본이동에 제약을 가해 EU 회원국 투자자 간 차별금지원칙을 위배하는 것으로 판단하였다. 그 외 세제의 단순화(이탈리아), 기업에 배당보다 재투자 장려(영국) 목적도 반영되어 있다. 또한 귀속방식 폐지 국가들은 폐지 시점에 법인세율을 인하하였다.

이원적 소비세제 국가인 노르웨이는 근로소득과 배당소득 간의 큰 세 부담 격차를 이용한 조세회피 행위를 저지하기 위하여 2006년 귀속방식을 폐지하였다. 노르웨이는 1992년 이원적 소비세제를 도입하여 자본소득에 대하여 근로소득 대비 낮은 세율로 과세하고 귀속방식을 통해 이중과세를 제거하였다. 이후 근로소득과 배당소득 간 큰 세 부담 격차가 발생하여 근로소득을 배당소득으로 전환하려는 조세회피가 발생하여 이를 저지하기 위하여 2006년 귀속방식을 폐지하는 방식으로 배당소득의 세 부담을 증가시켰다.

(4) 배당세액공제

배당세액공제방식이란 주주의 개인소득세 산출세액에서 과세소득에 합산된 배당금에 세액공제율을 곱하여 산출된 금액을 공제하는 방식을 말한다. 계산방식에 있어서 배당세액공제방식과 귀속방식의 가장 큰 차이점은 배당세액공제방식에 의할 경우 주주의 과세소득에 합산되는 배당액은 주주 귀속법인세액을 가산하지 않은 금액이라는 점이다.

OECD 35개 회원국 중 일본이 배당세액공제방식에 의하여 이중과세를 해소하고 있는데 납세자의 과세소득규모 및 특정 투자신탁으로부터의 배당금 수령 여부에 따라 1.25～10%의 배당세액공제율을 적용하고 있다.

(5) 경감세율 적용(분류, 분리, 비과세)

종합과세방식을 채택하지 않는 국가는 종합소득세율에 비해 낮은 세율을 적용하여 분류·분리 과세하는 방식으로 배당소득에 대한 이중과세 효과를 제거하고 있다. 즉, 분류·분리과세를 통해 배당소득에 대한 이중과세 효과가 일정 부분 제거되므로 일반적으로 추가적인 이중과세 제거방법을 두고 있지 않다.

OECD 35개 회원국 중 에스토니아와 슬로바키아 2개국은 주주 단계에서 배당소득에 비과세하는 방식으로 이중과세 효과를 제거하고 있다. 배당소득에 대해 주주 단계에서 비과세하는 경우에는 완벽한 이중과세 효과의 제거가 가능하다.

4. 우리나라의 배당소득 과세정책

수정된 형태의 배당소득정책을 취하고 있는 우리나라의 배당소득 이중과세문제를 좀 더 알아보고자 한다.

법인은 차입금에 대한 반대급부로 지급하는 이자는 비용(손금)으로 인정(산입)되어 법인세가 부과되지 않고 개인단계에서만 이자소득세가 부과된다. 법인이 당기순이익 100을 모두 이자로 지급하는 경우, 법인단계에서 법인세를 부담하지 않고 개인단계에서 이자소득세 14를 부담한다. 세후이익을 개인에게 지급하는 배당은 법인단계에서 법인세, 개인단계에서 배당소득세가 모두 부과되는 '이중과세(double taxation)' 문제가 발생한다. 법인이 배당 100을 지급하는 경우, 법인단계에서 법인세를 이미 부담한 후에 개인단계에서 배당소득세 14를 다시 부담하게 된다.

이러한 이중과세에 대한 조정은 주주가 개인인 경우와 법인인 경우로 나누어서 이중과세 문제를 조정하고 있다. 이중과세는 기업의 조직형태나 재무구조 등에 미치는 영향이 크므로, 조세불공평성 해소와 경제적 왜곡현상 방지를 위한 조정장치를 인정할 필요가 있는데 주주가 개인인 경우 '배당세액공제'를, 주주가 법인인 경우 '수입배당금액의 익금불산입'을 통해 각각 이중과세 문제를 조정하고 있다.

(1) 주주가 개인인 경우

기본적으로 개인주주의 배당소득에 대해 '배당세액공제제도'를 운영한다. 배당세액공제제도는 법인단계에서 부담한 법인세를 주주단계의 종합소득산출세액에서 세액공제를 하여 이중과세를 조정하는 방법이다. 개인이 내국법인으로부터 받는 배당소득금액에 그 배당금에 대한 귀속법인세를 더하여(gross-up) 종합소득산출세액을 계산하고, 이 값에서 다시 귀속법인세를 세액공제하여 소득세의 결정세액을 산정한다.[9]

---

9 배당소득의 총수입금액=배당금+귀속법인세
종합소득결정세액=종합소득산출세액-귀속법인세(배당세액공제)

이러한 조정방법은 종래의 법인세 과세방식을 그대로 유지하되 개인소득세단계에서 이중과세를 조정하는 주주단계 조정방법이다. 단, 우리나라의 배당세액공제제도는 귀속법인세를「소득세법」상 최저 법인세율(현행 10%)로 의제하고 있어 법인세주주귀속법과 수입배당세액공제법이 혼합된 불완전한 이중과세 조정장치로 기능을 한다.「소득세법」제17조 제3항에 따라 배당세액공제율(배당가산율)은 11%이며, 이는 '법인세율/(1－법인세율)＝10%/90%' 수식에 의해 도출된다.

(2) 주주가 법인인 경우

법인이 다른 기업의 주식을 보유한 경우, 타 기업으로부터 받은 배당소득에 대해 '수입배당금액의 익금불산입제도'를 적용한다. 여기서 수입배당금액은 금전배당과 주식배당은 물론 의제배당 및 중간배당도 포함한다. 익금불산입금액은 '익금불산입비율'에 의해 결정되는데, 지주회사와 기타 법인으로 나누어 출자비율을 차등 적용한다. 지주회사의 경우는 자회사의 출자비율이 발행주식총수 또는 출자총액의 80%(주권상장법인 40%)를 초과하는 경우는 100%, 그 이하는 80%이다. 이 외 기타 법인은 배당지급법인 출자비율이 발행주식총수 또는 출자총액이 100%인 경우 100%, 50%(상장법인 30%) 초과 시 50%, 그 이하는 30%이다. 다만, 자회사 출자와 관련된 차입금의 이자에 상당하는 수입배당금액에 대해서는 익금불산입[10]을 적용하지 않는다.

(3) 우리나라 배당정책의 문제점

많은 국가들이 배당에 대해 법인단계에서 납부한 세액을 공제하는 배당세액공제를 허용하거나 배당의 전부 또는 일부를 개인단계에서 과세대상 소득에 포함시키지 않는 방법으로 배당에 대한 이중과세를 조정하고 있다.

---

10 익금불산입액＝수입배당금액×익금불산입비율－차입금의 이자상당액
　(ⅰ) 지주회사: 출자비율 80%(40%) 초과 100%, 이하 80%
　(ⅱ) 기타법인: 출자비율 100%는 100%, 50%(30%) 초과 50%, 그 이하 30%
　* 단, (　)는 주권상장법인의 경우에 해당

일부 국가는 이중과세를 전혀 조정하지 않는 고전적 과세체계를 적용하며, 이중과세를 조정하는 국가들의 경우에도 부분적인 조정만을 하는 경우가 많아 이중과세가 완전히 조정된다고 보기 어렵다. 우리나라도 배당에 대한 개인소득세를 과세할 때 낮은 수준의 원천징수세율이 적용되는 경우에는 이중과세를 조정하지 않으며, 종합소득과세의 경우에는 법인세의 낮은 세율을 기준으로 배당세액공제를 하므로 이중과세가 완전히 제거되지 않는다.

즉, 우리나라는 OECD 회원국 중 배당의 이중과세 해소 효과가 크지 않은 편에 해당하는바, 배당의 이중과세 효과 완화를 위한 개선이 필요하다. 법인세율은 10～25%의 누진체계이나 배당 가산액은 10%의 법인세율을 기준으로 산정되어 이중과세의 완벽한 해소에는 어려움이 있다.

OECD 회원국 중 종합과세방식 채택국은 이중과세 효과 완화방법인 부분과세방식과 귀속방식 중 상대적으로 귀속방식이 이중과세 효과를 100% 해소할 수 있다. 이중과세 효과의 해소만을 고려하면 법인이 실제 부담세율을 주주에게 알려주고 이를 바탕으로 배당세액공제를 적용하는 것이 가장 합리적일 것으로 보인다. 그러나 우리나라와 같이 법인세율이 누진체계인 국가에서 이는 과도한 행정비용과 복잡성을 야기한다는 문제점이 지적될 수 있다.

제 5 절 법인세 개혁안

유럽 등 세계 각국에서는 세율인하와는 별개로, 현행 법인세제의 왜곡효과를 개선해 조세의 효율성을 높이면서 법인세수를 안정적으로 확보하기 위한 방안으로 근본적 조세개혁안이 논의되었고 실제 일부 국가들에서 도입·시행하고 있다.

근본적인 개혁안은 크게 현금흐름과세제도('cash flow 법인세')와 자본비용공제제도('ACE 제도'), 포괄적 사업소득세제('CBIT 제도')와 이원적 소득세제

('DIT 제도')로 나눠진다.

현금흐름과세제도와 자본비용공제제도는 부분요소세인 전통적 법인세를 지대, 즉 자기자본에 대한 정상수익을 초과하는 경제적 이윤에 대한 조세인 정액세(lump-sum tax)로 바꾸는 데 주안점을 두고 있다. 현금흐름과세는 근본적 개혁안의 기본이 되는 내용이고, 자본비용공제제도는 현금흐름법인세와 성격이 유사하나 보다 현실적인 대안으로 평가된다. 단, 두 가지 안 모두 기업의 정상이윤이 세원에서 제외되어 전통적 법인세제에 비해 세수가 작아지게 되는데, 이를 세수중립성 관점에서 해결하기 위해 명목세율이 높아질 수 있다.

포괄적 사업소득세제제도와 이원적 소득세제도는 법인세를 다른 자본소득과 동일한 단일세율 혹은 유사 세율로 과세하는 방안으로, 법인세를 부분요소세에서 일반요소세로 전환하여 차입자본과 자기자본 간의 조세불공평 문제를 해소하는 데 주안점을 두고 있다. 포괄적 사업소득세제도는 법인세와 소득세의 이원적 과세를 유지하면서 이자와 배당의 차별적 과세문제를 해결하는 데 초점을 두고 있고, 이원적 소득세제도는 현행 법인세제 구조를 유지하되 자본소득에 대한 세율조정에 초점을 맞추고 있다. 단, 개방경제에서 포괄적 소득세제도나 이원적 소득세제도는 기업의 입지선택에 중립적이지 못하고 세금회피를 위한 이전유인도 여전하나, 세원이 넓어짐에 따라 세율인하가 가능해져 이전가격조작 등을 통한 세수의 해외유출 방지에 효과적일 수 있다.

1. 현금흐름과세 cash flow tax

현행법인세제의 문제점은 발생주의 과세라는 점에서 시작된다. 발생주의 과세로 인하여 과세체계가 복잡하고 행정비용이 과다하게 소요되며 조세회피 유인이 발생한다.

현금흐름과세는 현금주의 회계를 기반으로 하는 것으로 총수입에서 총지출을 뺀 금액을 과세대상 소득으로 보아 과세하는 것을 말한다. 현금흐름과세의 특징은 첫째, 경제적 지대에 대한 과세로 기업의 투자 등 왜곡이 없고, 법인단계에서 정상이윤에 과세되지 않아 배당소득세 과세 시 이중과세가 문제되지 않는다. 둘째, 자기자본과 차입금을 동등하게 취급하므로 재원조달방식에 대해 중립적이라 볼 수 있다. 자금의 원천을 불문하고 실제로 투입된 자금은 비용에 산입하여 과세대상에서 공제하기 때문이다. 둘째, 자금의 원천을 불문하고 정상수익에 대해서는 과세를 하지 않으므로 한계적 투자에 대해 중립적이라는 점을 중요한 특징으로 들 수 있다. 셋째, 조세체계가 단순하고 조세회피를 줄일 수 있다는 점을 현금흐름과세의 큰 장점으로 꼽을 수 있다. 이는 현금흐름과세가 발생주의가 아니라 현금주의 회계를 기반으로 하기 때문에 현행의 과세제도보다 쉽고 단순하며 재원조달방법에 대해 중립적이어서 재원조달 결정을 단순화할 수 있고, 감가상각, 물가상승과 관련하여 발생하는 복잡한 과세문제가 줄어든다.

세 수입 관점에 보면 정상수익에 대해 과세하지 않으므로 현행 법인세에 비해 세원이 축소되는 결과가 나타날 수 있다. 그러나 현행 법인세제도 아래에서 고속감가상각 등 다양한 조세지원제도가 있어 실효법인세율이 낮은데 이를 지원하지 않는 경우 현금흐름과세제도 아래에서는 세 수입이 크게 줄지 않을 수 있다.[11]

그러나 세수의 중립성 보장을 위해 세율이 장기적으로 안정될 필요가 있고, 전통적 법인세제와 세 수입이나 과세방식의 차이가 커서 국가 간 법인세제가 다를 경우 이중과세 조정이 어려워지는 등의 문제가 있다.

현금흐름과세제도는 영국과 노르웨이의 석유산업에 대한 과세, 이탈리아의 사업 활동에 대한 지방세, 에스토니아의 도입 사례 등이 있다.

2. 자본비용공제제도 Allowance for Corporate Equity, ACE

1991년 영국에서 제안된 제도로 법인소득에서 자기자본에 대한 정상수익을 공제하는 것으로 현행법인세제는 당기순이익을 과세표준으로 과세하는 것이고 ACE는 기회비용을 차감한 경제적 이윤(즉, 당기순이익에서 (자기자본-자기자본

11 Gorden et al.(2004).

에 대한 이자율(기회비용)을 차감한 값이다)에 과세한다.

또한 이자와 배당에 대한 과세 차이를 없애는 점이 특징이다. 이미 서술하였지만 법인세체계에서는 차입이자에 대해서는 공제를 허용하지만 배당에 대해서는 법인세를 부과하는데 ACE는 배당에 대해서도 이자에 해당하는 부분에 대해서는 과세하지 않고 이자를 초과하는 부분에 대해서만 과세하므로 이자와 배당 간의 과세상의 차이를 없애는 효과가 있다.

이러한 장점에도 불구하고 ACE 제도 아래에서는 세율을 현행보다 상당히 높은 수준으로 인상할 가능성이 있다는 단점이 있다. 제도의 변경 후 이전의 법인세제 하에서와 같은 수준의 법인세 수입을 확보하기 위해서는 세율을 상당히 인상해야 하는데 이는 정치적 저항이 있을 수 있다. 브라질의 경우 ACE를 도입했다가 폐지하고 법인세율을 인하한 경험이 있다. 2006년 ACE 제도를 도입한 벨기에의 경우 법인세율을 34%로 인상한 사례가 있다.

3. 포괄적 사업소득세제 Comprehensive Business Income Tax, CBIT

이 제도는 1992년 미국 재무성의 조세정책국(Office of Tax Policy)에서 제안된 것으로서 법인세와 개인소득세의 통합을 목적으로, 개인기업과 법인기업에서 발생하는 모든 자본소득을 기업단계에서 개인소득세 최고세율로 과세하고 개인(주주)단계에서는 세금을 부과하지 않는 방안이다. 즉, CBIT는 법인세와 소득세의 이중과세나 차입자본과 자기자본 간의 차별문제를 해결하는 방안이다.

동 제도는 개인소득세와 법인세를 통합하여 동등하게 과세하는 것을 목적으로 하고 있어 DIT 제도와 근본적으로 유사하나, 모든 자본소득세가 기업단계에서 포괄적으로 이루어진다는 점에서 차이가 있다. 배당소득세나 주식양도소득세가 폐지되어 과세체계가 단순해진다. 단, 국제투자 시 거주지국에서 배당소득과 이자소득에 대해 차별적으로 과세되는 경우 CBIT 제도 아래에서도 주식 발행과 차입이 중립적이지 않게 되는데, 특히 최근 이자소득 등 수동적 소득에 대해 거주지국 과세가 강화되는 경향이 있다.

CBIT 제도 아러에서는 현행 법인세제 아래에서 과세되지 않는 지급이자에 대해서도 다른 자본소득과 동등하게 과세되므로 과세표준이 확대되어 세율인하의 여지가 있게 된다. 이자소득에 대한 다양한 비과세 감면들이 폐지되어 과세체계가 단순해진다.

그러나 전통적 법인세제와 마찬가지로 법인의 정상이윤도 과세대상에 포함됨에 따라 Cash flow 법인세나 ACE 제도와 같이 투자의 왜곡 문제를 완전하게 제거하기에는 한계가 있다. 이러한 문제를 개선하기 위해 CBIT 제도와 함께 투자에 대한 즉시상각제도를 도입해 정상수익에 대해 세금을 부과하지 않는 동일한 효과를 볼 수 있는데 이를 'ICBIT(Immediate expensing and CBIT)' 제도라고 한다. 그러나 ICBIT 제도는 아직까지 실제 도입된 사례는 없다.

4. 이원적 소득세제

이원적 소득세제(DIT(Dual Income Tax) 제도)는 자본소득과 근로소득을 구분해 근로소득은 누진과세하되 자본소득은 낮은 세율로 비례과세한다. 근로소득은 노동소득과 사업소득 중 근로제공에 대한 대가로 벌어들인 소득(earned income), 연금소득 등을 포함한다. 자본소득은 이자, 배당, 자산양도차익 등 수동적 투자활동을 통해 얻는 소득으로, 사업소득 중 근로소득에 포함되는 부분을 제외한 나머지 소득도 포함한다.

근로소득과 자본소득의 세율체계, 사업소득·파트너십소득에서 근로소득과 자본소득의 구분, 배당 및 사내유보소득의 이중과세 조정, 소득재분배 약화를 조정하기 위한 부유세 도입 여부 등이 주요 이슈가 된다.

1987년 덴마크에서 최초로 도입된 이후 1990년대 초에 스웨덴, 노르웨이, 핀란드 등 북유럽 국가와 이탈리아, 그리스, 벨기에, 오스트리아 등 중소 규모의 유럽 국가들에서 도입된 바 있다. 이원적 소득세제도에서는 모든 자본소득을 동등하게 취급해 자본소득 간 수평적 형평성이 보장되는 점이 가장 큰 장점이나, 실제 동 제도를 도입한 국가들에서 이를 완전하게 보장한 사례는 없다.

이원적 소득세제도에서는 배당소득세 및 주식양도차익과세 등을 유지하되 세율을 통일시키고, 법인세와 소득세의 이중과세 조정장치를 통해 모든 자본소득이 단일세율에 유사한 세율로 과세된다.

포괄적 사업소득세제도에서는 기업단계에서 모든 자본소득세를 일괄 징수하는 데 반해 이원적 소득세제도에서는 기업단계와 개인단계로 나누어 과세한다.

포괄적 사업소득세제도에서는 자본소득에 대해 소득세 최고세율로 과세하는 반면 이원적 소득세제도에서는 노동소득에 대해서는 높은 누진세율을 과세하는 반면 자본소득에 대해서는 소득세 최저세율을 과세해 자본유치경쟁에 유리하다.

그러나 소규모 법인의 경우 노동소득을 자본소득으로 바꾸는 조세회피의 유인이 있고, 개인의 이자소득에 대한 세 부담이 작아질 수 있어 차입과 자기자본 선택에 대한 왜곡이 여전히 존재한다.

제 6 절 정책결론

근본적인 법인세개혁은 네 개의 주요 정책사항에 집중되어 있다. 즉, 많은 나라의 정부는 현 수준에서 법인소득세 수입을 유지하려 하며 동시에 자국과 외국의 투자자를 위한 매력적인 투자 분위기를 만들어내려 하며 이를 위해 조세로 인한 왜곡과 법인세법의 복잡성을 줄이려 하는 데 있다.

첫 번째에 대답을 하기 위해 필요한 의문은 조세로부터 자본소득을 면제하는 것과 대신에 다른 조세를 통해 세 수입을 거두어들이는 것이 효율적인가이다. 법인수준에서 자본소득에 과세하는 합당한 이유가 있다. 즉, 법인세를 부과하는 주된 이유는 조세가 개인소득세에 '후방 방어벽(backstop)'으로 역할을 하므로 중요한 원천징수기능을 한다는 점이다. 이러한 점에서 법인수준에서 주식(또는 부채)에 정상수익을 면세하는 조세체계는 법인세 부과의 주요 이유 중의 하나를 저해한다고 주장할 수 있다. 법인세는 또한 노동소득과 자본소득 간에 과잉의 소득 전가를 피하기 위해 필요하다. 법인세는 비거주 주주가 번 주식소득에 원천징수로 기능을 하고 그렇지 않으면 원천국가에서 과세를 피할 수 있게 된다. 더욱이 정부가 법인세를 부과할 수 있는 이유는 기업에게 장소 특유의 렌트가 있기 때문이거나 자본이 완전 유동적이지 않기 때문이다.

정책결정자는 법인소득세로부터 거두어들이는 세 수입에 관심을 가져야 한다. 정부는 더 많은 세율인하는 법인소득세로부터 나오는 세 수입이 줄어드는 것을 염려한다. 그러나 법정세율의 인하에도 불구하고 법인세 수입은 GDP의 성장과 많은 OECD 국가들에서 다른 조세로부터 나오는 세 수입 증가를 따라가거나 또는 심지어 능가하고 있다. 이것은 부분적으로 법인세원의 확대로 인한 것일 수 있다(예를 들어 보다 덜 관대한 감가상각공제 조항을 적용).

비록 법인세율을 인하하더라도 일부의 경제이론들은 훨씬 강한 'Race-to-the-bottom' 형태의 법인세 경쟁을 예상하고 있다. 지금까지 OECD 국가들에서 관찰되고 있지는 않지만 조세경쟁의 촉진으로 소규모 개방경제는 법인세율을 더 낮추는 방향으로 진행될 가능성이 있다. 대규모 국가들은 이에 대응하여 법인세율을 어쩔 수 없이 인하할 수 있다. 그러나 미래에 법인세 세원을 확대함으로써 법률상의 세율인하를 상쇄시키는 영역은 적어질 것이다.

더욱이 법인소득세의 많은 근본적인 개혁은 법인세 수입의 상당한 손실을 의미한다. 이러한 세 수입의 손실을 보상하기 위해 정부는 법인세율의 인상을 고려할 수 있다. 그러나 이러한 세율인상은 국내의 법인투자 크기, 기업의 국제적인 장소 결정과 외국직접투자의 크기에 부정적인 영향을 미칠 수 있다. 또한 이윤을 국외로 이동시킬 유인을 발생시키고, 부담이 노동에 부분적으로 전가될 때 보다 낮은 임금을 초래할 수 있다.

추가적으로 기업들은 절세계획(tax planning)을 더 시도하게 되고 조세피난행위를 하게 된다. 이는 법인세 수입에 더 많은 압력을 주게 된다. 법인은 법인소득세 체계 내에서 구조적인 규칙을 이용함으로써 소득을 피난시킬 수 있다. 이러한 중요한 규칙의 변화는 정부의 법인세 수입을 보호하면서 근본적인 법인세개혁을 필요로 한다.

결과적으로 법인세 수입에 관한 두 가지 가능성이 있다. 법인세원을 확대시키지 않고 세율을 인하하면 법인세로부터 받은 세 수입은 줄어들 것이다. 또는 세 수입을 늘리기 위한 압력은 법률상의 세율인하에 제동을 걸 것이다. 사실 법인소득세율의 인하는 법인 설립 유인을 제공하면서 개인소득세 수입의 하락을 초래할 수 있다. 한편 법인세율의 인하는 서서히 진행될 것이지만 법인소득세로부터 상당한 세 수입을 거두어들이는 데 익숙해진 각국의 정부는 이를 기꺼이 포기할 것 같지는 않다.

제10장

소비세

제 1 절 서序

소비세는 두 가지 형태가 있는데 일반적인 소비에 대한 조세(부가가치세 및 소매판매세)와 특정 상품 및 서비스에 대한 조세(물품세, 우리나라의 개별소비세)이다.

1980년대 중반 이래 부가가치세(VAT 또는 재화와 서비스세(Good and Service Tax, GST))는 세 수입과 지리적 범위의 측면 모두에서 주요 소비세가 되고 있다. VAT 제도는 생산 과정과 국제거래에서 폭넓게 중립적 과세이며 상대적으로 성장 친화적 조세이다. 그 결과, 많은 국가들은 재정 건전성 전략의 일환으로 VAT에서 나오는 추가적인 세 수입을 높이기 위해 노력하고 있다. 현재 160개 국가는 부가가치세를 채택하고 있고 34개 OECD 회원국 중 33개국이 이를 채택하고 있지만 미국만 부가가치세를 채택하고 있지 않다. 단지 미국은 대부분의 주에서 소매판매세의 형태를 사용하고 있다.

물품세는 특정 범위의 생산물에 부과되고 종가세로 부과되기도 하지만 생산물의 무게, 양, 도수 등과 같은 다양한 특징에 기반을 두어 산정되고 있다. 일반적으로 술, 담배, 연료 등에 부과되고 있지만 세원과 산정방법, 그리고 세율은 지역 문화와 역사적인 관행 등으로 인해 국가 간에 상당한 차이가 있다. 또한 물품세는 점차적으로 건강과 환경목적을 위해 소비자행동에 영향을 미치는 데 사용되고 있다.

본 장의 구성은 다음과 같다. 제2절에서 소비세의 배경적인 설명으로 소비과세 근거, 소비세 동향 등을 다룬다. 제3절은 외국의 개편동향과 함께 일본의 소비세 인상사례와 OECD 및 EU의 부가가치세 관련 논의사항을 다루었다. 제4절은 이미 조세론에서 다루었지만 부가가치세의 주요 특징을 서술하였다. 제5절에서는 부가가치세하의 주요 정책선택으로 공평성 관점에서 유럽 국가들에서 시행하고 있는 경감세율 적용사례와 이에 대한 문제점을 OECD 보고서를 통해 확인하고 우리나라의 면세제도의 문제점을 지적하고 그리고 조세정책의 방향에 대해 다루었다. 제6절은 우리나라의 개별소비세에 해당하는 물품세를 설명하였다. 제7절에서는 대안적인 소비과세로서 과거에 주장되었던 지출세를 상세히 다루었고 대안적인 세원으로서 부가가치세의 확대에 따른 다양한 효과를 설명하였다. 제8절은 우리나라의 소비세정책의 주요사항으로 간이과세제도, 매입자납부제도 등을 다루었다.

제 2 절 배 경

1. 소비과세 근거

일반소비세는 생산자와 소비자선택을 왜곡하는 개별소비세에 비해 보다 나은 경제적 원리를 갖고 있지만 20세기까지 일반소비세를 도입하기 위한 행정상의 전문지식이 충분치 못하였다. 1960년대 후반이 돼서야 중립성에 가까운 일반소비세가 될 수 있는 세무행정이 기술적으로 갖추어지게 되었다. 비록 거의 모든 나라에서 부가가치세가 복수세율이나 면세(exemption)로 인해 중립성이 달성되지 못하지만 일반적으로 중립적인 일반소비세에 가장 근접한 것으로 받아들여지고 있다.

개별소비세(selective consumption tax)는 생산자와 소비자 선택에 중립성 원칙을 위반한다. 대체로 선별적인 과세상품에 대한 수요가 상대적으로 비탄력적이고 밀접한 대체재가 없다. 개별소비세 부과의 정당성은 술, 담배, 에너지, 도박과 같은 상품의 과잉소비에서 발생하는 손실(예를 들어 건강)을 줄이고 또한 에너지 소비로부터 발생하는 오염으로부터 환경을 보호하려는 목적을 갖고 있다.

과거 커피, 설탕, 소금, 고기와 같은 상품에 과세하는 '소액(nuisance)' 소비세는 세 수입을 거두기 쉽고 징수비용도 적으며 해도 없는 점을 제외하고는 어떠한 정당성을 찾는 것은 어렵다.

EU에서 옹호하는 다양한 종류의 에너지세는 일부의 EU국가들에서 채택되었고 일부의 나라들은 도입을 고려 중이다. 에너지세는 지구온난화를 줄이는 수단으로 명백한 근거를 갖고 있지만 현재 그것을 부과하고 있는 나라에서 일부 기업들의 경쟁력을 악화시키는 단점이 있다. 또한 환경세(green tax)를 통한 세 수입을 확충하려는 잠재력은 매우 미미하다. 환경세를 적용하는 가장 효율적인 방식에 관한 문제는 이 책의 범위 밖이어서 다루지 않는다.

2. 분류와 용어

OECD 분류에서 조세는 5가지 범주로 분류하고 있다. 즉, 소득, 이윤과 자본이득에 대한 과세(1000), 사회보장기여금(2000), 급료와 노동에 대한 조세(3000), 재산에 대한 조세(4000), 상품과 서비스에 대한 조세(5000)(OECD, 2014c)이다.

소비세는 '생산, 판매, 이전, 리스, 상품과 서비스의 이전에 대한 과세'로 두 개의 하위 범주로 나눠진다. 상품과 서비스에 대한 일반과세로 부가가치세(5111), 판매세(5112), 기타(5113)이며 특정 재화와 서비스에 대한 조세로 개별소비세(5121), 관세(5123), 그리고 특정서비스에 대한 조세(5216: 예를 들어 보험료와 금융서비스에 대한 조세)로 분류된다.

일반소비세는 상대적으로 넓은 범위의 재화와 서비스에 부과되는 조세이고 음주, 흡연, 운전(motoring) 활동에 부과되는 개별소비세와 구별된다. 일반소비세 중 단단계세(single-stage tax)와 다단계세(multi-stage tax) 간에 구분이 필요한데, 단단계세는 생산이나 분배 순환의 어느 한 곳에서만 과세(즉, 제조업자에서 도매업에게 판매(MST), 도매업자에서 소매업자에게 판매(WST) 또는 소매업자에서 소비자에게 판매(RST))한다. 반면 다단계세는 생산물이나 그 생산요소가 제조업자-도매업자-소매업자 순환과정에서 판매될 때 과세된다. 다단계세는 누적적 다단계세(cascade tax)와 비누적적인 부가가치세(VAT)로 구분된다. 전자는 거래업자가 그들의 구매에 지불한 세금을 공제받지 못하는 것이고 후자는 구매과정에서 낸 세금은 후속적으로 다른 거래업자나 또는 소비자에게 재판매하는 거래업자에게 환급된다는 점에서 차이가 있다.

3. 소비세의 동향

(1) 동 향

소비세는 2012년 기준 OECD 회원국의 조세 수입 중 평균적으로 약 31%를 차지하고 있고 2012년 기준 소비세 세수 중 약 3분의 2 정도는 일반소비세이며 나머지는 물품세로 구성되고 있다.

OECD 회원국 34개국 중 28개국이 일반 소비세 수입이 총세수입의 15% 이상을 차지하고 있다. 1965년 이래 OECD 회원국에서 GDP 중 일반소비세 비중이 3.2%에서 6.9%로 두 배 상승하여 2012년 총조세수입의 20.2%를 차지하고 있다(1965년에는 11.9%).[1]

[그림 10 - 1] 총조세 대비 평균 세 수입(범주별, 2012년)

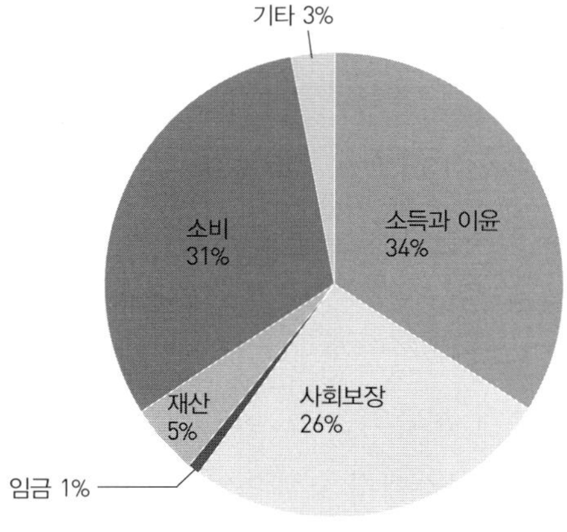

자료: OECD, *Consumption tax trend*, p. 16, 2014.

1 2000~2012년 체코공화국, 핀란드, 헝가리, 한국, 룩셈부르크, 멕시코, 뉴질랜드, 포르투갈, 스웨덴, 영국의 일반소비세가 GDP 중 차지하는 비중이 증가(0.5% 이상)하였다.

[그림 10-2] 총조세 중 소비세 구성 비중

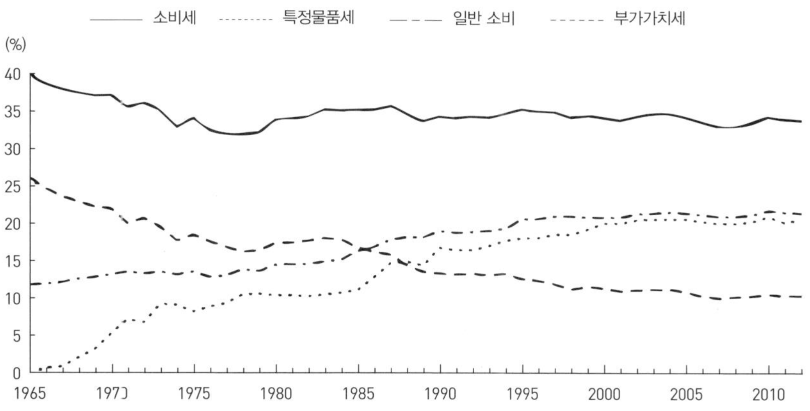

자료: OECD, *Consumption tax trend*, p. 17, 2014.

소비세의 구성을 보면 근본적으로 변화를 가져왔는데 부가가치세의 급격한 증가와 특별한 재화와 서비스에 부과하는 개별소비세는 감소하는 추세이다(멕시코와 터키만이 여전히 이들 조세에서 세 수입의 34.9%와 22.4%를 징수하고 있다).

부가가치세의 확산은 지난 반세기 동안 조세체계의 가장 중요한 변화였다.

[그림 10-3] 부가가치세 채택국가(1960~2014년)

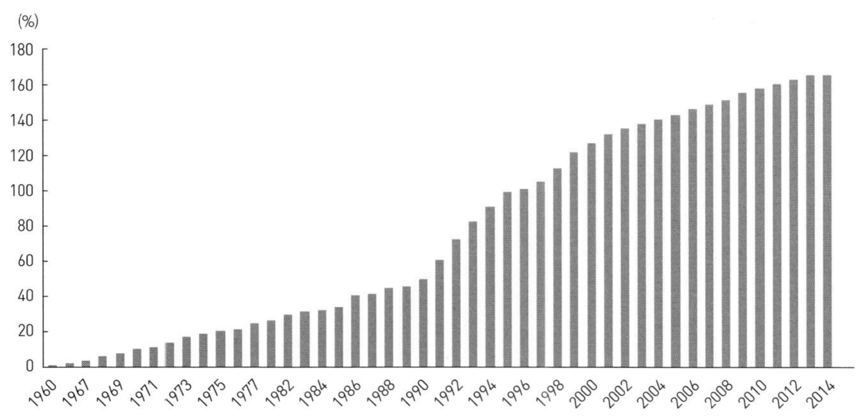

자료: OECD, *Consumption tax trend*, p. 18, 2014.

1960년대 후반에 10개 이하의 국가들이 채택하였지만 오늘날에는 160개국 이상이 채택하고 있어 중요한 세 수입 원천이 되었다.

(2) 소비세의 연혁

특정 상품에 부과하는 소비세(물품세)는 가장 오래된 과세 형태이고 부가가치세는 최근의 형태이다. 제2차 세계대전 이후 1960년대경까지 상대적인 세 수입의 하락과는 별개로 소비세 수입의 원천은 소비습관의 변화 결과로 극적으로 변경되었지만 담배와 알코올음료는 많은 세 수입을 제공했다.

일반소비세는 제2차 세계대전 중에 독일과 프랑스에서 동시에 도입하였고 그 후 이탈리아, 벨기에, 오스트리아 등이 도입하였다. 이들 5개국의 일반소비세는 누적적 다단계세(cascade tax)형태였다. 1930~1965년 사이에 많은 다른 국가들도 도입하였는데 대체로 단일 단단계판매세 형태를 취했다. 어떤 나라는 제조에, 어떤 나라는 도매에, 또 어떤 나라는 소매 단계에 부과하였다.

1960년대에 부가가치세로 전환은 2가지 이유에서 나왔다. 첫째, 원래 로마협약(The Treaty of Rome)의 6개국(벨기에, 프랑스, 독일, 이탈리아, 룩셈부르크, 네덜란드)은 모두 다단계 일반소비세 형태를 취하고 있었는데 운영상의 편리성이 있어 보였지만 프랑스를 제외한 모든 다른 나라에서 시행하고 있는 누적적 다단계세체계는 실제로 많은 결함을 보였고 부가가치세의 도입이 분명한 개선을 가져온다고 보았다. 따라서 1960~1970년대 사이에 (프랑스를 제외한) 상기 5개국 모두는 부가가치세로 이동하게 되었다. 둘째, 스칸디나비아 국가들은 부가가치세가 기존의 단단계도매세(덴마크), 소매세(노르웨이와 스웨덴)보다 월등하게 더 많은 세 수입을 가져다줄 것으로 보았다. 동시에 사회후생에 필요한 재원을 위해 1960년대 후반에 일어나고 있었던 개인소득세에 대한 의존을 줄이기를 원하던 이들 정부는 부가가치세 도입이 필요한 것으로 보았고 이에 따라 1967~1970년 사이에 순차적으로 채택하게 되었다. 1970년대에 아일랜드와 영국은 EC(European Community)에 가입하려 했고 가입을 위해서는 부가가치세의 채택이 의무적이었다. 또한 매우 좁은 범위의 알코올음료, 담배, 자동차 연료에 과도하게 의존하던 그들의 이전 소비세의 결함에 대한 인식도 역할을 하게 되었다. 1980년대에 그리스, 포르투갈, 스페인이 EU 회원 조건으로 부가가치세를 도입하였고 1990년대에는 캐나다, 일본, 스위스 등의 나라들이 도입하게 되었다. 반면 미국만이 유일하게 부가가치세를 도입하지 않았다.

제 3 절 외국의 개편 동향

1. 세율인상

(1) OECD 국가들의 부가가치세 인상 추이

최근 OECD 회원국 가운데 유럽 국가를 중심으로 재정적자 해소를 위해 부가가치세가 인상되는 추세를 보이고 있다. 2008년 글로벌 경제위기 이후 각국은 재

[그림 10-4] 각국의 GDP 대비 소비세 증세계획 비교

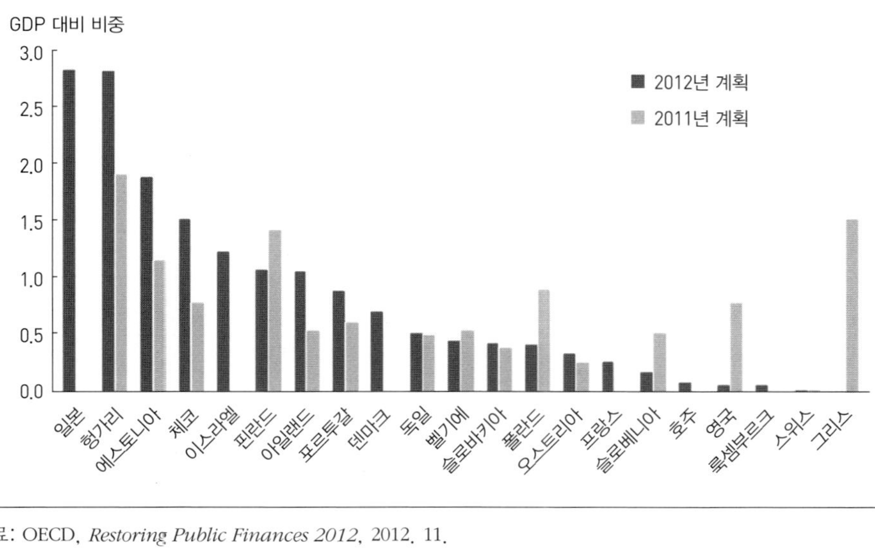

자료: OECD, *Restoring Public Finances 2012*, 2012. 11.

〈표 10-1〉 최근 OECD 국가들의 부가가치세 표준세율 변화 추이

(단위: %)

	2009	2010	2011	2012	2013	2014	2015	2016	변동 유무
호주	10.0	10.0	10.0	10.0	10.0	10.0	10.0	10.0	유지
오스트리아	20.0	20.0	20.0	20.0	20.0	20.0	20.0	20.0	유지
벨기에	21.0	21.0	21.0	21.0	21.0	21.0	21.0	21.0	유지
캐나다	5.0	5.0	5.0	5.0	5.0	5.0	5.0	5.0	유지
칠레	19.0	19.0	19.0	19.0	19.0	19.0	19.0	19.0	유지
체코	19.0	20.0	20.0	20.0	21.0	21.0	21.0	21.0	인상
덴마크	25.0	25.0	25.0	25.0	25.0	25.0	25.0	25.0	유지
에스토니아	18.0	20.0	20.0	20.0	20.0	20.0	20.0	20.0	인상
핀란드	22.0	22.0	23.0	23.0	24.0	24.0	24.0	24.0	인상
프랑스	19.6	19.6	19.6	19.6	19.6	20.0	20.0	20.0	인상
독일	19.0	19.0	19.0	19.0	19.0	19.0	19.0	19.0	유지
그리스	19.0	19.0	23.0	23.0	23.0	23.0	23.0	23.0	인상
헝가리	20.0	25.0	25.0	27.0	27.0	27.0	27.0	27.0	인상
아이슬란드	24.5	25.5	25.5	25.5	25.5	25.5	24.0	24.0	인하
아일랜드	21.5	21.0	21.0	23.0	23.0	23.0	23.0	23.0	인상
이스라엘	15.5	16.0	16.0	16.0	17.0	17.0	18.0	17.0	인상
이탈리아	20.0	20.0	20.0	21.0	21.0	22.0	22.0	22.0	인상
일본	5.0	5.0	5.0	5.0	5.0	5.0	8.0	8.0	인상
한국	10.0	10.0	10.0	10.0	10.0	10.0	10.0	10.0	유지
라트비아	21.0	21.0	22.0	22.0	21.0	21.0	21.0	21.0	유지
룩셈부르크	15.0	15.0	15.0	15.0	15.0	15.0	17.0	17.0	인상
멕시코	15.0	16.0	16.0	16.0	16.0	16.0	16.0	16.0	인상
네덜란드	19.0	19.0	19.0	19.0	21.0	21.0	21.0	21.0	인상
뉴질랜드	12.5	12.5	15.0	15.0	15.0	15.0	15.0	15.0	인상
노르웨이	25.0	25.0	25.0	25.0	25.0	25.0	25.0	25.0	유지
폴란드	22.0	22.0	23.0	23.0	23.0	23.0	23.0	23.0	인상
포르투갈	20.0	20.0	23.0	23.0	23.0	23.0	23.0	23.0	인상
슬로바키아	19.0	19.0	20.0	20.0	20.0	20.0	20.0	20.0	인상
슬로베니아	20.0	20.0	20.0	20.0	20.0	22.0	22.0	22.0	인상
스페인	16.0	16.0	18.0	18.0	21.0	21.0	21.0	21.0	인상
스웨덴	25.0	25.0	25.0	25.0	25.0	25.0	25.0	25.0	유지
스위스	7.6	7.6	8.0	8.0	8.0	8.0	8.0	8.0	인상
터키	18.0	18.0	18.0	18.0	18.0	18.0	18.0	18.0	유지
영국	15.0	17.5	20.0	20.0	20.0	20.0	20.0	20.0	인상
미국	–	–	–	–	–	–	–	–	–
평균	17.6	18.0	18.5	18.7	18.9	19.0	19.2	19.2	

주: 변동유무는 2009년 대비 2016년 현재의 변동유무를 나타냄

자료: OECD, *Consumption Tax Trends 2016*, 2016을 토대로 국회예산정책처 정리 인용

정건전화정책을 통해 재정수입 증대방안(revenue enhancement measures)을 내놓았으며, 이 가운데 회원국의 75% 이상이 소비세를 증세 대상으로 하였다.

OECD 국가들의 평균 부가가치세율은 2009년 이후 인상되는 추세를 보여 5년간 1.6% 포인트 인상되었다. 평균 부가가치세율은 2009년 17.6%에서 2016년 19.2%로 인상하였다.

부가가치세가 없는 미국을 제외한 총 34개국 가운데 22개국이 2009년보다 부가가치세 표준세율이 인상되었으며, 12개국은 종전세율을 유지하고 있다. 아이슬란드는 2016년 24%로 2009년 대비 0.5% 포인트 인하하였다.

부가가치세율을 인상한 22개국들은 2009년부터 2016년까지 평균적으로 2.4% 포인트 인상하였다. 2009년 대비 2016년 부가가치세 표준세율의 인상 폭이 최대인 국가는 헝가리로 7% 포인트 인상되었으며 스위스와 프랑스가 0.4% 포인트로 인상 폭이 최소였다.

(2) 일본의 소비세 인상 사례

최근 OECD 국가들 가운데 복지재정 확충 및 재정건전화를 목적으로 부가가치세의 세율을 인상한 사례가 있으며, 그 대표적인 국가가 일본이라 할 수 있다.

일본은 1990년대 이후 저출산·고령화의 급속한 진전에 따라 사회보장 관련 비용 중심으로 세출은 크게 증가한 반면, 세 수입 감소로 재정적자가 확대되어 소비세 인상을 포함한 세수증대의 필요성 제기되었고 소비세는 기간세목 가운데 세수입이 비교적 안정적이며, 국민 전체가 넓게 부담하는 세목으로 사회보장 재원에 적합하다는 인식이 있었다.

2. OECD 및 EU의 부가가치세 관련 논의

(1) OECD의 국제거래에 대한 부가가치세 가이드라인[2]

2015년 11월 개최된 OECD 부가가치세 관련 국제회의(Global Forum on VAT)에서는 100여 개 이상의 국가 대표들이 국제거래에서의 부가가치세 문제에 대한 국제적 기준으로 OECD International VAT/GST Guidelines를 지지하였다. 동 가이드라인에서는 국제거래에서의 재화와 용역의 공급에 대한 과세원칙과 부가가치세 징수방법에 대한 권고사항을 다루고 있다. 또한 동 가이드라인은 부가가치세 과세체계에 대한 근본적인 원칙과 기준을 제시하는데 목표는 제시되어 있으나 개별 국가들의 관련 세법 설계에 대한 세부적인 사항은 다루지 않고 있다.

경제의 글로벌화가 진행됨에 따라 여러 국가의 서로 다른 부가가치세 체계의 상호작용이 급증하면서, 국제거래에 있어 부가가치세의 이중과세 또는 이중비과세 위험이 증가함에 따라 OECD는 1990년대 후반부터 해결방안을 강구하였다. OECD는 1998년 Ottawa Taxation Framework Conditions 채택을 시작으로 'Consumption Tax Guidance Series'를 거쳐 OECD 부가가치세 가이드라인 프로젝트를 착수하게 되었다. OECD 부가가치세 가이드라인은 일관성이 결여된 국제 부가가치세 과세체계로 인한 이중과세 또는 이중비과세의 위험과 불확실성의 최소화라는 목표하에 가장 일반적 형태의 국제 용역 및 무형자산 거래에 초점을 맞추어 부가가치세 과세원칙을 제시하고 있다. 이는 국제거래에서의 부가가치세 과세문제와 관련하여 기준이 되는 원칙으로 소비지과세 원칙(destination principle), 중립성, 효율성, 확실성과 단순성, 효과성과 공정성, 그리고 유연성을 제시하였다. 이를 간략히 살펴보면 다음과 같다.

첫째, 소비지과세 원칙은 소비자의 최종소비를 과세대상 거래로 하는 부가가치세 측면에서 원산지과세 원칙(origin principle)이 아닌 소비지과세 원칙이 이론과 실무 측면에서 보다 적합하다고 보고 있다. 둘째, 중립성 원칙은 비즈니스 관련 의사결정은 세무상 고려사항보다는 경제적 관점에 기반을 두어 이루어져

2 한국조세재정연구원 해외조세동향 자료

야 하며, 이를 위해 비교 가능한 상황의 유사한 거래는 유사한 조세를 부담하도록 해야 한다는 것이다. 셋째, 효율성 원칙은 기업들의 납세협력비용과 과세당국의 행정비용은 가능한 최소화되어야 하며, 넷째, 확실성과 단순성 원칙은 부가가치세 규정은 명확하고 단순하여 납세자가 거래에 앞서 부가가치세가 언제, 어디서, 어떤 방식으로 과세되는지 알 수 있어야 한다. 다섯째, 효과성과 공정성 원칙은 부가가치세 과세는 적절한 때에 정확한 금액으로 징수되어 조세포탈이나 회피 가능성을 최소화할 수 있어야 한다. 여섯째, 유연성 원칙은 부가가치세 과세체계는 유연하여 비즈니스의 기술과 상업적 발전에 보조를 맞출 수 있어야 한다.

(2) EU의 부가가치세 단일시장 확립을 위한 부가가치세 실행계획[3]

유럽연합 집행위원회(European Commission, EC)는 2016년 4월 7일 EU 차원의 부가가치세 단일시장 확립을 위한 실행계획(VAT action plan)을 발표하였는데 부가가치세 단일시장은 재화의 자유로운 이동과 불공정경쟁을 야기하는 장벽을 제거하는 장치로 EU의 고용, 성장, 투자, 경쟁력 강화를 위한 핵심요소이다. 현재 EU의 부가가치세 체계는 글로벌 디지털경제 등 지속적으로 변화하는 새로운 환경에 대응하지 못하여, 납세자에게 불필요한 납세협력 부담을 지우거나 탈세의 기회를 제공하는 등의 문제점이 존재하고 있었다.

부가가치세 실행계획은 다음의 4가지 영역으로 구분되는데 최근 현안에 대한 정책계획, 부가가치세 조세격차(VAT gap) 해소를 위한 긴급조치, 부가가치세 조세격차 해소를 위한 중기계획, 그리고 부가가치세 세율정책의 현대화이다.

최근 현안에 대한 정책계획은 전자상거래를 위한 부가가치세 장벽 제거와 중소기업을 위한 부가가치세 패키지를 주된 내용으로 하고 있다. 전자상거래와 관련해서는 부가가치세 납세협력 편의를 위한 간소화제도 도입, 단일 부가가치세 세무조사, 비EU 회원국으로부터 수입한 소량재화에 대한 면세 제외 등이다. 대기업에 비해 상대적으로 높은 부가가치세 납세협력비용을 부담하는 중소기업을

3 한국조세재정연구원, 『주요국의 조세동향』, 2016년 제1호, pp. 74-75, 2016. 7.

위한 간소화 패키지를 도입하고 있다.

부가가치세 조세격차 해소를 위한 긴급조치로는 EU 회원국 및 비EU 회원국 간의 조세협력 강화와 조세행정 효율화, 조세징수 효과성 제고 등에 대한 계획을 마련하기로 하였다.

부가가치세 조세격차 해소를 위한 중기 계획으로는 EU 지역 내의 국제거래와 EU 회원국 내의 거래에 대한 무차별화를 통한 단일시장 확립계획이 제시되었다.

부가가치세 세율의 현대화와 관련해서는 현행 EU 부가가치세 지침에 대한 변경안으로 다음의 두 가지 대안을 제시하였는데 현행 최소 일반세율인 15%와 경감세율 대상 목록을 유지하되, 정기적으로 경감세율 대상 목록을 검토 및 수정하는 것이고, 유해조세경쟁을 방지하는 범위 내에서 각 EU 회원국의 부가가치세 세율 결정권한을 강화하기로 하였다.

상기의 부가가치세 실행계획에 대한 구체적인 사항은 2016년과 2017년 사이에 각 항목별로 제시될 계획이다.

(3) EU의 부가가치세 조세격차 보고서[4]

유럽연합 집행위원회는 2016년 9월 6일 『EU 부가가치세 조세격차 보고서』를 발표하였다. 보고서는 EU 회원국의 2014년 부가가치세 조세격차 현황과 분석 관련 내용을 담고 있다.

본 보고서에 따르면 2014년 EU 27개 회원국의 부가가치세 격차는 2011년 이후 처음으로 감소한 1,595억 유로로 추정하고 있다. VTTL(VAT Total Tax Liability)은 1조 1,363억 유로, 부가가치세 징수액은 9,769억 유로로 VTTL 대비 부가가치세 격차는 14.06%로 추산하고 있다. 2013년 대비 약 25억 유로의 부가가치세 격차가 감소하였으며, 이는 전년 대비 0.69% 포인트의 조세격차 감소를 의미한다.

4 한국조세재정연구원, 『주요국의 조세동향』, 2016년 제2호, pp. 143-144, 2016. 12.

또한 경기회복 추세, 안정적인 부가가치세제도, 납세순응을 위한 장치 도입 등이 조세격차 감소에 긍정적인 영향을 끼친 것으로 파악하고 있다. EU 회원국의 절반 이상에서 10.4% 미만의 부가가치세 격차를 보이고 있다. 스웨덴(1.24%), 룩셈부르크(3.80%), 핀란드(6.92%) 등에서 가장 적은 부가가치세 격차를 보였지만, 루마니아(37.89%), 리투아니아(36.84%), 몰타(35.32%) 등에서는 상대적으로 높은 부가가치세 격차가 존재하고 있다.

(4) EU의 부가가치세 지침(VAT Directive) 개정안[5]

유럽연합 집행위원회는 2016년 12월 1일 EU의 부가가치세 지침 개정안을 공개하였는데 동 개정안은 2015년 EC가 발표한 'EU의 디지털 단일시장을 위한 전략(strategy for the EU digital single market)'의 일환으로, EU의 국제 전자상거래 관련 부가가치세 체계의 현대화를 위한 방안을 제시하고 있다.

본 개정안은 EU의 전자상거래를 활성화하고 디지털 비즈니스의 공정경쟁을 제고하는 한편 VAT 탈세 방지를 위한 구체적인 방안을 제안하였다. 각 EU 회원국이 'One Stop Shop'이라는 온라인 포털을 구축하여 국제 상거래 사업자의 VAT 신고·납부의무 이행 편의를 도모하며 연간 온라인 국제거래 매출이 1만 유로 이하인 소규모 사업자와 관련 연간 매출액이 10만 유로 이하인 중소기업의 경우, 관련 국제공급을 국내거래로 간주하여 소비자의 거주지국이 아닌 사업자의 거주지국에서 VAT를 신고·납부하도록 하였다. 비EU 사업자의 EU 내 소액재화 공급에 대한 VAT 면세제도를 폐지하여, EU 내 사업자와 비EU 사업자 간의 공정경쟁을 제고하고 일반 서적 및 출판물에 적용하는 VAT 경감세율을 전자서적 등 전자출판물에도 동일하게 적용하여 전자출판물 거래를 활성화하였다.

5 한국조세재정연구원, 『주요국의 조세동향』, 2016년 제2호, pp. 151-153, 2016. 12.

제 4 절 부가가치세의 주요 특징

1. 부가가치세와 소매판매세 비교

부가가치세의 운영방식에 다양한 차이가 있지만 OECD 국제 VAT/GST 가이드라인(OECD, 2014a)은 다음과 같은 주요 특징을 보여주고 있다.

첫째, 최종소비세(tax on final consumption)로서 VAT의 최종적 담세자는 사업체가 아닌 최종소비자인 개인이며, 사업자는 거래 단계마다 VAT를 거래징수하지만 실제로 이를 부담하지는 아니한다는 것이다.

둘째, 단계별 거래징수(the staged collection process)로서 거래의 각 단계마다 발생하는 부가가치 부분에 대해 VAT가 부과된다는 것으로, 산출물(output)과 투입물(input)의 차이에 해당하는 부분에 대해 부가가치세가 적용된다.[6]

셋째, 중립성(neutrality)으로서 최종소비자를 제외하고 거래의 모든 단계에서 매입세액에 대한 공제를 인정함으로써, 재화의 종류, 공급망 구조, 인도(delivery) 방식 등에 무관하게 VAT가 중립적으로 적용되도록 하는 것이다.

소매판매세(retail sales tax)는 최종판매가액에 대해 한 번만 과세되는 특징이 있으며, 이론적으로는 VAT 징수효과와 동일하나 실제적으로는 세수확보에 불리한 면이 있는 것으로 인지되고 있다. 소매판매세는 판매망의 최종 단계에서 최종소비자에게 판매되는 경우에만 과세되며, 사업자가 물품을 구매할 경우에는 소매판매세를 부담하지 않기 위하여 판매자에게 소매확인증(resale certificate)을 제시한다. 소매판매세의 과세표준은 판매가격이며, 이론적으로는 소매판매세와 VAT는 모두 최종판매가액에만 적용된다는 점에서 동일하다.

그러나 현실적으로는 세금징수 측면에 있어서 소매판매세는 VAT와는 상당히 다른 양상을 나타내며 운영상 어려움이 존재한다. 즉, 각 거래단계마다 징수하는

6 이 점에서 최종판매시점에만 부과되는 단단계를 통한 소비를 과세하는 소매판매세(retail sales tax)와 다르다.

VAT와는 달리 소비판매세는 최종 단계에서만 징수하기 때문에, 소규모 소매상(retailer)들의 납세 협조나 증빙 제출 등이 미진할 경우 세수확보에 어려움이 클 수 있다. 또한 거래의 초기 단계에서부터 세수가 유입되는 VAT에 비해 소매판매세는 세수의 조기 확보에 다소 불리하다.

현재 OECD 회원국 중 미국만이 유일하게 소매판매세를 소비세의 주요 재원으로 활용하고 있으나, 이는 연방세가 아닌 주세(state tax)로 운영되고 있다.[7]

2. 부가가치세와 국제거래-소비지국 과세원칙 the destination principle

부가가치세의 국제적인 적용과 관련된 경제정책의 기본적인 문제는 '소비지국 과세원칙(destination principle)'을 적용하느냐 '원천지국 과세원칙(origin principle)'을 적용하느냐이다. 소비지국 과세원칙에 따르면 VAT는 최종 소비가 이루어지는 국가에서만 과세되는 반면에 원천지국 과세원칙 아래에서는 부가가치가 생성되는 여러 국가들에서 VAT가 과세된다.

소비지국 과세원칙 아래에서는 수출거래는 VAT 영세율이 적용되며 수입거래에 대해서는 국나 거래와 마찬가지로 VAT가 적용되어서 국제거래에서의 중립성을 확보할 수 있다.

반면, 원천지국 과세원칙 아래에서는 기본적으로 수출국에서 VAT를 과세하고 수입국에서는 일종의 매입세액공제를 부여하는 방식으로 운영되는데, 이는 공급망의 구조 및 지역적 소재 등에 따라 과세체계가 영향을 받을 수 있으므로 국제거

7 현재 45개 주에서 이용되고 있다. 소매판매세는 모든 주에서 기능적으로 동일한 '사용세'(주 밖의 판매자로부터 구개한 상품에 세금을 부과)로 보완하고 있다. 왜냐하면 판매세를 시행하는 주는 주 밖의 판매에 대해 세금을 부과하지 못하므로 구매를 하고 이용에 대한 보완적인 과세를 하기 때문이다. 주 정쿠의 판매세 세율은 알래스카(local) 1.69%에서 루이지애나 8.89%까지 다양하다. 미국에서 시행 중인 판매세와 사용세는 특히 주 간, 그리고 국가 간 거래에서 상당한 경쟁압력을 받기 쉽다. 대법원은 물리적으로 구매자의 주에 있지 않는 주 간 판매에 대해 주 정부는 판매자에게 징수하지 못한다고 판결하였다. 그러므로 주 정부는 효과적으로 멀리 떨어진 주 간 판매에 사용세를 준수할 수 없게 되었다. 최근 인터넷과 온라인 거래의 출현으로 이러한 문제는 점차적으로 중요하게 문제가 되고 있다.

래에서의 중립성을 훼손할 여지가 있다.[8]

이러한 이유로 이론 및 실무적 관점 모두에서도 소비지국 원칙이 선호되며 실제로 OECD 및 WTO 규범 등 국제 기준상으로도 소비지국 원칙을 채택하고 있다. 소비지국 과세원칙이 일반적으로 용인된 국제기준이기는 하나 실제 적용 과정에서 발생하는 문제점들도 존재한다. 첫째, 국경 간 거래에서 수출상품에 대해 VAT를 면제하는 시스템을 악용하여 VAT를 탈루할 위험이 존재한다. 둘째, 최종 소비지국 과세의 원칙을 실행하는 과정에서 각 국가들마다 제도적 특성이 일부 상이하여 이중과세나 의도치 않은 이중비과세가 발생할 가능성이 있어 기업과 세무행정 모두에 불확실성을 만들어낼 수 있다.

소비지국 과세원칙에 따라 재화의 경우 공급이 이루어진 장소가 소재한 국가에서 과세되는데, 일부 소액상품의 수입거래에 대한 면세제도의 검토가 필요하다. 유형의 자산(tangible property)으로서의 특성을 가진 재화의 경우 거래가 이루어지는 시점에 당해 재화가 소재한 장소를 '재화의 공급 장소'로 간주하며, 이를 바탕으로 재화의 소비지국을 결정하는 것이 일반적인 국제기준이다. 따라서 재화의 수출거래에 대해서는 판매지국에서 과세하지 아니하며 수입국에서 과세하는 것이 기본 원칙이다. 통상적으로 수입국에서는 일정 기준 이하의 소액상품 수입에 대해서 VAT를 면제하는 제도를 운영하고 있다. 대부분의 OECD 회원국이 해당 제도를 운영 중이며 소액 면제 기준점은 각국마다 상이하다(예: 덴마크의

8 예를 들어, 한국과 중국이 무역을 할 때, 한국의 부가가치세율이 10%, 중국이 20%라고 한다면 한국에서 중국으로 수출하는 물품에는 10%를 생산국인 한국에서 과세하고, 중국에서 한국으로 수입하는 물품은 역시 생산국인 중국에서 20% 과세하게 된다. 원천지국 과세원칙을 적용할 경우 중국과 한국에서 각각 옷을 수출입하는 경우를 가정해 보면(옷 가격은 동일 가정) 한국 옷 1,000원어치는 중국에서 1000+1000×10%(부가가치세율)로 1,100원에 팔리고 중국 옷 1,000원어치는 중국에서 1000+1000×20%로 1,200원에 팔린다. 중국 옷 1,000원어치는 한국에서 1000+1000×20%로 1,200원에 팔린다. 한국 옷 1,000원어치는 한국에서 1000+1000×10%로 1,100원에 팔린다. 이렇게 보면 두 경우 다 한국이 경쟁에서 유리한 결과를 초래한다.
반면 소비지국 과세원칙을 적용하면 중국 옷과 한국 옷은 한국에서는 둘 다 동일하게 한국의 세율을 적용받기 때문에 1,100원에 팔리고, 중국에서는 똑같이 1,200원에 팔린다. 따라서 소비지국 과세원칙에 따라 수출하는 재화는 영세율을 적용받고, 수입하는 재화는 내국 물품과 동일하게 부가가치세를 과세하게 된다.

경우 9미국달러, 호주는 650미국달러, 우리나라는 기존 총과세가격(물품가격+운송료+보험료) 15만 원 이하에서 물품가격 150달러 이하로 변경되어 소액면세 한도가 상향되었다). 이러한 제도는 소액 수입거래에 대한 VAT 부과로 인한 세수 확보 정도와 그에 따른 행정적 비용을 비교하여 각 국가마다 적절한 선에서 결정한 것이다.

최근 인터넷 상거래의 활성화로 인해 소액 면제제도의 적용 거래가 늘어나면서 VAT 세수확보에 위협이 되고 있으며, 이로 인해 각 국가의 소액 면제 기준점에 대한 재검토가 필요한 시점이다.

용역의 경우 용역의 제공 장소에서 소비지국 과세원칙을 적용하는 것이 일반원칙이나, 거래의 특성상 해당 장소를 일률적 기준으로 특정하는 것은 어려운 실정이다. 대다수 국가들의 VAT 규정상 용역의 범위를 별도로 특정하고 있지 않으며 '재화가 아닌 거래'를 용역으로 본다는 식으로 보충적으로 규정하고 있다. 이에 따라 무형자산 거래도 대부분 용역의 범위에 포함된다.

다양한 종류와 유형의 용역거래에 대한 공급장소를 결정하기 위하여 여러 가지 기준들이 사용되고 있는데 용역수행장소(place of performance of the service), 공급자의 실제 소재 장소(place of establishment of actual location of the supplier), 소비자의 거주지 또는 실제 소재 장소(the residence or the actual location of the consumer) 등이다.

최근 용역의 국제거래 및 무형자산 거래가 증가하면서 용역의 공급장소 결정이 복잡해지고 국가 간 용역에 대한 VAT 과세문제를 조율하는 것이 더욱 어려워지고 있다. 이에 대한 대응방안으로 OECD에서는 VAT에 대한 국제기준(International VAT/GST guidelines)을 준비하고 있다. 용역 및 무형자산의 국제거래에서 발생할 수 있는 이중과세 또는 이중비과세를 방지하는 것이 주요 목적 중 하나이다.

3. 부가가치세 탈루 문제 VAT fraud issue

VAT 납세의무 위반으로 인한 세수의 손실 규모가 증가하고 있으며 VAT 탈루 위험도 계속 늘어나는 추세이다. VAT 납세의무 미이행에 따른 세수의 손실이 증가하고 있으며, 이 문제에 대처하는 것이 각 국가들의 주요 과제가 되고 있다. EU의 경우 VAT 조세격차(법 규정에 따라 징수되었을 경우의 세 수입과 실제 확보된 세수 간의 차이)가 2000~2006년 동안에는 평균 약 12%, 2011년에는 약 20%(1,930억 유로)에 달하는 것으로 조사되었다(OECD, 2014).

납세 비협력으로 초래하는 부가가치세 수입의 손실은 다양한 요인들에 의해 발생하는데 조세회피 행위와 탈세행위 이외에 최근에는 부가가치세 체계에 범죄행위를 저지르는 추세가 우려되고 있다. 부가가치세 탈루의 가장 일반적인 형태는 이른바 폭탄업체(missing trader)[9]의 문제이다. 물품 판매 이후 부가가치세는 납부하지 않은 채 잠적하는 이른바 폭탄업체는 주로 고가의 재화(주로 컴퓨터 칩이나 휴대전화) 거래에 많이 사용되었으나, 최근에는 탄소배출권 거래 등 용역부문으로 확장되고 있다. 이러한 사기탈루 거래에 대한 대응 방안으로 매입자납부제도[10](reverse charge)의 적용이 확대되고 있다. 매입자 납부제도는 재화 또는 용역을 공급받는 자가 자신의 부가가치세를 과세당국에 직접 납부하는 것으로, 관련 사기·탈루 거래에 노출되기 쉬운 품목들을 위주로 국내 사업자 간의 B2B 거래에 활용되고 있다. 또한 VAT 등 간접세 분야에서도 국가 간 정보교환 등 공조를 강화하여 사기탈루 거래에 적극 대응하려는 움직임이 확대되고 있다. 이에 대한 상세한 설명은 후술한다.

---

9 폭탄업체란 유령업체를 세운 뒤 거래처로부터 받은 대금과 부가가치세 상당액을 현금으로 모두 빼낸 뒤 폐업하는 방식을 가리킨다.

10 우리나라에서는 2016년 10월부터 부가가치세 매입자 납부제도가 도입되었다. 철 스크랩 부가가치세 매입자 납부제도는 철 스크랩 거래 시 구매대금을 은행에 납부하고 은행에서 부가가치세를 제외한 거래대금을 지급하도록 하는 제도로 안정적인 대금 납부와 부가가치세 탈루를 방지하는 효과가 있다. 일반적으로 개인고물상으로부터 중간 철 스크랩 업체는 대기업 철강회사와 구좌업체에 납품을 한다. 이 과정에서 실제로 납품은 하지 아니하고 매입 세금계산서만 주고받고 실물 공급은 이뤄지지 않는 업체가 등장하는데 이는 철 스크랩 자료상(폭탄업체)이다. 한편 지난 2008년 금지금을 시작으로 2014년 구리 스크랩에 대한 부가세 매입자 납부제도가 도입됐으며 2015년 7월부터는 금 스크랩에도 적용이 확대되었다.

제 5 절 부가가치세하의 주요 정책선택

1. 부가가치세의 설계

기존의 부가가치세 체계를 검토할 때 고려할 중요한 사항은 많은 나라에서 시행하고 있는 다양한 부가가치세율의 구조이다.

현행 부가가치세를 시행하고 있는 나라들을 두 부류로 분류할 수 있다. 즉, 프랑스와 유럽 모델에 근거하여 부가가치세를 도입한 국가들과 상이한 부가가치세를 시행해온 국가들이다. 첫 번째 그룹의 국가들은 EU 회원국으로서 대체로 표준세율의 적용을 받는 세원이 다소 제한된 다양한 경감세율을 시행하고 있다. EU 회원국들은 2006 부가가치세 지령(directive)에 따라 표준세율의 경우 15% 이하는 허용되지 않고 최대 2개의 경감세율은 5% 이하가 허용되지 않는다.

두 번째 그룹은 훨씬 넓은 세원에 표준세율을 적용하고 있는 나라들이다(한국, 뉴질랜드, 호주, 캐나다, 싱가포르, 남아프리카 공화국). 뉴질랜드의 경우 1986년에 낮은 단일의 표준세율과 일부의 예외와 면세를 적용하는 개혁을 하였는데 그 결과 뉴질랜드는 OECD 회원국 중에서 가장 높은 부가가치세 수입비율을 기록하고 있다.[11] 한편 개도국들은 대체로 단일세율체계를 선호한다. 예를 들어 1990~1999년 부가가치세를 채택한 21개 아프리카 국가들은 단일세율체계를 가지고 있다. 2000년 이후 부가가치세를 채택한 9개의 아프리카 국가들 중 8개국이 단일 부가가치세 체계를 운영하고 있다. 표준세율 아래에서 보다 넓은 세원을 가진 나라들은 EU의 15%의 최저한보다 낮은 세율을 적용하고 있다(호주 10%, 캐나다 5%, 뉴질랜드 12.5%, 싱가포르 7%).

11 부가가치세 수입비율은 이론적으로 순수한 부가가치세 체계로부터 거두어들이는 세 수입과 실제로 징수한 세 수입 간에 차이를 측정하는 지표이다. 실제 징수된 부가가치세 수입과 부가가치세가 모든 최종 소비재에 표준세율을 적용한다면 이론적으로 징수된 세 수입 간의 비율로 정의된다. 부가가치세 세 수입 비율은 일부 요인들이 측정을 왜곡할 수 있다(최종재의 정의, 면세, 경감률, 과세 최저한, 그리고 낮은 납세협력과 세무행정과 같은 다른 요인들이 비율에 영향을 미칠 수 있다).

유럽에서 다양한 세율구조를 취하는 주된 이유는 가장 빈곤한 가계의 지출 중 많은 부분이 차지하는 재화나 서비스의 세금을 완화하려는 취지이다. 이와 함께 많은 나라에서는 사치재에 소비를 억제할 목적으로 고율의 개별소비세를 부과하고 있지만 EU 규칙은 개별소비세를 부과하지 못하게 하고 단지 하나의 표준세율만을 적용하게 하고 있다.[12]

〈표 10-2〉 주요국의 경감세율 현황

국가별	표준세율	경감세율	초경감세율
벨기에	21%	0.0% / 6% / 12%	
불가리아	20%	9%	
체코	21%	10% / 15%	
독일	19%	7%	
에스토니아	20%	0.0% / 9%	
그리스	23%	6.5% / 13%	4% / 9% / 16%
스페인	21%	4% / 10%	0.0% / 2.75% / 3.0% / 7.0% / 9.5% / 13.5% / 20.0% & 0.5% / 10.0%
프랑스	20%	2.1% / 5.5% / 10%	0.9% / 2.1% / 10% / 13% & 1.05% 1.75% / .1% / 8.5%
아일랜드	23%	0.0% / 4.8% / 9% / 13.5%	
이탈리아	22%	4% / 5% / 10%	4%
룩셈부르크	17%	3% / 8% / 14%	
헝가리	27%	5% / 18%	
네덜란드	21%	6%	
오스트리아	20%	10% / 12%	19%
폴란드	23%	0.0% / 5% / 8%	
포르투갈	23%	6% / 13%	5% / 10% / 18% & 5% / 12% / 22%
루마니아	20%	5% / 9%	
슬로베니아	22%	9.5%	
슬로바키아	20%	10%	
핀란드	24%	0.0% / 10% / 14%	
스웨덴	25%	0.0% / 6% / 12%	
영국	20%	0.0% / 5%	
스위스	8%	2.5% / 3.8%	

자료: EU, List of VAT Rates Applied in the Member States of the European Union, 2016.

12 EU 밖의 일부의 나라들은 사치세를 부과하고 있다. 예를 들어 알제리(20~110%), 칠레(50~85%), 터키(7~40%)가 있다.

그러나 일부의 국가들은 단일세율로 이동을 시도하는 경우도 있는데 스위스의 경우 2008년 단일세율로 전환하려는 개혁안을 의회에 제시하였다. 그 개혁안의 첫 번째 부분은 부가가치세 체계 운영의 단순화에 있었다. 즉, 기업의 납세협력비용을 줄이려는 것이었다. 두 번째 부분은 기존의 3개의 부가가치세율(2.4%, 3.6%, 7.6%)을 6.1%의 낮은 표준세율로 바꾸고 25개의 면세조항 중 20개를 없애는 것이었다(비록 금융과 보험 서비스는 그대로 유지하였지만). 이러한 단일세율로의 이행으로 인해 기업의 납세협력비용이 적어도 20%에서 30%까지 줄어들어 성장을 촉진할 것이라고 보았다.

2. 경감세율

(1) 근거와 영향

일본과 칠레를 제외하고 모든 OECD 국가들이 하나나 그 이상의 경감세율을 적용하고 있는데 경감세율의 적용범주는 다음과 같다.

- 건강관리와 병원케어, 식품, 에너지제품, 상수도와 같은 기본 필수품
- 공공사업 활동(대중교통, 우편서비스, 공영 텔레비전)
- 사회적으로 바람직하다고 고려되는 활동(자선행위, 문화와 서비스) 또는 고용지원(예를 들어 지역적으로 공급되는 노동집약서비스)
- 우대처리를 받을 만하다고 고려되는 지형학적인 지역(섬, 대도시 지역에서 벗어난 지역)

이러한 경감세율의 존재 이유는 대체로 그 나라의 사회·경제적 역사에 근원을 두고 있고 특정 시점에 그 사회에서 중요한 문제로 부각된 이슈에서 찾을 수 있다.

차별적인 세율 구조의 도입 이유 중의 하나는 총소득의 공평한 분배를 보장하는 공평성을 높이는 데 있다. 대체로 많은 국가들은 가장 빈곤한 가구의 지출 중 많은 부분을 차지하는 재화나 서비스(예를 들어 기본 식품과 물)에 세 부담을 완화시키고 의료, 건강 서비스, 주택에 고율로 과세하지 않으려는 경향이 있다.

경감세율은 '가치재(문화적인 상품이나 교육)'와 양(+)의 외부성을 가진 재화(에너지 절약 제품)의 소비를 촉진하기 위해 사용되는데 서커스, 영화와 같은 문화행사 입장, 호텔 숙박 등이 그 예이다.

경감세율을 시행할지를 결정하기 위해서는 세 수입과 협력비용의 비교 및 검토가 필요하다. 많은 경감세율의 근거가 아래에서 상세히 논의된다.

가. 공평성 목표

1980년대 이래 OECD 보고서는 넓은 세원과 낮은 세율의 부가가치세가 이상적이라는 견해를 취해왔다. 그러나 많은 국가에서 저소득가구의 세 부담을 완화하기 위해 식품과 물과 같은 필수재에 부가가치세 경감세율을 시행하고 있다. 세계은행(World Bank) 보고서는 빈곤한 남아프리카 가구가 소득의 대부분(61%)을 식품에 사용하는 반면 고소득가구는 15%만 사용한다는 사실을 보고하고 있다. 따라서 빈곤한 가구는 식품에 부과하는 부가가치세로 인해 어려움을 겪고 있어 경감세율이 부가가치세의 역진성을 줄이며 가장 빈곤한 가구에게 일정 수준의 소득재분배를 달성하게 한다고 하였다.

그러나 위와 같은 사실은 가장 부유한 가구가 이러한 경감세율로 인해 혜택을 보고 있다는 점을 간과하고 있다. 전형적으로 부유한 가구는 빈곤한 가구보다 필수재를 더 많이 소비하는 경향이 있다. 뉴질랜드에서 1986년 조세개혁 당시 조사된 사실은 상위 소득가구가 하위 소득가구보다 식품에 2배 이상을 소비한다는 점이었다. 따라서 경감세율이 분배목적을 달성하는 데 효율적인 방식인지에 대한 의문이 있다.

최근 OECD 연구보고서(OECD, 2014)는 이러한 문제를 상세히 다루고 있는데 보고서는 빈곤자를 지원할 목적으로 도입한 대부분의 경감세율은 누진적인 효과(지출이나 소득의 비율로 측정을 했을 때)를 갖는다고 하였다. 그러나 이러한 빈곤가구에 대상을 맞추는 경감세율은 허술한 방안이라고 하였다. 최악의 경우에는 부유한 가구는 빈곤한 가구보다 더 커다란 혜택을 받는다. 이러한 결과는 부유한 가구가 빈곤한 가구보다 더 많이 소비하고 더 비싼 제품을 소비한다는 사실에 비추어 볼 때 놀랄 만한 일은 아니다. 그래서 빈곤한 가구가 필수재에 경감세율로부터 혜택을 볼 수 있는 동안 부유한 가구는 더 많은 혜택을 누린다. 결과적으로 조세지출(실제로 징수한 세금과 표준세율을 적용하면 징수되었을 세금 간의 차이)의 불일치하는 부분에서는 그 대상이 아닌 사람들이 혜택을 보게 된다.

전체적으로 모든 경감세율의 분배상의 영향([그림 10-5])은 상위 소득분위에게 제공한 조세경감이 하위분위 가구에게 제공된 경감보다 훨씬 더 높다는 것을 보여주고 있다. 조사된 20개국에서 평균적으로 가구당 6,400유로 정도의 총조세지출 중에서 2개 상위 소득분위가 1,700유로의 보조금을 받았다(다시 말해 총조세지출의 27%). 반면 두 개의 하위 소득분위는 기껏해야 873유로를 받았다(다시 말해 총조세지출의 13.6%). 포기한 세 수입 중 60%는 가장 잘사는 사람들에게 사용되었다. 그럼에도 불구하고 다른 지출의 비율로써 측정하였을 때 빈곤한 가구는 부유한 가구보다 경감세율로부터 더 많은 혜택을 보았다(실선).

물론 고려되는 재화나 서비스의 형태에 따라 상황은 달라질 것이다. 예를 들어 식품에 경감세율을 적용하고 있는 15개국에서 보면 경감세율을 모두에게 적용하는 경우보다 빈곤한 가구와 부유한 가구에게 유사한 수준의 지원을 제공하는 경

[그림 10-5] 모든 국가 평균 소득분위별 평균 조세지출(20개국)

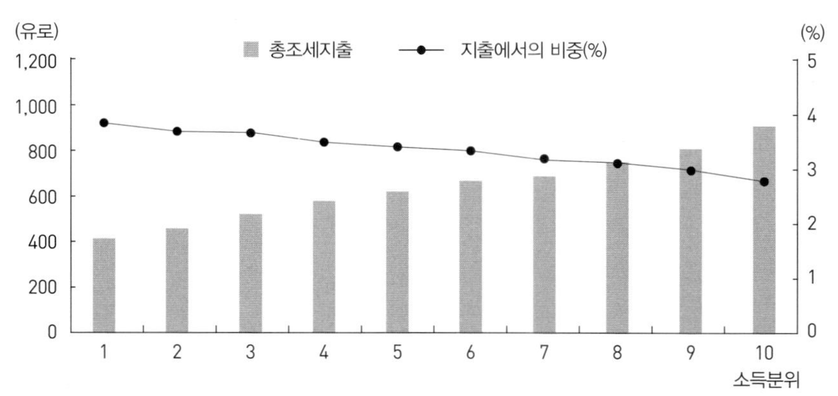

자료: OECD, "The Distributional Effects of Consumption Taxes in OECD Countries", *OECD Tax Policy Studies*, No. 22(forthcoming), Paris: OECD Publishing, 2014; OECD, *Consumption tax trend*, p. 53, 2014 재인용.

[그림 10-6] 모든 국가 평균 소득분위별 평균 조세지출(식품, 15개국)

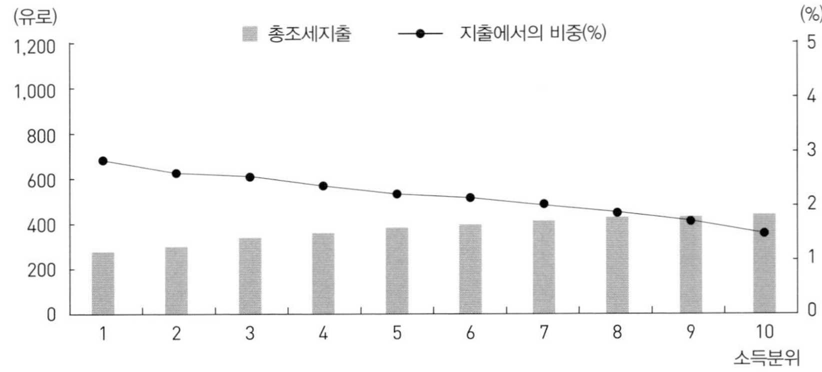

자료: OECD, "The Distributional Effects of Consumption Taxes in OECD Countries", *OECD Tax Policy Studies*, No. 22(forthcoming), Paris: OECD Publishing, 2014; OECD, *Consumption tax trend*, p. 53, 2014 재인용.

향이 있다는 것을 보여주고 있다([그림 10-6]). 이것은 부유한 가구보다 빈곤한 가구가 총지출 중 식품에 상당한 부분을 소비하기 때문이다. [그림 10-5]와 [그림 10-6]을 비교하면 경감세율을 통해 빈곤한 가구에 제공한 총지원 수준의 대다수가 식품의 경감세율로부터 온다는 것을 보여준다. 즉, 현행 부가가치세 체계에서 식품에 경감세율 적용이 빈곤한 가구를 지원하는 중요한 수단으로 사용되고 있다는 것을 알 수 있다. 그럼에도 부유한 가구는 여전히 절대적으로 식품에 더 많은 지출을 하는 경향이 있어 식품에 대한 경감세율이 빈곤한 가구를 지원하는 완전한 정책수단은 되지 않는다는 것을 보여준다.

빈곤한 가구에 목표를 맞추어 제약회사에 경감세율의 적용은 더욱 나쁜 결과를 보여주고 있다. 이를 시행하고 있는 15개국에서 고소득분위 가구들은 절대적으로 낮은 소득분위 가구보다 더 많은 혜택을 보는 경향이 있음을 보여주고 있다. 비록 지출비율로서 제약회사에 경감세율은 고소득가구보다 저소득가구에 혜택을 주는 경향이 있지만, 절댓값으로 가장 높은 소득 가구 20%가 20%의 가장 낮은 소득 가구 못지않게 1.6배의 조세경감을 받고 있다([그림 10-7]).

2001년 남아프리카 공화국은 부가가치세 영(0)세율을 파라핀(대부분의 저소

[그림 10-7] 모든 국가 평균 소득분위별 평균 조세지출(제약회사, 15개국)

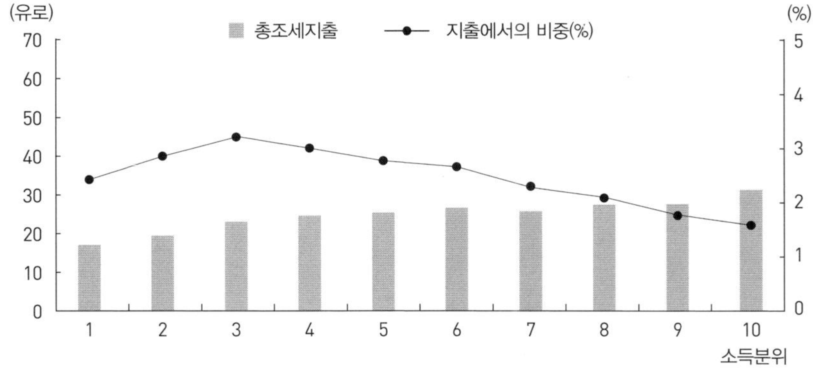

자료: OECD, "The Distributional Effects of Consumption Taxes in OECD Countries", *OECD Tax Policy Studies*, No. 22(forthcoming), Paris: OECD Publishing, 2014; OECD, *Consumption tax trend*, p. 54, 2014 재인용.

득가구에서 연료로 사용)에 확대 적용한 사례가 있다. 그러나 영(0)세율의 적용으로 인한 편익의 대부분을 공급자들이 흡수하여 소비자들에게 의도한 대로 전달되지 않아 비효율적인 결과를 초래하였다. 또한 2009년에 프랑스는 레스토랑과 출장연회서비스 공급에 부가가치세율을 19.6%에서 5.5%로 인하한 경우가 있었다. 이는 레스토랑이 가격을 실질적으로 인하하여 임금을 올리거나 새로운 직업을 창출할 것이라는 가정에서 시행한 것이었다. 시행 이후 실제로 레스토랑 서비스의 가격은 7월에 1.1%, 8월에 0.2%, 9월에 0.1%만 인하하여 부가가치세 인하 중 30%만이 소비자 혜택으로 돌아갔다. 정부는 장기적으로 6,000개의 일자리가 창출될 것이라고 보았지만 그 결과는 30억 프랑의 세수손실만 초래하였다.

최근 독일에서는 2010년부터 세금인하정책의 일환으로 호텔산업에 경감세율을 적용하였지만 실제로 소비자에게 그 혜택이 돌아가는 것은 없었다. 즉, 가격변동은 없었고 부가가치세 인하로 인해 절약된 돈은 소비자에게 돌아가는 대신 보수공사나 사업인수 등에 투자되었다. 따라서 '이러한 세금인하가 정말로 투자기회를 만들고 고용을 늘려 경제성장과 서비스 질의 개선을 가져오는가?'라는 질문에 대한 대답은 분명치 않다.

나. 법적 안정성

복수세율의 적용은 상품의 구분이 명확하게 정의되어 있어야 한다. 필수재를 정의하기 어렵다면 경감세율은 '사치적'인 품목을 포함하여 모든 식품에 적용할 수 있게 된다. 더욱이 폭넓은 범주의 재화 내에서 구분이 되지 않는다면 음식, 서적에 대한 세금우대는 사치재와 유해한 음식과 포르노그라피에 대해 정부보조를 제공하는 꼴이 된다. 또한 규정을 만들고 감독하는 행정비용과 인식하고 이해하는 납세협력비용을 높이는 경향이 발생한다. 이에 따라 경감세율 범주에 넣으려는 소송을 부추기게 한다.

예를 들어 영국에서는 '다양한 형태의 감자 제품 간에 그리고 비스킷과 케이크 간에 어떻게 구분을 할 것인가?'에 대한 논쟁이 있었다. 유사한 제품이 성분에 따라 다른 표준세율이나 경감세율을 적용받을 수 있다. 영국에서 제품 속의 감자의 양에 따라 감자칩(표준세율)이나 비스킷(경감세율)[13]과 같은 제품이나, 초콜릿을 덮은 비스킷과 같은 티 케이크(표준세율)와 케이크로서 티 케이크(경감세율)의 분류에 대한 끝없는 논쟁이 있어 왔다. 어떠한 분명한 기준이 없으면 기업과 당국 간에 경계선 구분으로 인한 갈등을 초래할 수 있고 제품이 의도적으로 잘못 분류되면 탈세의 기회를 열어줄 수 있다.

다. 또 다른 정책목표

1) 문화적 목적 지원

많은 경감세율은 문화활동과 사회재(social goods)를 지원하는 데 목적을 둘 수 있다. 그러나 이러한 경감이 만약 일부 집단에 유리하게 작용한다면 소득분배에 중요한 영향을 미칠 수 있다. 일관성 있는 경제정책을 시행하기 위해서는 문

13 영국에서 식품에 대한 부가가치세는 대체로 영세율을 적용하지만 감자칩과 감자로 만든 다른 유사한 제품들은 통산 표준세율의 적용을 받는다. 물론 이것은 혼란을 가져온다. 왜냐하면 감자를 사용하는 식품들이 두 가지의 다른 세율 취급을 받을 수 있기 때문이다. 예를 들어 프링글스의 부가가치세 처리 문제에 대해 2년간의 논란이 있었다. 프링글스가 감자칩인지(감자를 사용하고 있을 때) 또는 비스킷의 일종인지(도우로 만들어 졌기 때문에)에 대한 논란이 있었다. 감자칩은 표준세율의 적용을 받는 반면 비스킷은 통상 영세율의 적용을 받는다. 2008년 고등법원은 프링글스는 42%의 감자만을 포함하기 때문에 감자로 만들어진다고 말할 수 없다고 결정하였다.

화적인 목표를 지원하고 사회재의 소비를 부추길 수 있도록 경감의 분배효과를 수량화할 수 있는 것이 중요하다.

그동안 연구들은 폭넓은 사회적 그리고 문화적인 이유로 지원되는 지출의 네 가지 공통적인 범주들을 제시하고 있다(책, 신문과 정간물, 영화와 연극, 그리고 콘서트, 음악과 동물원). 경감세율은 저소득가구의 효과적인 소비증가를 유도하기보다는 더 많은 가치재를 소비하는 경향이 있는 고소득가구의 재화나 서비스를 보조하는 의도치 않은 효과가 있을 수 있다. 예를 들어 그동안의 연구결과는 영화, 연극, 콘서트에 경감세율이 저소득분위 가구들보다 고소득분위의 가구에 실질적으로 더 많은 혜택을 제공한다는 것을 보였다. 절대치로 평균적으로 가구당 67유로의 매년 조세지출에서 1년에 6유로만이 20%의 가장 낮은 소득가구에 가고, 20%의 높은 소득가구는 25유로, 그리고 가장 높은 소득분위 가구는 가장 낮은 분위 가구보다 6배 더 많이 혜택을 받는다고 하였다. 또한 경감세율은 지출 비율로 보아도 고소득가구에게 더 많은 혜택을 준다고 하였다. 이는 실제로 역진적인 영향을 갖고 있다는 것을 의미한다. 위에서 언급하였듯이 이와 같은 경감세율은 분배가 주목적이라기보다는 가치재 서비스 생산을 지원하기 위해 부가가치세

[그림 10-8] 모든 국가 평균 소득분위별 평균 조세지출(영화, 연극, 콘서트, 10개국)

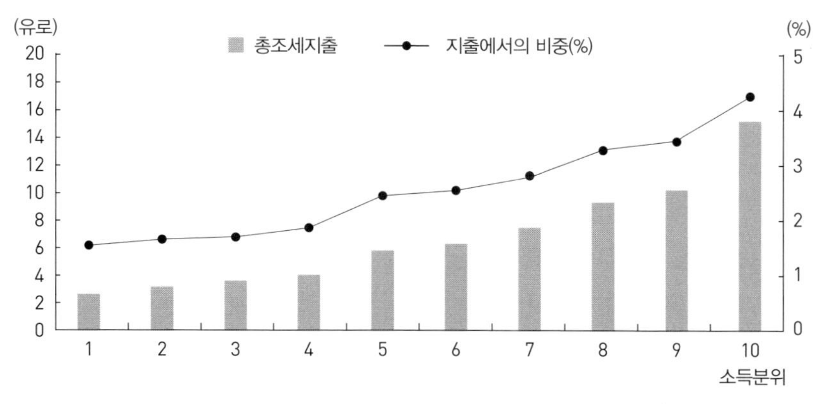

자료: OECD, "The Distributional Effects of Consumption Taxes in OECD Countries", *OECD Tax Policy Studies*, No. 22(forthcoming), Paris: OECD Publishing, 2014; OECD, *Consumption tax trend*, p. 55, 2014. 재인용.

수단을 선택하는 데서 오는 결과라고 볼 수 있다.

가치재의 경우 다른 재화보다 더 관대하게 취급되어야 한다고 하면 경감세율이나 영(0)세율을 적용하는 이유는 무엇일까? 이에 대해 EU위원회는 실제로 부가가치세 적용을 받는 재화나 서비스의 중요한 원칙을 위반하는 것이라며 영(0)세율을 꾸준히 비판해왔다. 그러나 일부의 정부에서는 어떤 가치재는 부가가치세 적용을 받으면 안 된다는 기본 원칙을 고수하고 있다. 이에 대한 근거는 여러 가지가 있을 수 있지만 시민들이 가치재(음식, 의료, 책)에 부가가치세를 지불하는 것에 익숙하지 않은 나라의 정부는 부가가치세 부과에 대한 정치적인 반대를 우려하기 때문이다. 특히 가치재에 부가가치세의 부과를 하면 항구적일 것이고 인플레이션율은 조정되지 않을 것이기 때문에 사회후생의 감소가 있을 것이라는 유권자들의 인식이 깔려 있다고 볼 수 있다.

2) 지역적으로 공급되는 노동집약적인 활동의 증진

효율성의 근거는 노동집약적인 활동을 위한 경감세율의 정당성을 제공한다. 자가공급이나 비공식경제(집수리서비스, 정원 가꾸기 등)와 밀접한 대체관계가 있는 상품에 저율의 과세는 근로저해 유인을 완화시킬 수 있고 공식경제로부터 구입을 촉진할 수 있다. 높은 조세격차(높은 소득세, 사회보장기여금 그리고 부가가치세율)는 시장에서 이러한 서비스를 구매하는 것이 훨씬 비싸고 차라리 자가공급을 하는 것이 더 매력적이게 만들며 이로 인해 비공식경제에서 이러한 서비스를 구매하도록 부추길 수 있다. 이것은 만약 기술능력이 높은 전문가들을 집에서 낮은 기술이 필요한 일에 시간을 소모하게 한다면 비효율적일 수 있다는 것이다. 예를 들어 종종 경감세율은 레스토랑에서 음식 지출에 적용된다. 경감 혜택의 비용과 편익을 저울질하기 위해 경감 혜택의 분배상의 효과를 수량화할 수 있는 것이 중요하다. [그림 10-9]는 레스토랑(음식만)에서 지출에 대한 경감세율 적용 연구결과를 보여주고 있다. 경감세율 적용은 저소득가구보다 고소득가구에 실질적으로 더 큰 조세 혜택을 제공하고 있다. 레스토랑에서 부유한 가구가 빈곤한 가구보다 훨씬 더 많은 돈을 지출하여 차이는 상당히 크다. 평균적으로 레스

[그림 10-9] 모든 국가 평균 소득분위별 평균 조세지출(레스토랑 음식, 11개국)

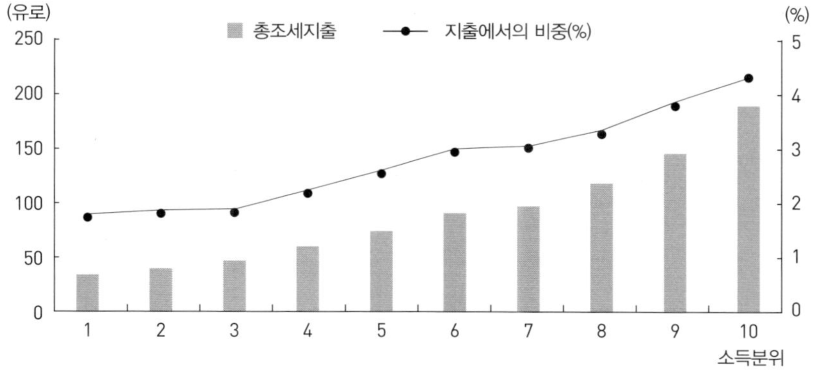

자료: OECD, "The Distributional Effects of Consumption Taxes in OECD Countries", *OECD Tax Policy Studies*, No. 22(forthcoming), Paris: OECD Publishing, 2014; OECD, *Consumption tax trend*, p. 56, 2014. 재인용.

토랑 음식에 경감세율 적용으로 총조세지출의 71%가 상위 5분위 소득가구에게 가는 반면 하위 소득분위 가구는 매년 25유로의 세금보조만 받는다. 가장 높은 분위의 사람들은 평균적으로 매년 140유로를 받는다. 또한 전체지출의 비중으로 보았을 때 경감세율 적용은 보다 더 부유한 가구에 상당한 혜택을 주고 있다. 이러한 결과는 경감세율의 역진적인 특성을 잘 보여주고 있다.

3) 외부성 교정

마지막으로 외부성 교정이 부가가치세율 차별화를 정당화할 수 있다는 주장이 있다. 즉, 오염발생 상품에 고율을 적용하고 에너지 절약 제품에는 경감세율을 적용하여 사적 한계비용을 사회적 한계비용에 보다 더 가깝게 하도록 한다는 것을 의미한다면 효율성을 개선시킬 수 있다. 예를 들어 에너지 절약장치에 경감세율 적용은 이러한 제품의 사적 한계비용을 낮추어 수요를 부추길 수 있고 따라서 이러한 제품의 소비를 자극할 수 있다. 경감세율은 에너지 소모가 적은 항목으로 이동시킬 유인을 제공할 수 있다(예를 들어, 소비자는 옛날 냉장고를 전력소비 효율성이 높은 새 냉장고로 바꿀 수 있다).

4) 평가

OECD 연구들은 전부는 아니지만 식품과 에너지 상품에 경감세율 적용처럼 빈곤한 가구를 지원할 목적으로 도입한 대부분의 경감세율은 원하는 누진적인 효과가 있다는 증거를 제시하고 있다. 또한 일반적으로 대부분의 경감세율이 사회적, 문화적, 그리고 비분배적인 목표를 위해 도입한 점을 들고 있다(OECD, 2014).

경감세율 적용을 옹호하는 주장을 다음과 같이 요약할 수 있다. 첫째, 공평성을 위한 다른 방식은 즉시 유용하지 않을 수 있다는 점을 든다. 특히 사회적으로 또는 재정체계가 저소득가구에게 직접적인 이전지출을 제공할 행정적인 능력을 갖추지 못한 나라에서 설득력이 있다(Heady and Smith, 1995). 소득수준이 낮은 나라에서 고소득 집단과 저소득 집단 간의 소비 형태 차이는 저율과세나 소비세의 면세를 통해 보다 쉽고 보다 효율적인 빈곤의 완화를 가능하게 한다. 이러한 나라들에서 저소득가구는 제품이 면세되거나 면세 적용을 받는 지역의 소규모의 생산자로부터 재화의 대부분을 구입하는 반면 고소득가구는 보다 더 효과적으로 과세될 수 있는 수입상품이나 공장제품을 구매할 가능성이 있다고 보고 있다(Copenhagen Economics, 2007). 둘째, 경감세율을 제거하는 것이 사회적, 그리고 정치적으로 실행 가능하지 않을 수 있다. 특히 오랜 기간 동안 있어 왔다면 더욱 어려울 수 있다. 셋째, 저율, 영(0)세율에서 갑작스러운 부가가치세율의 인상은 보다 빈곤한 가구를 더 어렵게 만드는 가격의 인상을 의미하고 적절한 보상수단들은 지연되거나 모든 가구들에게 적용되지 않을 수도 있다. 또한 수요의 탄력성이 높은 부문에서 생산자들이 제품 가격에 부가가치세율의 갑작스러운 인상을 반영할 수 없는 경우에는 기업의 생존을 위협할 수 있다. 그럼에도 불구하고 경감세율 적용에 대한 연구들은 많은 나라에서 다양한 경감세율의 상대적인 장점을 사안별로 재평가할 필요성이 있다는 점을 제안하고 있다.

이와 같은 경감세율 옹호 주장에 대해 OECD(2014) 보고서와 연구결과들은 경감세율이 누진적인 효과를 갖는다고 하지만 빈곤가구를 대상으로 지원하는 데는 빈약한 수단이라는 점을 지적하고 있다. 부유한 가구는 경감세율로부터 빈곤한 가구가 받는 만큼의 혜택을 받고 최악의 경우에는 부유한 가구가 빈곤한 가구보다 훨씬 큰 혜택을 본다는 것이다. 따라서 어떤 경우에는 부유한 가구에게 주는 편익이 너무 커서 경감세율은 실제로 역진적인 효과가 있을 수 있다고 지적하고 있다.

조세의 중립성은 모든 재화나 서비스에 단일의 부가가치세율을 적용하는 것이다. 중립성에 관한 기본적인 논의에 더하여 이미 앞에서 다루었지만 복수세율 소비세 체계는 많은 실제적인 문제로 어려움을 겪고 있다. 첫째, 각 세율 범주에 해당하는 재화나 서비스의 정의 문제로 경제적 왜곡, 탈세, 더 높은 납세협력비용과 세무행정비용을 초래한다는 점이다. 둘째, 낮은 세율, 영(0)세율 또는 면세는 높은 소득계층의 사람들에게 조세경감 혜택을 부여 한다는 점이다.

따라서 소득재분배 목표는 복수세율에 의존하지 않고 달성될 수 있다. 그 한 가지 가능성은 조세체계의 또 다른 부분에서 보다 더 누진적으로 만드는 것이고, 또 다른 방법은 필수 과세상품에 대해 지불하는 부가가치세를 소득세 지불에서 환급세액공제하는 방법이다. 또한 스칸디나비아 국가와 뉴질랜드에서 시행했듯이 저소득가구에 이전지출을 늘리는 것으로 조세체계를 벗어난 방안을 강구하는 것이다.

효과적인 재분배정책은 조세만으로 실행되는 것이 아니라 전체적인 조세와 편익 체계를 고려해야 한다. 즉, 공평성은 적절한 수단들의 혼합으로 달성될 수 있다.

따라서 분배 목적을 달성하기 위해 경감세율을 폐지하고 보다 빈곤한 가구에게 직접적인 이전지출을 하는 것이 보다 더 나은 효과적인 정책일 수 있다. 일반적으로 사회-경제적인 특성상 연관이 있는 가구에 정액지급을 하는 것이 공평성과 효율성 모두에 더 나은 방법이라고 한다, 저소득가구에 타깃을 맞춘 직접적인 이전지출(개인소득세 공제를 포함하여)이 부가가치세(OECD, 2010) 조정보다 공평성을 높이는 데 보다 더 효과적일 수 있다.

(2) 우리나라의 경감세율 도입 방안

이미 살펴보았지만 다른 많은 국가들은 표준세율과 경감세율 등 복수세율 구조를 취하고 있다. 복수세율 구조는 부가가치세 부담의 형평성을 유지할 수 있는 점이 장점인 반면 복잡한 세율구조는 또 다른 조세회피를 야기한다. 경감세율의 도입은 세제의 복잡성보다도 부담의 형평성에 우선적 순위를 두고 제안되고 있다.

경감세율의 경우 면세매입의 경우와 달리 매입세액공제가 가능하기 때문에 최종 소매단계에 있어서 경감세율을 적용하는 것이 합리적으로 보인다.

경감세율을 도입한다면 면세사업자들이 과세사업자로 전환이 되어 면세제도의 모순점을 상당 부분 해결할 수 있는 장점이 있다. 낮은 세율을 적용하는 재화·용역을 공급하는 사업자도 부가가치세법상 사업자에 해당되어 세금계산서의 발급·수취, 부가가치세의 거래징수, 부가가치세의 신고·납부의무를 지게 되므로 매입부가가치세의 부담을 회피하고자 하는 탈세 유인이 없어진다. 매입세액공제를 100% 받을 수 있기 때문에 누적과세효과도 발생하지 않게 된다.

3. 면세범위 관련

(1) 의의

부가가치세의 역진성을 완화하기 위해 일정한 재화·용역의 공급에 대해 면세를 적용하고 있다. 면세범위는「부가가치세법」제12조 및「조세특례제한법」제106조에서 정하고 있다.

그러나 소비자의 부가가치세 부담을 완화하기 위해 도입한 면세제도는 다음과 같은 문제를 가지고 있다.[14] 면세가 소비자에게 직접 적용되지 아니하고 재화·용역의 거래 중간단계에 적용되는 경우에는 환수효과 및 누적효과가 발생하여 소비자의 부가가치세 부담이 오히려 증가하게 된다. 또한 면세 적용범위가 부가가치세를 시행하고 있는 다른 나라에 비해 넓은 편이다. 이러한 넓은 면세범위는 대체 또는 경쟁 관계에 있는 다른 재화·용역의 가격에 영향을 미칠 뿐만 아니라 소비자의 부가가치세 부담을 회피하려는 경향 때문에 자원배분의 효율성에도 부정

14 정유석,「국제비교를 통한 현행 부가가치세제의 개선방안-면세범위와 세율체계를 중심으로-」,『국제회계연구』, 제46집, 2012. 12.

적 영향을 미친다. 면세적용 판단 여부가 법문의 정확한 해석으로는 불가능하며 기본 통칙과 예규 등으로 면세 여부를 결정하는 경우가 많아 조세법률주의의 원칙에 반한다.

이러한 면세제도의 문제와 관련하여 다음에 나타낸 표와 같이 우리나라의 면세대상과 EU 및 OECD 국가들에서 운영되는 표준면세와 비교하면 우리나라가 상대적으로 면세범위가 넓음을 알 수 있다. OECD 국가들은 비영리교육과 국민후생용역의 성격을 가진 의료서비스만 면세하고, 금융서비스 중 중개수수료, 대여금고 운영, 환전용역 등은 과세를 하고 있다. 반면 우리나라에서는 최근 종전 면세대상이었던 치료 이외의 미용 성형 등의 의료용역(2013년)과 금융·보험용역 가운데 부수적 용역(2014년) 등에 대해 과세로 전환되어 그 범위는 점차 축소되고 있다. 그러나 기초생필품과 관련해 OECD와 EU는 주택임대 분야를 제외하곤 전부 과세나 저율과세 기조를 유지하고 있는 데 반해, 우리나라는 가공식료품 등을 빼면 수도, 연탄 및 무연탄, 여객운송(일부과세) 등 품목에 대해서도 면세해주고 있다.

현행 면세적용 대상 가운데 과세로 전환함에 있어 조세 수입의 탄력성과 과세의 공평성 측면에서 다음과 같은 항목들이 검토될 수 있다. 조세 부담의 역진성 완화와는 아무런 관련이 없고 주로 사업자와의 거래로서 누적과세를 유발하는 각

〈표 10-3〉 OECD와 우리나라의 부가가치세 면세대상 비교

구분	면세대상
OECD 표준면세대상	우편서비스, 환자수송, 병원 및 의료, 치과의료, 자선활동, 교육, 비영리 조직의 비상업적 활동, 스포츠, 문화서비스(라디오, TV방송 제외), 보험 및 재보험, 동산 임대, 금융서비스, 마권·복권 및 도박, 토지 및 건물공급, 일부 기금모금행사
우리나라 면세대상	미가공식료품, 농·축·수·임산물, 수돗물, 연탄, 무연탄, 여객운송용역, 의료보건용역, 교육용역, 보험용역, 문화 관련 재화 및 용역, 예술창작품, 문화행사, 비직업 운동경기, 도서관·박물관·동물원 등의 입장 관련 재화 및 용역, 토지·금융용역, 근로유사 인적용역, 독립된 자격으로 공급하는 인적용역, 국가·지방자치단체가 제공하는 재화와 용역, 정부업무 대행단체 등이 제공하는 재화 또는 용역, 국민주택, 건설용역, 특수용도 유류, 공장·광산·건설사업장 및 학교 구내식당 음식용역, 수입 문화 관련 재화, 국외로부터의 공익기증재화, 특수용도 면세재화, 면세에 부수되는 재화와 용역의 공급

자료: 정유석, 「국제비교를 통한 현행 부가가치세제의 개선방안-면세범위와 세율체계를 중심으로-」, 『국제회계연구』, 제46집, 2012. 12.

〈표 10-4〉 우리나라·EU 및 OECD 국가의 부가가치세 면세대상 비교

구 분		OECD	EU	우리나라
기초생필품	미가공식료품	과세	저율과세	면세
	가공식료품	과세	저율과세	과세
	수도	과세	저율과세	면세
	연탄 및 무연탄	과세	과세	면세
	여객운송	과세	저율과세	면세(일부과세)
	주택임대	면세	면세	면세
국민후생 문화관련	건강증진 의료	면세	면세	면세
	미용 목적	과세	과세	과세
	비영리교육	면세	면세	면세
	영리교육	과세	과세	면세
	도서 및 신문	과세	저율과세	면세
	방송	과세	면세	면세
	예술창작품	과세	과세	면세
	도서관	면세	면세	면세
부가가치 생산요소	토지	면세	면세	면세
	금융 및 보험	면세	면세	면세(일부과세)
	인적용역	과세	과세	면세(일부과세)
기 타	우표	면세	면세	면세
	담배	과세	과세	과세(일부면세)
	공익단체	면세	면세	면세
	정부	과세	과세	면세(일부과세)

자료: 한국조세연구원, 『각국 조세제도』, 한국조세연구원, 2011 참조

종 수수료가 이에 해당된다.

면세품목의 과세 전환 시에는 실질적인 세수증가 효과, 물가상승에 미치는 효과, 효율성제고 효과와 소득재분배 효과가 어떤지 살펴보아야 한다.[15] 조세원칙상 부가가치세제 면세범위의 최소화는 사업자의 세 부담을 경감하기 위한 것이 아니라 면세품목을 최종적으로 공급받는 대다수 최종소비자의 세 부담 완화를 위하여 설정되어야 한다. 부가가치세제 거래흐름상 과세기반의 확충과 관련하여 면

15 김승래·박명호·홍범교, 『우리나라 부가가치세제 정책과제의 경제적 분석: 과세베이스 확대를 중심으로』, 한국조세연구원, pp. 84-87, 2007. 12.

세범위 설정의 정책기준상 부합 정도는 최종소비자의 생활수준 및 소비패턴의 변화와 생산기술의 구조적 변화, 조세체계의 개선 등을 고려하여 엄격하게 적용되어야 한다.

4. 조세정책 방향

경제학자들은 부가가치세가 반드시 역진적이라고 보지 않는다. 일부의 학자들은 조세의 영향은 개인의 생애기간 동안 평가되어야지 매년 근거로 평가해서는 안 된다고 주장한다. 이론적으로 연간소득은 개인이 학교 재학 중에 있다든가, 취업을 바로 시작하는 청년기에는 낮다가 중년에 소득이 피크가 되고 노년기에는 감소하기 시작한다. 따라서 연간소득에 근거하여 부가가치세 영향을 분석하는 것은 청년과 노인 시기로 인해 보다 역진적인 결과를 가져온다. 반면 생애기간 동안 소득을 보면 다소 다른 결과를 가져올 수 있다고 보고 있다.[16]

부가가치세가 그 자체로 역진적이라 하더라도 조세정책은 다른 조세와 함께 고려해야 된다. 즉, 전체적인 조세체계와 편익구조에 따른 영향을 보는 것이 적절하다. 그러므로 기존의 부가가치세 체계의 평가는 전체적인 정부의 예산상황과 함께 행해져야 한다.

예를 들어 1986년 뉴질랜드는 GST의 도입과 함께 개인소득세의 개혁을 하였다. 개인소득세의 세원을 확대하고 한계세율은 인하하는 내용이었다. 또한 GST의 도입으로부터 발생하는 인플레이션 영향을 보상하기 위해 혜택은 늘렸다. 2010~2011년 예산상에 발표된 뉴질랜드의 조세개혁도 동일한 경로를 따랐다. 즉, 부가가치세율은 2010년에 12.5%에서 15%로 인상하였고 기본소득세율은 12.5%에서 10.5%로 인하하면서 상위세율은 38%에서 33%로 인하하였다. 이와 더불어 법인세율은 30%에서 28%로 인하하는 내용이었다. 영국의 경우 부가가치세 표준세율을 8%에서 15%로 인상하는 정부의 결정을 패키지로 행하였다. 왜

16 그러나 이러한 분석은 모든 개인이 동일한 기대수명과 평균적으로 동일한 소득을 번다는 점을 가정하고 있으며 보다 낮은 기술을 지닌 사람이 중년에 피크에 도달한다고는 볼 수 없다.

냐하면 부가가치세가 인상되었을 때 기본소득세율은 33%에서 30%로 인하하였고 최고세율은 83%에서 60%로 인하하였기 때문이다. 독일의 경우도 2007년에 표준세율을 16%에서 19%로 인상하였을 때 사회보장기여금을 2% 포인트 인하하여 패키지로 접근을 하였다.

이러한 전반적인 접근은 부가가치세 역진성에 대한 보완적인 방안을 고려하려는 의도로 볼 수 있다. 포터바(Poterba, 2006)에 따르면 가파른 누진소득세와 함께 넓은 세원의 부가가치세 결합은 빈자에 대한 부정적인 효과를 어느 정도 회피할 수 있다고 하였다.

그러나 세원을 확대하는 개혁은 납세자들이 상대적으로 납세협력을 하고 조세행정이 충분한 통제수단을 가지고 있는 지역에서만 세 수입을 증가시킨다는 점은 흥미롭다. 조세회피와 탈세 수준이 상대적으로 높은 나라들은 먼저 세 수입 손실을 막기 위해 납세협력을 높이는 데 초점을 두어야 한다. 세원을 확대하는 것은 징수체계가 충분히 작용을 하고 있을 때 타당한 선택일 수 있다.

조세는 시민들이 공통적으로 동의하는 재원의 크기를 반영한다. 모든 국가에서 조세에 대한 인식은 다르고 모든 조세가 동일한 방식으로 인식되는 것은 아니다. 일부의 나라에서 경제목표로부터 어느 정도의 이탈은 기존의 부가가치세 체계에 대중적인 지지를 받을 수 있다. 예를 들어 뉴질랜드는 1986년 이전까지 부가가치세가 존재하지 않았고 대신 도매세가 있었다. 국제교역에 상당한 의존을 하는 나라이고 예산상의 이유로 조세개혁이 급박한 상황이었다. 뉴질랜드 정부는 국민에게 조세정책과 입법에 대한 공개적이고 정치적인 논쟁을 통해 시민들에게 알리고 정부와의 신뢰를 구축하는 데 주력하였다. 뉴질랜드의 GST는 넓은 세원과 단일 표준세율을 적용하는 것이었다. 즉, 식품과 의류를 포함한 모든 상품에 대한 과세는 빈자에게 소득을 재분배하고 보조하기 위한 재원을 마련하기 위한 것이었다. 국민들이 이러한 개혁안의 장점을 잘 알고 있어서 1987년에 면세조항의 도입을 제안한 당은 후속 선거에서 패배하게 된다.

보다 넓은 세원(또는 보다 넓은 세원과 표준세율의 인상을 결합한 경우)을 통해 마련된 재원은 부자에게 혜택을 주지 않고 빈자에게 더 많은 혜택이 돌아가게 하였다. 즉, 개혁으로 인해 패자로 생각하는 사람들에게 보상을 하였다. 뉴질랜드에서 수평적 공평성은 개혁안이 도입된 후 단 한 번의 편익조정과 보상적인 소득보충을 통해 충분한 재분배를 달성하였다. 뉴질랜드의 2011년 조세개혁의 경우 부가가치세율의 인상을 통해 노령인과 은퇴자의 가족이나 학생에게 공제를 크게 하는 보상을 시행하였다. 또한 스위스의 조세개혁안(세원은 넓게 하고 단일세율)은 부가가치세 수입의 0.1%의 재원으로 저소득가구를 보상하는 것이었다. 스위스 정부는 경감세율과 예외조항보다는 단일세율의 적용으로 재분배정책을 달성하려고 하였다.

제 6 절 주요 물품세

1. 배 경

(1) 물품세(excise tax)[17] 주요 특징

일반적인 재화·용역에 부과되는 부가가치세와 달리 물품세는 특정 재화에만 부과된다. OECD 회원국에서 일반적으로 물품세가 부과되는 4가지 품목은 알코올음료, 광유(mineral oil)[18], 담배, 차량이다.

물품세의 일반적인 특성은 부과기준, 납세의무의 성립시기, 납세자의 수에서 찾아볼 수 있다. 일반적으로 부피, 중량, 수량, 길이, 품질 및 일부 경우에는 가치와 복합된 지표에 따라 과세되며 때로는 가치기준으로만 부과(종가세)되기도 한다. 세율과 과세대상 이외에도 종량세(specific tax)와 종가세(ad valorem tax) 적

17 물품세(excise tax)는 우리나라의 주세, 담배소비세, 교통·에너지·환경세 등을 포함하는 의미이다.

18 석유, 석탄, 타르, 셀유 등의 광물성 원료에서 얻어지는 기름의 총칭이다.

용이 물품세의 세수와 소비자에게 미치는 영향은 다르다. 물품세는 재화의 유통이 이루어지기 전까지 납세의무가 성립하지 않는데, 납세의무는 제조, 판매, 수입을 영위하는 소수의 납세자들에 의해 이루어진다.

종량세와 종가세는 과세대상의 경제활동에 서로 다른 영향을 미친다. 예를 들어, 알코올 함량에 따른 음료에 대한 종량세는 제조업자가 동일한 알코올 수준으로 보다 높은 가격으로 공급할 수 있는 고급제품을 만드는 등 제품의 다양화 유인을 제공하지만, 반대로 종가세는 제품품질의 개선에 저해가 될 수 있다. 종량세의 경우 낮은 가격의 제품과 높은 가격의 제품이라도 알코올 함량이 동일하면 부과되는 세금이 동일하기 때문이다. 종량세는 제품의 물질적인 양의 측정에 따라 부과되기 때문에, 제도의 운영이 상대적으로 쉽다. 반면 종가세는 상대적으로 물가수준을 반영할 수 있어서, 가격변동에 따라 세수의 변동성이 높아지는 특성을 가지게 된다.

종량세와 종가세 간의 절대적인 최적균형은 존재하지 않는데, 이는 정부가 추구하는 목적과 세금이 부과되는 제품의 시장 특성에 의존하기 때문이다. 이러한 맥락에서 정부의 목적은 세수의 최대화, 세수의 예측 가능성과 안정성 및 소비자의 행동에 간섭하는 것이 될 수 있다.

과거에는 물품세 목적이 세수의 증대였지만 현재는 특정 제품에 대한 소비를 지양하는 것으로 사용되고 있다. 예를 들어 알코올음료와 담배는 공중보건을 위한 억제, 광유는 외부불경제효과를 억제하기 위해 사용된다. 술, 담배, 유류 품목은 소비 시에 외부불경제(예: 음주운전, 간접흡연, 대기환경오염, 교통혼잡 등)를 발생시키는데, 사회적 외부비용을 물품세의 형태로 부과함으로써 사회적 비용이 과도해지는 것을 방지할 때 종량세 형태로 많이 과세하고 있다.

최근 수십 년간 환경문제에 대응하기 위해 환경세를 부과하고 있는데 이는 환경문제 해결에 효과성 및 효율성, 세수의 증대, 투명성 측면에서 효과가 있다고 분석되고 있다. 또한, 폐수처리, 수질오염, 공기오염에도 환경세가 적절하게 역할을 수행하고 있다. 이러한 성공을 위해서는 제도의 설계 및 집행방법이 중요한 요소로 작용하는데 대부분 OECD 회원국의 물품세 주요 특징과 목적은 유사하지만, 집행방법 특히 세율과 체계는 국가 간 큰 차이를 보이고 있다.

국가 간 물품서의 조세 부담 차이를 분석하는 것은 부과체계의 다양성으로 인해 어려움이 있다. 예를 들어 표준물품세율은 소규모 양조업자에 대한 경감세율 적용으로 인해 그 효과가 희석되며, 대체재(담배와 궐련)에 대한 서로 다른 세율 적용은 모든 세부항목을 분석하기 전에는 품목에 대한 전체적인 과세의 효과를 확인하기 어려운 점이 있다. 더욱이 국가 간 비교는 더욱 어려운데, 예를 들어 유류에 대한 세금에 대해 각 국가는 자동차에 대한 세금정책만으로는 의미를 가지지 못하며 취득 단계의 세 부담(예를 들어 등록비), 운행단계의 세 부담(예를 들어 통행료, 자동차보험에 대한 과세 등) 등을 고려하여야 한다.

(2) 동 향

OECD 회원국의 물품세수가 전체 세수에서 차지하는 비중은 전체적으로 안정적인 모습을 보이고 있다. 1965년 기준으로 비교하면 14.2%에서 2011년 8%로 크게 하락하였으나, 최근 20년 동안은 이러한 수준을 유지하고 있다. 2011년 기준 OECD 회원국의 전체 세수에서 물품세가 차지하는 비중은 7.9%이지만 개별 국가별로는 큰 차이를 보이고 있다. OECD 회원국 중 3분의 2 이상이 전체 세수 대비 물품세 비중을 5%와 10% 사이에서 유지해오고 있으며 5% 미만의 국가는 5개국, 10% 이상의 국가는 8개국이다.[19]

19 5% 미만은 〈표 10-5〉에는 나타나지 않지만 5% 미만 국가는 벨기에, 캐나다, 멕시코, 뉴질랜드 및 미국이며, 10% 이상의 국가는 체코공화국, 에스토니아, 그리스, 아일랜드, 폴란드, 슬로바키아공화국, 슬로베니아 및 터키이다.

〈표 10-5〉 전체 세수에서 물품세가 차지하는 비중 (단위:%)

국가 / 연도	1965	1985	1995	2000	2011
호주	15.5	13.9	9.4	9.2	6.7
오스트리아	9.8	7.0	6.0	6.0	5.8
캐나다	9.8	7.9	5.6	4.7	4.5
덴마크	26.0	11.8	10.5	10.4	8.7
핀란드	13.4	12.0	9.9	9.0	8.9
프랑스	10.8	6.2	6.7	6.2	5.5
독일	11.1	6.8	7.1	7.5	6.9
그리스	17.3	14.4	14.4	9.0	11.8
아일랜드	39.2	19.0	15.1	13.5	10.1
이탈리아	14.8	5.8	7.9	6.3	5.0
일본	17.2	10.5	7.4	7.2	6.4
대한민국	–	13.7	13.5	13.3	7.9
네덜란드	8.1	5.4	7.4	8.3	7.9
뉴질랜드	12.4	7.4	5.8	5.4	2.8
노르웨이	13.9	14.5	12.5	8.7	6.6
포르투갈	15.2	16.1	14.9	11.5	9.5
스페인	5.6	5.4	7.7	7.5	6.4
스웨덴	14.9	9.4	7.2	6.0	5.8
스위스	9.0	6.8	5.6	5.5	4.8
영국	21.8	11.2	11.3	10.5	8.5
미국	12.7	6.2	4.6	3.7	3.9
평균	14.2	9.5	8.3	8.5	7.9

자료: OECD, *Consumption Tax Trends 2014*, p. 142 일부 인용

2. 일반적인 고려사항

(1) 물품세 일반

물품세는 소금, 설탕, 성냥, 과일주스 또는 초콜릿 등과 같이 매우 다양한 범위에 부과하고 있지만 물품세 부과의 범위는 일반소비세의 확대로 인해 점차 줄어들고 있다.

물품세는 특정 행동을 자제시킬 목적으로 부과되는데 특히 건강상의 이유로 인

한 술, 담배를 들 수 있다. 제2차 세계대전 전에는 알코올음료, 담배에 대한 과세를 죄악세(sin tax)라 하여 자동차 관련 과세보다 훨씬 중요시하였다. 최근 환경에 보다 더 책임 있는 행동을 부추기기 위해 특정 판매세 구조가 변화되고 있는데 그 중 자동차 관련 세제는 흡연과 음주에 대한 세 수입보다 더 중요해지고 있다.

알코올음료와 담배, 그리고 자동차 관련 산업과 관련된 강력한 압력단체는 물품세 부과로 인한 가격인상이 자국의 소비를 저해하여 고용수준과 수출에 바람직하지 않은 반향을 일으킬 것이라고 주장한다. 그러한 갈등으로 인해 음주, 흡연, 자동차에 적절한 조세가 무엇인지에 대한 확실한 가이드라인을 제공하는 것은 쉽지 않다. 주된 정책목표가 술과 담배 소비세로부터 일정한 크기의 세 수입을 안정적으로 걷는 것이라면 수요가 비탄력적이어서 높은 소비세율은 실제로 높은 세 수입을 가져다줄 수 있으므로 높은 세금/소비감소 경로(북유럽 국가)나 낮은 세금/소비증가 경로(남유럽 국가)를 선택하여 달성할 수 있다. 일부 연구에 의하면(Cnossen, 1989) 높은 조세는 상당히 소비를 줄인다고 한 반면 일부 견해는 세율과 담배소비 간에 상관관계가 거의 없다는 결과도 있다(Messere, 1993). 사회태도를 변경시키는 요인들, 정부의 건강 홍보, 반흡연 캠페인 등은 흡연의 하락에 더 큰 영향을 주어왔지만 음주에 대해서는 아직까지 명확하지 않은 듯하다.

대부분의 나라에서 주요 물품세가 소득분배에 미치는 영향에 관한 증거는 거의 없다. 제한된 실증자료에 의하면 담배소비세가 역진적이고 자동차 유류세는 완만하게 누진적이며 술에 대한 조세는 분명한 분배효과를 보이지 않는다고 하지만[20] 최근의 OECD 보고서(2014)는 소득(또는 지출) 중 차지하는 비율로 측정하였을 때 상위소득분위 가구가 하위분위 가구보다 해당 품목에 대한 지출이 적기 때문에 상기 품목들에 대한 과세가 역진적이라는 것이다. 그러나 소득분배 영향은 다른 과세보다도 물품세에는 덜 중요하고 적절치 않다고 할 수 있다. 그 이유는 물품세로 인한 세 수입 증대와 과잉소비억제 목표가 물품세로 인한 불확실한 소득분배효과보다 훨씬 더 중요하기 때문이다.

20 Messere at al.(2003), p. 162.

공공재정 이론가들은 소비자물가지수와 같은 물가수준 수치로 소비세의 세율을 연동화시키자는 주장을 한다. 실제로 호주, 캐나다, 덴마크, 네덜란드는 그러한 방식을 채택하였지만 대부분의 나라에서는 부분적으로 채택하고 있다. 연동화 적용의 실제적인 문제는 첫째, 시차에 맞추어 정확히 연동화시키는 데 기술적으로 어려운 문제가 있다는 점이다. 둘째, 만약 연동화를 운영하면 관련 소비세 제품 간 세 부담의 차이를 다양한 이유로 변화시키기를 원하는 정부의 신축성을 제한할 수 있다. 셋째, 유권자인 소비자와 생산자에게 그리 인기 있는 수단은 아닐 것이다.

(2) 사치재에 대한 개별소비세

음주, 흡연, 주행, 환경에 대한 조세 이외에 고율의 부가가치세 또는 별개의 소비세로 과세하는 상품들이 있다.

사치재에 대한 과세가 대부분의 경우 세수 확보를 주목적으로 하고 부수적인 기능으로 사치세 부과로 세 부담의 형평성 제고, 소비억제 등을 목적으로 하는 경우가 많았는데 최근 물품세는 소득재분배에 부적절한 수단이고 높은 부가가치 세율이건 또는 별개의 물품세로 의하건 조세의 운영을 복잡하게 한다는 지적이 있어 왔다. 또한 각국이 산업사회로 진입하면서 사치세 기능은 축소·상실되고 오히려 사치세는 고부가가치 산업의 성장을 저해하는 측면이 있다는 견해가 있다. 즉, 산업구조조정 및 후발개도국의 추격으로 소량·고가의 고부가가치 산업 육성을 통한 경제체질 전환이 필수적이며 기존의 수요·소비 측면에서의 소비세 과세기능에서 탈피하여 산업정책적 득실을 비교하여 개별소비세제의 과세 적정성 평가가 필요하다고 주장한다(성명재, 2007). 이런 관점에서 보면 승용차, 보석·귀금속 제품, 모피, 가구, 시계, 카메라 등의 물품세(우리나라의 개별소비세)는 폐지가 바람직하다고 보고 있다.[21]

21 2015년 한 설문조사에 의하면 우리나라의 개별소비세에 대한 제도개선이 필요하다는 응답은 89.7%에 달했다. 제도개선 방안으로는 응답 중소기업의 54.7%가 '개별소비세 폐지'를 희망했다. 이어 '기준금액 상향'(20.0%), '세율인하'(12.0%) 등의 방안도 거론됐다.

〈표 10－6〉 OECD 국가의 개별소비세 대상 품목 비교

국가명	대상 품목	
오스트리아	• 설탕	
캐나다	• 자동차용 에어컨	
프랑스	• 은에 대한 보증세 • 곡물 • 난방전기세 • 소, 돼지, 양 등	• 식용고기 거래에 대한 세금 • 밀가루 • 육류고기 • 의약품
독일	• 전력(power) • 설탕	• 커피
이탈리아	• 설탕(sucre)	• 전기세(energie electrique)
네덜란드	• 소프트드링크 • 환경세(environmental basis) • 설탕저장세(sugar storage duty)	• 소음(noise pollution) • 식료품(food products)
노르웨이	• 초콜릿, 사탕 • 음료수(non alcoholic beverages) • 라디오, TV • 의약품	• 설탕 • 전기 • 화장품

자료: OECD, *Revenue Statistics*, 2006.

최근 대부분의 국가들은 이러한 논의를 바탕으로 사치재에 부가가치세나 특별소비세 부과를 폐지하고 있지만 일부의 국가에서는 모피, 보석, 카드놀이, 설탕, 비디오, 라디오, TV, 시계 등에 다른 제품보다 높은 부가가치세나 특별소비세(개별소비세)를 부과하고 있다.

(3) 우리나라의 개별소비세

가. 개요

우리나라의 개별소비세는 일반소비세와는 달리 특정한 물품의 소비사실·특정한 장소에의 입장·유흥음식행위 및 과세영업장소에서의 영업행위에 과세하는 소비세이다.

개별소비세의 도입 배경을 보면 개별소비세(구 특별소비세)는 1977년 부가가치세 도입에 따른 조세 부담의 역진성 완화와 사치성물품의 소비를 억제하기 위해 도입되었다.

개별소비세의 특징은 사치세 성격을 가지고 있어 사치성이 있는 고가의 물품에 고율로 과세함으로써 사치 행위를 억제하는 성격을 지니고 있다. 또한 개별소비세는 부가가치세의 단순비례세율에 의한 역진적 부담을 보완하기 위하여 소비물품 또는 행위에 따라 차등비례세율을 적용하고 있다. 그 외 경기조절 등을 위하여 30% 범위 내에서 인상 또는 인하할 수 있으며, 기술개발을 선도하거나 환경친화적인 물품에 대하여 잠정세율제도를 두고 있다(탄력세율과 잠정세율). 개별소비세는 과세물품이 제조장 또는 보세구역에서 유통과정에 들어가는 최초의 단계인 반출시점에서 대부분 과세되고 부분적(보석·귀금속 제품에 한함)으로 판매단계 과세가 있다(반출과세제도). 특정한 재화 및 서비스의 제조·생산 또는 유통 단계에도 과세대상에 따라 종량세와 종가세의 두 가지 형태로 과세방법을 달리하고 있다.

나. 과세방법

1) 과세형태에 따른 분류

과세물품은 보석 등과 귀금속 제품에 대해서는 판매단계 과세방법을 채택하고 있으며, 그 이외의 과세물품은 반출단계 과세방법을 채택하고 있다. 과세장소는 과세장소에 시설물을 이용하고자 입장하는 행위를 소비로 보아 과세하는 방법을 채택하고 있으며, 유흥장소의 경우에는 대상행위가 유흥음식행위이다. 과세영업장소는 과세영업장소에서의 영업행위(매출액)를 소비로 보아 과세하는 방법을 택하고 있다.

2) 적용세율에 따른 분류

과세장소는 1인 1회 입장 행위를 기준으로 과세하는 종량세율을 적용하고 있으며, 유류에 대해서도 리터당 혹은 킬로그램당 일정액을 과세하는 종량세율을 적용하고 있다. 위 과세장소와 유류를 제외한 과세물품과 과세유흥장소 및 과세영업장소에 대해서는 종가세율을 적용하고 있다.

다. 개별소비세 과세대상과 세율

개별소비세의 과세대상은 특정한 물품, 특정한 장소 입장행위, 특정한 장소에서의 유흥음식행위 및 특정한 장소에서의 영업행위이다.

1) 과세물품

〈표 10-7〉 과세물품 적용세율

과세물품	세율
투전기, 오락용품, 수렵용 총포류 등	물품가격의 20%
녹용 및 로열젤리, 방향용 화장품	물품가격의 7%
보석류, 귀금속류, 고급사진기·시계·융단·모피·가구	과세가격의 20%
자동차	10% 또는 5%
유류	리터당 일정액의 종량세
에너지 다소비 품목	물품가격의 5%

2) 과세장소 입장행위

〈표 10-8〉 과세장소 입장행위 적용세율

과세물품	세율
경마장	500원
경륜·경정장	200원
투전기 설치 장소	10,000원
골프장	12,000원
카지노	50,000원(폐광지역 3,500원, 외국인의 경우 2,000원)

주: 이는 모두 각 시설에 1인이 1회 입장 시에 부과되는 세율

3) 유흥음식행위

〈표 10-9〉 유흥음식행위 적용세율

과세물품	세율
유흥주점·외국인전용 유흥음식점과 그 밖에 이와 유사한 장소	유흥음식요금의 10%

3. 알코올음료 alcoholic beverages

모든 종류의 알코올음료의 과세에 대한 한 가지 문제는 제품의 가치(종가세)에 근거해야 되는지 아니면 알코올의 도수(종량세)에 두어야 하는지이다. OECD 34개 회원국 가운데 29개국은 가격이 아니라 알코올 도수에 따라 세금을 매기는 종량세를 채택하고 있다. 도수가 높은 술일수록 세금을 많이 물리는 종량세는 술 소비를 억제하는 '제어판' 역할을 한다. 독한 술을 많이 마실수록 세금을 더 내야 하기 때문이다. 종량세를 통해 도수가 낮은 순한 술 중심으로 적게 마시게 유도하자는 인식은 선진국을 중심으로 뿌리 깊게 박혀 있다.

OECD 회원국 가운데 멕시코·터키·칠레·이스라엘 그리고 한국 등 5개국만이 종량세 대신 술의 가격에 따라 세금을 붙이는 종가세를 시행하고 있다. 한국은 주정[22]에만 킬로리터당 5만 7,000원의 종량세를 적용할 뿐 나머지 모든 주류에 종가세를 적용하고 있다. 한국을 비롯해 종가세를 시행하고 있는 5개 국가의 공통점은 전통주의 성격에 있다.[23]

종가세의 경우 가격에 비례하기 때문에 주종 간의 상대가격을 일정하게 유지할 수 있는 장점이 있지만 소비자의 선택을 싼 저질의 제품으로 이동시켜 양질의 제품을 만드는 것을 어렵게 한다. 또한 매우 높은 종가세는 제품 그 자체뿐만 아니라 포장, 마케팅, 브랜드마크(brandmark), 제품의 가격을 구성하는 다른 요인들에도 적용되어 임의적으로 포장, 광고 등이 훨씬 적게 과세되는 다른 제품과 차별을 유발시킨다.

반면 종량세는 고도주-고세율 원칙을 적용할 수 있고, 고도주이지만 저가인

22 우리나라 주세법은 술을 크게 4가지 종류로 구분하고 서로 다르게 취급한다. 주정, 발효주, 증류주, 기타주류가 그것이다. 주정은 소주의 원료로 전분 또는 당분을 발효시킨 물질 또는 알콜분포함 물질을 95도 이상으로 증류한 것이다. 소주는 바로 이 주정을 희석해 만든 술이다. 주종별로는 맥주류와 증류주 72%, 와인류(청주, 약주 등 포함) 30%, 탁주 5% 등의 세율이 적용된다.

23 한국에선 소주, 멕시코에선 '테킬라', 터키에선 '라크', 칠레에선 '피스코' 등 도수가 높은 술이 전통주로 자리 잡았다. 고도주(알코올 도수가 높은 술) 중심의 전통주 시장이 세금 때문에 위축되는 일을 막으려 종가세를 고수하고 있다. 반면 '소주'나 '사케'처럼 도수가 비교적 높은 전통주를 둔 일본은 1990년 주세체계를 종가세에서 종량세로 전환했다.

〈표 10-10〉 주세 종가세 채택 국가의 현황

		과세체계	맥주	와인	증류주
OECD	한국	종가세	72%	30%	72%
	터키	종가세 (종량세 혼용)	63%	종량세	종량세
	멕시코	종가세	26.5%	26.5%/30% (도수 기준 차등)	26.5%/30%/53% (도수 기준 차등)
	칠레	종가세	15%	15%	27%
	이스라엘	종가세 (종량세 혼용)	종량세	0	75%+20.98ILS/리터
중국	중국	종가세 (종량세 혼용)	종량세	10%	20%+1위안/리터
	홍콩	종가세	0	0	100%
아프리카	베닌	종가세	10%	10%	10%
	부르키나 파소	종가세	25%	25%	25%
	부룬디	종가세	31%~51% (브랜드에 따른 차등 적용)		
	코트디부아르	종가세	8%~30% (브랜드에 따른 차등 적용)		
	콩고	종가세	20%	20%	40%
	가나	종가세	30%	-	25%
	기니비사우	종가세	30%	-	25%
	케냐	종가세	85%	45%	100%
	말라위	종가세	15%	65%	65%
	말리	종가세	5%	5%	5%
	니제르	종가세	25%	45%	45%
	르완다	종가세	57%	70%	70%
	세네갈	종가세	30%	30%	30%
	토고	종가세	10%	15%	15%
	우간다	종가세	60%	60%	60%
	잠비아	종가세	35%	125%	125%
동남아시아	말레이시아	종가세	15%+7.40RM/리터	15%+12.00RM/리터	15%+30.00RM/리터
	캄보디아	종가세	25%	10%	10%
	라오스	종가세	50%	60%	70%
	미얀마	종가세	50%	50%	50%
	태국	종가세	60%	60%	50%
	베트남	종가세	45%	25%	45%
중남미	아르헨티나	종가세	8%	0	20%
	우루과이	종가세	22%	0	48%
	콜롬비아	종가세 (종량세 혼용)	48%	종량세	종량세
	페루	종가세	27.8%	20.0%	20.0%
	볼리비아	종가세	0	5%	10%
	과테말라	종가세	6%	7.5%	8.5%
	에콰도르	종가세	30%	40%	40%
	코스타리카	종가세	10%	10%	10%

자료: 성명재(2017).

주류제품에 대해서는 종과세로 제품의 고급화를 유도할 수 있는 장점이 있다. 또한 종량세는 정부가 알코올을 도수에 따라 과세하는 사회적인 목적(국민건강)을 달성하고 제품 악화로부터 소비자를 보호하기 좋은 방법이다. 대표적인 예가 '스카치'의 본산인 영국(스코틀랜드)이다. 그러나 주종 간 상대가격이 바뀜에 따른 소비행태 변화를 가져올 수 있고, 세율이 물가에 연동되지 않으면 실질적인 세부담이 감소하여 외부불경제의 교정과 세수확보가 어려운 단점도 존재한다.

4. 담배

담배는 피우는 사람의 건강뿐 아니라 담배를 피우지 않는 사람의 건강에도 해로운 부정적 외부성(negative externality)을 창출하는 재화이다. 또한 중독성이 있는 재화로 일단 피우기 시작한 이후로는 이성적 통제가 잘 되지 않는 도박, 술 등의 재화와 같은 성격을 가지고 있다. 이러한 중독성 재화에 대한 교정세(corrective tax) 부과의 필요성은 주로 외부성(externality)의 내재화와 정부의 온정주의(paternalism)에 근거하고 있다. 중독성 재화에 대한 교정세는 담배의 수요가 비탄력적이어서 세금을 부과하여 세수를 확대하는 데 상당히 매력적인 재화로 이는 정부의 추가적 세 수입이 되고 있다. 반면 교정세로 인한 소비 억제의 효과가 클수록 추가적 세 수입의 규모는 작게 되는 상충적인 측면이 있다. 즉, 중독성 재화에 대한 교정세는 세 수입 증대 효과가 있기는 하지만, 세입 측면보다는 교정세로서의 소비 억제효과를 위해 부과되는 것이 타당하다.

대부분 종량세를 채택하고 있는 알코올음료나 광유와는 달리 담배에 대해서는 종량세와 종가세의 혼합 방식이 주로 채택되고 있다. 이러한 방식은 저가와 고가의 제품 간의 균형을 제공할 뿐만 아니라 저비용 생산국과 고비용 생산국 간의 중립성을 충족시키고 있다.

EU 국가에서의 담배 과세는 흡연율 저감을 위한 과세 부과라는 정책 목표가 비교적 명백히 제시되고 있고 그러한 맥락에서 담뱃세는 국세로 징수되고 있다.[24]

24 우리나라는 1988년 세목 신설 당시 지방재정 확충을 위해 담배 관련 세제를 담배소비세로 통합해 지방으로 이양했다.

〈표 10-11〉 판매가격 대비 담배 관련 과세 비율의 국제비교(2012) (단위: %)

OECD 평균	G7 평균	미국	일본	영국	프랑스	호주
74	68	43	64	80	80	60

주: 1) 국가별 가장 많이 판매된 담배제품 기준
2) 소매가격 대비 총세금 비율

자료: WHO, *WHO Report on the Global Tobacco Epidemic*, 2013; 최성은(2014) 재인용.

EU 국가들의 경우 동유럽 국가들을 제외하고는 대부분 4~8유로로 담배가격이 상당히 높은데[25] 세금 비중은 평균 약 81%로 높게 나타나고 있다. 담배가격이 상대적으로 낮은 동유럽 국가들의 경우도 담배가격에서 세금이 차지하는 비중은 77~84%로 상당히 높게 나타나고 있다. EU 국가들의 담뱃세는 종량세와 종가세가 함께 부과되는 특징이 있는데, 종가세와 부가가치세의 비중이 비교적 높아 담배가격당 세금의 부담이 높은 것으로 추정된다.

5. 유류

유류는 일반적으로 기술적 정제방법에 따라 무연휘발유, 디젤, 중유 등으로 나누고 있으며, 관련 에너지상품에도 과세하는 경우가 존재한다. 일부 OECD 회원국은 천연가스, 전기, 석탄 등에 과세하는 경우도 있으며, 「EU에너지세제지침(EU energy tax directive 2003/96/EU)」에서는 석탄, 천연가스, 전기에 대한 최소세율 등의 EU 세제체계를 규정하고 있다.

유류물품세 특성은 여타 다른 물품세에 비해 소비자행동에 상당한 영향을 미친다. 무연휘발유는 가연가솔린(leaded gasoline)에 비해 대체로 경제성이 낮아 이를 극복하기 위해 세금 부과체계를 조정하고 있으며 LPG(Liquefied Petroleum Gas)에 대해서는 전 세계적으로 디젤이나 휘발유에 비해 낮은 수준으로 과세되

25 2017년 '효과적인 금연정책을 위한 국제심포지엄'에서 한국금연운동협의회에서는 "2015년 2,000원 인상 후에도 우리나라 담뱃값은 OECD(경제협력개발기구) 34개 회원국 중 31위"라고 발표했다. 현재 OECD 국가 중 우리나라보다 담뱃값이 싼 나라는 슬로바키아, 체코, 멕시코 등 3개국에 불과하다는 것이다(우리나라의 담뱃값은 3.8달러 수준이다).

고 있다. 예를 들어 무연휘발유는 리터당 0.359유로, 가스유는 리터당 0.330유로, LPG는 킬로그램당 0.125유로 등이다. 반면에 지침은 어떠한 종류의 세금으로 이를 부과할지는 규정하지 않고 있다. 따라서 물품세, 탄소세, 에너지세 등의 형태로 부과될 수 있다. 운송유에 대한 물품세는 다른 부문의 유류보다 일반적으로 높은 세율이 적용되고 있다.

무연휘발유의 총세금부담은 OECD 회원국 중 거의 3분의 2가 세전가격의 100%를 초과하고 있다. 34개국 중 21개국에서 총가격 중 세금의 비율이 50%를 초과하며, 40～50% 범위에 있는 국가도 7개국이다.

디젤연료는 휘발유에 비해서는 상대적으로 부담이 낮다. 예외적으로 스위스와 아이슬란드 2개국만이 휘발유보다 디젤에 높은 세금을 부과하고 있으며, 호주, 영국 및 멕시코 3개국만이 휘발유와 동일한 세율로 과세하고 있다.

6. 자동차 관련 조세

(1) 현황

자동차에 대한 과세는 20세기 초 대부분의 OECD 회원국에서 도입되었고, 정부 세 수입의 중요한 원천이 되고 있다. 모든 OECD 회원국은 자동차세를 개인과 상업용 도로 사용자 모두에게 상당한 세수를 확보하기 위한 과세수단으로 사용하고 있다. 지리, 산업, 사회, 에너지, 교통 및 환경 정책 등의 사항을 고려하여 자동차의 과세 수준과 구조를 결정하게 된다.

초기 자동차세는 자동차를 사치재로 보아 부과되었으나, 현재에는 주로 환경과 관련된 목적달성 또는 소비자행동에 영향을 주기 위해 부과되고 있다. 자동차 구입에 대한 세금을 연료 효율이나 오염 배출량에 따라 차별화하는 것은 잠재적 자동차 구매자에게 상대적으로 적은 배출을 유발하는 자동차를 구입하도록 유인할 수 있다. 2014년 기준으로 OECD 회원국의 4분의 3 이상이 이러한 정책을 시행하고 있다. 21개국은 자동차 구입이나 연간 등록의 경우 오염배출에 직접적으로 과세하며, 18개국은 전기나 하이브리드 자동차에 대해 세금을 환급하거나

면제하고 있다. 또한 이산화탄소(CO_2), 휘발성 유기화합물(VOC), 질소산화물(NOX)과 입자의 최대 배출량을 설정하여 오염배출을 규제하고 제한하고 있다. 2007년 「교토의정서」 이후 온실가스배출 감축 목표를 달성하기 위한 노력으로 유럽위원회에서 이산화탄소의 배출감소는 주요 목표가 되었다. 그러나 자동차 구매 또는 연간 등록비용을 차별화하는 것은 환경정책에 간접적으로 영향을 줄 수 있으나 그 효과는 제한적이라고 OECD는 밝히고 있다.[26]

자동차에 대한 과세는 주로 다음과 같은 사항에 대하여 세금이나 요금(fee)을 부과하고 있다. 자동차 구입·등록·취득에 소요되는 비용에 대한 과세, 자동차의 사용이나 소유와 관련된 정기적인 세금, 연료에 대한 과세, 그리고 도로통행료, 혼잡요금, 보험 과세 등과 같은 요금이다.

가. 자동차의 구입단계에서 과세

자동차의 등록과 구입 시 부과되는 세금·요금은 부가가치세, 판매세, 소비세, 기타 비용 등이 있으며, 이를 부과하는 기준은 다음과 같다.

- 자동차의 가치나 가액
- 엔진 출력이나 실린더 용량
- 환경영향(연료 소비, 배출 오염, 사용된 연료의 종류)
- 사회적 고려: 응급 자동차에 대한 면제, 구급차, 장애인 차, 대중교통 등
- 자동차의 이용(차축의 수, 화물공간, 좌석 수 같은 특정 기준)

OECD는 자동차세율 차이는 국경 간 쇼핑(cross-border shopping)을 초래하지 않으나, 과세차이는 소비자와 자동차산업에 부정적인 영향을 미칠 수 있다고 한

26 우리나라는 소유분 자동차세와 주행분 자동차세로 구분하여 과세하고 있다. 소유분 자동차세는 과세표준이 배기량·승차정원·적재정량인 종량세로 과세하며 자동차를 용도에 따라 영업용과 비영업용으로 구분하고, 자동차의 종류에 따라 승용·승합·화물·특수·3륜 이하 소형 자동차로 구분하여 각각 세율을 달리 적용한다. 주행분 자동차세는 국세인 교통·에너지·환경세의 납세의무자에게 부과되는 부가세이다. 주행분 자동차세는 1998년 한미자동차 양해각서 체결에 따른 지방세 감소를 보전하기 위하여 도입되었다. 이후 두 차례의 에너지세제 개편으로 비용부담이 커진 버스, 택시, 화물업체에 대한 유가보조금 지원 용도로 많은 부분이 사용되고 있다.

다. 자동차는 해당 국가의 과세시스템에 맞게 제조되어 타국에서 사용하기에는 불완전한 측면이 있어 다른 나라에서 판매되는 자동차와 경쟁에서 불리할 수 있다. 이러한 문제를 해결하기 위해 유럽위원회는 자동차 구입단계의 과세를 축소하거나 폐지하되, 사용단계에서 과세를 강화하는 방안을 제안하고 있다. 제안의 내용은 5～10년 이내에 자동차등록세를 폐지 또는 축소하되, 자동차 보유나 사용에 대한 세금을 인상하여 세수감소를 보완하는 것을 골자로 하고 있다.

나. 자동차의 보유 및 운행단계에서 정기적인 과세

자동차 운행에 관한 세금은 연료와 고속도로 요금에 대한 소비세나, 통행료와 연료과세 등을 포함하여 여러 가지 형태를 취할 수 있다. 일반적으로 연간 자동차세, 자동차의 사용 및 공공도로 이용에 부과되는 요금으로 구분할 수 있다. 사용단계 시 부과되는 부과 기준은 구입단계의 부과 기준과 유사하다. 사용되는 연료의 타입, 자동차종, 엔진 크기, 연식 등을 기준으로 부과한다.

OECD 회원국의 자동차 보유 및 운행단계에서 부과하는 세금 및 요금에 대한 내용은 다음과 같다. 20개국은 오염배출, CO_2배출 등과 같은 환경오염을 기준으로 세금 및 요금을 부과하고 있다. 벨기에는 별도의 보정과세를 부과하며, 아이슬란드는 자동차로 인해 발생되는 환경에 대한 처리요금을 환경세로 부과한다. 그 외 대부분의 나라는 오염배출을 기준으로 하여 운행세, 보유세 등을 과세하고 있다. 대부분의 나라는 운행세, 보유세, 유통세 등의 세금을 부과하며, 그 외 자동차 등록, 처리, 사용에 대한 요금을 부과한다. 자동차 등록에 대한 요금으로 호주, 뉴질랜드는 정기적으로 요금을 부과하며 캐나다는 자동차 사용에 대한 요금을 정기적으로 부과한다. 공공기관, 장애인, 외교사절단, 영사관 등에서 사용하는 자동차나 보존대상 차의 경우, 자동차 사용 및 운행단계에서 세금 등을 면제 또는 경감 적용하나 일부 국가는 모든 자동차에 대해 과세한다. 호주, 캐나다, 칠레, 덴마크 등 10개국은 면제나 경감 적용 없이 모든 자동차에 대해 세금 및 요금을 부과하고 있다.

(2) 고려사항

자동차 연료는 대부분의 나라에서 부가가치세 표준세율의 적용을 받는다. 자동차 연료의 세전 가격은 지난 30년 동안 변동이 심했고 종량세보다는 종가세에 크게 의존하여 왔다. 그 이유는 가격 변동에 대해 반인플레이션 정책으로 세율을 빈번하게 임시방편적으로 조정을 하기 위함이었다.

각국은 자국에 맞는 다양한 세 수입 증가 수단들을 갖고 있으며 이에 대해 변경시키려는 압력집단들이 존재한다. 자동차 주행의 과세는 조세정책, 에너지정책, 그리고 환경정책 간의 복잡한 갈등을 불러일으킨다. 자동차 연료에 대한 물품세는 가장 큰 세 수입을 가져다주고 있지만 대체로 정부는 원유가가 1970년대처럼 급등했을 때는 물품세를 줄이고 1980년대처럼 급락했을 때는 물품세를 인상하였다.

원유가의 변동성과는 별도로 도로를 가장 적게 이용하는 사람들에게 환경비용(예를 들어 종종 가난한 시골 운전자)의 부과는 불공평하게 많은 몫의 세금을 지불한다는 점에서 편익원칙과 공평성을 침해한다는 근거로 자동차세 부과는 다른 형태로 전환이 있어야 한다는 주장이 있다. 한 가지 방안은 엔진 능력에 따라 세율을 차별화하여 보유로부터 더 많은 세 수입을 걷는 것이며, 또 다른 방안은 소유에 대한 과세에서 도로이용료와 같은 사용자 요금으로 전환하는 것이 보다 나은 대안이라는 것이다. 휘발유와 경유에 적용되어야 하는 상대적인 세율에 대한 합의는 없고 모두가 서로 다른 방식으로 오염을 유발시킨다고 할 수 있다. 즉, 비록 경유차가 도로에 더 많은 손실을 주지만 특정 국가에서 경유의 세율이 이웃 국가보다 현저히 높다면 이는 추가적으로 숨겨진 조세를 통해 수출을 불리하게 하는 요인이 될 것이다.

7. 내기betting와 도박gambling 과세 선택

내기와 도박에 대한 과세는 음주, 흡연, 주행 활동에 과세보다 훨씬 적은 세 수입을 차지하지만 다른 재화나 서비스에 대한 개별소비세보다는 중요성을 갖고 있다. 다양한 방식으로 부과·징수되고 있는데 이 영역은 통제문제가 매우 중요하다. 예를 들어 내기활동이 발생한 곳(예를 들어 말이나 개 경주 코스 또는 베팅 상점과 같은 지역에서)에 조세처리문제가 있다. 그런 활동에 유일한 개별소비세는 대부분의 OECD 국가에서 시행하는 (도박, 내기 등에서) 상금에 과세하고 있다. 또한 다른 과세수단으로는 일반소비세 적용, 이득을 소득세에 합산적용, 받은 상금에 대한 분리과세, 그러한 활동을 하는 기업의 총이윤에 과세, 도박활동의 국가독점 조항, 특허받은 민간기업으로부터 강제이전 등을 들 수 있다.

전형적으로 도박에 대한 특별소비세에서 나오는 수입은 특정 재화나 서비스의 과세에서 나오는 수입의 1% 정도이다. 그러나 일부의 나라에서는 적어도 1990년대 동안 스페인은 12%, 핀란드 6%, 프랑스 5%, 뉴질랜드와 영국 4%를 차지할 정도로 중요한 세 수입이었다. 마지막으로 인터넷을 통한 도박의 성장은 전통적인 betting tax 징수에 심각한 문제를 낳고 있고 미래에는 새로운 문제를 야기할 것이다.

제 7 절 대안적인 소비과세정책

1. 배 경

근본적인 조세개혁은 정부나 국회 차원에서 자주 논의되는 사항이다. 과거의 입법 논쟁은 한계소득세율의 변경 또는 다양한 형태의 소득을 과세하는 방법의 변경과 같은 현행 조세체계의 변화 또는 개정에 초점을 두어 왔다.

소득세의 근본적인 조세개혁 논의는 기존의 소득 대신 소비에 과세를 하는, 근본적으로 세원 변경이다. 현행 소득세구조 내에서 개인의 세 부담은 총소득의 함수이지만 소비세체계는 개인의 세 부담이 재화나 서비스의 총지출에 의해 결정된다. 재화나 서비스에 소비하지 않는 소득 또는 '저축'은 과세되지 않는다. 소비세는 많은 다양한 형태를 취할 수 있지만 소비라는 공통된 세원을 갖고 있다. 또한 소비세 시행은 조세가 언제 징수되고 어떻게 계산되고 누가 세금을 내는가에 대해 다를 수 있다.

일반적으로 소득세 개혁안으로 지출세(expenditure tax)와 현금흐름세(cash-flow tax), 기존의 부가가치세의 확장을 들 수 있는데 이에 대해 개략적으로 살펴본 후 소득세에서 소비세, 즉 부가가치세로의 이행에 따른 다양한 효과 등을 다루고자 한다.

2. 지출세 expenditure tax

(1) 배 경

소비세원의 과세에는 개인과세(personal tax)이고 직접세인 지출세(expenditure tax)와 기업과세이며 간접세인 소비세(consumption tax)의 두 유형이 있다. 지출세는 칼도(Kaldor)의 제안에 따라 1950년대에 인도와 스리랑카에서 실시된 바 있으나 몇 년 후 곧 폐지되어 버린 역사를 가지고 있다.

피셔-칼도(Fisher and Kaldor)가 제안한 지출세는 1970년대 석유파동 이후 인플레이션과 저성장, 소득베이스 과세 문제점의 심화, 서구제국에 있어서 고령화의 진행 등을 배경으로 하고 있으며, 지출세 시행에 대한 재평가가 이루어지고 구체적인 시행안들이 제시되었다. 그 대표적인 것으로 스웨덴의 로딘(Lodin) 보고(1976), 영국의 미드(Meade) 보고(1978), 미국 재무부의 「기본세제개혁을 위한 청사진」(1977) 등을 들 수 있다.

이처럼 선진제국에서 1970년 후반 이후 지출세의 르네상스가 도래하였던 배경은 다음 세 가지 점으로 요약된다.

첫째, 석유파동 이후 선진 각국의 경제 상황은 크게 악화되었고, 그 중요한 원인으로 소득세의 높은 한계세율 및 자산소득과세와 인플레이션의 상승적 저축저해효과가 강력하게 제기되었다.

둘째, 고령화 사회로의 이행과 더불어 생애설계의 필요성이 증대되었고, 소득세의 저축에 대한 이중과세가 그것을 저해하는 요인으로 지적되었다.

셋째, 소득세의 이론 및 실증에 대해 엄격한 비판이 제기되었다. 포괄적 소득세의 이론적 결함, 세무행정의 곤란, 실제 소득세제의 혼란과 복잡화 등의 비판론이 제기되었다.

(2) 지출세의 이론

지출세를 옹호하는 주장은 다음과 같은 점에서 개인과세로서 지출세는 포괄적 소득세에 비해 우월하다고 본다.

첫째, 단순성과 세무행정 용이성을 들고 있다. 이론적으로 지출세의 세원은 포괄소득세에 비해 보다 명확하고 단순하며 현실적이라고 주장한다. 이는 실제 소비를 그 세원으로 하기 때문이다. 또한 지출세는 자산가치의 증가를 배제한 실제의 소비를 세원으로 하기 때문에, 포괄소득세에 비해 세원의 개념, 과세시점도 명확하여 세무행정도 용이하다는 것이다.

둘째, 생애주기의 관점에서 소비자행동을 다룬다는 점이다. 생애에 있어서 소비자의 합리적 계획, 즉 현재소득의 일부를 저축하여 미래의 소비를 확보하거나, 반대로 미래소득의 일부를 담보로 하여 현재소비를 확보하는 소비자의 행동을 가정한다. 따라서 지출세는 포괄소득세와 달리 생애주기가설과 유산·증여가 존재하지 않는 경우를 가정하면 근로소득의 저축 원리금은 모두 퇴직기의 소비에 충당된다. 또한 지출세는 소비만을 과세하기 때문에 포괄적 소득세에서와 같은 저축의 이중과세 문제는 발생되지 않는다. 따라서 생애소득(근로소득)이 동일한 납세자들의 생애 조세 부담은 각 납세자들이 어떠한 저축행동을 취하든 관계없이 동일하게 된다(수평적 형평성).

(3) 한계점

지출세의 장점에도 불구하고 다음과 같은 문제점이 있다. 첫째 주택이나 내구

소비재의 취득을 실물자산의 취득(저축)으로 간주해야 할 것인가 아니면 내구재 서비스의 소비로 보아야 할 것인지가 명확하지 않다. 마찬가지로 교육이나 의료 지출을 인적자본에 대한 투자로 보아야 할 것인가 아니면 소비지출로 보아야 할 것인지도 이론적으로 반드시 명확하지 않다. 둘째, 생애기간을 고려한다면 저축은 소비시점의 이동수단만이 아니고 여러 가지 자산가치(담보가치, 안전 등)를 가지고 있다. 여기에 소비시점까지 과세를 연기해주고, 다시 유산·증여를 통한 최종적인 조세회피를 허용하게 되면 지출세의 수평적 형평성은 확보될 수 없다. 셋째, 지출세는 소비세의 장점과 더불어 누진적으로 고안할 수 있다는 장점을 가지고 있지만 각 가계의 1년 동안의 지출을 추적하는 것은 많은 재원이 필요하고 납세자들이 저축과 지출에 대한 수치를 조작할 수 있다는 문제점이 있다.

이와 같은 지출세의 적용의 한계에도 불구하고 OECD 국가들 모두의 조세체계는 지출세의 요소를 일정 부분 갖고 있다. 예를 들어 대다수의 OECD 국가들은 개인연금저축에 대해 EET[27](21개국)나 TEE(1개국)[28] 과세를 시행하고 있다. 이는 지출세 취급과 유사하다. 이와 같이 많은 OECD 국가들은 일정 저축에 대해 저축을 유인하는 방안을 도입하고 있고 이는 소득세가 지출세로 한 걸음 다가간 것으로 볼 수 있다.

3. 현금흐름세 cash-flow tax

현금흐름세 아래에서 납세자는 현행 개인 은퇴계정이나 이와 동등한 세금이 있는 계정에 저축을 한다. 이러한 계정에 순 기여금은 소비된 소득의 수준을 결정하기 위해 소득에서 공제된다. 조세는 단지 개인의 소비소득에만 적용된다. 부가가치세나 판매세와 대조적으로 정책결정자는 소비소득 수준에 누진율구조를

27 EET(Exempt, Exempt, Taxed)는 연금저축의 과세가 연금을 실제로 수령할 때까지 이연되는 과세이다(연금저축에 세금공제와 저축에서 나오는 수익에 대해 비과세).

28 TEE(Taxed, Exempt, Exempt) 저축은 이미 과세된 수익이고 더 이상의 과세는 없다(연금저축의 수익과 수령 시 과세가 없음).

적용하는 선택을 갖고 있다. 각 개인은 자신의 소비소득을 계산해야 하고 이로 인해 발생하는 세 부담을 한다.

현금흐름세는 소득에서 저축을 뺀 소비에 과세하는 방법이다.[29] 한 해 동안 저축의 크기를 알 수 있는 것은 은행계좌나 주식구매와 같은 공식적인 기록이 있는 것들만을 저축으로 간주하면 가능하다. 은퇴저축은 현금흐름세와 유사한 특징을 가지고 있다. 그러나 다양한 형태로 저축을 하는 고소득자들도 저축을 공제받는 것이 가능해야 한다. 이것이 가능하다면 저축을 유인하게 될 것이고 이는 세 수입을 줄어들게 할 것이다. 그러나 이로 인해 발생되는 대부분의 편익은 고소득자들에게 돌아간다는 문제가 있어 이러한 조세개혁안에 대해 반론이 많다.

4. 대안적인 세원

(1) 경제적 고려사항

조세는 정부로 하여금 시민을 위해 바람직한 재화나 서비스를 공급하도록 하지만 개인의 의사결정을 왜곡시키는 경향이 있다. 완전경쟁시장에서 개인과 기업은 돈과 시간을 가능한 한 가장 가치 있는 방식으로 사용을 하며 이는 가장 효율적인 경제를 유도한다. 조세는 가격체계에 간섭을 함으로써 이러한 결정들을 왜곡시킨다. 따라서 정책목표는 왜곡을 최소화하여 시장이 가능한 효율적으로 작동하도록 하는 조세 구조를 디자인하는 것이다.

또한 조세나 보조금이 시장실패를 교정함으로써 경제의 효율성을 개선시킬 수 있는 경우도 있다. 시장실패는 다양한 이유로 발생할 수 있지만 최적의 양보다 너무 많이 또는 너무 적게 생산·소비하므로 비효율적인 자원의 배분을 초래한다. 예를 들어 현행 소득세법은 교육을 지원하기 위해 많은 세제혜택사항을 담고

29 현금흐름 과세는 법인세의 근본적인 개혁안으로, 현금주의 회계를 기반으로 하는 것으로서 총수입에서 총지출을 뺀 금액을 과세대상 소득으로 보아 과세하는 것을 말한다. 매출액에 대한 세금에서 매입액에 대한 세금을 공제한 금액을 납부하는 부가가치세가 매출액에서 매입액을 뺀 금액에 대한 과세라는 점에서 현금흐름 과세의 한 형태라고 할 수 있다.

있다. 그 이유는 교육은 개인이 교육소비결정을 할 때 사회에 주는 편익을 고려하지 않기 때문이다. 따라서 정부의 개입이 없다면 시장은 사회적으로 바람직한 수준보다 적게 교육자원의 배분이 발생하는 경향이 있다.

조세는 개인의 근로결정과 저축결정에 왜곡을 초래한다고 알려져 있다. 소득세를 소비세로 대체하는 것은 경제 내에서 과세로 인해 발생하는 왜곡을 줄이는 수단으로 제시되어 왔다. 다음은 근로선택, 저축, 그리고 경제전체 측면에서 소비세의 상대적 장점과 잠재적인 영향을 소득세와 비교하였다.

가. 근로선택의 영향

조세는 개인의 근로결정에 두 가지 경로를 통해 영향을 미칠 수 있다. ① 근로의 실질효과를 줄이며(소득효과), ② 다른 활동과 비교하여 근로의 상대적인 가치를 변경시킨다(대체효과).

1) 소득효과

개인이 소비세나 소득세를 내야할 때 재화나 서비스에 지불할 능력은 떨어진다. 소득세하에서 개인이 집으로 가져가는 봉급은 부과되는 세금의 크기로 인해 감소한다. 소비세 아래에서는 개인의 구매력이 인상된 가격이나 줄어든 임금을 통해 감소된다.[30] 예를 들어 한 달 총지출이 1,500달러이고 시간당 10달러를 받는 직업을 가진 사람을 가정하자. 그는 한 달 지출을 모두 충당하기 위해서는 한 달에 150시간을 일해야 한다. 그러나 20%의 소득세가 시행되면 그의 유효임금은 시간당 8달러로 줄어들고 그는 지출을 충당하기 위해 187.5시간을 일해야 한다. 비슷하게 20%의 소비세하에서 조세가 보다 높아진 소매가격을 통해 소비자에게 전적으로 전가되었다고 가정하면 그의 한 달 지출의 유효비용은 1,800달러까지 상승하여 자신의 지출을 충당하기 위해 한 달 180시간을 일해야 한다.

소득세나 소비세 부과로 인해 줄어든 노동가치에 대응하여 개인은 잃어버린

30 소비세는 다양한 요인에 의해 가격의 인상이나 임금 감소를 시킬 수 있다. 일반적으로 소비세하에서 정책결정자는 임금의 감소보다는 오히려 한 번의 가격인상으로 조정을 시도하는 것을 예상할 수 있다.

소비력의 일부를 보충하기 위해 얼마나 많이 근로시간을 늘려야 하는지를 알 수 있다. 이와 같은 과세로 인한 반응을 소득효과라 한다. 만약 소비세제안이 세수중립적이라면 소비세 전환으로부터 발생하는 소득효과는 소득세하에서 소득효과와 유사할 가능성이 있다.

2) 대체효과

개인의 구매력의 감소와 더불어 조세는 또한 여가와 비교하여 근로의 상대가치를 떨어뜨린다. 개인은 매일 근로, 친구, 가족, 그 외 수많은 다른 활동 간의 시간을 배분하는 데 얼마를 사용할지에 대한 수많은 결정을 해야 한다. 소득이나 소비에 대한 과세의 시행으로 근로시간 가치는 다른 활동과 비교하여 떨어진다. 소득세하에서 이는 조세가 일정 근로수준에서 개인의 소득을 줄어들게 하기 때문에 발생한다. 반면 소비세 아래에서는 조세가 상품의 가격을 인상시키거나 임금을 줄어들게 함으로써 주어진 근로수준에서 구매할 수 있는 양을 줄이기 때문에 발생한다. 조세가 근로의 실질가치를 줄어들게 함으로써 여가와 다른 활동의 상대가치는 커지고 이로 인해 개인은 근로에 사용하는 시간량을 줄일 것으로 예상할 수 있다. 이러한 현상을 대체효과라 하고 소득효과와 반대로 작용한다.

대체효과가 개인의 근로결정에 영향을 미치는 정도는 시행되는 세율의 크기에 달려 있다. 세율이 높을수록 대체효과가 클 것으로 예상되어 상대적으로 여가를 더 가치 있게 함으로써 근로 저해유인은 커질 것이다. 소비세는 조세가 세수중립적이라면 소득세보다 더 높은 세율을 적용할 가능성이 있다. 왜냐하면 소비세하에서의 세원은 소득세하에서의 세원보다 좁기 때문이다.[31] 소비세하에서 높은 세율은 소득세하에서보다 근로의 상대적인 가치를 크게 감소시킬 것으로 예상되어 이로 인해 근로의욕을 크게 줄일 것이다.

그러나 소비세로의 이행을 함에 있어 보다 높은 세율의 필요성을 제한하는 중

31 이론적으로 소비는 소득 빼기 저축이다. 따라서 포괄소득세의 세원은 포괄소비세보다 더 크다. 실제로 소득세와 소비세 모두 세원의 크기를 줄이는 공제와 다양한 세제우대사항을 적용할 수 있다.

요한 특징이 있다. 대체효과로부터 발생하는 행동변화를 제한한다는 점이다. 소비세로 이행하는 동안 이행이 완결되기 전에 소유한 자산과 저축에 대한 추가적인 암묵적인 조세가 있을 수 있다.

현행 소득세하에서 개인은 노후에 소비의 재원을 마련하기 위해 자산을 구매하고 소득의 일정 부분을 저축한다. 이러한 저축과 자산은 소득세하에서 일정한 가치를 갖지만 소비세의 시행으로 이러한 자산과 저축의 실질가치는 감소할 것이다. 개인이 소비를 시작할 때(저축에서 인출함으로써) 구매력은 현재 소비세의 적용을 받기 때문에 가치는 하락한다. 자산과 저축의 실질가치는 소비세율의 크기에 따라 감소한다. 소비세로의 이행으로부터 발생하는 가치의 감소는 종종 구 자본에 대한 조세라고 할 수 있다.

대부분의 조세는 개인의 행동을 왜곡시켜 경제 효율성을 줄인다고 하였다. 그러나 이러한 사실에 수많은 예외가 있는데 소비세 아래에서는 구 자본에 대한 조세가 그러한 예이다. 구 자본에 대한 조세는 개인이 세 부담을 줄이는 방식으로 행동을 변경시킬 합법적인 방법이 없기 때문에 개인의 행동을 왜곡시키지 않을 것이다. 과거에 발생한 소득을 저축하거나 자산을 구매하는 결정, 그리고 개인이 자산구매나 저축행동을 줄이기 위해 과거로 돌아갈 수 없기 때문에 구 자본에 대한 조세를 피하기 위한 행동을 변경시킬 수 없다. 이러한 종류의 조세를 정액세라 하며 개인은 이에 대해 행동을 변경시킬 수 없으므로 경제에 왜곡이 발생하지 않을 것으로 예상할 수 있다.

소비세하의 세원은 반드시 더 작기 때문에 세수중립적인 소비세는 소득세보다 높은 세율을 요구할 가능성이 있다고 하였다. 이는 다른 것이 모두 동일하다면 대체효과가 더 크게 일어나서 소득세와 비교하여 더 많은 근로 저해를 유발시킬 수 있다. 그러나 이미 보았듯이 구 자본에 대한 정액세가 추가적인 세 수입을 발생시키기 때문에 보다 낮은 소비세율이 적용될 수 있다. 더욱이 이러한 조세는 경제에 왜곡을 발생시키지 않고 세 수입을 증대시킨다. 따라서 소비세하에서 예상되는 대체효과는 세수중립적인 상태에서 소득세하에서보다 상당히 크지 않을 수 있다.

3) 실증조사

경제이론은 조세가 개인의 근로결정에 두 가지 상반된 효과가 있다고 말한다. 따라서 근로에 대한 순 효과는 이론상으로는 불투명하다. 연구자들은 어떻게 소득효과와 대체효과가 현실에 작용하는지를 조사하였고 다양한 추정치를 제시하고 있다. 경제학자들은 세후임금 변화에 대한 근로자들의 반응을 노동공급의 탄력성으로 수량화하려고 시도한다. 이 추정치들은 세후임금의 퍼센티지 변화로 발생하는 근로시간의 퍼센티지 변화로 측정한다.

추정치들은 0~1.3의 범위를 갖지만 낮은 값을 갖는다고 추정한 결과들이 많다. 수많은 연구들은 탄력성 값이 0~0.3의 크기를 갖는다고 하였다.[32] 0.3의 탄력성값은 세후임금의 10% 감소는 3%의 근로시간의 감소를 의미한다. 일부 연구자들은 탄력성값이 더 크다고 주장하면서 이는 이전의 추정방법에 문제로 인해 발생한 것으로 보고 있다.[33]

실증문헌에 따르면 세율의 인상은 근로의욕을 감소시키는 경향이 있다는 것이다. 이는 실증적으로 대체효과가 소득효과의 크기보다 크다는 것을 의미한다. 세율인상이 개인의 근로의욕을 감소시킬 가능성이 있는 반면 소득세와 비교하여 세수중립적인 소비세하에서 근로의욕이 상당한 차이가 있을 것으로 보이지 않는다. 그 이유는 소비세하에서 구 자본에 대한 추가적인 정액세는 근로의욕에 최소한의 영향을 미칠 것이기 때문이다.

나. 저축에 대한 영향

소득세와 소비세의 주요한 차이는 어떻게 개인저축이 취급되느냐에 있다. 일반적으로 개인은 두 가지 경로를 통해 소득을 번다. 즉, 첫째, 노동을 통해 임금을 번다. 둘째, 이자, 배당, 저축과 투자에서 번 자본이득을 발생시키는 자본소득이다. 순수한 소득세는 노동과 자본으로부터 번 소득에 적용한다. 근로선택에 영

32 Michael P. Keane, "Labor Supply and Taxes: A Survey", *Journal of Economic Literature*, vol. 49, no. 4: pp. 961-1075, 2011.

33 전게서

향과 더불어 소득세는 세후저축수익을 줄어들게 함으로써 개인의 저축행동에 영향을 미칠 것으로 예상된다. 저축에 대한 세후수익을 줄어들게 함으로써 소득세는 개인의 저축행동을 변화시킬 것이다.

이와는 대조적으로 소비세 아래에서는 저축에 대한 세후수익이 조세로 인해 감소되지 않는다. 그러므로 소비세 아래에서는 저축의 저해요인이 없고 개인의 저축행동은 조세로 인해 영향을 받지 않을 것이다.

어떻게 소득세가 저축수익을 낮추는가?

두 개인이 각각 저축계정에 100달러를 저축하여 매년 15%의 이자수익을 번다고 가정한다. 한 사람은 10%의 소득세를 내고 다른 한 사람은 10%의 소비세를 낸다고 하자. 1년 후 두 사람은 이자수익으로 15달러를 벌 것이다. 소득세의 적용을 받는 사람은 수익의 10%를 소득세를 낼 것이고 따라서 소득세하에서 투자에 대한 세후수익은 13.5%이다. 반면 소비세 아래에서는 투자수익이 15%이다.

경제이론은 어떻게 개인이 늘어난 투자수익에 반응할지에 대해 명확한 답을 제시하지 않는다. 근로결정에 대한 조세영향과 유사하게 저축수익에 대한 영향은 저축행동에 두 가지 효과를 발생시킨다. 소득효과는 개인의 저축이 줄어들게 하고 대체효과는 개인의 저축을 더 늘게 할 것으로 예상된다.

1) 소득효과

소득효과는 개인의 저축과 투자를 줄어들게 한다. 왜냐하면 저축의 수익률이 높아질 때 개인은 미래에 일정한 소득수준을 달성하기 위해 소득 중 일부를 덜 투자하거나 더 적게 저축한다. 예를 들어 개인이 은퇴를 대비해 목표저축 수준을 갖고 있다면 저축에 대한 수익률의 인상은 저축을 적게 해도 여전히 은퇴기 동안 미래소비를 위한 목표소득에 도달한다.

2) 대체효과

소득효과와 반대로 저축 수익률의 인상으로 개인은 저축량을 늘릴 것으로 예상할 수 있다. 저축 수익률이 증가함에 따라 현재소비의 가격이 미래소비와 비교하여 증가한 것이고 개인은 미래소비를 위해 현재소비를 줄인다.

3) 실증조사

소비세하에서 저축수익의 증가는 소득세하에서 저축과 비교해 두 가지 반대효과의 크기에 따라 실제로 증가, 감소, 불변일 수 있다.

일반적으로 연구자들은 실질이자율[34]로 측정한 저축수익률이 증가할 때 소비자들은 저축량을 늘리는 경향이 있지만 이러한 증가의 크기에 대해서는 다양한 차이가 있다고 하였다. 평균적으로 저축의 실질수익이 10% 증가할 때 총저축은 약 5% 증가하는 경향이 있다고 하였다.[35] 많은 연구들이 저축반응에 대해 다양한 추정치를 제시하지만 분명한 합의는 제시하지 못하고 있다.

다. 경제에 영향

소비세의 주요 정당성 중의 하나는 소득세와 비교하여 소비세가 장기에 생활수준을 향상시킬 수 있다는 점이다. 또는 소비세로의 전환은 장기에 GDP 수준의 증가를 유도할 수 있다는 점이다. 생활수준의 향상은 개인저축의 증가를 포함한 다양한 요인 등에 기인하지만 소비세로의 이행 동안 발생하는 구 자본에 대한 정액세이다. 정액세는 정책결정자로 하여금 낮은 소비세율을 적용하게 한다. 이를 통해 소득세하에서 세 수입과 유사한 크기를 거둘 수 있다. 소비세로의 전환으로부터 발생하는 경제후생의 증가는 크게 민간저축의 증가와 구 자본에 대한 정액세로 인한 낮은 유효세율 두 가지 요인의 결합에 기인한다.

우선 소비세로의 이행이 민간저축의 증가로 인해 부분적으로 경제후생을 증가시킬 것으로 예상된다. 경제 문헌은 개인이 소비세하에서 저축에 대한 수익의 증가가 예상되므로 더 많은 저축을 할 가능성이 있다고 보고 있다. 이론적으로 보면

34 실질이자율은 시장이자율 빼기 인플레이션율이다.

35 Tomas Havranek, Roman Horvath, and Zuzana Irsova, et al., “Cross-Country Heterogeneity in Intertemporal Substitution”, *Journal of International Economics*, vol. 96, no. 1(May 2015): pp. 100-118, 2015.

민간 저축의 증가는 기업이 차입에 유용한 자본의 양과 생산시설, 기계, 근로자에게 투자를 위해 사용하는 자본의 양을 늘릴 것이다. 기업에 유용한 자본량의 증가는 생산성을 높일 것이고 이는 장기적으로 경제의 생산량을 증가시킬 것이다.

또한 구 자본에 대한 정액세는 경제에 상당한 왜곡을 발생시키지 않고 추가적인 세 수입을 거두게 한다. 개인은 젊었을 때 소득 중 일부를 저축하는 경향이 있고 은퇴기를 대비해 소비재원을 마련하기 위해 자본에 투자하는 경향이 있다. 따라서 은퇴를 대비해 저축을 한 노인세대는 구 자본의 상당량을 소유하고 있으므로 소비세로 이행할 때 정액세로 인해 많은 세 부담을 할 것이다.

연구자들은 소비세로의 이행하는 경제에 잠재적인 영향에 대한 다양한 추정을 하였다.[36] 이러한 추정치들은 모델의 형태, 가정, 사용된 파라미터 추정치를 포함한 많은 이유로 인해 다양하다. 연구자들은 소비세로의 전환이 정형화된 소득세와 비교하여 장기에 경제의 생산량을 5%에서 10%로 증가시킬 수 있다고 하였다.[37] 경제생산량의 계획된 증가는 100년의 범위를 갖고 장기간 동안 발생하고 이는 매년 GDP 변화율이 매우 작다는 것을 의미한다.

은퇴저축을 하는 노인세대에게 부과하는 구 자본에 대한 정액세는 정책결정자에게 이러한 세대에게 세 부담을 완화시키기 위한 정책처방을 찾게 한다. 그러나 이러한 종류의 정책개입은 예상 경제생산량을 줄일 수 있다. 추정치들은 구 자본 소유자에게 보상함으로써 소비세로의 전환으로부터 얻는 효율성 이득은 60%에서 90%까지 줄어들 수 있다고 하였다. 이는 부분적으로 구 자본의 소유자에게 보상하기 위한 구조가 소비세하에서 세 수입 중립성을 달성하기 위해 보다 높은 세율을 요구할 것이기 때문이다. 보다 높은 세율은 개인의 의사결정을 더 왜곡시키고 이는 경제의 효율성에 더 큰 영향을 미친다.

---

36 대부분의 유럽 국가들에서 시행되고 있는 부가가치세는 일반적으로 소득세 수입에 추가하여 세 수입의 보완적인 원천으로 사용되고 있다.

37 David Atlig, Alan Auerbach, and Laurence Kotlikoff, et al., "Simulating Fundamental Tax Reform in the United States", *The American Economic Review*, vol. 91, no. 3(June 2001): pp. 574-595, 2001.

라. 보완적인 소비세 옵션

대다수의 경제 연구들은 비록 시행을 위한 정책 처방은 드물지만 소비세로의 완전한 이행에서 오는 경제적 편익을 추정하려고 시도하는 대신 유로존(euro-zone) 내에 있는 대부분의 국가들의 경우에서처럼 더 많은 세 수입을 거두기 위한 대안적인 방안을 찾고 있다. 그 방안 중 소득세를 소비세로 부분적으로 대체하는 방안과 현행 소득세에 상위분위 가구에 추가적인 소비세 도입을 포함한 두 가지 가능성이 있는 대안적인 소비세안을 설명할 필요가 있다.

소득세 수입 중 일부분을 소비세로 대체하는 방안의 경제적 효과에 관한 일부의 연구들이 있다. 그러나 이러한 방안이 완전한 대체와 유사한 경제적 편익이 있을 가능성은 있지만 그 크기는 작을 수 있다. CBO(미국의 의회예산국)는 미국에서 소득세의 1/4을 부가가치세 형태의 소비세로 대체하는 데 따른 경제적 효과를 추정하였다. 추정 결과에 따르면 기존의 소득세를 소비세로 부분적으로 대체할 때 저축률은 0.5% 포인트로 증가하고 소비는 1.2% 증가하며 전체 생산량은 장기적으로 1.5% 증가한다고 하였다. 부분적인 대체로 인한 전반적인 생산량의 예상 증가는 소득세에서 소비세로 완전히 대체한 경우의 추정치보다 3.5%~8.5% 포인트 더 낮다고 하였다.[38]

유사한 경우로 소득세의 상위구간에 부가가치세 시행의 영향에 대한 제한적인 실증조사가 있다. 이 연구는 기존 조세가 확립된 후 부가가치세 세율의 변경에 따른 변화에 초점을 맞추었는데 소득세가 이미 있는 경제에서 부가가치세율의 인상은 소비를 감소시키고 저축을 증가시키는 경향이 있다고 하였다. 부가가치세율의 1% 포인트 증가는 단기에 0.4~1% 정도의 소비를 감소시키고 장기에는 더 큰 감소가 있을 것이라고 하였다.[39] 이러한 소비의 감소는 저축의 증가를 수반할 가능성이 있고 이는 장기적으로 경제생산량에 보다 큰 기여를 할 수 있다고 하였다.

---

38 U. S. Congressional Budget Office, *Effects of Adopting a Value-Added Tax*, February 1992, pp. 49-65.

39 James Alm and Asmaa El-Ganainy, "Value-Added Taxation and Consumpotion", *International Tax and Public Finance*, vol. 20(March 28, 2012), pp. 105-128.

(2) 분배상의 고려사항

경제적 효율성의 고려사항과 함께 정책결정자들은 조세정책을 시행할 때 어떻게 세 부담이 분배되는지를 고려해야 한다. 다음의 논의는 소득세에서 소비세로의 이행으로 인한 잠재적인 분배상의 의미를 비교할 것이다. 정형화된 소득세에서 정형화된 소비세로 세수중립적인 변화에 따른 영향을 알아보고자 한다.

조세구조의 분배상의 의미는 조세의 특정한 부분을 변경함으로써 바꾸어질 수 있기 때문에 복잡하다. 예를 들어 소득세하에서 번 소득 중 처음 1만 달러는 면세될 수 있다. 유사하게 소비세하에서 식품류와 같은 특정 상품들은 면세될 수 있다. 이는 조세를 보다 누진적이게 할 것이다. 논의를 단순화하기 위해 20%의 평률세와 유사한 크기의 세원을 가진 순수한 소득세와 소비세 구조를 고려해볼 것이다.

가. 소득계층 간 세 부담

연간소득에 평균세율을 관찰할 때 소비세는 역진적인 경향이 있다. 왜냐하면 고소득자는 저소득자보다 소득 중 많은 부분을 저축하기 때문이다. 그러므로 저소득자에게서 나오는 소득의 많은 부분은 소비세의 적용을 받을 것이다. 예를 들어 미국의 경우 [그림 10-10]은 소득분포의 두 번째 분위에 있는 개인이 2013년에 -22%의 저축률을 보이고 있고(번 소득보다 더 많은 돈을 사용했다는 의미) 반면 소득분포의 4분위에 있는 개인은 10%의 저축률을 보이고 있다. 이러한 저축률의 차이는 20%의 소비세하에서 두 번째 소득분위에 있는 개인은 개인소득 중 약 25%의 평균세율을 적용받는 경향이 있다. 반면 네 번째 소득분위에 있는 개인은 그림에서처럼 연간소득에 근거하여 약 16%의 평균세율을 적용받는다.

그러나 지불능력을 측정하는 연간소득 대신에 생애소득을 사용하면 소비세 부담은 보다 공평하게 분배되는 경향이 있다. 이는 개인의 생애기간 동안 생애소비가 생애소득에 접근하는 경향이 있기 때문이다. 생애소비는 생애소득과 동일한 경향이 있기 때문에 높은 생애소득을 가진 개인은 보다 더 많이 소비할 가능성이 있고 따라서 소비세를 통해 보다 많이 세금을 내야 한다. 그러므로 소비세는 일

[그림 10-10] 소득분위별 저축과 평균세율

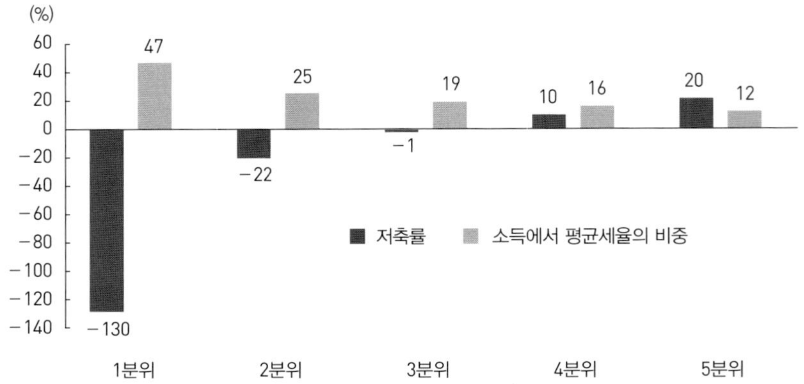

반적으로 생애소득수준에 따라 비례적으로 접근할 것이다.[40]

단일세율의 소득세하에서 세 부담은 소득계층별로 비례적으로 분산된다. 면제와 공제가 없다면 모든 개인은 소득수준에 관계없이 20%의 평균세율을 적용받을 것이다. 따라서 소득이 상승하면 개인은 보다 많은 액수의 세금을 낼 것이다. 소득세하에서 연간소득과 생애소득의 사용은 조세 부담의 분포에 영향을 미치지 못한다.[41]

나. 세대 간 세 부담

세 부담은 세대 간 다른 경향이 있다. 생애주기 중 다른 시점에 개인은 다른 소비와 저축행동을 하는 경향이 있다.

소득세하에서 개인의 세 부담은 개인의 연령과 독립적이고 그들 생애를 통해 20%의 비례세율을 적용받을 것이다. 소비세하에서 중년의 개인은 연간소득 중 퍼센티지로 가장 작은 세 부담을 하는 경향이 있을 것이다. 왜냐하면 그들은 소득 중 많은 부분을 저축하기 때문이다. [그림 10-11]에서 보여주듯이 35~44세

40 유산이나 유증이 없다면 가능할 것이다. 개인이 유산이나 유증을 받는다면 소비는 소득보다 더 커질 수 있다. 개인이 유산이나 유증을 한다면 소비는 소득보다 적을 수 있다.

41 비례적으로 되기 위해서는 유산이 소비로 취급되어야 한다.

[그림 10-11] 연령별 저축과 평균세율(20% 소비세율 가정, 공제 없음)

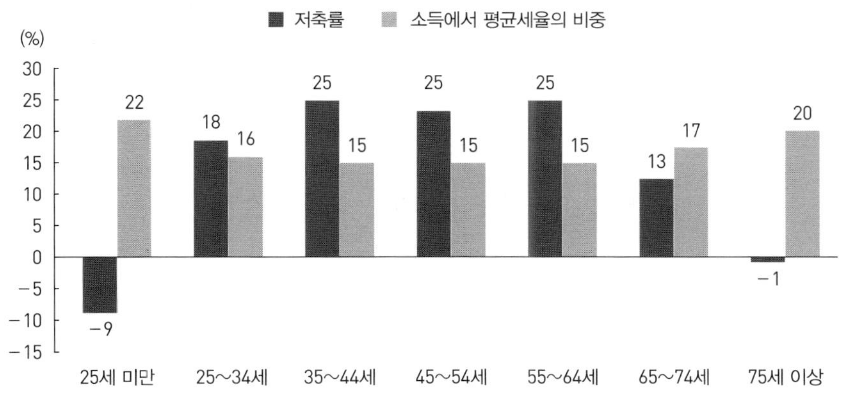

사이의 사람들은 25%의 평균저축률을 보이고 있다. 이는 25세 미만의 사람들이 -9%의 평균저축률을 보이고 75세 이상의 사람들은 -1%의 평균저축률을 보이고 있는 것과 대조적이다. 생애기간 동안 상이한 저축률의 차이로 인해 평균세율의 차이가 산출된다. 평균저축률이 -9%인 25세 미만의 사람들은 연간소득으로 하였을 때 22%의 평균세율을 부담하게 된다. 반면 평균저축률이 25%인 35세~44세 사이의 사람들은 15%의 평균세율을 부담할 것이다. 이러한 저축률의 분포가 소비세하에서 일반적이라고 한다면 중년의 사람들은 소득의 함수로서 가장 낮은 평균세율을 부담하고 있는 반면 노인과 청년은 소득의 함수로서 가장 높은 평균세율을 부담한다.

(3) 행정적인 고려사항

가. 세법의 복잡성과 행정비용

소비세의 옹호자들은 세법의 단순성이 높아질 가능성을 장점으로 내세우고 있다. 비록 소비세원의 조세는 매우 단순하게 고안될 수 있지만 소비세원의 조세는 소득세원의 조세보다 본래 단순하지 않다. 소득세원의 조세는 또한 현행 소득세법보다 단순하고 운영하기 쉽게 고안될 수 있다. 현행 세법의 복잡성은 세원으로

소득을 사용한 결과로 해서 발생한 것이 아니라 정치적인 과정의 추가와 개정의 결과로 볼 수 있다.

복잡성이 이러한 세원의 양자에 반드시 고유한 것이 아닌 반면 일부의 소비세원의 조세가 보다 낮은 행정비용을 갖는 경향이 있다는 일부의 증거가 있다. 예를 들어 부가가치세를 시행하고 있는 유럽 국가들은 세 수입으로 징수된 1달러당 3~5센트의 평균 행정비용이 발생하지만 미국에서는 1달러당 13센트의 비용이 발생하고 있다. 또 다른 연구는 영국에서 부가가치세 행정비용이 징수된 세 수입의 0.55%라고 추정하고 있는데 미국의 경우는 연방소득세의 1.27%를 차지하고 있다.

나. 이행상의 통화정책 고려사항

부가가치세의 시행으로 통화정책에 대한 결정은 임금이나 소비자물가 수준에 상당한 영향을 미칠 수 있다. 부가가치세하에서 새로운 조세가 재화나 서비스에 적용될 때 재화나 서비스의 상대가격의 변화는 생산비용과 임금을 반드시 인상시킬 것이다. 가격인상은 생산비용과 임금에 비례하기 때문에 생산비용이 더 인하될 수 없다고 한다면 재화나 서비스 가격에 상대적인 인상은 가격인상이나 임금인하로 달성될 수 있다. 가격이나 임금이 영향을 받는지는 임금, 그리고 가격 체계와 통화정책에 달려 있다. 정책분석가들은 일반적으로 소비자물가가 한 번만 인상되면 근로자들은 부분적으로 마지못해 상대적인 임금인하를 받아들이지만 소비자물가의 추가적인 상승으로 상대적으로 임금이 더 낮아진다면 많은 근로자들은 직장을 떠날 것이기 때문에 조정될 것으로 보고 있다. 그러나 인플레이션에 대한 기대가 잘 이루어진다면 한 번의 가격조정은 추가적인 인플레이션을 일으키지 않을 수 있으며 그러한 경우에는 통화정책은 수정될 필요가 없다.

다. 경기변동과 상호작용

소득세원의 조세와 소비세원의 조세 모두 경기순환에 역행적이다. 누진소득세하에서 경제가 성장하여 개인의 소득이 늘어나면 개인의 세 부담도 함께 늘어난다(경제의 자동 안정화효과). 유사하게 소비세하에서 경제가 성장하면 상품에 대한 개인의 수요는 늘어나고 개인의 세 부담도 커져 수요가 감소한다. 경기역행적인 조세정책이 경기변동의 안정성을 높이는 데 도움을 주거나 잠재적으로 경기순환의 탈안정화를 유도할지에 대해서는 아직 논쟁의 여지가 있다.

제 8 절 우리나라 소비세정책의 주요 사항

1. 간이과세제도

(1) 의의

간이과세는 부가가치세 과세특례[42]의 일종으로 1996년(과세특례제도와 간이과세제도를 분리) 도입되어 현재까지 시행되고 있다. 간이과세제도는 과세특례제도를 바로 폐지할 경우 영세사업자에게 과중한 부담을 지울 수 있어 과도기적 조치로 도입되었으며, 간이과세제도를 도입한 이후 2000년부터 과세특례자를 간이과세자로 포함시키고 기존의 간이과세자를 일반과세자에 포함시키면서 과세특례제도를 폐지하였다.

간이과세제도는 간이과세자(개인사업자가 해당) 가운데 과세기간(1년)에 대한 공급대가가 4,800만 원 미만인 경우에 한하여 부가가치세 납부의무를 면제하는 것을 말한다. 이러한 부가가치세 면제제도를 도입하고 있는 이유는 소규모 사업자에게 부가가치세 납세의무를 부과하는 것이 납세의무를 면제해주는 것보다 경제적이지 않을 수 있기 때문이다. 부가가치세를 도입하고 있는 대부분의 나라에서는 소규모 사업자가 납부하는 추가적인 세수와 징세비용 및 납세협력비용을 고려하여 부가가치세 면세점을 설정하고 있다.

간이과세자는 일반과세자와 달리 그 공급가액에 부가가치세액을 포함한 공급

42 1977년 소규모 사업자 과세특례제도를 두어 1,200만 원 소규모 사업자는 매출액의 2% 부가가치세율 적용을 받게 하였다.

대가(공급가액+부가가치세)를 과세표준으로 한다. 간이과세자에 대해서는 그 공급대가를 과세표준으로 하여 해당 업종별 부가가치율[43]에 세율을 곱하여 납부세액을 계산한다.

일반과세자의 납부세액은 매출세액에서 매입세액을 공제하여 산정하고 있으나 간이과세자의 납부세액은 당해 사업자의 업종별 부가가치율에 세율을 적용하여 계산한다.

간이사업자는 부가가치율을 적용하여 매출세액을 계산하게 하는 동시에 부가가치율을 적용한 매입세액공제를 허용함으로써, 실질세율을 낮추는 효과를 가지고 있다. 따라서 2009년 일반사업자의 실효세율은 10.2%인 데 반해, 간이사업자(납부면제자 제외)의 실효세율은 0.5%에 불과하다.

간이과세제도 채택 이후 현시점에서 부가가치세 체계를 정상화하기 위해 이와 같은 간이과세제도를 계속적으로 유지할 필요가 있느냐에 대한 논의가 있다. 즉, 동 제도는 탈세를 조장할 수 있어 결과적으로 공평과세를 저해하는 측면이 있다는 점이다. 여기서 말하는 탈세의 조장 형태는 다음과 같다. 첫째, 간이과세자 스스로 매출을 축소하거나 면제기준금액 이하로 매출을 보고함으로써 납부해야 할 부가가치세를 회피할 가능성이 있으며, 둘째, 세금계산서를 교부하지 않는 간이과세자의 특성을 이용하여 일반과세자가 간이과세자에 대한 매출을 누락시켜 부가가치세를 회피할 수 있다. 셋째, 이러한 부가가치세의 회피가 소득세 등의 누락으로도 연결된다는 점이다.

따라서 간이과세제도를 현시점에서 폐지하고 소규모 영세사업자를 위해 면세점 인상이 필요하다는 의견과 단계적으로 간이과세제도를 축소한 이후 중장기적으로 폐지하는 것이 합리적이라는 의견이 있다.

---

43 〈업종별 부가가치율〉

업종	부가가치율
전기·가스·증기·수도	5%
소매업, 재생용 재료수집 및 판매업, 음식점업	10%
제조업, 농·임·어업, 숙박업, 운수 및 통신업	20%
건설업, 부동산임대업, 기타 서비스업	30%

(2) 간이과세제도 폐지 시 소규모 영세사업자를 위한 면세점 인상 의견

가. 간이과세제도 폐지 주장

간이과세제도의 폐지를 주장하는 주요 논리는 첫째, 자원배분의 중립성을 확보할 수 있다는 점을 들고 있다. 간이과세제도가 폐지되어 모두 일반과세자로 전환되는 경우 재화와 용역 공급이 동일한 세액으로 과세되기 때문에 상대가격의 왜곡이 발생하지 않게 되어 자원배분의 중립성이 달성된다는 점을 든다.

둘째, 과세거래의 정상화를 내세운다. 즉, 간이과세자가 일반과세자로 전환되는 경우에는 세금계산서 발행 및 수취의무를 지게 되므로 세금계산서 수취를 거부할 수 없으며, 따라서 세금계산서 거래의 단절은 일어나지 않게 된다. 세금계산서 거래를 통하여 과세거래가 정상화되면 납세의무자의 매출누락 유인효과가 제거되기 때문이다. 과세거래가 정상화되면 현재 과세거래상 가장 문제가 되고 있는 자료상 문제[44]도 어느 정도 해결될 것으로 보고 있다. 셋째, 과세구조의 단순화 및 세무행정의 효율성을 강화할 수 있다고 본다. 현행 납세의무자가 간이과세자와 일반과세자로 나뉘어 서로 다른 체계에서 납부세액을 산출하는 이중구조로 되어 있지만, 간이과세제도가 폐지되는 경우 일반과세의 단일구조로 개편되게 된다. 이는 세무행정 측면에서 간이과세자에 대한 별도의 관리시스템은 불필요하게 되어 부가가치세와 관련된 행정시스템의 효율성을 높일 수 있는 장점이 있다.

나. 면세점 인상을 통한 영세사업자 지원

간이과세제도를 폐지하면서 면세점 인상을 통해 영세사업자를 지원하는 방안은 영세사업자를 지원하기 위한 면세점은 현행 연간 2,400만 원에서 경제 상황에 맞는 적정 수준으로 상향 조정할 것을 주장한다. 면세점에 대해서는 현행 업종기준과 금액기준을 동시에 충족하는 요건을 개선하여 금액기준만으로 그 요건을 정하여 혜택의 사각지대에 있는 일반과세자까지 포함시킬 필요가 있다.

---

44 사업자등록을 해놓고 가짜 세금계산서를 무단으로 발행, 그 대가로 일정수수료를 챙기는 사람을 말한다. 허위 세금계산서를 발행해 거래상대방에게 부가가치세를 부당하게 공제받도록 해주거나 무자료로 상품을 판매하는 자로부터 허위 세금계산서를 받아 거래를 정당화시키는 행위를 한다.

다. 과세거래 왜곡 방지 보완대책

현재 납부면제자는 간이과세자와 동일한 납세협력의무를 지게 되지만, 만약 간이과세제도가 폐지되면 일반납세자와 동일한 납세협력의무를 지게 될 것이다. 납부면제자는 세금계산서 수취가 의무이며, 또한 납부면제자로 인정받기 위해서는 그 근거를 제시하기 위하여 매입세금계산서와 매출세금계산서(최종소비자와 거래하는 업종은 신용카드 매출전표)등을 제출해야 할 것이다. 그러나 영세사업자에게 세금계산서 발행과 기장의무 등을 지우는 것은 과중한 부담이 될 것이므로 이에 대한 다음과 같은 방법을 생각해볼 필요가 있다.

즉, 세금계산서 발급의무의 경우 이를 면제한다면 과세거래에 왜곡을 가져올 수 있으므로 기장의무에 대해서는 현행과 동일하게 그 의무를 면제하고 전자세금계산서 사용에 대한 요건 완화가 필요하므로 현재 전자세금계산서 역발행제도를 이용하게 하는 방법이다.

(3) 간이과세제도의 단계적 폐지 의견

간이과세제도를 당장 폐지하기보다는 단계적으로 축소·폐지하자는 의견은 현재의 부가가치세의 납세현실을 감안할 때 당분간 이 제도의 유지가 불가피하므로 단계적인 축소와 폐지가 가장 합리적인 개선방안이라고 보고 있다.

가. 단기적 개선방안

간이과세제도의 단기적인 개선방안으로 우선 부가가치율 조정을 통한 효율성 제고를 모색할 필요가 있다. 우리나라의 경우 간이과세제도의 전체 업종을 겨우 4개의 범주로 구분한 후 현실과 괴리된 업종별 부가가치율을 적용함으로써 간이과세자 간 조세 부담의 불공평을 야기하고 있다. 이를 영국·독일 등의 예와 같이 업종을 세분하고 이에 대한 적정한 부가가치율을 적용할 필요가 있다고 본다.

또한 전자세금계산서제도의 정착을 통한 거래의 투명성 제고를 모색할 필요가 있는데 영세납세자에 대한 납세협력비용의 부담 완화 차원에서 전자세금계산서 발행에 대한 세제상의 인센티브를 줌과 동시에 계산서를 수취하는 최종사업자

(간이과세자)에게도 매입세금계산서 등에 대한 세액공제와 같은 인센티브를 제공함으로써 거래의 투명성 제고를 유인할 수 있다.

나. 중·장기적 개선방안

중·장기적으로는 간이과세제도의 폐지와 동시에 부가가치세 납부의무 면제금액을 적정 수준으로 상향 조정함으로써 과세표준의 양성화 및 영세자영업자의 세부담 경감과 과세기반의 확대를 도모하는 방안이다.

간이과세에 관한 현행 기준금액 유지 시 우리나라의 경제규모 및 성장속도, 과세표준의 양성화 진척 등의 영향을 고려할 때, 간이과세자는 향후 점진적으로 감소가 예상되므로 간이과세제도 폐지를 통하여 전 사업자에게 세금계산서 수수 등 제반 의무를 부여함에 따른 과세인프라 구축을 전제로 적정 수준의 납부의무 면제제도 시행을 검토할 수 있다. 과세인프라 구축을 전제로 과세표준의 양성화가 진척됨에 비례하여 면세점의 적정한 상향 조정 및 확대적용에 대한 적극적 검토가 필요하다.

이와 함께 간이과세제도의 폐지로 과세표준이 양성화됨으로써 확보된 세수를 영세자영업자에게 직접 보조하는 방식으로 부담을 완화하는 정책도 병행할 필요가 있다고 보고 있다.

2. 전자상거래에 대한 부가가치세의 효율적 징수방안

(1) 전자상거거래의 의의

전자상거래란 재화 또는 용역을 거래함에 있어 그 전부 또는 일부가 전자문서에 의해 처리되는 방법으로 상행위를 하는 것을 의미한다(「전자상거래 등에서의 소비자 보호에 관한 법률」 제2조 제1호).

공정거래위원회는 전자상거래의 범위를 아래의 〈표 10-12〉와 같이 설명하고 있다. 인터넷쇼핑은 전자상거래와 통신판매 모두에 해당하지만, TV 홈쇼핑이나 카탈로그 쇼핑 등은 통신판매에는 속하지만 엄격히 따졌을 때 전자상거래는 아닐 수 있다고 소개하고 있다.

〈표 10-12〉 전자상거래의 유형

구분	유형
거래주체에 따른 분류	기업과 소비자 간 전자상거래(B2C, Business to Customer)
	기업과 기업 간 전자상거래(B2B, Business to Business)
	기업과 정부 간 전자상거래(B2G, Business to Goverment)
	소비자와 소비자 간 전자상거래(C2C, Customer to Customer)
거래유형에 따른 분류	인터넷 포털 용역업
	인터넷 콘텐츠 용역업
	인터넷 전자상거래업
	인터넷 중개업
기술유형에 따른 분류	전자문서교환방식(EDI)의 전자상거래(폐쇄형 전자상거래)
	인터넷(Internet) 전자상거래(개방형 전자상거래)

자료: 서울특별시 전자상거래 센터

전자상거래의 유형은 거래주체, 거래유형 및 기술유형에 따라 분류할 수 있다. 거래주체에 따른 분류는 기업과 소비자 간 전자상거래(B2C), 기업과 기업 간 전자상거래(B2B), 기업과 정부 간 전자상거래(B2G), 소비자와 소비자 간 전자상거래(C2C)로 구분할 수 있다. 거래유형에 따라서는 인터넷 포털 용역업[45], 인터넷 콘텐츠 용역업[46], 인터넷 전자상거래업[47], 인터넷 중개업 등으로 분류할 수 있다.

(2) 전자상거래 관련 과세상 쟁점

물리적 시설이 없지만 수익을 창출하는 장소를 현재의 고정사업장 규정을 적용하여 고정사업장으로 볼 것인지가 문제가 되고 있다. 외국법인(비거주자)이 전자상거래를 통해 실물 재화를 공급하거나 디지털재화 중 사업소득으로 분류되는 재화를 공급하는 경우, 용역을 공급하는 경우에 법인(소득)세 관련하여 문제가 될 수 있다.

디지털재화에 대한 분류 문제는 즉, 법인(소득)세를 과세할 수 있는지의 여부

45 인터넷 포털 용역업이란 포털 용역(인터넷에서 사용할 수 있는 다양한 용역을 한곳에 모아 사용자들에게 편의를 제공하는 용역) 가운데 쇼핑몰 등을 가리키는 것으로 볼 수 있다.

46 인터넷 콘텐츠 용역업은 텍스트 정보, 비디오, 음악 등 멀티미디어 용역 등의 콘텐츠를 인터넷에서 거래하는 것을 말한다.

47 인터넷 전자상거래업은 인터넷을 이용해서 상품, 광고, 용역, 마케팅 등을 거래하는 것을 말한다.

는 먼저 해당 소득을 사업소득으로 볼 것인지, 사용료소득으로 볼 것인지에 대하여 달라진다. 만약 사용료소득으로 보는 경우 원천지국에서 소득지급 시 원천징수의 형태로 과세된다.

둘째, 부가가치세제의 효율적 징수방안 문제는 디지털재화의 수입 시, 용역의 수입 시 문제가 되며 대리납부제도가 적절히 운영되고 있는지 다른 대안은 없는지 검토가 필요하다.[48]

(3) 전자상거래의 부가가치세 징수방법에 대한 국제비교

전자상거래의 부가가치세 징수방법에 대한 주요국의 내용을 살펴보면 〈표 10-13〉과 같다. OECD와 EU의 내용은 직접적인 구속력을 갖기보다는 회원국에 대한 권고사항 내용이다.

〈표 10-13〉 전자상거래의 부가가치세 징수방법에 대한 국제비교

국제기구 및 국가명	VAT 징수방법
OECD	• 공급지국 과세를 원칙으로 하고 일부 소비지국 과세 • 유형별로 대리납부
EU	• EU를 하나의 거대 시스템으로 보고 징수하고 미리 산정된 공식에 따라서 배분 • 소비지국(서버 관계없음). B2C 거래는 거주지국
우리나라	• 재화와 용역에 대한 구별 없고, B2B 거래와 B2C 거래에 대한 구분도 없음 • 국내 공급 시 공급자과세를 하지만, 수출하는 경우에는 영세율을 적용하여 소비지국 과세를 적용함
프랑스	• 용역의 경우 B2B 거래는 소비지국, B2C 거래는 거주지국 과세 • 납세대리인 지정, 안되면 대리납부제도
영국	• 용역의 경우 B2B 거래는 소비지국, B2C 거래는 거주지국 과세 • 대리납부제도
이탈리아	• 용역의 경우 B2B 거래는 소비지국, B2C 거래는 거주지국 과세 • 일정액 이상 원격판매되는 재화는 소비지국 과세 • 대리납부제도, VAT 직접등록, 납세관리인 지정을 선택
스웨덴	• 일정액 이상 원격판매되는 재화나 서비스는 소비지국에서 과세
스페인	• 서비스의 경우 소비지국에서 과세
일본	• 소비지국(서버 관계없음) • 대리납부제도 없음
호주	• AUD 50,000 이상 거래의 공급자 등록

자료: 국회예산정책처(2017) 인용.

48 대리납부제도란 비거주자나 외국법인이 우리나라에서 용역을 공급하는 경우 공급자를 대신하여 공급받는 자가 부가가치세의 납세의무를 부담하는 것을 말한다.

(4) 전자상거래에 대한 부가가치세의 효율적 징수방안

전자상거래 관련 부가가치세 징수에 대해 문제가 되는 부분은 용역의 수입부분이다. OECD 조세위원회의 징수방법 검토에 따르면, B2B 거래에 있어서는 대리납부방식, B2C 거래에는 등록방식 및 정보처리기술에 기초한 방식이 현실적인 징수방법이라고 판단하고 있다. 여기서 등록방식이란 거래가 행해지는 각국의 사업자들에게 등록을 실시하도록 하는 방식을 말한다.

우리나라의 경우 현행 부가가치세법상 전자상거래의 거래유형, 즉 소비자와 기업 간 거래(C2B 거래), 기업 간 거래(B2B 거래)와 소비자 간 거래(C2C 거래), 기업과 소비자 간 거래(B2C 거래)에 따른 구분 없이 모두 대리납부방법에 의해 징수하고 있다. 우리나라의 경우에는 수입되는 거래유형에 따른 구분 없이 대리납부방법에 의해 외국인 또는 비거주자의 용역에 대한 소비지국 과세원칙을 실현하기 위한 것이다. 그러나 이는 그동안 B2C 거래의 비중이 크지 않았기 때문으로 판단되며, 전부 대리납부방식의 테두리에서 과세하였기보다는 이 부분에 대한 과세를 포기하여 왔다고 판단된다.

대부분의 주요국은 용역거래의 경우 B2B 거래인지, B2C 거래인지에 따라 과세방식을 달리 하고 있으며, 징수효율성을 위해 대리납부제도와 공급대가가 일정액 이상인 경우 VAT 등록을 시키는 방법을 취하고 있다. 용역거래에 대한 과세방식을 B2B 거래와 B2C 거래로 나누고 B2B 거래에 대해서는 소비지국에서 과세하고 B2C 거래에 대해서는 거주지국에서 과세하고 있는 국가는 프랑스, 영국, 이탈리아가 있다. 용역거래에 대한 과세방식을 B2B 거래와 B2C 거래로 구분하지 않고 소비지국에서 과세하는 국가는 스웨덴, 스페인, 일본, 호주가 있다.

따라서 우리나라의 경우에도 과세가능성을 실현시킬 수 있는 징수방안을 모색할 필요가 있다. 우리나라의 대리납부제도의 경우 사업자가 아닌 개인이 대리납부를 하도록 제도를 설계하면서 이 부분은 징수가능성이 낮다고 보인다. 그러므로 대리납부제도의 적용대상을 부가가치세 사업자에 한정하고 비거주자나 외국법인의 공급액이 일정액을 초과하는 경우 주요국의 사례와 같이 부가가치세 등록을 하도록 하는 방안으로 보완되어야 할 것으로 보인다.

3. 매입자납부제도 확대

(1) 도입 배경 등

부가가치세는 재화 및 용역이 공급되는 모든 단계에서 각 사업자가 창출한 부가가치에 대해 과세되는 조세이며, 우리나라의 경우 전단계세액공제법을 채택하여 거래상대방으로부터 징수하여 납부하도록 하고 있다.

현행 부가가치세제는 실질적 담세자(소비자)가 부담한 부가가치세를 법률상 납세의무자(사업자)가 과세관청에 납부하는 구조로 되어 있으므로, 납세의무자(공급자)는 매입자(공급받은 자)로부터 거래징수한 부가가치세를 신고납부하고 매입자(공급받은 자)는 세금계산서에 의해 거래징수당한 매입세액을 공제받게 된다.

그러나 부가가치세의 거래징수제도를 악용한 자료상·폭탄업체 등이 부가가치세를 포탈한 사례가 빈번하게 발생하였으며, 특히 금 관련 제품의 경우 매입자로부터 거래징수한 부가가치세를 과세관청에 납부하지 않고 도주하는 방식의 포탈

〈표 10-14〉 각국의 매입자납부제도

국가	투자금	건설공사	담보·압류·법원명령	중고자재·폐기물·고철	부동산	기타
영국						휴대폰·컴퓨터칩
독일		○	○		○	
오스트리아		○	○	○		
벨기에	○					
스웨덴	○	○	○			
스페인	○					
루마니아		○	○	○	○	원목
네델란드	○	○			○	조선, 의류
리트비아	○					목재
이탈리아				○		
핀란드	○					

주: 특히 재생원료에 대하여 매입자납부제도를 도입한 EU 회원국은 2013년 1월 현재 불가리아, 덴마크, 독일, 에스토니아, 아일랜드, 그리스, 프랑스, 라트비아, 리투아니아, 네덜란드, 오스트리아, 폴란드, 포르투갈, 루마니아, 슬로베니아, 슬로바키아 등 16개 국가이다(김재진, 「부가가치세 매입자납부제도를 통한 거래징수 효율화 방안」, 한국조세연구원, 2010. 11.).

[그림 10-12] 부가가치세 금지금거래의 매입자납부제도의 흐름

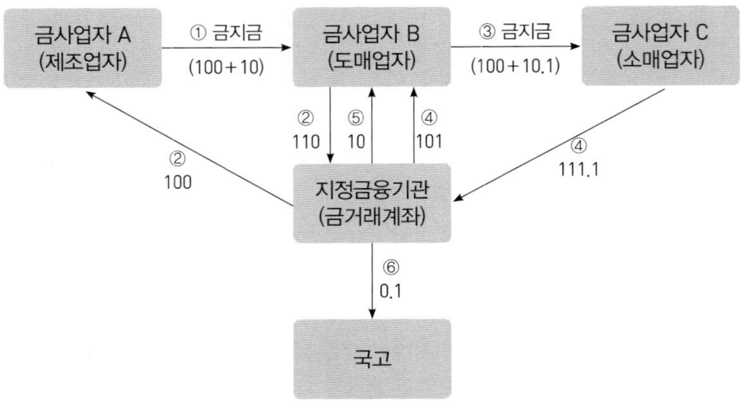

자료: 국세청 보도자료(2008년 6월 2일 자)

사례가 많았다.[49]

이에 따라 유럽국가에서 시행하고 있는 매입자납부제도를 2008년 7월 최초로 금지금거래에 대해 도입하였다. 금지금[50]거래의 경우 납세의무자(금지금공급자)가 매입자로부터 부가가치세액을 거래징수하는 대신 매입자가 직접 부가가치세를 납부하게 되는 매입자납부방식으로 전환된 것이다.

2008년 7월 금지금거래에 대한 부가가치세 매입자납부제도를 도입한 이후 금 관련 모든 거래 및 일부 재활용 폐자원 거래로 확대되었다(고금: 2009년, 금 스크랩: 2015년, 구리 스크랩: 2014년, 철 스크랩: 2016년).

(2) 매입자납부제도 확대에 대한 의견

세원투명성 확보로 탈루되는 세수를 확보하기 위해 기본적인 부가가치세 징수

49 금도매업자들이 면세금지금제도를 악용한 부가가치세 탈루에 대한 세무조사를 실시하여 2003~2005년 상반기까지 총 48건을 고발하고 8,422억 원을 추징하였다. 최근 유통거래질서에 대한 기획조사를 강화한 결과, 2010년 71명의 무자료 거래로 인한 탈세를 적발하여 1,199억 원을 추징하였다.

50 금괴(덩어리)·골드바 등 원재료 상태로서 순도가 99.5% 이상인 금을 말한다.

시스템의 예외로 매입자납부제도를 도입하였지만 기존 매출자납부제도와는 이질적인 구조로 다음과 같은 의견이 있었다.

세원투명성 확보로 탈루되는 세수를 확보하기 위한 차원에서 매입자납부제도의 도입 및 확대를 해야 한다는 견해가 있다. 이 견해에 의하면 다음과 같은 장점이 있다고 본다. 첫째, 세금탈루 방지를 통한 세수증대를 기대할 수 있다는 점이다. 즉, 매입자가 납부의무를 부담하는 경우 현재와 같이 매출자가 거래징수한 부가가치세를 탈루하는 사례는 구조적으로 발생할 수 없어 폭탄업체 등을 통한 세수탈루를 상당부분 방지함으로써 세수증대효과를 볼 수 있다고 본다. 둘째, 징세비용을 절감할 수 있다는 점이다. 공급자와 수요자 간 역학관계 및 납부의무의 이행가능성을 고려한 매입자납부제도의 도입을 통하여 부가가치세의 징수와 관련한 비효율성을 개선함으로써 징세비용을 절감할 수 있다고 한다. 예를 들면 세금계산서 수수와 가공비용 계상 등의 자료상 조사 및 세무조사 등의 비용을 절감할 수 있다. 셋째, 부당환급(공제)을 방지할 수 있다는 점을 들고 있다. 매입자납부제도의 도입은 위장·가공세금계산서 수취, 무신고·무납부자와의 거래 등으로 인한 부당환급(공제)을 사전에 예방할 수 있다는 점이다.

기존 매출자납부제도와는 이질적 구조에 따른 문제점을 제기하며 매입자납부제도의 도입 및 확대에 신중한 접근을 취해야 한다는 견해도 있다. 적용 대상 품목의 구분 및 매입자납부제도의 기존 제도와의 이질적 구조 등으로 인한 납세순응비용이 증가할 수 있다는 점이다. 예를 들어 재생원료의 수집상, 중간도매상 및 최종 제련업체 등은 다양한 재생원료를 다 취급할 것이기 때문에 일부는 매입자 납부제도를 적용하고 나머지는 기존매출자 납부제도를 적용해야 하는데, 별도의 시스템을 유지하는 데 납세순응비용이 발생할 수 있다. 또한 영세사업자 위주의 시장에서의 매입자납부제도 이행의 부적합성 문제를 지적한다. 영세사업자 위주의 시장에서는 납세순응역량이 떨어져 그 이행에 어려움이 있어 부적합하다고 본다. 예를 들어 재생원료의 수집상, 중간단계의 도매상 단계 모두 영세한 상황이어서 납세순응역량이 유럽의 유사기업들에 비해서 더욱 떨어진다는 점에서 더 큰 부담이 발생할 수 있다. 일부 품목에 제한적 도입으로 인한 시장왜곡효과의 타 분야로의 이전의 문제(풍선효과의 문제)도 지적하고 있다. 특정 품목에 대해 매입자 납부제도를 도입하면 탈세 사업자들은 다른 분야 또는 다른 품목으로 이전하여 시장왜곡현상은 지속적으로 나타날 수 있다는 점에서 항구적인 해결방안이 되지 못한다는 점을 지적하고 있다.

제11장

부, 자산이전과 자본이득 그리고 재산에 대한 조세

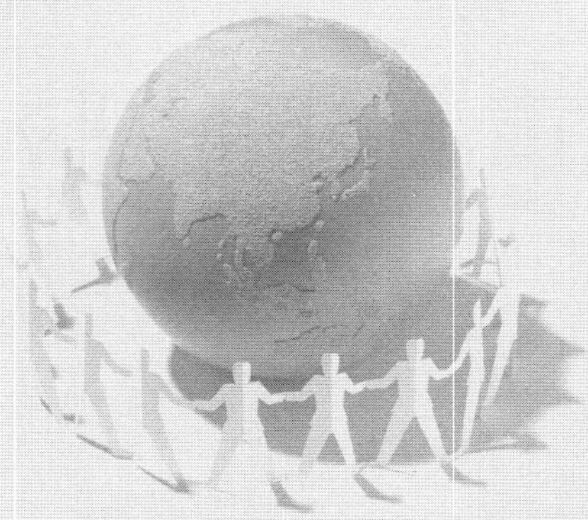

제 1 절 서序

본 장에서는 순 부(net wealth)와 자본이전(capital transfer)과 자본이득(capital gains)에 대한 조세, 그리고 재산에 대한 조세를 다룬다. 이러한 조세들의 목적은 일반적으로 상대적으로 부자에게 과세하여 형평성을 높이는 데 있다고 할 수 있지만 효과성과 왜곡비용에는 차이가 있다. 비록 한 시점의 자산양보다는 일정 기간 동안 자산의 활용에 부과되는 자본이득세는 소득세체계의 한 부분으로 다룰 수 있지만 본 장에서 세 가지 조세(순부유세, 자본이득세, 자본이전세)를 함께 다루었는데 그 이유는 첫째, 자본이득과세의 목표는 자본세 부과의 경우와 유사하다는 점이다. 즉, 수평적 공평성을 높이고 부의 불공평을 줄이는 데 있다. 둘째, 세 가지 조세는 서로 보완적이거나 대안적인 세제라는 점이다. 예를 들어 1970년대에 캐나다 정부는 증여세와 유산세를 포함하는 새로운 자본이득세를 도입하였다. 이는 별도의 자본이전세나 순부유세가 필요 없다는 것을 의미한다.

재산세도 자본의 형태라기보다는 두 종류의 자본세에서 발생하는 행정적인 문제와 평가문제의 유사성으로 인해 동일한 장에서 다루었다.

본 장은 제2절에서 세 가지 조세의 근거를 다루었고 제3절에서는 부유세에 대한 다양한 논의를 하였다. 제4절은 자본이전세, 즉, 상속·증여세의 동향과 조세 정책상의 의미를 다루었다. 제5절은 소득세 장에서 다루어야 하지만 우리나라의 경우 금융소득에 대해서는 분류과세 형태를 취하므로 본 장에서 다루었고 제6절은 부의 원천으로서 지방세의 주요 수입원인 (부동의)재산에 대한 과세문제를 간략하게 언급하였다. 마지막으로 〈보론 4〉에서 우리나라의 양도소득세를 다루면서 주요국과 비교해 문제점이 무엇인지를 소개하였다.

제 2 절 세 가지 조세의 근거

순부유세와 자본이전세 모두는 세 수입 증가에 주목적이 있다기보다는 사회적인 고려가 담겨져 있다. 과세 가능한 능력이 전적으로 또는 주로 소득에서 나오는 납세자와 다양한 형태의 부(wealth)를 보유한 사람과 동등하게 취급하려면 소득뿐만 아니라 자본에도 과세되어야 한다. 왜냐하면 부에서 도출되는 소득이 그 부의 소유자에게 독립과 안전, 그리고 보다 유리하게 구매할 수 있는 기회를 제공한다고 볼 수 있기 때문이다. 순부유세와 자본이전세는 분배의 불평등 또는 부의 집중화를 줄이는 역할을 한다. 이 점은 자본이득에도 적용되지만 자본이득세의 중요한 점은 조세회피가 가능한 산업을 통해 과세소득을 세금이 면제되는 자본이득으로 쉽게 변형시킬 수 있다는 점이다.

과거 19세기에는 순부유세와 상속세의 과세동기가 소득과 달리 눈에 보이는 것을 과세할 수 있다는 행정적인 편의에 있었다. 특히 대부분의 부가 부동산으로 구성되었을 때 부가 노출되지 않는 문제는 (순)부유세로 최소화할 수 있었다. 조세 부담이 커지면서 더욱 정교해진 현대의 조세행정과 높은 공평성기준에 대한 필요성으로 인해 이러한 단순한 행정적인 이점은 그 힘을 점차 잃고 있다. 사실 순부유세가 없는 일부 국가들은 예상되는 행정적인 복잡성과 비용으로 인해 도입을 거부해왔다. 한편 순부유세를 집행하는 과정에서 보유자산에 대해 얻어진 정보는 (소득의) 불일치와 절세나 탈세를 위한 변칙적인 행동을 찾아내는 데 도움을 주는 소득세 신고와 함께 탈세를 방지하고 적발하는 데 이용되었다.

자본과세에 반대하는 논리는 그러한 조세가 기껏해야 부가 주는 추가적인 과세능력에 부과할 뿐이라고 지적하지만 자본과세의 일부 옹호자들은 수직적 공평성 근거로 부유층이 정부로부터 많은 편익을 제공받으므로 그에 대응하여 정부지출의 커다란 몫을 부담하여야 한다는 점과 또 한편 정부가 부의 분배에 불공평을 줄이는 정책을 추구해야 한다는 점을 들고 있다. 비록 순부유세가 소수의 부유층에게만 영향을 주고 자본이전세도 매우 잘사는 사람들의 일부 상속인에게만 동일한 효과를 주기 때문에 부의 재분배에 큰 역할을 제대로 하지 못하는 면이 있다. 따라서 자본세를 도입하거나 강화하는 쪽으로 다양한 경제적 논의가 진행되어 왔다. 즉, 과거에 축적된 세원에 대한 순부유세와 사망세(증여세나 상속세)는 현재 소득에 과세하는 경우보다 근로의욕 저해효과가 작을 수 있으며, 순부유세가 매년 소득세의 부분대체 형태로 도입된다면 보석처럼 아무런 수익을 낳지 않는 자산에서 높은 수익을 낳는 자산에 대한 투자로의 이전을 부추길 가능성이 있다. 예를 들어 높은 한계세율의 소득세는 부자에게 매우 고가의 차(과세 가능한 소득을 창출하는 자산에 투자하기보다는 공제혜택을 받을 수 있는)를 구매하도록 부추길 수 있는데 부유세는 바로 그러한 경향을 저지할 수 있게 한다. 간혹 기업의 창업자가 사망 후 반드시 그 상속인이 기업을 운영하는 것이 적합하지 않을 수 있다. 이 경우 무거운 자본이전세의 부과는 상속인이 아닌 새로운 유능한 경영자의 시장진입을 촉진할 수 있다. 한편 자본세가 저축뿐만 아니라 축적된 저축에 과세하기 때문에 저축할 목적으로 하는 행위를 저해하는 효과가 있을 수 있다. 이미 상위의 높은 소득세를 납부하고 있는 납세자에게 무거운 부유세는 저축을 저해할 수 있다. 또한 자본이전세는 상속인이 국가와 상속재산을 나누어야 한다면 상속인에게 가능한 최대한 남겨주기 위한 저축을 줄일 유인을 갖게 된다.

그러나 지난 10년 동안 순부유세의 후퇴는 점차적으로 늘어나는 자본의 국제이동에 기인한다. 따라서 부유세의 후퇴는 유산에 대한 조세로 대체할 가능성을 갖고 있다.

자본이득과세를 옹호하는 주장은 자본이득이 납세자의 지불능력을 높여주는 경제력을 나타낸다는 점을 지적한다. 따라서 수평적 공평성과 수직적 공평성 근거하에서 자본이득은 과세 가능한 소득에 포함되어야 한다. 즉, 자산의 가격상승으로 물가상승 수준을 초과하는 실질소득이 존재하는데 자본이득만을 특수하게 보아 세 부담을 다르게 하는 것은 수평적 공평에 어긋나며, 자본이득은 대부분 고소득자에게 귀속되므로 이에 대한 특혜는 수직적 공평을 저해하는 것이다. 조세를 통해 자본이득을 거두어들이는 것은 자본이득의 과세가 소득세로 종합과세하건 분류과세하건 상관없이 소득세 세원을 넓히려는 경향의 한 부분으로 보일 수 있다.

자본이득과세를 옹호하는 두 번째 논의는 소득세 수입을 보호하고 강화한다는 점이다. 비록 자본이득세를 통한 세 수입은 적지만 자본이득에 과세함으로써 훨씬 더 중요한 소득세의 수입을 보호하는 데 도움을 줄지도 모른다. 왜냐하면 과세 가능한 소득을 좀 더 낮게 과세하거나 비과세되는 자본이득으로 변형시키는 많은 조세회피장치가 있기 때문이다. 자본이득과세에 대한 세 번째 경제적 효율성은 그러한 조세가 없을 경우 소득이 전혀 없거나 낮게 자본평가를 가져오는 형태로의 투자를 부추겨 투자왜곡이 발생할 수 있다.

한편 자본이득과세를 반대하는 주장은 실상에서 자본이득과세에 내재한 불완전성이 있다는 점을 지적한다. 그 첫 번째 문제는 일시적·우발적인 소득은 조세부담능력이 작으며, 수년간의 가격변동에 따라 실현된 것을 일시에 과세하는 것은 바람직하지 못하다고 본다. 둘째, 통상 자본이득세는 자산의 판매시점에만 부과된다. 따라서 자본이득세는 인위적으로 자본을 동결(lock-in)하는 효과가 있을 가능성이 있고 이는 경제적 비효율성을 발생시킬 수 있다. 셋째, 조세 부담의 회피를 위하여 자금이 지하경제나 귀금속 등 비생산적인 투자로 이동될 가능성이 커진다. 넷째, 자본이득은 일시적이며 예측하기 어렵기 때문에 조세 수입을 불안정하게 만들고, 이로 인해 정부의 재정정책 수립을 어렵게 하는 결과를 초래한다. 다섯째, 자본이득은 인플레이션으로 인한 명목소득으로 자본이득에 대한 과세는 자본의 원본을 침해하게 되어 재투자를 곤란하게 한다. 높은 인플레이션이 있을 때 이득에 과세되면 수평적 공평성이 영향을 받는다. 이에 대한 한 가지 정책선택은 장기와 단기 이득 간에 구분을 하는 것이다. 즉, 장기이득에는 낮은 세율을 적용하거나 소득세세율보다 더 낮은 세율을 부과하는 것이다. 자산의 연동화(indexation)는 또 다른 정책선택이다. 유사한 문제는 자본이득이 한 해에 매우 실질적일 수 있으나 또 다른 해에 유사한 자산의 판매에는 이득이 없거나 심지어 손실이 있을 수 있다는 것이다. 그러나 일부 나라에서 채택하고 있는 평균화(averaging)의 해법은 기술적인 문제를 불러일으킬 수 있다.

자본이득세에 대한 찬·반 논의의 실익이 무엇이든 OECD 국가들은 이를 채택·시행하고 있다. 반면 네덜란드와 뉴질랜드의 경우 자본이득세를 도입하지 않았는데 그 이유는 네덜란드의 경우 1980년 의회 논쟁에서 행정비용이 너무 크다는 점과 많은 기술적인 복잡성과 불리한 경제적, 그리고 금융상의 효과를 지적하였다. 뉴질랜드는 공평성 문제와 실행성가능성을 들어 도입하지 않았다.

부동산에 부과되는 재산세는 지방정부 소득세와 더불어 지방정부의 지출의 재원 마련을 위한 이상적인 방식이다. 중요한 논쟁의 이슈는 재산세의 누진성이 어느 정도냐이다. 조세전가에 대한 '구(舊)'견해에 의하면 재산세가 역진적이라고 본다. 그러나 일부에서는 이것이 재산세 이용을 제한하는 논의라고 본다. 반면 일부의 견해는 그러한 역진성이 재산세가 편익원칙에 맞기 때문에 지불능력원칙에 근거한 소득세와 부유세의 기능을 하는 것으로 해석되는 것은 부적절하다고 본다. 한편 전가에 대한 '신(新)'견해에 의하면 재산세는 누진적이라고 본다.

제 3 절 부유세 wealth tax

1. 부의 정의

소득처럼 부(wealth)는 사람이 경제적 자원 위에 갖는 통제력을 나타낸다. 부와 소득 간의 차이는 부는 어떠한 일정 시점에 자원의 저량(stock)을 나타내는 반면 소득은 기간 동안의 자원의 유량(flow)이다. 예를 들어 어떤 사람이 매년 1만 원의 수익을 낳는 10만 원짜리의 정부채권을 소유한 경우 10만 원은 분명히 개인의 부의 한 부분인 반면 1만 원은 그의 소득의 일부분으로 생각할 수 있다.

실제로 어떤 자산이 개인의 부에 속하는지를 결정하는 것은 매우 복잡한 문제이다. 또한 얼마나 많은 다양한 자산이 가치가 있는지를 결정하는 것도 그렇다. 정부채권과 같은 일부의 자산은 시장가격을 갖고 있지만 많은 다른 자산은 그렇지 않은 경우들이 많다.

많은 사람들이 소유하는 가장 가치 있는 자산은 주택이다. 주택의 가치는 합당한 추정치가 동일한 지역에 유사한 주택에 지불하는 가격에 근거하여 만들어진 것으로 확인하는 것이 상대적으로 쉽다. 그러나 주택의 전체가치는 그것을 소유하고 있다면 순 자산으로 포함될 수 있지만 만약 주택이 주택금융조합에 저당이 잡혀 있다면 부채를 포함한 주택의 순 가치(주택가치-저당)로 평가되어야 한다.

또한 보석과 같은 개인의 소유물도 부로 계산된다. 차를 갖고 있다면 포함되고 차를 구입하기 위해 발생한 대출은 부채로 계산된다. 예금 등은 자산으로 처리된다. 즉시 부로 인식되지 않은 생명보험증권, 연금 등은 다소 어려움이 있지만 원칙적으로 이러한 품목들은 부로 포함된다.

물적자본에 대한 투자처럼 인적자본의 경우 새로운 기술을 사람에게 가르침으로써 사람에게 투자하는 것은 가능하다. 인적자본에 투자는 수익을 낳지만 비금전적인 수익일 수 있다. 그러나 부로서 인적자본을 포함시키는 것은 분명히 어려운 문제를 불러일으킨다.

2. 부유세의 정의

20세기 초부터 유럽 여러 나라에서 부유세를 시행한 경험이 있는 국가별 형태는 조금씩 차이는 있지만 공통적으로 발견되는 특징[1]이 있는데 이는 다음과 같다.

첫째, 중앙정부가 매년 과세하는 국세이며, 둘째, 개인소득세와 밀접한 연계가 있으며, 셋째, 부부 또는 가구가 소유한 총자산액에 부채를 차감한 순 부(net wealth)를 과세표준액으로 하는 과세방식을 택하며, 넷째, 부를 구성하는 과세대상 자산이 상당히 포괄적이라는 기본적인 특징을 갖고 있다.

부유세를 다른 자산과세인 지방재산세, 상속·증여세 등과 비교하여 보면 첫째, 재산세는 지방정부 관할하에 있는 부동산 물건별로 지방세를 달리하는 물세

1 노영훈(2012), p. 9.

(in rem tax)이지만 부유세는 이미 지적하였지만 인세(personal tax)인 국세이다. 또한 과세상한 규정이나 소득세 인적기초공제제도와 연결하여 인적기초공제액을 설정하는 등 개인소득세 제도와 관련된 장치들을 갖고 있다. 둘째, 상속·유산세, 증여세(gift tax)는 세대 간 또는 타인에 대한 자산이전 행위에 대해 포괄적 또는 개별적으로 과세되는 반면 부유세는 자산의 보유단계에서 정기적으로 과세되는 점에서 차이가 있다. 셋째, 자산소득 또는 자본이득은 유량에 대한 과세이지만 부유세는 저량에 대한 과세이다.

3. 부유세 논의

(1) 찬성 논리

부유세에 대한 찬성논의는 공평성과 효율성 측면에서 집중되어 있고 어느 정도는 재분배의 방법과 행정통제로 사용될 수 있는 가능성에 대한 논의도 있다.

가. 수평적 공평성

부의 소유는 부에서 나오는 금전적인 소득 이외의 이점을 주므로 소득세만으로는 수평적 공평성을 달성하는 데 충분치 않다고 주장할 수 있다.

부의 편익은 예금 인출능력, 경제적 자원의 통제, 비금전적인 소득과 지위를 포함한다. 부의 편익은 두 가지 중요한 이점을 가져다준다. 첫째, 안전을 제공한다는 점이다. 부를 가진 사람은 부가 없는 사람보다 근로소득에 덜 의존하는 경향이 있다. 어느 정도 경제적 안전에 대한 필요는 공공 후생 프로그램의 확대로 인해 점차 줄어들고 있지만 그럼에도 불구하고 수입이 줄어든다 하더라도 자본소유는 개인의 생활수준을 유지하는 데 도움을 준다. 비록 수입이 없다 하더라도 부자는 예측할 수 없는 지출을 자본으로 대처할 수 있다는 사실로 인해 안심을 한다. 그러한 경제적 안전은 특히 노령기에 있을수록 더 크다고 할 수 있다. 둘째, 부는 소유자에게 더 큰 경제적 기회를 제공해준다. 불완전한 자본시장에서 자본 없이 개인이 전도유망한 벤처기업을 착수하는 것은 가능하지 않다. 예를 들어 풀

타임 교육이나 교육훈련과정에 투자는 그 기간 동안 포기한 수입을 포함하여 투자비용을 능가하는 수입증가를 가져올 수 있다. 자본이 없는 사람은 필요한 돈을 빌릴 수 없는 반면 부를 가진 사람은 항상 스스로 빌릴 수 있고 자신의 자본을 훈련과정이나 교육을 위해 투자할 수 있다.

이상과 같은 이점과 더불어 부로부터 나오는 자본이득의 이점을 들 수 있다. 실질가치로 자본이득은 소유주의 원래 부를 줄이지 않고 소비할 수 있듯이 소득의 한 형태로 볼 수 있다. 예를 들어 100만 원의 가치가 있는 금을 갖고 있다가 금값이 두 배 상승했다면 소유주는 금의 반을 팔아 소비해도 여전히 100만 원 가치의 금을 갖고 있는 것이다. 또한 부로부터 나오는 암묵적 소득의 가치도 중요하다. 자신의 재산으로부터 받는 서비스의 가치가 암묵적 소득을 의미한다. 예를 들어 자신의 집에 사는 사람이 임차인이 지불해야 하는 임차료를 내지 않고 숙박을 하는 편익을 향유한다. 유사한 경우로 예술작품 등의 소유주가 받는 편익을 들 수 있다.[2]

이상의 이유로 인해 부는 현재의 금전적인 소득 이상의 편익을 소유주에게 제공한다. 그러므로 수평적 공평성 근거하에서 소득세만으로 부의 소유권으로부터 나오는 완전한 편익을 줄이게 하지 못한다.

나. 편익접근

부유세의 가장 기본적인 근거는 재산의 보호자로 보는 로크(J. Locke)의 국가이론으로부터 유도된다. 자신의 부의 보호를 위해 국가에 요구하는 사람들은 그러한 보호를 요구하지 않는 사람들보다 더 많은 세금을 내야 한다고 주장한다. 그러나 이미 보았듯이 이러한 편익원칙을 적용하는 데는 한계가 있다. 더욱이 어떠한 형태의 재산은 다른 것보다 더 많은 보호를 필요로 한다고 생각하는 것이 합당할 수 있지만 편익원칙은 우리가 고려하는 전반적인 부유세의 근거라기보다는 특별한 재산 항목에 대한 차별적인 과세를 말한다고 볼 수 있다.

2 포괄소득세는 원칙적으로 그러한 비금전적인 소득도 포함할 수 있다.

다. 효율성 논의

효율성 논의는 동일한 수입을 가져다주는 소득세와 부유세 간의 비교에 있다. 고려 대상이 되는 두 개의 영역은 노동공급의 효과와 기존 자산의 이용 효과이다.

첫째, 노동공급의 효과를 보자. 부유세는 동일한 세 수입을 주는 소득세보다 근로유인에 보다 적은 부(-)의 효과를 가져다준다는 점이다. 이는 부유세가 현재노력보다 과거노력에 작용한다는 근거에서 그렇다. 다시 말하면 사람들은 자신의 현재노력(다시 말해 현재소득)보다 오히려 과거노력(다시 말해 그들의 부)에 과세된다면 보다 더 생산적이고 고임금을 주는 직업에 일하려 하거나 보다 더 열심히 일할 가능성이 있다. 그러나 이러한 주장은 소득세가 근로에 유인효과를 주는지 저해효과를 주는지에 따라 논의가 제한된다는 문제가 있다.

두 번째는 부 자체보다는 부로부터 나오는 소득에 과세는 사람들이 낮은 금전적인 수익을 가져다주는 자산에 또는 소득세로 포착될 수 없는 비금전적인 수익을 가진 자산에 투자할 유인을 제공한다. 극단적으로 소득세는 사적인 그림 수집처럼 전혀 금전적인 수익을 주지 않는 자산에 투자함으로써 과세를 피할 수 있다. 반면 부유세는 동일한 세율에서 다양한 자산에 부과될 것이므로 높은 수익을 가져다주는 자산을 차별하지 않을 것이다. 예를 들어 두 가지의 자산 간에 선택을 하는 투자자를 가정하자. 즉, 주말 휴양을 위해 사용되는 시골 오두막집과 소규모 사업이다. 소규모 사업은 매년 1,000만 원의 이윤을 가져다주지만 비금전적인 편익은 없다. 시골 오두막집은 화폐소득은 없지만 매년 600만 원의 가치를 줄 수 있는 또 다른 편익을 제공해준다. 예를 간단히 하기 위해 소유주가 받는 사적 편익은 사회에 주는 편익과 같다고 가정하자. 즉. 외부효과는 없다고 가정한다. 둘째, 두 자산의 가격은 동일하게 1,000만 원이며 세금은 50%의 소득세나 5%의 부유세가 부과된다고 가정한다. 부유세나 소득세가 없다면 투자자는 가장 큰 편익을 주는 소규모 사업을 선택하는 것이 나을 것이다. 그러나 소득세가 부과되면 오두막집의 사적 그리고 사회적 편익이 소규모 사업의 그것보다 작다고 하더라도 오두막집에 투자하는 것이 더 유리하다. 대조적으로 부유세 부과는 상이한 금전적 수익을 주는 자산 간에 차별을 하지 않으므로 소규모 사업을 선택하도록 유인할 것이다. 유사한 결과는 소유주가 자산의 수익을 통제할 수 있는 경우에도 적용된다. 예를 들어 땅을 가진 농부는 세금을 납부하는 것 이외의 다른 이유가 없더라도 부유세하에서는 생산적으로 땅을 이용할 유인을 제공한다. 그러나 소득세에서는 그러한 유인이 존재하지 않는다.

라. 재분배

부유세는 부의 재분배를 위한 강력한 수단이 될 수 있다. 지역사회가 현재보다 더 부의 동등한 분배를 선호하여 부로부터 나오는 소득에 과세하더라도 부를 재분배하는 것은 쉽지 않다. 부로부터 나오는 소득에 대한 과세는 그러한 부의 금전적인 수익으로 제한되기 때문이다. 증여세는 자본의 이동 정도에 따라 제한되며 사망세는 또한 사망 시에 부과된다는 점에서 제한이 있다. 그러한 점에서 볼 때 매년 부과되는 부유세만이 부의 재분배가 가능하다.

부유세로 부의 재분배효과를 제대로 거두려면 특별한 목적을 가지고 시행되어야 한다. 그렇지 않으면 거두어들인 세 수입이 부자들의 편익을 위해 사용되거나 지출이 빈자보다 부자가 더 많이 소유한 생산요소의 수익을 증가시키는 효과를 갖기 때문에 부유세의 재분배 효과는 상쇄될 수 있다.

마. 행정적인 통제

부유세는 소득세의 탈세나 조세회피의 통제를 강화하기 위한 세무행정에 사용될 수 있는 유용한 정보를 제공해줄 수 있다. 개인의 부와 소득 간의 분명한 불일치는 세무당국에 의해 포착될 수 있다. 이는 1982년에 프랑스의 부유세 도입의 이유 중의 하나였고 그러한 크로스체크 방법은 스웨덴에서 시행한 적이 있다.

바. 부유세와 인적자본

다른 이유가 없다면 행정적인 이유로 부유세가 사람과 연결된 자본에 부과될 수 있을 것 같지는 않다. 인적자본은 교육, 훈련, 기술을 습득하도록 하는 데 사용된 돈과 시간의 투자를 포함한다. 그러므로 부유세는 상이한 형태의 투자에 대해 차별한다는 점이 주장될 수 있다. 즉, 비인적자본에 투자하는 것이 보다 사회적으로 더 생산적일 수 있는 경우에도 인적자본에 투자하는 경향이 있을 것이다. 이렇게 되면 분배목적의 조세정책은 좌절될 수 있다. 부자가 여전히 자식에게 인적자본의 형태로 그의 부를 전달할 수 있고 그들의 자손이 많은 교육을 받을 수 있는 것을 의미하게 되어 부유세와 유산세 모두를 피할 수 있게 된다.

여기서 두 가지 사항을 언급할 필요가 있다. 첫째, 시장을 그 자체로 그대로 둔다면 교육에 대한 투자는 낮아지므로 공적인 장려를 필요로 한다. 둘째, 소득세는 물적자본에 투자와 비교하여 인적자본에 투자를 차별할 수 있다. 우리나라와 달리 영국의 소득세체계에서는 부분적으로 행정적인 이유로 인해 인적자본에 대한 투자에 대해 차별한다. 기술의 향상으로부터 나오는 소득의 증가는 소득세의 적용을 받는 반면 그러한 기술습득에 포함된 대부분의 비용은 공제되지 않는다. 또한 비인적자본과 동일한 방식으로 인적자본은 감가상각할 수 있다는 점을 소득세법에서 인정하지 않는다. 단지 교육투자 왜곡의 일부를 부분적으로 주정부의 교육보조금으로 상쇄하고 있다.

(2) 반대 논리

담세능력은 소득세로 충분히 가능하다고 주장한다. 즉, 발생한 자본이득, 증여, 유산을 포함하여 모두 과세한다는 점이다. 가령 그러한 소득세가 존재하고 동일한 임금소득을 버는 두 사람이 있다고 하자. 부는 없고 한 사람은 저축을 통해 자본을 축적하고 또 한 사람은 그렇지 않은 경우를 가정해보자. 첫 번째 사람은 결과적으로 저축으로부터 나오는 소득에 소득세를 낸다. 공평성 기준에서 두 사람이 부를 축적할 동일한 기회를 가지므로 추가적인 세금, 즉 부유세를 내지 말아야 한다. 아래에서는 저축의 효과와 부유세 운영과 관련된 실질적인 어려움을 중심으로 논의를 진행하고자 한다.

가. 저축의 효과

부는 저축의 결과로 축적된 자본이다. 그러므로 부에 대한 조세는 소비지출을 늘려 저축을 저해한다. 비수익재산에까지 과세를 하므로 저축감소효과의 크기는 소득세보다 클 수 있으며 이는 장기적으로 자본형성에 부(-)의 영향을 미칠 수 있다. 그러나 이것이 끝이 아니다. 이미 설명하였듯이 과세는 저축이 늘어나게 할 수도 줄어들게 할 수도 있다. 소득세가 저축의 이중과세를 포함한다면 소득세를 줄이고 이와 함께 부유세의 도입은 저축을 부추길 수 있다. 이는 확실히 부를 축적하고 있는 사람에게서 이미 그것을 가지고 있는 사람에게로 세 부담을 이동시킨다.

나. 실질적인 어려움

실질적인 어려움은 자산의 평가문제이다. 연금권의 평가, 그리고 생명보험증권의 평가는 특히 어려운 문제를 가져온다. 또 다른 문제는 책, 동전, 골동품과 같은 항목들의 평가와 관련되어 있다.

4. 부유세 설계

부유세의 시행은 우선적으로 다음과 같은 사항들이 정의되어야 한다. 즉, 과세대상범위(부를 구성하는 형태), 세율수준, 단일세율과 누진세율 적용여부, 면세점 설정여부 및 수준, 과세상한 설정여부, 납세의무자의 범위, 개인 혹은 가구 등 과세단위 설정, 법인 과세여부, 도입시기와 도입기간 등, 면세와 비과세 대상, 그리고 납세협력비용과 징세비용의 최소화 문제 등의 문제들이 있다. 이 중 세율과 과세상한, 과세단위, 세원의 범위에 대해 알아보자.

순부유세의 세율은 북유럽 국가들에서 0.05~2% 사이에 변동하는 경향을 보이고 있다. 부유세를 시행하고 있는 국가에서는 한도를 두는 경우가 있는데, 스페인의 경우는 소득세와 순부유세의 합계액이 총과세소득의 60%를 초과하지 말아야 한다는 조항을 두고 있고 프랑스는 전년도 연간총소득의 50%를 초과하지 말아야 한다는 제한을 두고 있다. 개인소득세와 함께 누진세율을 적용하는 국가는 더 많은 크기의 부에 더 높은 세율의 부과를 의미한다. 행정적인 단순성을 위해서는 단일세율과세(아이슬란드와 노르웨이)로 부과하는 것이고, 수직적 공평성

〈표 11-1〉 부유세 시행국가 비교

	프랑스	노르웨이	스위스	아이슬란드	스페인
도입 연도	1982년 도입, 1987년 폐지, 1989년 부활	1914년 도입	1998년부터 법인에 대한 연방부유세 폐지	1970년 도입, 2006년 폐지, 2009년 부활	1978년 도입, 2008년 폐지, 2011년 부활
납세의무자	개인 ○, 법인 ×	개인 ○, 법인 ×	개인 ○, 법인 ○	16세 이상의 개인	개인 ○, 법인 ×
대상 자산	• 사업용자산 • 부동산 • 동산 • 금융자산 • 기타(거주주택, 영업권)	• 부동산 • 동산 • 금융 등	• 부동산 • 동산 • 금융 • 기타(미술품, 영업권등)	• 국내 및 해외에 위치한 자산 • 개인자산의 총합 • 부부 및 공동생활자는 총자산 합한 후 동등하게 나누어 개별과세	• 부동산 • 동산 • 금융 • 기타(미술품 등, 거주주택, 영업권, 저작권, 특허권)
세율과 과세상한	누진율구조: 0~1.80% 과세상한: 소득세와 순부유세 합계액이 전년도 연간 총소득의 50%를 초과할 수 없음	단일비례세율 (0.4~0.7% 내에서 결정) 과세상한: 세 부담이 납세자 순소득의 80%를 초과하는 경우 경감제도를 두었지만 2009년 폐지	누진세율 구조: 0~0.3%	면세점 초과분 순자산의 1.5% 단일세율로 부과	누진세율구조: 0~2.5% 과세상한: 소득세와 순부유세 합계액이 총과세소득의 60%를 초과할 수 없음
과세단위	합산과세	합산과세	합산과세	합산과세	분리과세
기초공제	원거주자에 대해 30% 공제 허용	거주자 1인당 10만 NOK까지 공제	주별로 상이	-	표준공제액은 70만 유로

자료: 노영훈(2012); 국회예산정책처(2015).

을 위해서는 누진세율을 적용한다는 점에서 보면 전형적인 목표 간의 갈등이 존재하고 있다. 이에 대해서는 정치적 고려사항이 중요한 역할을 한다고 본다. 그것은 아마도 왜 두 나라(프랑스, 스페인)가 최근에 부유세를 채택했는가에 대한 이유이기도 하다. 두 나라는 누진적인 방법을 선택하였다.

수년 동안 부유세를 갖고 있던 나라들에서보다 이를 최근에 도입한 두 국가들(프랑스, 스페인)에서의 세원이 더 넓다. 일정한 저축 수단, 보험증서, 예술작품, 특허권과 영업권이 과세되는지 면세되는지는 국가마다 상이하다. 세원이 좁을수록 보유자산의 종류를 변경시킴으로써 조세회피의 가능성은 더 커진다고 할 수 있다.

5. 부유세의 후퇴

부유세는 부과대상 범위에 따라 총조세수입에 부유세 징수액이 차지하는 비중이 나라마다 다르지만 일반적으로 〈표 11-2〉에서 보듯이 세수확보를 주된 목적으로 운용되는 조세는 아니라고 할 수 있다. 그러나 부유세제도를 통해 여타 세목에 미치는 긍정적인 효과를 감안하면 총조세수입 대비 비율만으로 부유세의 기능을 판단하기는 어렵다.

프랑스와 스페인에서는 부유세에 상당한 변화는 없었지만 일부의 국가는 부유세를 폐지하거나(오스트리아, 덴마크, 독일) 부유세를 변형한 국가도 있다(네덜란드). 핀란드, 노르웨이, 스웨덴은 이원적 소득세의 역진성을 상쇄시키기 위해 순부유세를 유지해야만 했던 반면 덴마크는 순부유세와 이원적 소득세 모두를 포기하는 방안을 선택했다.

〈표 11-2〉 국가별 순부유세의 세 수입 (단위: 100만 유로, 100만 자국통화, %)

		2000년	2005년	2010년
프랑스	세액	2,425	3,046	4,439
	비중	0.38	0.40	0.64
아이슬란드	세액	5,173	2,887	10
	비중	2.03	0.69	0.00
노르웨이	세액	7,703	10,700	14,261
	비중	1.22	1.26	1.33
스페인	세액	1,179	1,378	108
	비중	1.22	0.42	0.03
스위스	세액	5,232	6,030	7,179
	비중	4.13	4.46	4.37

주: 총조세수입에 대한 순부유세 비율

자료: OECD, *Revenue Statictics of OECD Member Countries*, 각 연도.

제 4 절 자본이전세 capital transfer tax

1. OECD 국가의 상속·증여세 부담현황

(1) GDP 대비 비중

2014년 기준 OECD 35개국의 GDP 대비 상속·증여세 부담 평균은 약 0.12%이며, 가장 높은 비중을 차지하고 있는 국가는 벨기에로 0.7%를 나타내고 있다. OECD 국가 가운데 상위 5개국은 벨기에(0.7%), 프랑스(0.47%), 일본(0.38%), 한국(0.31%), 스페인(0.26%)이다. OECD 국가 가운데 하위 5개국은 상속·증여세를 폐지한 국가 등을 제외하고 오스트리아(0.001%), 라트비아(0.01%), 폴란드(0.015%), 슬로베니아(0.018%), 헝가리(0.019%)이다.

(2) 총조세 대비 비중

2014년 기준 OECD 35개국의 총조세 대비 상속·증여세의 비중 평균은 약 0.34%이며, 가장 높은 비중을 차지하고 있는 국가는 벨기에로 1.56%를 나타내고 있다. OECD 국가 가운데 상위 5개국은 벨기에(1.56%), 한국(1.27%), 일본(1.2%), 프랑스(1.05%), 핀란드(0.76%)이며 OECD 국가 가운데 하위 5개국은 상속·증여세를 폐지한 국가 등을 제외하고 오스트리아(0.003%), 라트비아(0.035%), 폴란드(0.048%), 헝가리(0.05%), 슬로베니아(0.05%)이다.

2. 주요 선진국의 상속세제 개편동향

최근 미국, 영국, 독일, 일본 등의 주요 선진국의 경우 상속세제를 종전과 같이 유지하고 있지만, 일부 국가는 부담을 강화하고 있다. 미국은 2001년 공화당 정부의 감세조정법에 의해 상속세를 단계적으로 경감하여 2010년 폐지하려 하였으나, 2010년 법 개정이 이루어지지 않아 2001년 개정 전으로 복귀하여 현재 과세되고 있다. 일본은 2013년 세법개정으로 공제액이 축소되었다. 스웨덴 등의 국가는 상속과세의 강화를 통해서 경제적 기회균등을 실현하는 것은 불가능하다는 판단하에 상속세제를 폐지하고 자본이득과세를 도입하고 있다.

(1) 미국

2001년 「경제성장과 조세감면법」의 제정으로 2007년까지 유산세 및 증여세 최고세율을 단계적으로 인하하고, 2010년에 유산세(estate tax) 및 세대생략이전세(generation-skipping transfer tax)[3]를 잠정적으로 폐지하기로 예정하고 있었다. 동 법안은 유산세와 증여세 등의 부담을 경감시키는 것을 목표로 유산세 및 증여세(gift tax)의 최고세율을 점진적으로 인하하는 등의 내용을 포함하고 있었다. 또한 동 법안은 2010년 12월 말까지 적용하는 한시법으로 후속 법안이 마련되지 않는다면 유산세와 증여세는 2011년부터는 과거의 법률(2001년 법률)로 회귀하는 것으로 예정되어 있었다.

오바마 행정부는 2010년 12월 17일 「조세감면 및 일자리창출법(TRUIRJCA)」 입법을 통해 2010년 12월 31일 자로 종료 예정이었던 2001년의 「경제성장과 조세감면법」상의 유산세 등의 관련 내용을 변경하였다. 「경제성장과 조세감면법」이 2009년 12월 31일에 만료되고 2010년에 잠정 폐지되었던 유산세는 2010년 1월 1일부터 소급 적용되도록 부활하였다. 유산세의 최고세율은 2010년부터 35%로 하며, 면세점은 500만 달러로 하되, 2012년의 면세점은 물가상승률을 반영하여 인상하기로 하였다. 실제 면세점은 2012년에 512만 달러로 인상되었다. 동 개정법에 의하면, 2011년 1월 1일 이후 유산세 산정에 있어서 생존 배우자는 사망 배우자의 미사용 면세점 금액(unused exclusion amount of their deceased spouses)을 사용할 수 있게 되었다. 세대생략세는 2011년부터 다시 시행되며 적용세율은 35%이며, 면세점은 유산세와 동일하다. 증여세는 2001년의 「경제성장과 조세감면법」의 내용대로 2010년에는 최고세율 35% 및 면세점 100만 달러를 유지하나,

3 세대생략이전세란 자녀를 거치지 않고 2세대 이상 건너 재산을 이전하는 경우 일반이전세제에 비해 가중 과세하는 것을 말하며, 이전세제의 최고세율인 40%로 과세된다.

2011년 이후에는 유산세와 동일한 세율구조, 면세점, 통합세액공제 규정을 적용하였다.

오바마 행정부의 2013년 1월 2일 「미국납세자의 조세감면법」의 입법을 통해 유산세 등의 일부가 개정되었다. 기존에는 과세표준 50만 달러 초과 시 35%의 최고세율이 적용되었으나, 법 개정으로 기존의 세율은 유지하되 과세표준 100만 달러 초과 구간에 대해 40%의 최고세율이 적용되도록 변경하였다. 2011년부터 적용되어 왔던 '물가수준 연동 면세점(exclusion) 500만 달러' 기준 및 배우자 간 미사용 면세점 금액 승계제도는 계속해서 유지되었다. 면세점은 2011년 500만 달러, 2012년 512만 달러, 2013년 525만 달러이다. 생존 배우자는 사망 배우자의 미사용 면세점 금액을 승계받아 자신의 상속 또는 증여 시 이를 사용할 수 있다.

2017년 이후브터는 상속 및 증여세의 부담수준을 2009년 수준으로 영구히 상향하였다. 동 내용은 2015년도 예산안과 2016년도 예산안에도 포함되어 있다. 최고세율은 유산세, 세대생략이전세, 증여세 모두 2009년 당시의 45% 수준으로 인상하였다. 면제한도(exclusion amount)는 상속세와 세대생략증여세의 경우 350만 달러, 증여세의 경우 100만 달러로 인하하였다.

(2) 영국

2007년 10월 상속세율 영(0)% 적용구간을 신설하여 상속세 부담을 줄이는 방향으로 정책방향을 잡았으나 2008년 금융위기 이후 상속세 감세정책을 중단하였다.

2012년에는 상속재산 중 10% 이상을 기부 시 적용세율 40%에서 36%로 낮춰 기부를 장려하는 방향으로 상속세법이 개정되었다.

2014년 9월 29일 영국 재무부는 연금상속세 폐지계획을 발표하였는데 현재는 연금수급자가 사망하여 확정기여형연금(defined contribution pension)을 상속할 시 상속자에게 55%의 세금을 부과하고 있었다. 그러나 2015년 4월부터는 연금수급자가 75세 이전에 사망하여 연금을 상속할 경우 세금이 전액 면제되고, 75세 이상인 연금수급자가 사망할 경우 상속자는 최저 소득세율만 부담하면 연금 수령이 가능하게 되었다.

(3) 독일

1995년 6월 독일헌법재판소는 부동산자금과 금융자산의 평가에 대한 위헌판결을 내리고, 당시 상속·증여세법의 효력을 1996년 12월 31일까지로 제한하였다. 헌법재판소의 주문에 따라 1996년 12월 세법개정으로 상속·증여세의 평가규정이 변경되었다.

2010년의 법 개정을 통하여 상속·증여세율을 I 등급 상속인을 제외한 다른 등급의 상속 및 증여인의 세율을 10% 내외로 인상해서 상속·증여세를 강화하였고 이와 더불어 상속·증여세의 구간별 과세표준을 상향 조정해서 세율인상에 따른 급격한 상속·증여세의 증가를 방지하려고 하고 있다.

(4) 일본

1980년대 지가 급등으로 상속세 부담이 크게 증가하자 1988년, 1992년, 1994년, 2001년, 2003년에 걸친 세법개정을 통해 상속세 및 증여세 부담을 인하하였다. 1987년 이전에는 최저 10%에서 최고 75%까지 14단계 세율구조를 갖고 있었으나, 2003년 이후에는 최저 10%(1,000만 엔 이하)에서 최고 50%(3억 엔)까지 6단계로 상속세 세율구조를 조정하였다. 증여세 세율도 상속세와 보조를 맞추어서 최저 10%(200만 엔 이하)에서 최고 50%(1,000만 엔)까지 6단계로 세율구조를 조정하였다.

2013년 3월 29일 상증세법이 대폭 개정되어(시행은 2015년 1월 1일 이후에 개시하는 상속부터임) 상속·증여세의 기초공제 및 세율구조를 개정하였다. 상속세의 기초공제는 2015년부터 정액공제를 5,000만 엔에서 3,000만 엔으로 인하하고, 법정상속인 비례공제를 1,000만 엔에서 600만 엔으로 인하하였다. 상속·증여세의 세율은 다음과 같이 10%부터 50%까지의 6단계 세율구조에서 최저세율 10%에서 최고세율 55%까지의 8단계로 세율을 강화하였다.

2017년 4월 해외 소재 자산에 대한 조세회피를 방지하기 위하여 해외 소재 자산의 과세대상 상속인, 피상속인, 증여자와 수증자의 범위를 현실에 맞게 개정하여 해외자산에 대한 상속·증여세를 부담하는 일본 거주기간을 5년에서 10년으로 연장하였다.

〈표 11-3〉 최근 OECD 주요국의 상속세제 동향

국가	상속세 유무	세율	최근 주요 개정	
미국	○	18~40%(12단계 누진세율)	2001	감세법안가결(2002~2009년에 걸쳐 비과세 확대, 최고세율 체감, 2010년 유산세 폐지)
			2010	유산세 일시 정지
			2011	유산세의 부활
			2013	최고세율 인상, 생존 배우자가 사망 배우자가 남긴 공제액을 사용할 수 있는 조치의 항구화
영국	○	40%	2007	생존한 배우자가 사망 배우자가 남긴 공제액을 사용할 수 있도록 함
			2010	비과세 물가연동 동결
독일	○	배우자, 자녀, 부모, 손자녀: 7~30%(7단계 누진세율)	2008	공제액 인상, 세율적용금액 인상, 세율 인상(2구간 및 3구간)
		형제, 양자녀, 양부모 등: 15~43%(7단계 누진세율)		
		기타: 30~50%(2단계 누진세율)	2010	세율인하(2구간)
			2016	가업상속세제 사업용 자산 요건 강화
프랑스	○	직계: 5~45%(7단계 누진세율), 형제: 35~45%(2단계 누진세율), 4촌 이내 친족: 55%, 기타: 60%	2006	생애증여의 누적기간 축소(10년→6년)
			2007	배우자 등에 대해 과세 면제, 공제액 인상(직계, 형제)
			2012	세율 인상(직계), 생애증여 누적기간 연장(6년→10년), 공제액 인하(직계)
			2013	공제액과 세율 등의 물가연동 폐지
			2014	부동산 시장 활성화를 위해 2015년 말 이전에 이루어진 토지 증여 및 2016년 말 이전에 신규주택을 자녀 및 증손자녀에게 증여한 거래에 대해 10만 유로 특별공제 적용
덴마크	○	배우자: 0%, 근친자: 15%, 기타: 36%	1995	유산취득세방식에서 유산세 및 유산취득세 절충형 방식으로 변경
이탈리아	○	배우자, 직계: 4%, 형제, 기타 친족: 6%, 기타: 8%	2001	상속세 폐지
			2006	상속세 재도입(유산취득세 방식) 단일세율
			2007	형제를 배우자, 직계 범위로 구분하여 기타 친족 세율 적용

네덜란드	○	배우자, 자녀: 10~20% (2단계 누진세율), 손자녀: 18~36% (2단계 누진세율), 기타: 30~40% (2단계 누진세율)	2010	공제액 인상, 세율구분 축소, 최저세율 인상, 최고세율 인하
노르웨이	○	자녀: 6~10 (2단계 누진세율), 기타: 8 ~15% (2단계 누진세율)	2009	공제액 인상, 세율 인하
일본	○	10~55%(8단계 누진세율)	2003	최고세율 인하, 상속 시 정산과세제도 도입
			2008	가업승계납세유예제도 시행
			2013	최고세율 인상, 기초공제 인하
핀란드	○	배우자, 직계, 배우자의 직계: 7~16%(4단계 누진세율), 기타: 20~30%(3단계 누진세율)	2008	공제액 인상
			2009	세율 인하
			2012	최고세율구간 추가
스페인	○	7.65~81.6%	특별한 개정사항 없음. 다만, 2014년 3월 세법개정위원회의 보고서에 따르면 상증세에 대한 세제혜택을 일괄적으로 폐지하고 현재 지자체에서 운영되고 있는 동 세목에 대해 중앙정부차원에서 정비가 필요하다고 권고함	
오스트리아	×	–	2008	상속세 폐지
포르투갈	×	–	2004	상속세 폐지
스웨덴	×	–	2004	상속세 폐지
뉴질랜드	×	–	1999	상속세 폐지
호주	×	–	1979	상속세 폐지
			1985	사망 시 양도소득과세의 도입
캐나다	×	–	1972	상속세 폐지, 사망 시 양도소득과세의 도입

자료: 국회예산정책처(2017).

3. 상속세 유형

과세유형은 나라별로 어떠한 방식을 취하느냐에 따라 일반적으로 유산세방식과 유산취득세방식으로 대별된다. 유산형상속세(유산세방식, estate tax)는 피상속인(증여자)의 유산총액(증여재산가액)을 기준으로 과세하며, 취득형상속세(취득세방식, inheritance tax)은 상속인(수증자)의 유산(증여가액)취득가액에

[그림 11-1] 상속세 유형

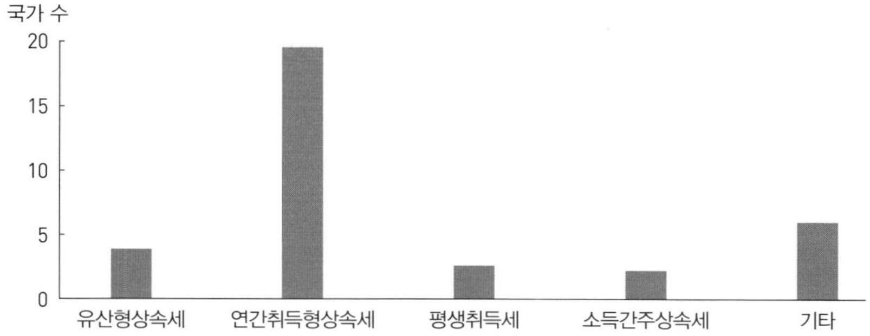

자료: http://www.taxpolicycenter.org/briefing-book/key-elements/estate/inheritance.cfm
"Wealth Transfer Taxes: What is an Inheritance Tax?", 2009 재인용.

대하여 각각 과세한다. 우리나라는 상속세의 경우 유산형상속세방식을 채택하고 있는 반면 증여세의 경우에는 취득형상속세방식을 채택하고 있다.

취득형상속세는 또한 과세기준에 따라 3가지 유형으로 구분할 수 있다. 첫째, 평생취득세(accession tax)는 상속인(수증자)이 평생 이전받은 유산 혹은 증여자산 가액을 기준으로 과세한다. 둘째, 연간취득형상속세(annual inheritance tax)는 특정 연도에 1명의 상속인(수증자)이 받은 유산 및 증여자산에 과세한다. 마지막으로 소득간주상속세(inclusion tax)는 유산과 증여를 소득으로 간주하여 소득세가 부과된다.

[그림 11-1]에서 보듯이 국가별로 시행하고 있는 부의 이전세 유형은 대부분의 국가에서 유산세방식보다 유산취득세방식의 상속세를 더 많이 시행하고 있는 것으로 나타났고, 유산취득세방식의 상속세 중에서 대부분의 국가들이 연간취득형상속세(annual inheritance tax)유형으로 과세하고 있는 것으로 나타났다.

(1) 유형별 분류

가. 유산형상속세(estate tax)

유산형상속세는 피상속인(증여자)의 유산총액(증여재산가액)을 기준으로 과세하는 방식으로 한 개인의 생애에 걸쳐 이루어진 유산에 대한 누적된 조세관

[그림 11-2] 유산세 방식

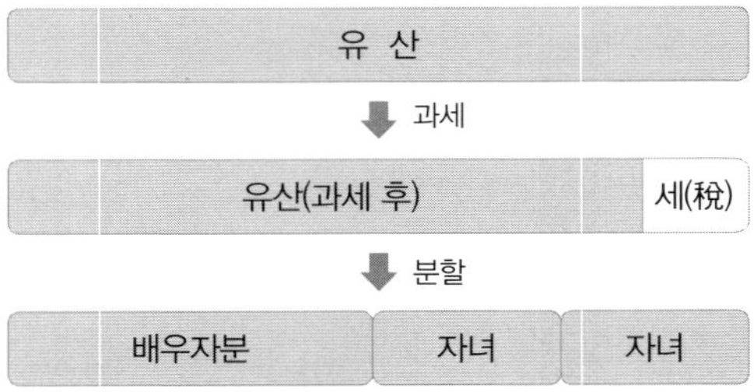

계를 정산한다는 점이다. 피상속인이 축적한 재산은 본인의 능력 외에 각종 조세 혜택이나 조세탈루의 결과인 것으로 보고 이를 사망 시에 정산한다는 의미이다. 상속인의 인원 수나 상속분 또는 유산분할을 고려하지 않으므로 단독상속이나 공동상속에 관계없이 동일한 상속세가 부과된다. 유산을 상속인 각자 상속분으로 분할하기 전의 유산총액을 과세기준으로 하여 누진세율을 적용하여 세액을 계산한다. 따라서 각 상속인이 납부할 상속세는 유산분할 비율에 따라 안분하여 계산한다.

나. 취득형상속세(취득세방식, inheritance tax)

취득형상속세는 상속인(수증자)의 유산(증여가액)취득가액에 대하여 각각 과세하는 것으로 피상속인의 유산에 대하여 무상으로 취득하는 상속인·수유자·수증자 등의 취득재산가액을 과세대상으로 하여 과세하는 방식이다. 상속세를 자산이득세적 성격을 띤 것으로 보고 상속이라는 형태로 재산이 이전되어 상속인의 자산증가에 대한 특수한 형태의 소득세라 본다.

취득세(accession tax)방식은 상속인이나 수유자별로 취득하는 유산의 유무와 크기에 따라 상속세의 크기가 달라진다. 상속인·수유자·수증자 등이 여러 사람인 경우 유산을 먼저 각자의 상속분에 따라 분할·계산하고, 분할·계산된 각자의 몫에 초과누진세율을 적용한다. 피상속인의 유산을 여러 사람에게 나누기 때문에 유산세형보다 부담세액이 적어지게 된다.

[그림 11-3] 유산취득세 방식

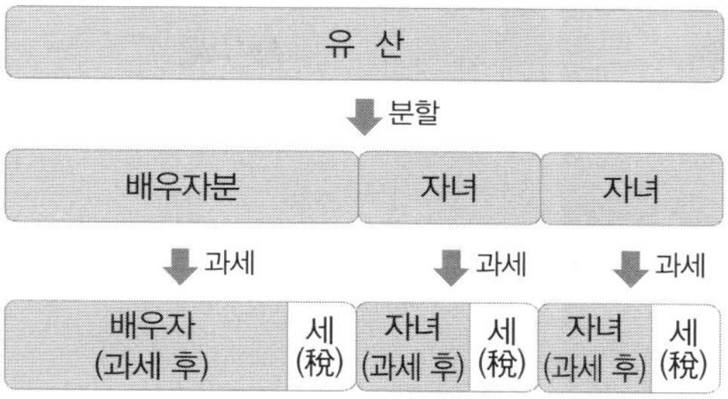

(2) 유형비교

유산형상속세의 주요 주장은 다음과 같다. 첫째, 취득형상속세보다 더 나은 세수입이 확보 가능하다는 점이다. 둘째, 순부유세가 없는 국가들에게 적어도 세대당 한 번 부를 과세하는 것이 더 적절한 방식이라는 점이다. 셋째, 세무행정 부담이 적다는 점이다. 유산 분할 전에 총세액이 결정되므로 과세당국이 피상속인의 유산액만을 조사하면 되며, 납세자 입장에서도 구조가 간단하고 용이하다. 반면 취득형상속세방식은 과세당국이 유산이 누구에게 어떻게 상속되었는지를 조사하고 상속인마다 세액을 산출해야 하므로 세무행정 부담이 크다고 할 수 있다.

또한 유산형상속세는 유산분할 전에 세 부담이 결정되어 유산분할에 따른 세 부담에는 영향을 미치지 않기 때문에 유산분할을 촉진할 유인이 없다.

반면 취득형상속세의 주요 주장은 다음과 같다. 첫째, 유산형상속세보다 지불능력원칙(응능부담원칙)과 더 밀접하다는 점에서 더 공평하다는 점이다. 둘째, 부의 분산을 촉진하는 데 나은 방안이라는 점이다. 유산취득세방식은 유산을 여러 사람에게 나누어서 분산하면 할수록 상속세 부담 총액은 적어지기 때문에 유산세방식보다 부의 분산 유도기능이 우수하다고 볼 수 있다. 셋째, 단독 상속인이 전 재산을 상속받기보다 복수의 상속인이 균등하게 상속받는 것이 전체적으로 세 부담이 적어 유산분할도 유도 가능하다. 반면 취득형상속세는 세수 측면에서 보면 피상속인의 유산이 나누어지므로 세수는 적다는 단점이 있다.

두 가지 방식의 조세에 무거운 사망세 부과는 부의 분배(적어도 증가를 억제한다)에 불공평을 줄이지만 서로 다른 방식으로 작용한다. 두 가지 모두 많은 재산이나 유산의 일정 부분이 국가에 의해 징수되는 한 불공평은 감소한다. 이것은 사람들 간에 부의 재분배가 아니라 특히 가장 부유한 사람의 부를 줄임으로써 민간부문에 불공평을 줄여 다소 민간부문에서 더 부유한 사람으로부터 국가로 부를 이전하는 것이다. 그러나 누진적인 상속세는 상속인에게 재산의 분산을 유인한다. 그 이유는 재산이 분산되면 지불하게 되는 상속세가 작아지기 때문이다.

지불능력에 따라 과세하고 부의 분산을 촉진하는 취득형상속세방식의 목적은 취득세방식으로 하면 달성 가능하다. 취득세방식은 수증자의 지불능력을 고려한다. 따라서 증여자는 유산을 넓게 분산시키는 것뿐만 아니라 유산을 그때까지 전혀 받지 못했거나 적게 받은 사람에게로 가게 하는 유인을 가진다. 누적적인 취득세방식은 조세회피 가능성을 줄이지만 추가적인 세무행정의 복잡성을 발생시킨다. OECD 국가 중에서는 아일랜드가 채택하고 있다.

4. 조세정책 고려사항

(1) 과세표준 구간 및 세율

상속·증여세 부담수준은 단순한 과세표준 구간별 세율의 비교만이 아니라 각종 공제제도의 지원범위, 증여세와 상속세의 연계구조, 개인소득세율 등을 종합하여 조세개혁과 정책방향을 수립해야 할 필요가 있다.

(2) 배우자에 대한 상속·증여 시 공제

미국의 경우 상속 시 생존 배우자는 사망 배우자의 미사용 면세점 금액(512만 달러 중 미사용액)을 넘겨받을 수 있으며 영국과 마찬가지로 배우자 간 증여에 대해 증여세를 부과하지 않고 있다. 영국은 배우자 사망으로 인해 사용하지 못한 공제액을 더해서 사용 가능한 상속세 면세금액 이월제도를 운영하고 있다. 독일의 경우는 배우자에게 주택 증여 시 주택 크기, 위치와 상관없이 10년간의 보유요건 충족 시 면세혜택을 주고 있다.

(3) 인플레이션 조정

자본이전세가 매년 부과되지 않고 불규칙한 시간 간격에 부과된다는 점, 사망세가 부과되는 시간이 납세자의 통제하에 있지 않은 점, 그리고 부의 이전세가 매우 크다는 점으로 인해 납세자 간에 불공평이 발생할 수 있다. 이를 완화하는 방법은 인플레이션 조정을 할 필요성이 있으며 그러한 조정은 대부분의 나라에서 시행되고 있다.

상속이나 증여 시의 공제항목에 대하여 미국과 영국의 경우 거의 매년 공제액을 물가상승률 수준으로 인상하고 있다. 미국의 통합세액공제, 1년간 증여세 면세점, 일본의 각종 인적세액공제, 1년간 증여세 면세점, 영국의 상속세 면제가액, 독일의 각종 친족공제 등의 경우이다.

〈표 11-4〉 주요국의 상속세 기본공제 등

국가	내 용
미국	• 통합이전세액공제 500만 달러이며, 부부에 대해서는 이전자산의 전액 비과세
영국	• 기초공제 28만 5,000파운드, 배우자 간 상속과세 비과세
독일	• 기본적인 인적공제 – 배우자 50만 유로, 자녀 40만 유로, 손자녀 20만 유로 – 연령에 따른 특별생계비 공제
프랑스	• 기본적인 인적공제 – 배우자 7만 6,000유로, 직계존속 및 비속 15만 1,950유로, 장애자의 경우 15만 1,950유로 추가공제
일본	• 기본공제 – 5,000만 엔+1,000만 엔×법정상속인 수

자료: 국회예산정책처, 『알기쉬운 조세제도』, p. 209, 2012.

(4) 상속세와 자본이득세

가. 배경

상속세 폐지를 주장하는 논리는 다양하지만 두 가지 점에 대해서 간략히 살펴보자. 우선 상속세는 비도덕적인 사망세라는 점과 이중과세라는 점이다.

먼저 상속세가 사망시점에 부과되어 상속인들에게 상속세라는 세금을 부담하게 하여 이중의 슬픔을 주므로 비도덕적인 사망세라는 점은 수긍이 가는 주장일 수 있다. 상속세가 자본이득세로 전환되면 상속인이 상속재산을 처분 시 과세하면 될 것이다.

둘째, 피상속인이 부담한 소득세와 이중과세라는 점은 생전에 이미 소득세를 부담했는데 상속이라는 사건으로 인해 다시 과세하는 것은 부당하다고 본다. 이에 대해 피상속인이 보유기간 동안 자산의 가치상승에 대해 완전히 과세되었다고 보기 어렵기에 양도시점에 상속세를 과세하는 것은 부당하지 않다고 보기도 한다.

상속세 폐지를 검토한다면 과세형평성을 위해 생전 미실현 자본이득에 대한 과세처리가 해결되어야 할 것이다. 이를 위해 많은 국가에서 상속시점에 상속자산을 양도한 것으로 보고 자본이득세를 부과하는 방안을 검토하고 있다. 1972년 캐나다가 처음으로 상속세를 폐지한 이래 자본이득세로 전환하였고 그 이후 호주, 스웨덴, 포르투갈, 슬로바키아 등의 나라에서 상속세제를 폐지하였다.

이와 같은 일부 국가에서 상속세를 폐지하고 자본이득세로 전환하는 경향이 나타나고 있으며 상속(증여세 포함)세제의 변화를 이끌고 있는 요인은 상속·증여세제를 사상적으로 뒷받침하는 의식의 변화를 들 수 있다. 전통적으로 상속·증여세제를 사상적으로 받쳐줄 수 있는 사고방식은 공평(평등)주의였으나, 오늘날은 경제·사회 등 모든 영역에서 개인의 자유를 최고의 가치로 주창하는 신자유주의적 사상으로 나아가고 있다. 또한 상속·증여세제의 세수가 전체 세수총액에서 차지하는 비율이 감소해왔음에도 불구하고 여전히 징수비용은 높은 편이다. 세무행정 비용·세수비교론의 관점에서 상속세제 개정(경감이나 폐지) 압력이 강하게 작용될 가능성이 있다. 마지막으로 사업승계를 저해하지 않는 세제의 구축이라는 관점에서 상속·증여세제의 재구성이 필요하다는 점을 들 수 있다.

나. 자본이득과세로 전환

우리나라의 경우 현행 상속세제의 과세체계를 비롯한 본질적 문제를 포함하여 보다 장기적인 안목 내지는 새로운 각도에서 전면적인 검토가 필요하다.

장기적으로 무상으로 이전되는 자산에 대해서는 상속세를 자본이득과세로 전환하는 것이 합리적인 방안으로 볼 수 있다. 자본이득과세 원칙에 의해 피상속인 또는 증여자의 취득가액을 상속인 또는 수증자가 그대로 승계하되 해당 자산을 매각 또는 처분할 때, 실현한 것으로 보고 과세하는 것이 조세체계를 단순하게 하고 현실적인 문제를 해결하는 합리적인 방안이기 때문이다.

그러나 장래에 상속세제를 폐지하고 자본이득과세로 전환한다면 전반적인 자본이득과세제도가 완비되어야 하며, 이러한 완비가 선행되어야만 피상속인이 유산을 보유하고 있는 기간에 발생한 미실현 자본이득을 적정하게 과세할 수 있다.

자본이득 과세제도의 완비를 위해 우선적으로 다음과 같은 소득세제 등의 체계 정비가 이루어져야 할 것이다. 소득세 과세체계에서 자본이득에 대한 누락분이 발생하지 않도록 과세체계를 보완할 필요가 있다. 즉, 주식 등 양도소득세 과세대상범위 확대와 비과세·감면제도의 정비가 필요하다. 또한 자본이득과세로 전환하기 위한 기반이 구축되어야 한다. 자본이득과세를 하기 위해서는 취득 당시의 가액을 추적, 관리하는 시스템의 도입이 필요하다. 자료의 법정 보존연수를 늘려 과세행정에 있어서는 물론 납세의무자 역시 장기간 경과 후에 실제 취득가액을 입증하기 용이하도록 제도를 정비할 필요도 있다.

5. 우리나라 상속세제 과세방식 변경

유산취득세방식이 유산세방식보다 공평과세에 더 부합한다. 상속재산을 취득하는 상속인은 각자가 취득하는 상속재산의 크기에 상응하는 상속세를 부담해야 하며, 상속세가 취득한 상속재산의 크기와 상관없이 부과된다면 세 부담의 형평성은 훼손된다. 반면 유산세형은 유산액에 따라 조세가 결정되므로, 상속인이 2인 이상일 때는 상속인 각자의 담세력과의 대응관계에 있어서 공평한 과세가 어렵게 된다. 또한 유산세방식은 부의 분산기능이 미흡하여 피상속인의 전체 재산에 대해 일괄 과세함으로써 부의 분산효과가 약하다는 점을 들 수 있다.

상속재산을 취득한 상속인들을 과세단위로 구분하여 고찰해보면 가족단위가 아닌 개인단위로 상속재산 취득에 따른 소득이 발생되며, 소비 역시 개인단위로 이루어질 것을 감안하면 유산취득세 방식이 타당하다고 할 수 있다.

유산세방식은 경제적 약자에 대한 배려가 부족하여 각종 상속 공제효과가 유산취득자 개개인에게는 직접 미치지 못하므로 노인, 청소년, 신체장애자 등의 상속인에 대한 배려가 부족한 점이 있다. 또한 무상이전에 과세체계의 일관성이 결여되어 있다는 점을 지적할 수 있다. 즉, 상속세는 유산세형을 채택하고 있으나 상속세의 보완세인 증여세에서는 유산취득세형과 같은 과세방법을 취하고 있어 상속세제의 일관된 원칙이 결여되어 있다.

만약 유산취득세형으로 전환을 한다면 필요한 기반이 마련되어야 한다. 우선 조세회피 목적의 상속재산 위장분할 추정과세 규정을 준비할 필요가 있다. 즉, 조세회피를 목적으로 과세관청이 예상하지 못한 방법을 통한 상속재산의 위장분할을 방지하기 위한 추정과세규정을 설치할 필요가 있다. 과세처분의 적법성 책임은 과세관청이 부담하지만 상속재산의 위장분할은 상속인 내부 간의 상속재산 분할로 비상속인들은 내면의 관계를 잘 알 수 없다. 따라서 과세관청의 과세입증 책임을 완화하기 위해 위장분할에 관한 추정이나 의제규정을 둘 수 있다. 다만, 추정과세규정은 납세의무자의 재산권보호와 충돌할 가능성이 있으므로 그 요건을 엄격하게 하여야 할 것이다.

이와 함께 상속재산이 귀속불분명 시 법정지분에 따른 과세제도도 도입할 필요가 있다. 상속재산을 미분할하거나 피상속인의 상속재산처분대금이나 인출금액으로서 사용처가 불분명한 경우, 일본과 같은 법정상속세과세방식(법정지분과세방식) 도입을 고려해볼 만하다. 법정상속세과세방식에 의하여 상속세가 과세된 이후 실제 귀속이 밝혀지는 경우 해당 귀속자 등이 실질귀속에 따른 경정청구를 할 수 있도록 해야 한다.

또한 배우자 간 상속 시 상속세 부담을 완화해야 한다. 배우자 간의 상속은 세대 간 이전이 아니고 수평이전이라는 점을 감안하여 배우자가 상속받은 재산은 과세를 유보한 후 잔존 배우자의 사망 시 과세하는 것이 더 바람직하다. 유산세방식의 경우 배우자 상속공제가 확대되면 다른 상속인에게까지 그 혜택이 주어지는 문제가 있으며 사망으로 혼인관계가 해소되는 경우 상속재산공제라는 한도 적용을 받으므로 증여세 등이 부과되지 않는 이혼재산분할 등의 경우와 달리 혼인 중 형성된 재산에 대해 상속인인 배우자의 몫에 제한을 받게 된다.

마지막으로 공동상속인 간 연대납세의무 폐지를 고려해볼 만하다. 유산세방식과 달리 유산취득세방식은 납세의무의 확정절차가 상호 독립적으로 진행되므로 납세의무자가 본인과 무관한 다른 납세의무자의 불성실한 납세의무 이행으로 불이익을 받는 것은 바람직하지 않다.

제 5 절 자본이득세 capital gain tax

1. 소득세와 관련하여 자본이득세의 분류

순부유세나 자본이전세보다 자본이득세를 분명하게 분류하는 것은 쉽지 않다. 그 이유는 판매되는 자산의 종류에 따라, 그리고 보유자산의 기간에 따라 빈번히 변동하기 때문이다. 그러나 〈표 11-5〉에서 일부 제시되어 있듯이 대략적인 분류를 제시하는 것은 가능하다. 즉, 자본이득에 분리과세하는 나라는 아일랜드, 이탈리아, 영국이며 소득세체계 내에서 과세하는 경우로서 장기이득을 포함하여 포괄적으로 하는 방법은 호주, 캐나다, 프랑스, 일본, 스페인, 스웨덴, 미국이 하는 방식이다. 또한 단기이득에 제한된 특별조항을 두는 방법으로서, 예를 들어 네덜란드, 뉴질랜드가 시행하고 있다.

2. 주요 조세정책 선택

(1) 자본이득의 우대처리 여부

자본이득의 우대처리에 대해 상반된 견해를 보자. 자본이득의 우대처리를 옹호하는 입장은 인플레이션이 자본이득의 가치를 소득세보다 더 심각하게 떨어뜨릴 수 있으므로 우대처리해야 한다는 점을 들고 있다. 또한 자본이득의 우대처리를 찬성하는 또 다른 견해는 손실과 이득이 인접한 해에 일어날 수 있다는 점을 들고 있다. 소득이 높은 해와 낮은 해의 문제는 소득세하에서 자영업자에게 발생하는 반면에 이득이 없는 경우를 포함하여 한 해 이상 동안 커다란 자본이득이 발생하고 또 다른 해에는 처분으로 손실이 발생한 경우 더욱 심각한 문제가 생길 수 있다.

이에 반해 자본이득에 우대조세처리를 반대하는 견해는 자본이득의 수혜자가 가장 높은 소득집단일 가능성이 있어 수직적 공평성을 저해한다는 점을 들고 있다. 또한 소득 이상의 자본이득에 대한 상당한 우대처리는 보다 높은 과세소득을 보다 낮은 자본이득 과세로 인위적인 전환을 유도할 가능성이 있다는 점이다. 공평성 논거로 우대처리에 반대하는 견해는 자산보유자가 이득이 발생하여 실현되었을 때까지 조세납부를 이연함으로써 이미 이득을 보았다는 점을 지적한다.

그러나 자본이득의 조세처리문제는 소득과의 관계, 단기·장기 자본이득 처리문제 등에 있어 국가별로 다양한 방식으로 운영되고 있다.

(2) 소득과 자본이득의 상대적인 조세처리

한 국가가 자본이득을 분리과세방식을 선택할 것인지 또는 종합과세방식을 선택할 것인지는 주로 행정적인 편의성의 문제이기도 하지만 소득과 자본이득 간의 상대적인 조세취급은 상당히 중요한 사항이다. 자산 소유가 주로 고소득 집단에 집중되어 있고 자본이득에서 다른 소득으로 전환이 가능하다는 점에서 보면 종합과세방식이 타당한 측면이 있다. 한편 분리과세방식은 소득세의 경우 명목소득에 과세가 이루어지지만 자본이득에는 인플레이션에 의해 발생되는 이득이 상당한 부분을 포함할 수 있고 또한 실현되었을 때 과세가 이루어져 여기에 소득세 누진세율을 적용하면 지나친 세 부담을 지게 된다(결집효과, bunching effect)는 점에서 타당한 측면이 있다.

자본이득 과세대상의 범위는 국가별로 차이를 보인다. 주식과 부동산으로 나누어 이들 자산의 양도 시 사업용 자산의 경우 보유기간 중 감가상각 등을 통해 소득세 공제를 받으며 양도시점에 이에 대한 조정을 한다. 또한 사업용 자산의 양도에 대해서는 과세특례규정을 두어 세 부담을 낮추어주는 경우도 있다.

(3) 단기와 장기의 자본이득

단기이득과 장기이득이 소득으로 간주되는가에 대한 구별이 필요하다. 만약 원칙적으로 소득으로 간주된다면 소득세 세원에 완전히 포함되어야 한다. 그러나 만약 커다란 이득이 장기간 동안 발생되고 실현한 해에 전부 소득세율로 과세된다면 누진세율 체계 아래에서 세 부담은 상당히 클 수 있다. 더욱이 인플레이션으로 인해 자산의 실질가치를 반영하지 않는 이득을 발생시킬 수 있다. 발생한 자본이득 전체에 대해 소득세율이 부과된다면 투자에 대한 역효과가 발생할 수 있기에 소득으로 이득의 일부분만 반영하거나 이러한 장기이득에 저율과세를 적용하는 것이 합당할 것이다. 그러나 단기이득과 장기이득은 구별할 필요가 있다. 즉 단기이득의 차별적인 조세취급은 소위 '투기적' 이득으로 언급되고 있기 때문이다. 다시 말해 빠른 이윤을 벌기 위한 생각으로 시작한 거래로부터 발생하는 이득을 말한다.

한편 다른 과세영역(예를 들어, 이자, 소비, 근로소득)이 일반적으로 명목가치나 소득에 근거를 두지만 명목 자본이득보다 실질 자본이득에 과세하는 것은 부적절하다는 근거로 단기와 장기 간의 차별에 반대하는 논의가 있다. 더욱이 명목이득에 과세하는 것을 피하기 위해 또는 실질이득보다는 더 낮게 과세하려는 시도는 행정적인 불편과 이론적인 결함에 부딪힌다.

장기이득에 대한 저율 부과라는 가장 단순한 방법은 인위적인 구분선으로 인해 납세자 간의 불평등 가능성을 만들어낼 수 있다. 소위 'tapering' 방법(자산이 보유기간에 따라 세율이 완만히 하락하는)은 세무행정을 더욱 복잡하게 하고 많은 불평등을 초래한다. 특히 투자자들의 행운에 비례하여 경감을 받을 때는 더욱 그렇다. 또 다른 가능한 해법은 소비자물가지수로 과세최저한을 연동시키는 것이나 이것은 개인소득세와 소비세의 연동화의 경우처럼 동일한 종류의 기술적인 어려움을 발생시킨다.

(4) 결집효과 완화

누진세율을 시행하고 있는 나라들에서 averaging 방법을 통해 자본이득이 폭넓게 변동하거나 특정 해에 집중되는 사람들을 보호할 수 있지만 행정상의 복잡을 초래하므로 이를 시행하는 국가는 없다. 따라서 각국에서는 자산의 처분시점에서 일시에 자본이득 실현이 이루어짐으로써 세 부담이 크게 증가하는 것을 방지하기 위해 다양한 보완규정을 두고 있다.

결집효과를 완화하는 방안은 크게 세 가지로 분류할 수 있는데, 미국, 프랑스, 스웨덴에서 적용하는 저율의 분리과세 방안이 있고, 호주, 일본, 캐나다 등에서 시행하고 있는 자본이득 중 일정비율만 과세하는 방안이 있다. 또한 프랑스의 경우처럼 보유기간에 비례하여 공제금액을 증가시키는 장기보유특별공제 방안이 있다.

(5) 사망과 유증 경우 자본이득의 처리

자산의 소유자가 사망 시 실현되지는 않았지만 자산에서 발생한 이득을 처리하는 방식에는 세 가지가 있다. 첫째, 자산은 사망 시기에 실현된 것으로 보는 것이다. 즉, 조세는 마치 망자가 실제로 자산을 처리한 것처럼 하여 발생한 이득에 과세하는 방식이다. 둘째, 발생은 했지만 실현되지 않은 이득은 인식되나 세 부담은 자산의 소유권을 승계한 사람에 의해 실제로 실현되었을 때까지 이연하는 방법이다. 셋째, 면세하는 방법이다. 이와 같은 세 가지 방법 모두는 OECD 국가에서 시행되고 있다.

면세를 반대하는 입장은 동일한 양의 자산을 가진 두 사람 간에 생애기간 동안 한 사람은 이득을 실현했고 또 한 사람은 그렇지 않을 때 불공평하다는 점을 든다. 전자는 비록 실현 후 그날에 사망하더라도 이득에 대해 과세를 한다. 그러나 자산을 판매하지 않는 선택을 한다면 후자의 경우는 그렇지 않다. 사실상 세부담은 납세자의 선택에 의해 결정된다. 더욱이 면세는 후자 인생에 동결효과(lock-in effect)를 가져다준다. 즉, 죽을 때까지 자산을 보유하면 조세를 피할 것이기 때문에 자산 판매가 합리적이고 경제적으로 효율적이더라도 납세자는 자산 판매를 자제할 것이다.

한편, 사망 시에 자본이득세 부담이 상속세의 부과와 일치하여 이중의 부과는 초과부담을 발생시킨다고 볼 수 있다. 세 부담 이연 방법은 조세가 이득이 실현될 때까지 부과되지 않아서 상속세와 동시에 부과되지 않는다(비록 망자의 유언 집행자는 유산을 집행하는 과정에서 사망 후 곧 자산을 실현하지만).

(6) 면세와 경감

정부의 주된 정책선택은 어떤 자산처분이 포함되는지와 세원에서 배제되는 것이 무엇인지를 결정하는 것이다. 종합과세방식을 취하느냐 분리과세방식을 취하느냐에 따라 국가마다 상당한 차이가 있다. 그러나 어떤 부류의 자산에 이득의 경감이나 면세는 사회적이든 경제적인 근거에서든 또는 실제 행정상의 이유에서든 모든 나라에서 시행하고 있다. 예를 들어 종합과세방식을 채택하고 있는 국가 중 캐나다는 자본이득 중 50%만을 과세하고 있고 독일의 경우는 장기자본이득에 대하여 비과세하고 있다. 또한 자산의 양도에서 발생하는 소득을 특별히 경과세하는 국가들일수록 조세회피 방지를 위해 자산양도에서 발생하는 손실을 반드시 자본이득에서 공제하도록 하는 규정을 두는 경우가 많은데 구체적인 방안은 국가별로 차이가 있다.

대부분의 국가에서 생명보험 증권과 연금혜택은 매우 보편적으로 면세되고 있는데 후자의 경우 대개 소득의 형태로 수령하고 그때는 과세한다(EET형).

〈표 11-5〉 주요국 자본이득과세

국가	과세단위	종합과세 VS. 분리과세	적용세율	면제금액
미국	개인단위 (부부단위)	단기자본이득 - 종합과세 장기자본이득 - 분리과세	단기자본이득 - 소득세 누진세율 장기자본이득 - 28%, 25%, 15%	주택소득공제 - USD 250,000(부부합산 신고 시 USD 500,000)
영국	개인단위	분리과세	18%(단일세율)	연간 ₤9,600(2008009)
독일	개인단위	종합과세	소득세 누진세율	자본이득이 EUR 512 미만인 경우 비과세 중대한 지분(과거 5년간 지분율 1% 이상) 처분 시 소득이 EUR 36,100 이하인 경우 EUR 9,060 적용
프랑스	세대단위	사업장 자산의 장기자본이득 그 외 자산: 종합과세	사업용 자산의 장기자본이득: 27% 주식이나 증권 - 일반적인 경우: 29% - 자신, 배우자, 직계존비속이 양도 직전 5년 동안 - 부동산: 27% - 증권 외에 동산: 27% - 그 외: 소득세 누진세율	- 소규모 사업자가 사업용자산이나 EUR 300,000 이하의 지점을 양도하는 경우 - 연간 양도대가 EUR 25,000 이하의 주식양도 - 연간 자본이득 EUR 15,000 이하의 부동산 양도
일본	개인단위		- 부동산 - 장기보유(15%) - 단기보유(30%) - 주식: 20% - 그 외 소득세 누진세율	연간 ¥500,000의 표준공제
호주	개인단위	종합과세	소득세 누진세율	-
캐나다	개인단위	종합과세	소득세 누진세율	일정 요건의 소규모 사업체 수익이나 농장재산이나 어업재산의 자본이득에는 CAD 375,000 면세
스웨덴	개인단위	자본소득: 분리과세	30% 단일세율	-

자료: 한국조세연구원(2010).

제 6 절 부동산에 대한 과세

재산세는 일반적으로 경제의 자원배분에 주는 영향이 적다는 점에서 다른 조세보다 효율적이라고 논의되어 왔다. 그 이유는 노동공급, 인적자본 투자, 그리고 투자와 혁신을 하는 경제주체의 의사결정에 영향을 미치지 않기 때문이다. 재산세의 또 다른 이점은 재산가치에 주기적인 변동이 작아서 세원이 보다 안정적이고 이로부터 발생하는 세 수입이 근로소득과 법인소득으로부터 나오는 세 수입보다 더 예측 가능하다는 점이다. 또한 부동산은 가시적이고 이동이 불가능해 탈세가 어렵고 국제적인 유동성이 늘어나고 있는 다른 조세의 세원과 비교해 호소력이 있다. 정기적인 자산재평가를 하는 재산세는 특별한 장치를 통해 유동성제약을 줄이는 방안이 고안된다면 조세체계의 누진성을 높일 수 있다(예를 들어 저가치 재산의 면세를 통해).

1. 저개발 토지의 이용 기여

토지와 건물의 재산세 설계는 토지개발과 토지이용형태에 영향을 주는 도구로 이용될 수 있다. 예를 들어 미개발 토지에 대한 세금인하는 특히 도시지역에서 주거로 인해 줄어든 토지공급을 유도할 수 있게 한다. 평가가치와 시장가치의 연결은 시장가격이 토지의 개발 잠재력을 반영하듯이 토지개발에 유인을 높일 수 있다. 그러나 많은 OECD 국가에서 토지의 평가가치가 실제 토지가격에 못 미치고 있다.

2. 가구와 기업 재산의 상대적인 조세 취급

재산세법은 때때로 지방정부에게 기업재산을 주택과 차별 과세하도록 권장하거나 또는 할 수 있는 권한을 부여하고 있다. 면세에서부터 전부과세를 통한 유효세율에 차별화는 지방정부 관할 내의 도시발전형태에 영향을 미칠 수 있다. 기업재산의 유입을 저지하려는 정책을 취하는 지방정부는 기업재산에 중과하는 정책을 시행하는 반면 직업창출과 토지가치의 증진에 더 많은 관심을 가진 지방정부는 반대의 접근을 취할 수 있다. 더욱이 일부의 나라에 지방정부는 기업이나 주택에 특별한 형태로 인·허가나 사업권 등을 승인하는 데 다소 선별적인 방식을 취하기도 한다.

일부의 국가에서는 기업 재산보다 주택이 우대조세취급(추가적인 경감이나 저율과세를 통해)을 받는다.[4] 편익원칙 아래에서는 기업재산에 중과세를 하는 정당성은 없어 보인다. 왜냐하면 기업은 일반적으로 가계보다 더 적은 서비스를 이용하고 투표권이 없기 때문이다. 또한 기업재산의 차별과세는 세금을 낮게 부과하는 지방정부로 이동을 유발할 수 있다.

3. 면제와 일정 재산의 우대조치 concession

모든 나라에서 다양한 조세경감조치가 시행되고 있다. 비록 거의 모든 나라들은 중앙정부가 지방정부의 세 수입을 보조하지만 정부소유 재산은 세원으로부터 면세한다. 또한 많은 나라들은 고속도로, 철로 그리고 다른 운송수단과 통신설비를 위해 사용되는 토지에 대해 비과세하고 있으며 광산, 농업, 임업 산업에서도 조세경감을 하고 있다. 사실상 거의 모든 나라들은 농업용 토지에 조세우대를 제공하고 있으나 농민에 대한 이러한 보조는 많은 비판을 받아 왔다. 또한 공공부문이 소유한 것이냐 민간기관이 소유한 것이냐에 따라 다르지만 많은 스포츠, 사회적, 종교적, 그리고 교육적 시설은 조세우대조치를 받고 있다.

4 독일, 영국, 미국 등의 경우이며 프랑스는 반대로 가구부담이 기업부담의 2배이다.

4. 도시발전에 재산세의 영향

비록 도시계획자가 규제계획의 조세효과를 보완할 수 있는 방법을 찾는다 하더라도 재산세는 지방정부의 세 수입을 높이도록 고안되고, 드물지만 도시발전에 영향을 주기 위해 사용된다. 또한 재산세는 토지이용과 재산투자에 영향을 미칠 수 있다. 지역 간 유효세율의 차이는 그 크기가 크고 재산가치에 완전히 자본화되지 않는다면 가계와 기업의 위치 결정에 영향을 미칠 수 있다. 그러나 실제로 토지규제와 지역보조금(grant)과 같은 다른 정책수단이 더 중요할 수 있다.

특히 재산가치가 하락하는 도시지역에서 재산의 투자행위에 대한 재산세의 저해효과는 많은 관심을 불러일으킨다. 재산세는 어느 정도 부동산에 대한 투자를 저해할 것이라고 가정하는 것이 합리적으로 보인다. 또한 재산세는 기업의 위치 결정에 영향을 줄 수 있다. 특히 지방정부가 투자기업에 공급하는 서비스가 세율 차별화와 비례하여 변동하지 않는다면 그렇다.

투자의 분산 결정에 대한 재산세의 잠재적인 효과는 주택과 기업재산의 상대적인 가중치를 부여하는 지방정부에 의해 어느 정도 조정될 수 있다.

5. 재산세의 공평성과 누진성

(1) 공평성

재산세의 누진성과 공평성의 관련성에 관해서는 재정학자들에 의해 많이 논의되었지만 일치된 견해는 없다. 재산세의 다양한 특징으로 인한 재산세의 공평성에 대한 납세자들의 인식과 이에 대한 정부의 대응에 대해 알아보자.

가. 납세자의 인식

납세자들이 자주 재산세를 불공평하다고 보는 주된 이유는 평가의 자의성에 있다. 더욱이 납부한 재산세의 크기는 대부분의 나라에서 납세자의 인적 사정에 대한 고려가 거의 없이 재산의 렌트가치나 자본가치에 의해 결정된다. 또한 시장가치를 반영하지 못하는 구식의 평가에 의존하기 때문에 불공평하다고 인식될 수 있다. 다른 사람들은 소득세 탈세를 쉽게 하지만 자신들은 재산세를 탈세할 수 없다는 점을 들어 재산세 납세자들은 불공평하다고 인식한다. 세금목적으로 기본적인 재산 재평가가 실제로 드물게 행해지고 있다는 납세자들의 인식에도 관련성이 있을 수 있으며 재평가가 납세자들의 고지서에 상대적이고 절대적인 변화를 발생시킬 때 불공평하다고 느낄 가능성은 더 크다. 재산세의 불공평에 관한 납세자들의 인식에 영향을 미칠 수 있는 요인은 재산세 납세가 개인소득세나 법인소득세 납부를 상쇄시킬 수 있는지 없는지이다.

또 다른 이유로는 자산은 풍부하지만 현금이 빈약한 가구[5]에 대한 재산세 영향이다. 낮은 소득으로 인해 소득세가 거의 없거나 납부하지 않는 납세자들은 자신들의 소득과 비교하여 재산세가 높은 것으로 인식하여 지방정부에 항의한다. 어떤 경우에는 저소득가구(예를 들어, 종종 은퇴자의 경우)에 대한 재산세 청구는 저소득가구들이 세금을 납부하기 위해 재산을 처분해야 할 필요를 야기할 수 있다.

또한 재산세는 중산층 가구에 불공평한 세 부담을 부과하는 문제가 있다. 이 점은 상위 수입자들은 재산세의 대상이 아닌 상당한 유동성이 있는 형태의 부를 보유하고 있는 반면 중산층은 부의 상당 부분을 부동산(주거주택)으로 보유하는 경향이 있기 때문이다.

일반적으로 납부하는 재산세와 소득 간의 관계는 거의 없는 것으로 인식할 수 있다. 이 점은 어떤 경우에는 그럴 수 있지만 소유재산가치와 소득 그리고 소유자의 부 간에 강한 상관관계가 있는 것은 사실이다. 결과적으로 주택에 대한 재산세는 실제로 소득이나 부유세의 합리적인 대리변수일 가능성이 있다.

나. 정부의 대응

납세자들의 불만에 대한 정부의 대응은 다양한 형태를 취한다. 예를 들어 인적공제의 도입이나 재산세로 징수하는 소득의 일정부분에 법정한도를 두거나 또는

5 유동성제약이 존재한다.

지방정부가 납세자들에게 재량적인 경감을 통해 보조를 한다. 또한 1년 동안 지불 가능한 재산세 크기가 소유주의 소득의 일정 비율 이상을 초과하면 일부의 국가(호주, 프랑스, 미국)에서는 입법이나 행정 재량으로 지방정부가 초과부분을 환급해주거나 철회하고 대체로 상위정부가 상실한 세 수입을 보조해준다. 미국에서 이러한 형태의 장치를 회로차단장치(circuit breaker)라고 하며 소유주나 점유주가 일정 수준 이하로 소득이 줄어드는 것을 방지하기 위해 부담을 경감시키려는 방안이다. 그러한 장치는 소득자격조건에 맞는 사람이나 일정 연령 이상의 사람들 또는 조건을 충족하는 가구 상태에 있는 사람에게 지방소득세 감면 등 자동적인 지원이 이루어지도록 해주는 장치이다.

현기의 재산세 납부를 연기시키는 장치는 인별 납세자 경감을 제공하는 방식으로 사용될 수 있다. 미납금은 재산에 유치권을 행사할 수 있고 유치권은 재산을 담보로 한 대출을 공제한 후 재산의 자본가치의 일정 비율 이상을 초과하지 못하도록 할 수 있다. 납세연기는 낮은 소득, 연령, 또는 다른 재정곤란 등을 근거로 자격을 갖춘 사람들에게만 허용될 수 있다.

일반적으로 정부는 잦은 재평가로 인한 행정비용(납세자들의 불복청구나 소송을 포함)에 부딪혀왔다. 따라서 재평가가 종국적으로 이루어졌을 때 문제가 더 커지는 결과를 미루어왔다. 원칙적으로 대부분의 OECD 국가들은 2년 또는 5년마다 재산의 재평가를 한다. 실제로 일부의 조정이 행해지고는 있지만 환경변화에 맞추어 보다 더 중요한 재평가는 종종 드물게 이루어지고 있다.

(2) 누진성

재산세에 대한 두 가지 의문점이 있다. 첫째, 재산세가 누진적인가, 역진적인가 또는 비례적인가이다. 둘째, 누진성의 정도는 어느 정도가 적절하고 지방정부의 지출을 위한 재원 마련을 하는 수단으로 적절한가이다. 보다 더 정책지향적인 두 번째 의문을 먼저 보자.

재산세는 '편익원칙'을 예로 들 때 종종 이용된다. 편익원칙 아래에서 재산세의 누진성은 공평성과 관련이 없다. 만약 재산세에서 나오는 수입이 대부분 토지이용, 도시계획, 용도구역(zoning)[6], 화재와 경찰, 자전거 등 지방정부의 서비스에 사용된다면 효과적인 재산세율 수준은 지방정부 서비스와 연결하여 반영하는 것이라고 말한다. 조세는 지방정부에 의해 공급된 서비스 묶음에 대한 가격이라고 할 수 있다. 이러한 공평성의 기준은 지불능력원칙보다는 나은 지방 조세정책의 방안으로 볼 수 있다. 그러나 지방정부는 이러한 주장을 완전히 받아들이지 않고 재산세에 지불능력원칙에 맞는 다양한 특징들을 도입하고 있다.

부동산에 대한 전체적인 분배영향은 조세의 귀착에 달려 있다. 이에 대해 세 가지 견해[7]가 있는데 '전통적인 견해(old view)'(Simon, 1943)는 재산세를 주택서비스에 대한 판매세로 보면 역진세라는 것이다.[8] 이러한 견해의 정당성은 주로 어떻게 재산세가 전가되고 또는 누가 궁극적으로 부담을 하는가에 달려 있다. 다시 말하면 조세의 귀착은 조세로 인해 누가 악화되고 전가될 가능성이 있는가를 확인하는 것이다. 이에 반해 '새로운 견해(new view)'(Mieszkowski, 1972)는 재산세를 자본소득세로 보아 누진적이라고 보고 있다. 자본소득은 소득수준이 높은 가구의 많은 부분을 차지한다. 따라서 자본에 대한 세금은 누진적인 경향이 있고 재산세는 누진적이다. 마지막으로 '편익세(benefit tax) 견해'(Hamilton, 1976)로서 조세는 실제로 지역공공재에 대한 사용료이기 때문에 분배의 중요성이 제한된다고 하였다. 이러한 견해는 티부(C. M. Tiebout)의 지역공공재이론을 확장하여 완전한 이동을 하는 납세자들은 공공재 항목의 선호수준에 따라 자신의 지역을 선택한다는 것이다.

세 가지 가능성에 관한 실증연구는 분명하지 않지만 재산세와 지방공공서비스는 주택가격에 자본화된다는 조세자본화효과(다시 말해 자산의 세전 시장가치를

---

6 선진국의 많은 도시에서 적용되는 '배타적 지역-지구제도(토지이용제한법: zoning law)'는 높은 조세 부담으로 수준 높은 공공서비스를 공급하는 지역에 저부담-고서비스를 선호하는 주민들이 유입되는 것을 방지하기 위한 것이다(예: 고급 주택 지역에 값싼 주택의 건축을 금지).

7 Messere(2003), p. 184.

8 일부의 연구자들은 연간소득을 이용하여 소득이 증가함에 따라 주택에 쓰이는 소득의 비중이 떨어진다는 것을 발견하여 주택에 대한 세금이 역진적이라 하였다.

낮추는 조세)(Oates, 1969)의 강한 증거[9]가 있다. 그러나 미스코프스키-조드로(Mieszkowski and Zodrow, 1989)가 지적했듯이 이 점은 '새로운 견해'와 '편익 견해' 모두와 일치한다고 하였다. 반면 캐럴-잉거(Carroll and Yinger, 1994)는 임차인에게 법률상의 귀착을 하는 재산세는 낮은 임대료로 소유자에게 돌아간다는 증거를 제시하였다. 즉, 이들은 '새로운' 견해를 지지하는 것이다.

9 오츠(Oates)는 계량경제모형에서 자치단체 내의 주택가치는 다른 조건이 일정할 때 공공서비스의 질에 의해 올라가며 높은 세율에 의해 떨어진다고 하였다.

〈 보론 4 〉 양도소득 과세제도

I 주택 양도소득세

〈보론 4〉에서는 자본이득세인 우리나라의 양도소득세를 다루면서 주요국 간의 비교와 함께 현행 양도소득세 문제점 가운데 1세대 1주택 비과세요건 중 거주문제를 다루었다.

1. 양도소득의 범위

「소득세법」상 양도란 자산에 대한 등기 또는 등록과 관계없이 매도, 교환, 법인에 대한 현물출자 등으로 인하여 그 자산이 유상으로 사실상 이전되는 것을 말한다. 여기서 유상이전이란 거래대가로 금전 등을 수령하는 적극적인 자산의 유입뿐만 아니라 자산의 유입 없이 채무의 소멸대가로 자산을 이전하는 경우도 유상이전에 포함한다. 부담부증여[10]는 증여자의 채무를 수증자가 인수하는 경우, 증여가액 중 그 채무액 상당부분은 유상으로 이전된 것으로 본다.

양도소득이란 개인이 토지 또는 건물, 부동산에 관한 권리, 주식 또는 출자지분[11], 기타자산[12] 및 파생상품을 양도함으로써 발생하는 소득이다. 토지란 「지적법」에 따라 지적공부에 등록하여야 할 지목에 해당하는 것이고 건물에는 건물에

10 배우자나 자녀에게 부동산 등 재산을 사전에 증여하거나 양도할 때 전세보증금이나 주택담보대출과 같은 부채를 포함해서 물려주는 것을 말한다.

11 주식 또는 출자지분이란 주권상장법인의 대주주가 양도하는 주식과 장외거래하는 주식, 주권상장법인이 아닌 주식 등을 말한다.

12 기타자산이란 과점주주 주식, 사업용 고정자산과 함께 양도하는 영업권, 특정시설물 이용권, 부동산 과다보유법인의 주식을 말한다.

부속된 시설물과 구축물을 포함하며 부동산에 대한 권리란 부동산을 취득할 수 있는 권리, 지상권, 전세권과 등기된 부동산 임차권이다.

2. 양도소득세 계산구조

우리나라의 소득세 과세는 종합과세를 원칙으로 하지만 양도소득은 분류과세 방식으로 과세하고 있다. 따라서 양도소득 과세표준은 종합소득 및 퇴직소득과 구분하여 계산한다.

양도차익은 양도가액에서 필요경비를 차감하여 산출한다. 2007년 이후 모든 양도자산은 실거래가를 기준으로 과세하므로 양도가액과 취득가액 모두 실지거래가액으로 산정한다. 필요경비는 실제 취득가액 및 자본적 지출액 등을 말한다.

과세대상이 되는 양도소득금액은 양도차익에서 장기보유특별공제를 차감하여 산출한다. 장기보유특별공제란 3년 이상 보유한 부동산에 적용하는 것으로, 양도차익에 보유기간별 공제율을 적용한 금액을 의미한다. 미등기자산 등의 경우에는 장기보유특별공제를 적용하지 않고 있다. 장기보유특별공제의 공제율은 토지, 건물, 주택 등 자산의 형태와 다세대, 1주택 등 주택 보유수에 따라 차이를 두고 있다. 1세대 1주택으로서 장기보유특별공제가 적용 가능한 경우는 1세대 1주택이지만 비과세요건을 충족하지 못하는 경우이다.

〈표 보4-1〉 일반 장기보유특별공제율

보유기간	토지, 건물, 다주택	1세대 1주택
3년 이상 4년 미만	10%	24%
4년 이상 5년 미만	12%	32%
5년 이상 6년 미만	15%	40%
6년 이상 7년 미만	18%	48%
7년 이상 8년 미만	21%	56%
8년 이상 9년 미만	24%	64%
9년 이상 10년 미만	27%	72%
10년 이상	30%	80%

자료: 국세청, 『2016 양도소득세 실무해설』, p. 53, 2016.

〈표 보4-2〉 주택 등의 양도소득세 세율

구분	보유기간	세율
토지·건물 및 부동산에 관한 권리	1년 미만	50%
	1년 이상 2년 미만	40%
	2년 이상	6~38% 5단계 누진세율
주택	1년 미만	40 %
	1년 이상	6~38% 누진세율

자료: 국세청,『부동산과 세금』, pp. 52-53, 2016 참조하여 작성.

양도소득 과세표준은 양도소득금액에서 양도소득 기본공제를 차감하여 산출한다. 양도소득 기본공제액은 부동산과 주식으로 나누어 각각 연간 1인당 250만 원이며 미등기 양도자산에는 적용할 수 없다. 양도소득 과세표준에 세율을 적용하여 세액을 산출한다. 부동산, 부동산에 관한 권리, 기타자산에 적용되는 세율은 〈표 보4-2〉와 같다. 표에서 보는 바와 같이 보유기간 등에 따라 적용세율이 다르다.

부동산에 대한 양도소득세 세율은 보유기간이 1년 미만인 경우, 1년 이상 2년 미만인 경우 및 2년 이상인 경우로 구분하여 규정하고 있다. 토지·건물 및 부동산에 관한 권리의 경우 1년 미만 보유인 경우 50%, 1년 이상 2년 미만 보유인 경우는 40%, 2년 이상 보유인 경우 5단계 누진세율(6~38%)을 적용한다. 주택은 1세대 1주택은 비과세이므로 1세대 2주택 이상인 경우로서 1년 미만 보유인 경우 40%, 1년 이상 보유인 경우 5단계 누진세율(6~38%)을 적용한다.

마지막으로 산출세액에서 「조세특례제한법」상 규정하고 있는 각종 공제 및 감면세액을 차감하면 결정세액이 산출된다.

3. 부동산 실거래가격 신고의무제도

부동산 거래를 투명하게 하기 위하여 2006년 1월 1일부터 부동산 실거래가격 신고의무제도가 시행되었다. 동 제도에 따라 부동산 매매계약 체결일로부터 60일 이내에 실제거래가격을 부동산 소재지 관할 시·군·구청에 신고하여야 한다. 단, 중개업자가 거래계약서를 작성하는 경우 중개업자에게 신고의무가 있다.

신고된 거래가격은 거래내역 및 가격에 대한 검증 결과를 거쳐 국세청 및 시·군·구청 세무부서에 통보되고 신고된 가격은 부동산 등기부에 기재된다. 신고된 실거래가격에 따라 양도소득세를 과세한다.

II 주요국의 부동산 양도소득 과세제도

소득세체계 내에서 양도소득 과세유형은 일반적으로 종합과세형과 분리과세형으로 구분할 수 있다. 종합과세형이란 양도소득을 종합소득에 합산하여 종합소득 누진세율로 과세하는 방식으로 미국, 호주 등에서 적용하고 있다. 이에 반해 분리과세형은 양도소득을 소득으로 과세하되, 통상의 종합소득과 분리하여 별도의 세율로 과세하는 방법으로 우리나라와 일본이 이에 해당한다. 미국의 경우 단기양도소득은 종합과세형, 장기양도소득은 분리과세형에 해당하며, 영국은 양도소득을 자본이득세의 별도 세목으로 과세하며 소득세의 누진세율을 적용하지 않는다는 면에서 분리과세형에 해당한다고 볼 수 있다.

양도소득에 대해 종합과세형을 택할지 분리과세형을 택할지에 대해서는 국가의 정책목적에 따라 다를 수 있다.

특히 장기 보유한 부동산에서 발생한 양도소득에 소득세 누진세율체계를 적용하는 경우 결집효과(bunching effect) 문제 및 가공이익에 대한 과세 문제가 커지는 점이 발생한다. 가공이익에 대한 과세는 장기 보유하는 경우 물가상승에 의한 명목소득 증가분이 양도소득에 포함되어 실질구매력이 없는 가공이익이 과세소득에서 차지하는 비중이 커지게 된다.

따라서 결집효과 및 가공이익에 대한 과세 문제를 완화하기 위하여 장기보유 양도소득에 대한 별도의 조치를 취하고 있다. 우리나라의 경우 현재 3년 이상 보유한 자산에서 발생하는 양도소득에 대해 장기보유특별공제제도를 적용하고 있고, 미국은 단기양도차익은 통상소득과 합산하여 소득세 누진세율을 적용하지만 장기양도차익은 소득세율보다 낮은 비례세율을 적용한다. 일본은 5년 이상 보유를 장기양도소득으로 보아 10% 또는 15%의 저율로 과세(5년 미만은 30%)하고 호주는 1년 이상 보유한 장기양도소득의 경우 50% 과세 면제하고 있다. 이에 반해 영국은 양도소득에 대하여 장·단기로 구분하여 달리 과세처리하고 있지 않다. 단 영국은 장·단기 구분 없이 매년 자본이득에 대해 1만 1,100파운드를 공제할 수 있는 특징이 있다.

양도손실에 대한 처리방법은 양도소득의 과세방식에 따라 차이가 있을 수 있

〈표 보4-3〉 주요국의 양도소득세제 비교

	한국	미국	영국	일본	호주
과세방식	분리과세	단기: 종합과세 장기: 분리과세	분리과세	분리과세	종합과세
장기양도 소득 특례	3년 이상 보유 시 10~30% 공제 (1세대 1주택은 24~80%)	1년 이상 보유 시 분리과세	없음	5년 이상 보유 시 저율과세	1년 이상 보유 시 50% 과세면제
양도소득 세율	① 2년 이상: 소득세율 ② 2년 미만: 40%[1] ③ 1년 미만: 50%[2]	① 장기: 0/15/20% ② 단기: 소득세율 (다른 소득과 합산)	① 기본세율 납세자: 3만 2,000 파운드 미만: 10%[3], 3만 2,000 파운드 초과: 20%[3] ② 고세율 납세자: 20%[3]	① 5년 이상: 6,000만 엔 이하: 10%, 6,000만 엔 초과: 15% ② 5년 미만: 30%	① 장기: 50% 과세면제 ② 1년 미만: 소득세율(다른 소득과 합산)
소득세율	6/15/24/35/ 38/40%	10/15/25/28/ 33/35/39.6%	20/40/45%	6/15/24/35/38%	19/32.5/37/45%
양도손실 공제 여부	양도소득에서 공제	① 양도소득에서 공제 ② 순자본손실은 일반소득에서 3,000달러까지 공제	양도소득에서 공제	양도소득에서 공제	양도소득에서 공제
과세기준 금액	실거래가	실거래가	실거래가	실거래가	실거래가

주: 1) 주택은 양도소득세 기본세율
2) 주택은 40%
3) 주택은 8%p 높은 18%, 28%의 세율 적용

다. 우리나라와 같이 분류과세를 하는 경우에는 양도차손을 양도차익과는 통산이 가능하지만 일반소득과의 통산은 허용되지 않는다. 당해 과세연도에 발생한 부분은 통산이 가능하지만 이월하여 통산할 수는 없다. 영국과 일본, 호주에서도 양도손실은 당해 과세연도에 발생한 양도소득에서 공제할 수 있다. 미국의 경우에는 종합과세방식을 취하고 있으므로 우선적으로 양도차익과 통산한 후에도 손실이 발생하는 부분은 일반소득에서 3,000달러까지 공제가 가능하며 일반소득에서 공제하고 남은 손실은 이월하여 공제가 가능하다.

양도소득의 기준이 되는 부동산 양도가액은 실거래가를 기준으로 하고 있어 우리나라와 마찬가지로 실거래가 과세원칙을 적용하고 있다. 〈표 보4-3〉은 주요국의 양도소득세제를 비교 정리한 것이다.

III 정리

우리나라는 1세대 1주택 비과세요건 중 거주요건을 추가 및 폐지하면서 1세대 1주택 특례조항[13] 등도 신설되어 제도가 복잡해지고 있는 문제가 있다. 반면, 외국은 주된 주택(우리나라의 1세대 1주택)의 비과세제도를 설립 취지에 따라 거

13 집행기준 89-154-14 〈1세대 1주택 판정 시 주택 수에서 제외되는 주택〉

구분	1세대 1주택	적용 조문
주택신축판매업자의 재고주택	제외	「소득세법」 제19조
부동산매매업자의 재고주택	제외	「소득세법」 제19조
장기임대주택	제외	「조세특례제한법」 제97조
신축임대주택	제외	「조세특례제한법」 제97조의2
지방 미분양주택	제외	「조세특례제한법」 제98조의2
미분양주택	제외	「조세특례제한법」 제98조의3
신축감면주택	포함*	「조세특례제한법」 제99조, 제99조의2, 제99조의3
농어촌주택	제외	「조세특례제한법」 제99조의4
장기임대주택	포함	「소득세령」 제167조의3

*: 2007. 12. 31. 이전에 신축감면주택 외 일반주택을 양도하는 경우 신축감면 주택을 거주자의 주택으로 보지 아니하는 것임.

주요건을 규정하고 있으면서도 제도 신설 이후 부동산 경기 변화 등에도 큰 개정 없이 요건을 유지하고 있는 특징이 있다.

주된 거주주택의 비과세 또는 소득공제 형태의 조세혜택을 부여하는 외국 제도의 요건도 거주를 가장 우선 요건으로 하고 있다. 미국은 주된 거주주택을 세금신고서 및 운전면허증 등에 기록된 주소지 등을 통해 가장 많은 시간을 보낸 장소로 판단하며, 그 주택에 양도시점으로부터 최근 5년 동안 24개월 이상 거주요건 충족 시 주된 거주주택의 양도소득에 대해 소득공제를 받을 수 있다. 영국의 경우 다주택자의 경우 주된 거주주택을 납세자가 선택하여 국세청에 통지하여야 하며, 보유기간 동안 거주할 것을 비과세요건으로 하고 있으며 일본은 납세자가 거주하는 주거용으로 사용되는 건물과 그 부수토지를 소득공제 대상으로 하고 있다. 호주의 경우는 본인과 가족이 거주하고, 선고 명부상의 주소지인지 여부 등을 과세관청이 종합적으로 판단하여 주거용으로 사용되는 건물과 그 토지를 함께 양도 시 비과세 혜택을 적용한다.

비과세요건의 입법취지 및 현행 조세법을 살펴보면, 우리나라도 거주요건을 고려해야 그 입법취지 등에 타당할 것이다. 즉, 비과세의 입법취지는 '국민의 주거생활의 안정과 거주 이전의 자유 보장'에 있으므로 1주택 소유가 아니라 주택 거주 여부를 중요한 비과세요건으로 규정하는 제도의 정비가 필요하다. 일반적으로 1세대 1주택에 해당되면 매도, 매수의 목적 등에 불구하고 양도소득세가 비과세되고 있지만 현행 「소득세법」에서 주택 양도소득 비과세요건으로 거주기간을 일부 고려하고 있는 조항이 있는바, 이는 차별조항에 해당된다고 볼 수 있다. 「임대주택법」에 의한 건설임대주택 양도 시 임차일로부터 양도일까지 거주기간 5년 이상인 경우 비과세를 적용하고 있다. 비거주자가 해당 주택을 3년 이상 계속 보유하고 그 주택에서 거주한 상태로 거주자로 전환된 경우에는 3년 이상 보유해야 한다. 1년 이상 거주한 주택을 취학, 근무상의 형편, 질병의 요양 등의 부득이한 사유로 양도하는 경우이다.[14]

---

14 이에 대한 개선방안은 『1세대 1주택 양도소득 비과세제도 연구』(2016. 12.)를 참고.

〈표 보4－4〉 주요국의 주거주주택 양도소득 조세지원제도 비교

<table>
<tr><th></th><th>우리나라</th><th>미국</th><th>영국</th><th colspan="2">일본</th><th>호주</th></tr>
<tr><td>대상</td><td>1세대 1주택</td><td>주거주 주택</td><td>1주택 또는 주거주주택</td><td colspan="2">주거주주택[1]</td><td>주거주 주택</td></tr>
<tr><td>조세지원 요건</td><td>① 보유요건: 2년
② 거주요건: 없음</td><td>5년 보유 기간 중 2년 거주</td><td>보유기간 중 거주[2]</td><td>① 보유요건: 없음
② 거주요건: 있음[3]</td><td>① 보유요건: 10년
② 거주요건: 있음[3]</td><td>보유기간 중 거주[4]</td></tr>
<tr><td>조세지원 내용</td><td>비과세</td><td>소득공제</td><td>비과세</td><td>소득공제</td><td>경감세율</td><td>비과세</td></tr>
<tr><td>부분적 비과세 여부</td><td>×</td><td>n. a.</td><td>○</td><td>n. a.</td><td>n. a.</td><td>○</td></tr>
<tr><td rowspan="2">혜택제한 규정</td><td rowspan="2">양도가 한도: 9억원 이하</td><td rowspan="2">① 공제액 한도: 50만달러 (부부합산)
② 2년 이내 적용 배제</td><td rowspan="2">면적 한도: 5,000m^2</td><td>공제액 한도: 3,000만엔</td><td>없음</td><td rowspan="2">면적 한도: 20,000m^2</td></tr>
<tr><td colspan="2">① 2년 이내 중복적용 불가
② 특수관계자 거래시 비적용</td></tr>
<tr><td>신고의무 여부</td><td>요건 부합시 신고의무없음</td><td>과세소득 없는 경우 신고의무 없음</td><td>확정신고</td><td>확정신고</td><td>확정신고</td><td>확정신고</td></tr>
</table>

주: 1) 보유기간 10년 미만은 소득공제만 적용하고 10년 초과 시 소득공제와 경감세율 모두 적용
2) 허용 부재기간은 18개월(거주하지 않은 날로부터 18개월 이내 양도 시 거주한 것으로 간주함)
3) 거주하지 않은 날로부터 3년 이내 양도 시 조건 충족된 것으로 봄
4) 양도차익을 보유기간 중 거주한 기간에 배분하여 거주기간에 해당하는 부분만 비과세 적

부 록

국세기본법 일부개정법률안
(○○○ 의원 대표발의)

의안 번호	

발의연월일 : 2014. 4. .
발 의 자 : ○○○ 의원
찬 성 자 : 찬성의원수 인

제안이유 및 주요내용

「국세기본법」 제2조제20호는 특수관계인을 친족관계, 경제적 연관관계 및 경영지배관계의 세 가지 범주로 구분하고, 특수관계인의 구체적인 범위를 대통령령으로 정하도록 하고 있음.

그러나 이러한 규정방식은 특수관계인의 범위가 대통령령에 의하여 구체적으로 확정된다는 점에서 포괄위임에 해당한다는 지적이 있고, 특수관계인의 범위가 개별 세법별로 「국세기본법」과 다르게 정의되고 있는 현실을 감안할 때 세법의 해석·적용상 혼란을 유발하는 문제점이 있음.

이에 특수관계인의 구체적인 범위를 「국세기본법」으로 명확하게 규정하여 각 세법에 일관성 있게 적용될 수 있는 법적 기반을 마련하는 한편, 친족관계 및 경제적 연관관계에 따른 특수관계인의 범위를 사회적 인식에 부합하게 현행 규정에 비하여 합리적으로 축소·조정하고자 함(안 제2조제20호).

법률 제 호

국세기본법 일부개정법률안

국세기본법 일부를 다음과 같이 개정한다.

제2조제20호 각 목을 다음과 같이 한다.

가. 4촌 이내의 혈족

나. 3촌 이내의 인척

다. 배우자(사실상의 혼인관계에 있는 사람을 포함한다)

라. 친생자로서 다른 사람에게 친양자 입양된 사람 및 그 배우자·직계비속

마. 임원과 그 밖의 사용인

바. 본인의 금전이나 그 밖의 재산으로 생계를 유지하는 사람

사. 주주·출자자 등 대통령령으로 정하는 경영지배관계

부 칙

이 법은 공포 후 6개월이 경과한 날부터 시행한다.

신·구조문대비표

현　　행	개 정 안
제2조(정의) 이 법에서 사용하는 용어의 뜻은 다음과 같다.	제2조(정의) ________________
1. ~ 19. (생　략)	1. ~ 19. (현행과 같음)
20. "특수관계인"이란 본인과 다음 각 목의 어느 하나에 해당하는 관계에 있는 자를 말한다. 이 경우 이 법 및 세법을 적용할 때 본인도 그 특수관계인의 특수관계인으로 본다.	20. ________________.
가. 혈족·인척 등 대통령령으로 정하는 친족관계	가. 4촌 이내의 혈족
나. 임원·사용인 등 대통령령으로 정하는 경제적 연관관계	나. 3촌 이내의 인척
다. 주주·출자자 등 대통령령으로 정하는 경영지배관계	다. 배우자(사실상의 혼인관계에 있는 사람을 포함한다)
	라. 친생자로서 다른 사람에게 친양자 입양된 사람 및 그 배우자·직계비속
	마. 임원과 그 밖의 사용인
	바. 본인의 금전이나 그 밖의 재산으로 생계를 유지하는 사람
	사. 주주·출자자 등 대통령령으로 정하는 경영지배관계

참고문헌

곽태원, 「법인소득과세의 이론과 실제」, 한국조세연구원, 2005. 8.

곽태원·현진권, 『조세론』, 법문사, 2판, 2007.

국회예산정책처, 「2016 조세의 이해와 쟁점」－상속세 및 증여세, 2016.

국회예산정책처, 「2016 조세의 이해와 쟁점」－조세지출, 2016.

기획재정부, 「조세개요」, 2015. 9.

김진수·박형수·안종석, 「주요국의 법인세제 변화 추이와 우리나라의 법인세제의 개편 방향」, 한국조세연구원, 2003. 12.

노영훈, 「부유세와 소득 및 자산관련 조세개혁 방향」, 한국조세연구원, 2012. 5.

박명호·기은선·정희선, 「주요국의 자본이득 과세제도」, 조세재정연구원, 2008. 9.

성명재·박임수, 「주요국의 개별소비세 과세대상 및 세율 비교분석 연구」, 한국조세연구원, 2007. 11.

안종석, 「소득세 Tax Gap 규모와 지하경제 규모 추정」, 『조세재정 브리프』, 2017.

안종석·김성태, 「법인세 과세체계의 근본적 개혁에 관한 연구」, 한국조세연구원, 2012.

안창남, 「주요국의 조세제도－프랑스편」, 한국조세연구원, 2004. 6.

유경진, 「주요국 특허박스(Patent Box) 제도 도입 효과와 시사점」, 한국경제연구원, 『KERI Brief』, 17-07.

이성용·정고은, 「우리나라와 주요국의 연구개발투자 현황 비교」, 한국과학기술 기획평가원, 『K-브리프』, 2016.

이영·전영준·이철인·김진영 편역, 『Rosen의 재정학』, 교보문고, 2007.

이영숙, 「글로벌 금융위기 이후 OECD 국가들의 세제개편 동향 연구」, 예산정책처, 2015.

전승훈, 「조세지출예산제도와 정책과제」, 국회예산정책처 경제현안분석, No. 2, 2004. 12.

최명근, 『상속과세존폐론』, 경제법륜사, 2007.

최한수, 「각국의 기본소득 실험과 정책적 시사점」, 조세재정연구원, 현안분석, 2017. 5.

한국조세재정연구원, 『주요국의 조세동향』, 2016년 제1호, 2016. 7., pp. 74-75.

홍범교, 「OECD 회원국의 금융소득 과세제도 연구」, 한국조세재정연구원, 『세법연구』, 16-05, 2016. 12.

홍범교·김진수, 「자본이득과세제도의 정비에 관한 연구−금융자산에 대한 자본이득세를 중심으로」, 한국조세연구원, 2010. 12.

황인학, 「우리나라 R&D 활동과 조세지원제도의 문제점」, 한국경제연구원, 『KERI Brief』, 17-07.

Allingham, M. G. and Sandmo, A.,"Income Tax Evasion: A Theoretical Analysis", *Journal of Public Economics*, Vol. 1, pp. 323-338, 1972.

Alt, J., I. Preston and L. Sibieta, "The Political Economy of Tax Policy", prepared for the Report of a Commission on Reforming the Tax System for the 21st Century, chaired by Sir James Mirrlees, 2008.

Ashworth, J. and B. Heyndels, "Political Fragmentation and the Evolution of National Tax Structures in the OECD", *International Tax and Public Finance*, No. 8, pp. 377-393, 2001.

Ballard, Shoven and Whalley, "The Total Welfare Cost of the United States Tax System: A General Equalibrium Approach", *National Tax Journal*, Vol. 38, No. 2, pp. 125-40, 1985.

Barro, R.,"Inequality and Growth in a Panel of Countries", *Journal of Economic Growth*, Vol. 5(March), pp. 5-32, 2000.

Berg, A., and J. Ostry, "Inequality and Unsustainable Growth: Two Sides of the Same Coin?", *IMF Staff Discussion Note*, 11/08, Washington, D.C., 2011,

Boskin, M. J., "Efficiency Aspects of the Differential Tax Treatment of Market and Household Economic Activity", *Journal of Public Economics*, Vol. 4, pp. 1-25, 1975.

Brennan, G., and Morss, E., "The Tax Allowance for Dependents: Deductions versus Credits", *National Tax Journal*, 26, pp. 599-610, 1973.

Carter Commission, "Royal Commission on Taxation", Ottawa: Queen's Printer, 1966.

Carroll, R. and J. Yinger, "Is the Property Tax a Benefit Tax? the Case of Rental Housing", *National Tax Journal*, 47, pp. 295-316, 1994.

Causa, O., "Explaining Differences in Hours Worked Among OECD Countries: An Empirical Anysis", *OECD Economics Department Working Papers*, No. 596, 2008.

Chamley, C., "Optimal Taxation of Capital Income in General Equilibrium with Infinite Lives", *Econometrica*, 54(3), pp. 607-622, 1986.

Charles L. Ballard, John B. Shoven and John Whalley, "General Equilibrium Computations of the Marginal-Welfare Costs of Taxes in the United States," *American Economic Review*, March 1985.

Cingano, F.,"Trends in Income Inequality and its Impact on Economic Growth", *OECD Social, Employment and Migration Working Papers*, No. 163, 2014.

Cnossen, S., "The Role of Excises in OECD Countries", In A. Ciancone and Messere(eds), Changes in Revenue Structures. Detroit, MI: Wayne State University, pp. 285-304, 1989.

Copenhagen Economics, "Study on Reduced VAT Applied to Goods and Services in Member States in the European Union", Copenhagen, 2007.

Christopher House and Matthew Shapiro, "Temporary Investment Tax Incentives: Theory with Evidence from Bonus Depreciation", *American Economic Review*, vol. 98, pp. 737-768, June 2008.

David Atlig, Alan Auerbach, and Laurence Kotlikoff, et al., "Simulating Fundamental Tax Reform in the United States", *The American Economic Review*, vol. 91, no. 3(June 2001), pp. 574-595.

Edward L. Glaeser, Rafael La Porta, Florencio Lopez-de-Silanes, and Andrei Shleifer, "Do Institutions Cause Growth?", *Journal of Economic Growth*, Vol. 9, no. 3, September 2004.

Emmanuel Saez, Joel Slemrod, and Seth H. Giertz, "The Elasticity of Taxable Income with Respect to Marginal Tax Rates: A Critical Review", *Journal of Economic Literature*, vol. 50, no. 1, pp. 3-50, March 2012.

Enrico Moretti, "Estimating the Social Return to Higher Education: Evidence from Longitudinal and Repeated Cross-Sectional Data", *Journal of Econometrics*, vol. 121, no. 1-2, pp. 175-212, July-August 2004.

Eric Zwick and James Mahon, "Do Financial Frictions Amplify Fiscal Policy? Evidence from Business Investment Stimulus", working paper, June 2014.

Francesco Caselli, "Accounting for Cross-Country Income Differences", Phillipe Aghion and Steven N. Durlauf (eds.), *Handbook of Economic Growth*, vol. 1A, pp. 680-741, 2005.

Gruber, *Public Finance and Public Policy*, Worth Publishers: New York, 2011.

Guyton et. al., "Estimation the Compliance Cost of the U. S. Individual Income Tax", Presentation to the National Tax Association Spring Symposium, 2003.

Hall, R. E.,"Intertemporal Substitution in Consumption", *Journal of Political Economy*, 96, 1988.

Heady, C. and S. Smith, "Tax and Benefit Reform in the Czech and Slovak Republics", in D. Newbery (ed.), *Tax and Benefit Reform in Central and Eastern Europe*, London, Centre for Economic Policy Research, 1995.

Huizinga, Harry and Gaëtan Nicodème, "Foreign Ownership and Corporate Taxation: an Empirical Investigation", *The European Economic Review*, Vol. 50, No. 5, pp. 1223-1244, 2006.

Inyong Cai and Jagadeesh Gokhale, "The Welfare Loss From a Capital Income Tax", *Federal Reserve Bank of Cleveland Economic Review*, vol. 33, no. 1, 1997.

IMF, "Fiscal Policy and Income Inequality", *IMF Policy Paper*, Washington, D.C., 2014.

IMF, "Inequality and Fiscal Policy", edited by B. Clements, R. de Mooij, S. Gupta and M. Keen, 2015.

James Alm and Asmaa El-Ganainy, "Value-Added Taxation and Consumpotion", *International Tax and Public Finance*, vol. 20 (March 28, 2012), pp. 105-128.

Jason G. Cummins, Kevin A. Hassett, and R. Glenn Hubbard, "A Reconsideration of Investment Behavior Using Tax Reforms as a Natural Experiment", *Brookings Papers on Economic Activity*, vol. 2, pp. 1-74, 1994.

Judd, K. L.,"Redistributive Taxation in a Simple Perfect Foresight Model", *Journal of Public Economics*, 28, 1985.

Kevin A. Hassett and R. Glenn Hubbard, "Tax Policy and Business Investment", *Handbook of Public Economics*, Vol. 3, (eds. Alan J. Auerbach and Martin Feldstein), North-Holland Publishing Co., pp. 1293-1343, 2002.

Karen Thierfelder, "An Analysis of South Africa's Value Tax", *World Bank Policy Research Working Paper*, No. 3671, Aug 2005, p. 19.

Long, S. B. and Burnham, D.,"That number game: change in tax compliance during the last 25 years", *Tax Notes*, 5 Mar, 1990.

Martin Feldstein, "Tax Avoidance and the Deadweight Loss of the Income Tax", *The Review of Economics and Statistics*, vol. 81, no. 4, 1999.

Matthew Knittel, "Corporate Response to Accelerated Tax Depreciation: Bonus Depreciation for Tax Years 2002-2004", Office of Tax Analysis Working Paper 98, May 2007.

Michael P. Keane, "Labor Supply and Taxes", *Journal of Economic Literature*, vol. 49, no. 4, pp. 961-1075, December 2011.

Mieszkowski, P. and G. Zodrow, "Global Income Inequality by the Numbers: in History and Now", *Policy Research Working Paper*, No. 6259, 1989.

Messere, K. and Kam, F. and Heady, C., *Tax Policy: Theory and Practice in OECD Countries*, Oxford University Press, 2003.

Milliron, V. C. and Toy, D. R., "Tax compliance: an investigation of the key features", *Journal of the American Taxation Association*, pp. 84-104, 1988.

Musgrave, R. A., *The Theory of Public Finance*, McGraw-Hill, 1959.

Nada Eissa and Hilary W. Hoynes, "Behavioral Responses to Taxes: Lessons from the EITC and Labor Supply", in James M. Poterba (ed.), *Tax Policy and the Economy*, vol. 20, pp. 73-110, 2006.

Oates, W., "The Effects of Property Taxes and Local Public Spending on Property Values: An Empirical Study of Tax Capitalization and the Tiebout Hypothesis", *Journal of Political Economy*, 77(6), pp. 957-971, 1969.

OECD, "Recent Tax Policy Trends and Reforms in OECD Countries", *Tax Policy Stidies*, No. 9, 2004.

______, "Fundamental Reform of Personal Income Tax", *Tax Policy Studies*, No. 13, 2006a.

______, "Taxation of Capital Gains of Individuals", *Tax Policy Studies, Taxation of Capital*, No. 14, 2006b.

______, "Fundamental Reform of Corporate Income Tax", *Tax Policy Studies*, No. 16, 2007.

______, "Tax and Economic Growth", *Economics Department Working Paper*, No. 620, Jun 2008.

______, "The Role of the State and Public Finance in the Next Generation", *OECD Journal on Budgeting*, Vol. 8, No. 2, 2008.

______, "Choosing a Broad Base: Low Rate Approach", *Tax Policy Stidies*, No. 19, 2010a.

______, "An International Perspective on VAT", *Tax Notes Int'l*, Sep 20, 2010b.

______, "Tax Policy Reform and Economic Growth, Tax Policy Reform and Fiscal Consolidation", *OECD Tax Policy Stidies*, No. 20, 2010c.

______, "Tax Policy Reform and Fiscal Consolidation", *Tax Policy Brief*, Dec 2010.

______, "Tax Reform Trends in OECD Countries", *OECD Taxation Working Papers*, No. 1, 2011a.

______, "What is a "Competitive" Tax System?", *Taxation Working Papers*, No. 2, 2011b.

______, "Divided We Stand: Why Inequality Keeps Rising", OECD Publishing, Paris, 2011c.

______, "Income Inequality and Growth: The Role Of Taxes and Transfers", *OECD Economics Department Policy Notes*, No. 9, Jan 2012a.

______, "Special Feature: Trends in Personal Income Tax and Employee Social Security Contribution Schedules", *Taxation Wages*, 2012b.

______, "The Tax Policy Landscape Five Years after the Crisis", *Taxation Working Papers*, No. 17, 2013a.

______, "Taxation of Dividend, Interest, and Capital Gain Income", *OECD Taxation Working Papers*, No. 19, 2013b.

______, "Addressing the Tax Challenge of the Digital Economy", p. 30, 2014a.

______, "Consumption tax trend", OECD Publishing, 2014b.

______, "Employment and Migration", *Working Papers*, No. 163, OECD Publishing. 2014c.

______, "In It Together: Why Less Inequality Benefits All", OECD Publishing, Paris. 2015.

______, "Tax Design for Inclusive Economic Growth", *OECD Taxation Working Papers*, No. 26, 2016.

Oliveira M. J., R. Boarini, H. Strauss, C. de la Maisonneuve and C. Saadi, "The Policy Determinants of Investment in Tertiary Education", *OECD Economics Department Working Papers*, No. 576, 2007.

Olofsgard, A.,"The Political Economy of Reform: Institutional Change as a Toolor Political Credibility", background paper to the World Bank's 2005, *World Development Report*, 2003.

Piketty, T., and G. Zucman, "Capital is Back: Wealth-Income Ratios in Rich Countries 1700-2010", *Paris School of Economics*, 2013.

PWC, Global Research & Development Incentives Group, Feb 2016.

Robert McClelland and Shannon Mok, "A Review of Recent Research on Labor Supply Elasticities", Congressional Budget Office Working Paper 2012-12, Oct 2012.

Sandford, C. T., *Hidden Costs of Taxation*, Institute for Fiscal Studies, Ch. 8, 1973.

Schmolders, G.,"Survey Research in Public Finance-a Behavoural Approach to Fiscal

Theory", *Public Finance*, Vol. 25, 1970.

Simon James and Christopher Nobes, *The Economics of taxation*, Prentice Hall, 2006.

Slemrod, J. and Sorum, N., "The Compliance Cost of the US Individual Tax System", *National Tax Journal*, Vol, XXXVII, No. 4, pp. 461-74, 1984.

Slemrod, J. Blumenthal, M. Christian, C., "Taxpayer Response to an Increased Probability of Audit: Evidence from a Controlled Experiment in Minnesota", *Journal of Public Economics*, pp. 455-483, 79, Mar 2001.

Sørensen, Peter Birch,"Can capital income taxes survive? And should they?", *EPRU Working Paper*. 2006. Series, University of Copenhagen, No. 06.

Stephen Bond and Jing Xing, "Corporate Taxation and Capital Accumulation: Evidence from Sectoral Panel Data for 14 OECD Countries", Oxford University Centre for Business Taxation working paper, Aug 2014.

Tax Note, pp. 109-112, 11 Apr 1988.

Tomas Havranek, Roman Horvath, and Zuzana Irsova, et al., "Cross-Country Heterogeneity in Intertemporal Substitution," *Journal of International Economics*, vol. 96, no. 1, pp. 100-118, May 2015.

US. General Accounting Office, "Financial Audit: IRS's Fiscal Year 2008 and 2007 Financial Statements", GAO: Washington, D. C., 2008.

U.S. Congressional Budget Office, *Effects of Adopting a Value-Added Tax*, pp. 49-65, Feb 1992.

Yankelovich, Skelly and White Inc., *Taxpayer attitudes study*, Final Report for the Internal revenue Service, Internal Revenue Service, Public Affairs Division, Washington DC, 1984.

http://www.stiglitz-senfitoussi.fr/documents/rapport_anglais.pdf.

http://www.joseilbo.co.kr/news/htmls/2012/07/20120719148112.html

찾아보기

ㅅ

ㅇ

ㅈ

기타

지은이

전형준 교수는 고려대학교와 미국 코넬대학교에서 경제학을 공부하였으며 2001년 고려대학교에서 경제학 박사학위(재정학 전공)를 취득하였다. 그 후 LG환경안전연구원, 감사원 부감사관을 거쳐 2003년부터 창원대학교 경영대학 세무학과에 재직하고 있으며 창원대학교 기획처장과 국제교류원장을 역임하였다. 또 창원시 납세자 보호위원과 국세심사위원을 지냈고 현재 경상남도 지방세심사위원이다. 다년간 세무사, 감정평가사, 공인노무사 출제위원과 행정고시 출제위원, 9급 지방직 출제위원을 역임하였다. 조세정책과 사회서비스 관련 30여 편의 저서와 논문을 발표하였으며, 현재 창원대학교에서 조세정책론, 재정학, 조세론, 경제학원론 등을 강의하고 있다.

조세정책론

1판 인쇄 2018년 8월 17일
1판 발행 2018년 8월 24일

지은이 전형준
펴낸이 김영훈
편집인 전영완
펴낸곳 도서출판 문우사
주소 경기도 고양시 일산동구 정발산로 24, T2-814호(장항동, 웨스턴돔타워)
전화 031) 901-6542, 070) 4200-6542 **팩스** 031) 906-6542
홈페이지 www.munu.co.kr **대표메일** moonwoosa@hanmail.net
출판신고번호 제396-2013-000113호

ISBN 979-11-85994-52-9 93320

값 25,000원